はじめに

■よくわかる心理統計

　本書では,「なぜ心理学で統計が必要なのか」という点から説明をはじめ,記述統計,推測統計と話を進めています。その意味で,「よくある統計の本」と思われる方もいらっしゃるかと思いますが,本書には以下のような特徴があります。

- 講義と同じような形で言葉を尽くして説明をしていますから,自習用として最適です。私たちが普段おこなっている授業を再現した感じに仕上がっています。
- 各トピックスは,2ページ,4ページ,6ページの読み切りですので,読み進めやすく,授業用テキストとしても使用しやすいと思います。
- 「息抜き」として,会話形式の「コラム」を設けました。
- Σ記号を使っていません。式展開は必要最小限に限っています。
- 例題は,日常的で身近なものにしてあります。
- 手計算の方法について,間をとばさず順を追って丁寧に説明しています。
- 標準的な心理統計のテキストに採用されている内容をひととおり含むようにしました。具体的には,変数と尺度水準,記述統計(1つの変数についての数値要約,2つの変数の関係),推測統計(母集団と標本,統計的仮説検定の基礎,種々の検定手法,t 検定,分散分析)をとりあげています。
- 特に分散分析では,さまざまなケースについて広くカバーし(具体的には2要因の混合計画まで),計算方法を説明しています。
- わかりやすくするために,統計の重要概念の説明を省略するのではなく,ここぞとばかりに一生懸命に説明しています。統計の基本的原理について正しい理解をしてもらいたいという気持ちがあるからです。
- 統計の核心部分について十分な説明をしましたので,この本を読んだ後,さらに進んだ本を読むことができます。発展性があります。

　以上のような特徴をもった本書ですが,本当に「よくわかる心理統計」なのでしょうか。この点については,読者の皆さんに判断していただきたいと思います。心理統計を理解するために,本書が少しでもお役に立てればと思います。

2004年5月

山田剛史・村井潤一郎

もくじ

■よくわかる心理統計

はじめに

プロローグ　よくわからない心理統計

1　よくわからない心理統計 …………2
2　よくわかるための心理統計 ………4

I　なぜ心理学に統計が？

1　心理学と数字 ……………………6
2　心理学と記述統計 ………………8
3　心理学と推測統計 ………………10
4　心理統計の実際 …………………12

II　1つの変数の特徴を記述しよう

1　データとは ………………………18
2　尺度水準 …………………………22
3　尺度水準と変数変換 ……………26
4　データの図表化 …………………28
5　代表値 ……………………………30
6　散布度 ……………………………34
7　標準化 ……………………………38
　　コラム1　偏差値をめぐって ……42

III　2つの変数の関係を記述しよう

1　散布図 ……………………………44
2　共分散 ……………………………48
3　相関係数 …………………………52
4　相関係数の性質 …………………56
　　コラム2　回帰効果 ………………60
5　クロス集計表と連関係数 ………62
　　コラム3　シンプソンの
　　　　　　　パラドックス …………66

IV　標本から母集団を推測しよう

1　母集団と標本 ……………………68
2　母集団分布を仮定する …………74
3　正規分布とその性質 ……………80
4　標準正規分布 ……………………86
5　標準正規分布表 …………………88
6　標本分布① ………………………90
7　標準誤差 …………………………92
8　標本分布② ………………………94
9　推定と推定量 ……………………96
10　不偏性 ……………………………98
11　不偏分散 …………………………100

もくじ

コラム4　テレビの視聴率 ……104

V　統計的仮説検定って何だろう

1　統計的仮説検定の考え方 ………108
2　帰無仮説と対立仮説 …………110
3　有意水準 ……………………112
4　検定結果の報告 ……………116
5　両側検定と片側検定 …………118
6　統計的仮説検定における
　　2種類の誤り …………………120
7　統計的仮説検定の手順 ………122
8　標準正規分布を用いた検定
　　（1つの平均値の検定）………126
9　t分布を用いた検定
　　（1つの平均値の検定）………128
10　相関係数の検定 ……………132
11　カイ2乗検定①（適合度の検定）…134
12　カイ2乗検定②（独立性の検定）…138
13　まとめ ………………………141

コラム5　有意は偉い？ ………142

VI　2つの平均を比べよう（t検定）

1　t検定による平均値の比較 ……144
2　独立な2群の平均値差に関する
　　t検定① ………………………146
3　独立な2群の平均値差に関する
　　t検定② ………………………148
4　対応のあるt検定 ……………150

5　t検定の前提条件と
　　ウェルチの検定 ………………154

コラム6　t検定でやっては
　　　　　いけないこと ………158

VII　3つ以上の平均を比べよう（分散分析）

1　「平均」の比較なのに，なぜ
　　「分散」分析？ ………………162
2　分散分析の手順
　　（1要因被験者間計画）…………166
3　多重比較 ……………………170
4　実験計画 ……………………174
5　1要因被験者内計画 …………178
6　2要因被験者間計画 …………184
7　交互作用 ……………………190
8　2要因被験者内計画① ………194
9　2要因被験者内計画② ………196
10　2要因混合計画 ………………202

コラム7　適性処遇交互作用 …208

VIII　心理統計に関するちょっといい話

1　クロス集計表に関する注意点 …210
2　検定に関する注意点 …………212
3　内的妥当性と外的妥当性 ………216
4　臨床心理学と統計①
　　（1事例実験）…………………220

5 臨床心理学と統計②
（メタ分析）……………222

コラム8　検定力の求め方 ……224

エピローグ　さらにステップアップするために

1 『よくわかる心理統計』を
読み終えた後に ……………228

2 読書案内 ………………………230

付　録

①統計手法早見表 …………………232

②主な統計的仮説検定の分類 ……234

付　表 ………………………………235

本書でとりあげた文献 ……………240

さくいん ……………………………242

やわらかアカデミズム・〈わかる〉シリーズ

よくわかる
心　理　統　計

プロローグ　よくわからない心理統計

 **よくわからない心理統計**

著者は何者？

　みなさん，こんにちは。はじめに，私たちのことを紹介しましょう。山田剛史，専門は主に心理統計学です。たとえば，臨床心理学研究などで，被験者の数が少ない場合，そこから得られたデータをどのように分析するか，ということに注目しています。現在，心理統計や教育心理学の授業を担当しています。村井潤一郎，専門は主に社会心理学，言語心理学です。特に，人間のうそについて注目しています。現在，心理統計や教育心理学，社会心理学，などの授業を担当しています。

　この2人の共通するところ，それは心理統計の入門講義を担当しており，そこでなかなか苦労しているという点です。私たちは，できるだけわかりやすく教えるように，日々努力を重ねているつもりです。けれども，「わからない」といわれることがあります。そのわからなさの原因は，大きく分けて3つあると思います。

　1つ目は，本人の責任，つまり，授業に出なかったり遅刻したりでわからなくなった，という「学ぶ側の要因」です。

　2つ目は，教師の教え方が悪い，わかりやすい教科書がない，という「教える側の要因」です。「学ぶ側の要因」については，これはもうどうしようもありません。とにかく授業にまじめに出てくれないと話にならないなあ，というのが，多くの教師の言い分でしょう。ですが，「教える側の要因」については，私たち教師が努力して何とかすべきところです。毎回授業に出ているけれどわからない，という方はけっこういますから。

　最後に3つ目，これは，心理統計がそもそも難しいという点です。私たちも，教壇に立つようになってから，自分たちの理解がいかに不十分だったか思い知らされました。わかっていると思っていることでも，いざ説明しようとすると，ボロが出たりするものです。教えることで，一番勉強になるのは，実は教師なのだと思います（図0.1.1）。

▶1　被験者については Ⅱ-1 参照。

「心理統計がわからない」
- 学ぶ側の要因：（例）授業に出ない
- 教える側の要因：（例）教え方がまずい
- 学問自体の要因：心理統計はそもそも難しい

図0.1.1　心理統計のわからなさを規定する3大要因

2 心理統計を使う人々

○統計にかかわる人々

なぜ「わからない」のでしょうか。この点を明らかにするために，心理学関係者で，統計にかかわる人々を分類してみましょう。

心理学では統計の知識が必須になります。そこで，心理学関係者には，統計を専門に研究する人（これを，統計の「メーカー」といいます），とか，統計は専門ではないけれども統計を使って研究をする人（これを，統計の「ユーザー」といいます），などさまざまいます。統計に関する詳しさの「大小」を軸に，心理学関係者のタイプ分けをしてみましょう（図 0.1.2。なお，これはあくまで勝手な分類です）。

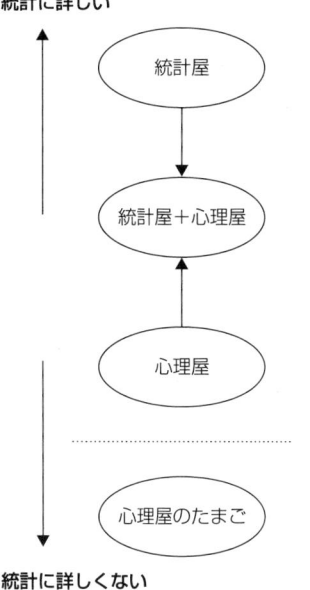

図 0.1.2　心理統計を使う人々

▷2　この点については，続く Ⅰ で詳しく述べることにします。

統計屋さんは，統計を専門に研究する人のことで，統計のメーカーです。心理屋さんは，統計を道具として利用する人のことです。つまり統計のユーザーです（大部分の心理学関係者はここに相当するでしょう）。この両者の関係は，自動車のメーカーとユーザーの関係のようなものですね。

○「わかりやすい」という感覚

さて，なぜ心理統計の理解が難しいか，それは，これまでこの両者をつなぐパイプが細すぎたからだと思います。

ところが近年，このパイプが徐々に太くなってきたように思います。統計屋さん（統計のメーカー）でも，心理屋さん（統計のユーザー）に問いかけてくれる人。また，心理屋さんでも，統計に関心を抱く人が出てきたのです。この「統計屋さん＋心理屋さん」的な人たちが，だんだんと増えてきました。その人たちの書く統計の入門書，これはとてもわかりやすいと思います。

とはいっても，この「わかりやすい」という感覚は，あくまで心理屋さんが抱く感想です。心理屋さんがどんなにわかりやすいと思っても，やはりわかりにくいと感じる人たちがいます。それが，心理屋のたまご（心理学を学びはじめたばかりの学生さんなど）なのです。

私たちは，この心理屋のたまごの皆さんがわかりやすいと思える本を書きたいと思いました。なぜなら，私たちの講義の受講者の皆さんは，だいたいがこの部分の人だからです。

プロローグ　よくわからない心理統計

よくわかるための心理統計

1　さまざまな統計の本〜私たちの目指す本

○さまざまな統計の本

世の中の統計の本は，図0.2.1のように4つのレベルに分けられると思います（これまた勝手な分類です）。

　　レベル1：専門書
　　レベル2：専門家の視点から書かれた入門書
　　レベル3：非専門家の視点から書かれた入門書　　←──本書のポジション
　　レベル4：とにかくポップな入門書

図0.2.1　統計の本のレベル分け（主観的）

レベル1は，統計屋さんが専門的な内容を記したものです。これはめっぽう難しいです。

レベル2は，統計屋さんが，初学者用に（おそらくは心理屋さんのために）書いた入門書です。でも，やはり難解だと思います。統計屋さんの記述ですから，どうしても，数式などが出てきて，初学者はひいてしまいます。コンピュータの初心者にとって，コンピュータに詳しい人にしてもらう説明が，まるで宇宙人の言葉のように感じられることがあると思います。このように，説明している側はわかりやすいつもりでも，相手には伝わらない，ということ，多々あると思います。

レベル3，これは初学者にはなかなかいいと思います。統計の専門家の記述ではありませんから，初学者の視点に立つべく工夫しています。でも，やはり依然として難しいのではないか，と思います。ある程度心理学に携わっている人（プロローグ-1の図0.1.2でいえば，心理屋さん以上の人）が理解するのにはいいのですが，心理屋のたまごの皆さんには，きついものがあるでしょう。心理学の世界にしばらくいると，専門外の人の「わからなさ」がわからなくなるのです。

なお，以上に加えて，レベル4の本も多く出ています。漫画を使ったり，数式をまったく使わなかったりと，多くの工夫をしながらわかりやすく解説してはいるのですが，これだと，ちょっと説明が雑すぎるんじゃないかな，と思います。ポップな装丁，ポップな説明で，何となくわかった気になってしまうのですが，これでは真の理解とはいえないのでは，と思います。何となくの理解ですと，たとえば，心理屋のたまごの皆さんが心理学の卒業論文を書くときに

▷1　実際に本屋に行って，統計の本をいろいろ手にとってみてください。

○私たちの目指す本

　私たちが志向しているのは，「基本的には」レベル3とレベル4の間です。レベル3ではちょっとついていけない初学者の人，でもきちんと理解したいなと思っている，そんな人たちを想定して執筆しています。

　今，「基本的には」と書きました。これは，このテキストでは，必要に応じてレベル3以上の内容についても解説する場合がある，ということです。たとえば，Ⅳ「標本から母集団を推測しよう」です。この部分は内容が難しいため，統計を学びはじめた人がしばしばつまずくところなのですが，レベル3やレベル4の本で十分かつわかりやすく説明しているものは少ないように思います。そのため，この部分については，かなり詳しく解説してあります。その他にも，たとえば，Ⅱ-2「尺度水準」のように，「重要だけれども理解が難しく，他の本の記述では不満がある」と私たちがこれまで思ってきた内容については，詳しく説明しています。

　この意味で，この本は，単なる初学者向けの本ではなく，かなり深く突っ込んだ説明をしているところもあります。それは，これから統計を本格的に学ぼうとしている人（最終的にはレベル2やそれ以上の本まで読んでみようと思っている人）に，この本がそれらへの橋渡し的な役割を担うものになってほしいという思いがあるからです。欲張りな思いかもしれませんが，私たちはそれを何とか達成しようと努めたつもりです（まだまだ未熟なため，十分に達成できているかどうかはわかりませんが…）。

❷ 皆さんへのメッセージ

　私たちには，「どうも適当な教科書がない」という共通の思いがあります。これは，心理統計の入門講義をしていての正直な思いです。もちろん，最近，入門書の中にも素晴らしいものが出てきてはいますが，どうもしっくりこないのです。私たちの講義の受講者は，そのほとんどが文科系です。数字に拒否反応を示す人も少なくありません。そんな人たちに，心理統計をわかりやすく教えながら，心理学研究に興味をもってもらえたらと思います（山田はさらに，心理学研究に興味をもってくれた人の1%でも5%でも，統計学そのものに興味をもってもらえたら，と密かに考えています）。

▷2　心理統計学はそれ自体が1つの学問領域となっています。

　「心理統計が嫌で，心理学も嫌になってしまった」，これはもったいないことです。そうしたことが起きないよう，心理統計について初歩からしっかりと理解できる本が今求められていると思います。そして，このことこそが私たちが本書を書いてみようと思った最大の理由なのです。

　それでは，いよいよはじまりです。まずは，「なぜ心理学に統計が？」です。そもそも，なぜ心理学に統計学が必要なのでしょうか。

I なぜ心理学に統計が？

 心理学と数字

1 心理学に数字？

プロローグ で，なにげなく「心理統計」という言葉を使いました。また，この本のタイトルにも「心理統計」とあります。もしかすると，この「心理統計」という言葉に，違和感をもつ人も少なくないのではと思います。「心理学って人の心を読む学問じゃないの？」「統計って，国勢調査みたいにデータを集計することでしょ？」，こんなイメージをもっているとしたら，心理学と統計学の接点がわかりづらいことでしょう。実際，私たちが大学で講義をおこなうときにも，なぜ「心理」統計なの？単なる統計ではいけないの？という質問をうけることがあります。 I では，心理学と統計学のかかわりについて，例をあげながら解説していきたいと思いますが，「心理統計」という言葉について説明する前に，ここ I-1 では，心理学研究では数字が使われる，ということを，簡単な例で説明したいと思います。

2 心を数字におきかえる

体重を測るときには，体重計に乗りますよね。このように，ものの重さは，はかりで測ることができます。これと同じように，心にも重さがあると思います。たとえば，付き合っているカップルの片方が，「彼の気持ちが重荷になってきた」という場合，心にある種の重さを想定していることになるでしょう。それでは，「彼氏の恋愛感情の大きさ」はどのように測ったらよいでしょうか。これは一筋縄ではいきません。体重計に乗って，「はい，恋愛感情の重さは50kg」とはいきません。

▷1 （心理）尺度については II-2 参照。

心理学では，このような場合，たとえば「心理尺度」というものを使ったりします。よく女性雑誌などで，「質問項目に答えていって，あてはまる数が多いほど彼氏を思っている」というものが掲載されていたりしますが，基本的にはああいったものです。

▷2 Rubin, Z. 1970 Measurement of romantic love. *Journal of Personality and Social Psychology*, **16**, 265–273.

学術的には，ルビン（Rubin, 1970）という人が，愛情尺度（恋愛感情尺度）を開発しているのですが，ここではその一部を紹介してみましょう。実際には多くの項目からなるのですが，いくつかを抜き出しておきます。

	かなりあてはまる		どちらともいえない		まったくあてはまらない
・○○さんのためなら，何でもしてあげるつもりだ。	5	4	3	2	1
・○○さんを一人占めしたいと思う。	5	4	3	2	1
私は○○さんを幸せにしてあげたい。	5	4	3	2	1

「○○さん」のところに，恋愛感情を測定したいその相手をあてはめた上で，以上のような質問項目に5段階で回答していって，その人の心の中にある恋愛感情の程度を測定するわけです。たとえば，大学生のこうじ君は彼女を思い浮かべて，

	かなりあてはまる		どちらともいえない		まったくあてはまらない
・○○さんのためなら，何でもしてあげるつもりだ。	⑤	4	3	2	1
・○○さんを一人占めしたいと思う。	5	④	3	2	1
私は○○さんを幸せにしてあげたい。	⑤	4	3	2	1

▷3　実際には9段階ですが，説明を簡潔にするために5段階にしておきます。

と回答したとします。3項目いずれについても，5とか4とか高いところに○をつけています。こうじ君は，彼女にぞっこんなようです。一方，同じく大学生のちえちゃんは彼氏を思い浮かべて，

	かなりあてはまる		どちらともいえない		まったくあてはまらない
・○○さんのためなら，何でもしてあげるつもりだ。	5	4	3	2	①
・○○さんを一人占めしたいと思う。	5	4	3	2	①
私は○○さんを幸せにしてあげたい。	5	4	3	②	1

と回答したとします。こうじ君と比べると，1とか2とか低いところに○をつけていますね。ちえちゃんは，どちらかというとあっさりしたお付き合いをする人なのかもしれません。

さて，この場合，得点を合計することが一般的です。こうじ君の愛情得点は$5+4+5=14$点，ちえちゃんの愛情得点は$1+1+2=4$点となります。

このように，心理尺度は「心のものさし」とか「心のはかり」といえるでしょう。もっとも，こうした尺度が，本当に恋愛感情を測っているといえるのか，また，測っているとしてどの程度の精度で測っているのか，といった点は大変重要な点ですが，詳しい説明は省きます。そういったことに関心のある方は本書 エピローグ-2 の読書案内をご覧ください。ここでは，ひとまず，心理学には数字が出てくるんだ，ということがわかっていただけたらと思います。

▷4　具体的には，信頼性と妥当性の話です。

I なぜ心理学に統計が？

心理学と記述統計

1 平均を出してみよう

心理学には数字が出てくること（I-1）は何となくわかっていただけたと思います。それでは、「心理学と統計」について、まずは統計の中でも「記述統計」について話を進めましょう。

「記述」ってどういうことでしょうか。

I-1 で、恋愛感情の例を出しました。ですが、こうじ君とちえちゃん、たった2人だけでした。多くの心理学研究では、もっとたくさんの人に回答してもらいます。

I-1 にあげた恋愛感情尺度の3項目についてたくさんの人（いずれも恋人のいる大学生とします）から回答が得られた場合（こういうものを**データ**といいます）、その各々について、恋愛感情の大きさを出したところ、表1.2.1のようになったとします。ここでは説明を簡潔にするため、男女5人ずつにしてあります。なお、値は適当に作ってありますが、こういうものを仮想データといいます（現実のデータではない、という意味で"仮想"なのです）。以下、本書では、特に断らない限り、仮想データだと思ってください。

▷1 データについては II-1 参照。

表1.2.1 恋愛感情のデータ例

こうじ君	14点	ちえちゃん	4点
たくや君	9点	かなちゃん	15点
しんすけ君	11点	あさこちゃん	9点
けんたろう君	12点	めぐみちゃん	3点
ゆうき君	14点	さちこちゃん	9点

よく、恋愛の男女差が話題になりますよね。そこで、「恋愛感情に男女差はあるか」ということに興味をもった人が、表1.2.1をみて何をするかといえば、男女別に**平均**を出す場合が多いでしょう。

さっそく出してみましょうか。

▷2 平均の求め方については、II-5 参照。

男子学生の平均は、$(14+9+11+12+14)\div 5 = 12$ です。
女子学生の平均は、$(4+15+9+3+9)\div 5 = 8$ です。

この10人で平均をみる限り、男子学生のほうが女子学生よりも恋愛感情が大きいようです。ここでやっていることは、ただ単に平均を出すだけなのですけれど、これはもうすでに心理統計です。心理尺度を使ってデータをとって、そ

こから平均という統計的な値を算出しているからです。

心理統計というと，何となく，ものすごく敷居の高い感じがする人も多いかもしれませんが，私たちが普段使っている平均だって，立派な心理統計です。もちろん，たかが平均されど平均で，平均も注意して使う必要があります。

ここでは，何もごちゃごちゃと難しい計算をするだけが心理統計じゃないんだ，と思ってくだされればいいかと思います。難しい計算をしたばかりにかえって真実から遠ざかってしまうこともあるでしょうから…。ただ，本書に書かれている内容については理解しておいてほしい，と私たちは思っています（いずれも私たちが重要だと思ったことばかりですから）。

▷3 厳密にはこれを**統計量**といいます。IV-1 参照。

▷4 この点については II-5 参照。

❷ 記述統計

一般には，データを得たら，まずそのデータを眺めてみます。表1.2.1をみると，男子学生は，おおむね10点以上で恋愛感情は比較的大きいな（満点は5×3＝15点ですから），一方，女子学生は，15点もいるけれど，3点，4点もいて，全体的にみると恋愛感情は小さそうだな，また5人でばらつきが大きいな，ということが何となくわかります。

表1.2.1の場合は10人と少ないですけれど，もっと多い場合には，図表にしてみるとわかりやすくなるでしょう。そして，図表化した後に，各データの平均を出したり，あるいは，ばらつきの大きさ（これを**散布度**といいます）を計算したりして，データをある値にまとめてみるわけです（このような"まとめ作業"を**数値要約**といいます）。なぜまとめるのかといえば，もっともっとたくさんのデータになると，それらをぼーんとみせられたところで，何が何だかわからないからです（たとえば，1000人分の恋愛感情得点をそのままみせられても，膨大な数字の並びに圧倒されてしまうだけでしょう）。そこで，データのもつ情報をわかりやすくするために，得られたデータをまとめて，「このデータの特徴は○○ですよ」と記述する統計を，**記述統計**といいます。

本書では，まずIIで1つの変数についての記述統計を，次にIIIで2つの変数についての記述統計を詳しく解説します。

表1.2.1のデータの特徴は，平均を用いて「女子学生よりも，男子学生のほうが恋愛感情が大きい」と記述することができました。記述統計の視点からの分析はここでおしまいです。しかし，分析にはもう1つ違う視点があります。それは**推測統計**という視点です。

手元にあるデータを記述することは大事なことですが，「今手元にあるデータ以外のデータではどうなるのだろう」という点について教えてくれる統計，それが，推測統計といわれるものです。

▷5 データの図表化については II-4 参照。

▷6 散布度については II-6 参照。

▷7 数値要約については II-5 参照。

▷8 変数については II-1 参照。

Ⅰ なぜ心理学に統計が？

 ## 心理学と推測統計

1 心理学研究で多用される推測統計

Ⅰ-2 で紹介した「記述統計」に続いて，統計の中でも「推測統計」に話を移してみましょう。心理学研究では，この推測統計の方法は多用されています。杉澤（1999）▷1は，1992年から1996年までの5年間に発行された『教育心理学研究』に掲載されている全論文250編のうち，まったく検定をおこなっていなかった論文が28編あったとしています。この**検定**というのは，**統計的仮説検定**のことで，推測統計の中でもしばしば使われる一般的な手法ですが，詳しくは Ⅴ をみてください。ここではひとまず，「検定というのは，推測統計の手法の1つである」という程度でいいと思います。

「全論文250編のうち，まったく検定をおこなっていなかった論文が28編」ということは，90%近く，つまりほとんどの論文で検定を使っているということに他なりません。これは何も教育心理学研究だけではなくて，心理学の他分野でもほぼ同様だと思います。臨床心理学の一部など，統計があまり使われない領域もありますが，心理学研究全体からみるとその割合は小さなものでしょう▷2。

とにかく，心理学では推測統計がよく使われている，という現状はわかっていただけると思います。それでは，なぜ心理学研究に推測統計が使われるのでしょうか。先の例をもとに説明しつつ，本書の大まかな流れを描いておきましょう。

2 推測する

○一般的にはどうなのか

Ⅰ-2 の表1.2.1のデータからは，「女子学生よりも，男子学生のほうが恋愛感情が大きい」という結論がひとまず導かれました。10人のデータの平均を出すことによって，10人のデータをわかりやすく記述したわけです。ですが，この結論を聞いて，納得のいかない人はおそらく多いでしょう。「私のまわりの女友達はみんなラブラブで，男友達はみんな淡白な人ばかりなの」という女性がいてもおかしくありません。これはどういうことかというと，今得られたデータ以外のデータだったら，話が違うことがありうる，ということですね。

心理学では「一般的にはどうなのか」ということが重視されます。表1.2.1のデータであれば，この10人をこえたところの話を知りたいわけです。10人は

▷1 杉澤武俊 1999 教育心理学研究における統計的検定の検定力 教育心理学研究, **47**, 150-159.

▷2 尾見（1997）では，雑誌『心理学研究』で，1948-1995年までの間で検定が利用されている割合を調べていますが，80年代以降は90%前後で安定しているようです。参考までに海外の様子は，たとえばRossi（1990）などにまとめられていますが，こちらにおいても，検定が多用されている現状は変わりません。
尾見康博 1997 研究法の変遷 佐藤達哉・溝口元（編）通史 日本の心理学 北大路書房
Rossi, J. S. 1990 Statistical power of psychological research: What have we gained in 20 years? *Journal of Consulting and Clinical Psychology*, **58**, 646-656.

あくまで，得られた手元のデータに過ぎないのです。手元のデータという小さな世界をこえて，「一般的にいうと，男子学生，女子学生，どちらが恋愛感情が大きいのか」，こうした問題を明らかにするのが心理学研究の多くのあり方だと思います。そのためには，表1.2.1のようなデータを図表化して平均などを出して，「このデータの特徴は○○ですよ」と記述するだけでは不十分であるといわざるを得ないでしょう。

〈一般の世界〉　日本全国の恋人有の男子学生　日本全国の恋人有の女子学生
　　　　　　　　　　　　↑　　　　　　　　　　　↑
〈手元の世界〉　恋人有の男子学生5人　　　　恋人有の女子学生5人

図1.3.1　背後に広がる世界への一般化

○背後の世界を推測する

図1.3.1をみてください。「一般」といった場合，手元にあるデータの背後にある大きな世界を想定しています。具体的には，「恋人有の男子学生5人」の背後には「日本全国の恋人有の男子学生」という世界を，「恋人有の女子学生5人」の背後には「日本全国の恋人有の女子学生」という世界を，それぞれ想定しているわけです。

そうであれば，理想的には，「日本全国の恋人有の男子学生」「日本全国の恋人有の女子学生」全員に心理尺度に回答してもらえば，男女どちらの恋愛感情が大きいかはっきりするわけですが，それを実際にやってもらうのはとても難しいですよね[3]。そこで，今手元にある限られたデータを用いて，背後に広がる大きな世界を推測しようと考えるわけです。

この場合，手元のデータを記述する記述統計とは違うアプローチが必要になります。このアプローチは，手元のデータから背後の世界のあり方について推測するということで，**推測統計**とよばれます。この点について，Ⅳ，Ⅴで詳しく解説します。

なお，勘のよい方はすでにお気づきだと思いますが，ここでいう「背後に広がる一般の世界」のことを**母集団**といいます。対して，手元にあるデータのことを**標本**といいます。母集団と標本，もはや日常語になっているかもしれませんが，こうした用語の厳密な意味につきましても，Ⅳ-1で詳しく説明します。

3 本書のこれからの流れ

以上，恋愛感情の大きさを例に，記述統計から推測統計へと，話を進めてきました。本書のこれからの流れも，これとまったく同じで，以下，記述統計の説明（Ⅱ，Ⅲ），推測統計の説明（Ⅳ，Ⅴ）となっています。それでは，気の早い読者の方のために，先回りして，実際に心理学研究でどのように統計が使われているか，簡単に紹介しておきましょう。

▷3　日本全国の学生の調査には，膨大な時間，労力，費用がかかりますよね。

I なぜ心理学に統計が？

 心理統計の実際

以下では，「こういうことを知りたいときにはどんなことをしたらよいか」ということについて，いくつかのパターンをあげて説明していきます。この部分は「先取り」ですから，この本ではじめて心理統計の勉強をはじめるという方には難しいでしょう。「何のことだかさっぱりわからん」と感じるかもしれませんが，今の時点ではそれでかまいません。以下に書いたことがらは，心理学実験のレポート作成や卒業論文執筆の際に，「こういうデータにはどういった方法を使えばよいのか？」という問いに答えるものになっています。ですから，皆さんが今後心理統計を学んでいく中で，いろんなことがらがごっちゃになってしまったときに，もう一度この部分を振り返って読んでもらいたいと思います。あるいは，この本をすべて読み終えたときに改めてここを読み返してみてください。自分が学んできたことを整理できるでしょう。

▷1　いずれのパターンもこれから本書でとりあげる内容ですので，そこに書かれていることが，本書のどこをみれば載っているのかについても記してあります。

▷2　巻末の統計手法早見表には，「こういうデータにはどういう統計が適用できるのか」という問いに答えるために，テキストで紹介した方法をまとめてあります。そちらもあわせて確認してください。

▷3　量的変数については II-1 参照。

〈パターン1〉1つの量的変数についてまとめたいとき

> I-2 の表1.2.1のデータについて，男女ごとに，恋愛感情得点の値をまとめたいときはどうすればよいでしょうか？

量的変数についてその値をまとめることを考えます。このように，値をまとめることを**数値要約**といいます。データの数値要約には，**代表値**と**散布度**がよく利用されます。ここでは，代表値として**平均**，散布度として**標準偏差**を求めてみましょう。

表1.4.1　恋愛感情得点（男性・女性）とその平均・標準偏差

男	恋愛感情	女	恋愛感情
こうじ	14	ちえ	4
たくや	9	かな	15
しんすけ	11	あさこ	9
けんたろう	12	めぐみ	3
ゆうき	14	さちこ	9
平均	12	平均	8
標準偏差	1.90	標準偏差	4.29

$$男性の平均 = \frac{14+9+11+12+14}{5} = 12$$

$$女性の平均 = \frac{4+15+9+3+9}{5} = 8$$

分散は以下の式で求めます。標準偏差は分散の正の平方根です。

$$男性の分散 = \frac{(14-12)^2+(9-12)^2+(11-12)^2+(12-12)^2+(14-12)^2}{5} = 3.6$$

$$女性の分散 = \frac{(4-8)^2+(15-8)^2+(9-8)^2+(3-8)^2+(9-8)^2}{5} = 18.4$$

▷4　たとえば $\sqrt{3.6}$ は厳密には1.90ではありませんが，本書では「だいたい等しい」という意味でイコールの記号を使う場合があります。

よって，標準偏差は，男性が $\sqrt{3.6}=1.90$，女性は $\sqrt{18.4}=4.29$ となります。代表値については II-5 ，散布度については II-6 をみてください。

〈パターン2〉同じ人たちに対して測定された2つの得点を比較したいとき

> 同じ5人の男子大学生に対して,「恋愛感情」に加えて, 同じような質問形式で「孤独感」についても測定したとしましょう (表1.4.2)。こうじ君は恋愛感情得点でも14点, 孤独感得点でも14点でした。この14点を「同じ大きさ」と考えてよいのでしょうか? つまり, この5人の中で, こうじ君の孤独感は, 恋愛感情と同じように「上位」だとみなしてかまわないのでしょうか?

得点を**標準化**することにより, ある個人の得点について, その集団の中での相対的な位置を知ることができるようになります。標準化した得点どうしは, 同じ集団に対して標準化されているものであれば, お互いに比較することができるようになります。逆にいえば, 標準化しないまま (表1.4.2の状態) ですと, 同じ集団のデータでもお互いに比較はできません。得点を標準化するためには, 平均をひいて標準偏差でわるという操作をします。

たとえば, こうじ君の恋愛感情得点は14点ですが, これを標準化するには, 平均12をひいて, 標準偏差1.90でわればいいということです。よって,

$$\frac{14-12}{1.90} = 1.05$$

こうじ君の恋愛感情得点を標準化すると, 1.05となりました。以下, 同様にして男子大学生5人の恋愛感情得点と孤独感得点を標準化したものが, 表1.4.3です。

こうじ君については, 恋愛感情得点は5人の中で上位ですが (1.05と, ゆうき君と並んでトップですね), 孤独感得点については真ん中くらいであることがわかります (0.26で, 5人の中でちょうど真ん中の値です)。なお, 標準化することで求められる得点を**標準得点**, あるいは **z 得点**といいます。標準化については II-7 で学びます。

▷5 z 得点を10倍し50を加えたものが**偏差値**です。

表1.4.2 恋愛感情得点と孤独感得点 (男性)

名前	恋愛感情	孤独感
こうじ	14	14
たくや	9	8
しんすけ	11	9
けんたろう	12	16
ゆうき	14	18
平均	12	13
標準偏差	1.90	3.90

表1.4.3 標準化した後の恋愛感情得点と孤独感得点 (男性)

名前	恋愛感情	孤独感
こうじ	1.05	0.26
たくや	−1.58	−1.28
しんすけ	−0.53	−1.03
けんたろう	0.00	0.77
ゆうき	1.05	1.28

〈パターン3〉 2つの量的変数の間の関係を調べたいとき

〈パターン2〉の表1.4.2のデータについて，恋愛感情得点と孤独感得点という2つの得点の関係（たとえば，孤独感の大きい人は恋愛感情も強くなるか，といった関係があるかどうかに興味がある場合を考えてみてください）を調べたい場合はどうすればよいでしょうか？

2つの量的変数の間にどのような関係があるかを調べたい場合は，**共分散**や**相関係数**といった指標を利用することができます。共分散は，**平均からの偏差**の積の平均です。共分散は次のようになります。

▷6 平均からの偏差については II-6 参照。

▷7 共分散は s_{xy} という記号であらわされます。

$$s_{xy}=\frac{(14-12)(14-13)+(9-12)(8-13)+(11-12)(9-13)+(12-12)(16-13)+(14-12)(18-13)}{5}=6.20$$

相関係数は，共分散を2変数各々の標準偏差でわることで求められます。

▷8 相関係数は r_{xy} という記号であらわされます。

$$r_{xy}=\frac{6.20}{1.90\times 3.90}=0.84$$

こうして，共分散は6.20，相関係数は0.84と求められました（表1.4.4参照）。相関係数の0.84という値は「強い正の相関がある」と解釈されます。強い正の相関があるというのを具体的にいいますと，孤独感が強くなれば，恋愛感情も強くなるという傾向が強いということになります。また，図1.4.1は2つの量的変数の関係を散布図にしたものです。**散布図**とは，平面上にそれぞれの人の2つの量的変数の値をプロット（点を打っていくこと）したものです。この散布図をみると，右上がりの直線関係があることがわかります。散布図については III-1 ，共分散については III-2 ，相関係数については III-3 ， III-4 をそれぞれ参照してください。

表1.4.4 恋愛感情得点と孤独感得点の関係（男性）

名前	恋愛感情	孤独感
こうじ	14	14
たくや	9	8
しんすけ	11	9
けんたろう	12	16
ゆうき	14	18
平均	12	13
標準偏差	1.90	3.90
共分散	6.20	
相関係数	0.84	

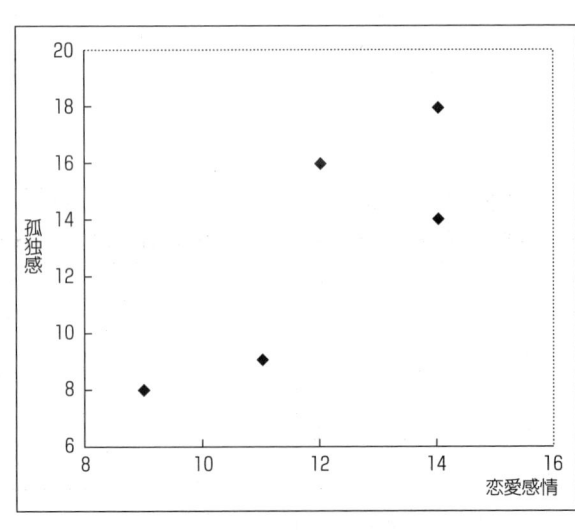

図1.4.1 恋愛感情得点と孤独感得点の散布図（男性）

〈パターン４〉２つの質的変数の間の連関を調べたいとき

〈パターン１〉と同じ10人の大学生に対して，タバコを吸うか・吸わないか（喫煙習慣の有無）についても聞いたとします（表1.4.5）。男女によって喫煙習慣に違いがあるかをみたいときはどうすればよいでしょうか？

質的変数どうしの関係のことを，**連関**といいます。以下で，連関をみるための方法を紹介します。まずは，**クロス集計表**があります。この表1.4.6は，「男か女か」，「吸うか吸わないか」で，各々２つあるので，**2×2クロス集計表**とよばれます。

この２×２クロス集計表（表1.4.6）で，「計」のところに書かれた５，５と４，６という値を**周辺度数**といいます。また，10という値を**総度数**といいます。このクロス集計表をみると，男は５人中３人が吸っているので喫煙率は60％，女は５人中１人が吸っているので20％です。男のほうが喫煙率が高く，性別と喫煙には連関がありそうだということが，クロス集計表をみてわかります。

さらに，質的変数間の連関の強さを示す指標として，**クラメールの連関係数**，**ファイ係数**などがあります。表1.4.6のクロス集計表について，これらの値を求めると以下のようになります。

$$\text{クラメールの連関係数}：V=\sqrt{\frac{\chi^2}{n}}=\sqrt{\frac{1.67}{10}}=0.41$$

$$\text{ファイ係数}：\phi=\frac{3\times4-2\times1}{\sqrt{5\times5\times4\times6}}=0.41$$

クラメールの連関係数の式で，χ^2は**カイ２乗値**です。これは**観測度数**と**期待度数**のズレをあらわす指標で，ズレが大きいほどχ^2は大きな値をとります（χ^2の計算方法はここではとりあげていませんが，気になる方は，V-11，V-12 をみてください）。nはクロス集計表における総度数です。ファイ係数の式をみると，クロス集計表の４つの観測度数（３，２，１，４）の演算を，周辺度数どうしをかけて平方根をとったもの，でわっていることがわかります。また，クラメールの連関係数とファイ係数はともに値が0.41となっています。これはファイ係数の絶対値＝クラメールの連関係数という関係があるためです。

これらについては III-5 ，および，コラム３をみてください。

▷9 質的変数については II-1 参照。

表1.4.5 喫煙習慣（男性・女性）

名前	性別	喫煙習慣
こうじ	男	吸わない
たくや	男	吸う
しんすけ	男	吸わない
けんたろう	男	吸う
ゆうき	男	吸う
ちえ	女	吸わない
かな	女	吸わない
あさこ	女	吸わない
めぐみ	女	吸う
さちこ	女	吸わない

表1.4.6 ２×２クロス集計表

	吸う	吸わない	計
男	3	2	5
女	1	4	5
計	4	6	10

▷10 こうした２変数の連関については，推測統計の観点からは，独立性の検定をおこなうことができます。これは心理や教育ではよく利用される方法です。V-12 を参照してください。

▷11 観測度数，期待度数については V-11 参照。

〈パターン5〉より大きな集団へ一般化したいとき。特に，2つのグループの平均を比較したいとき

〈パターン1〉の表1.4.1の10人の大学生のデータから得られた結果について，背後にあるもっと大きな集団，たとえば「日本全国の恋人のいる大学生」に対しても同じことがいえるかどうかを検討したいとします。つまり，手元にある10人の大学生のデータでは，恋愛感情には男女差があるという結果が得られたわけですが，この事実は，たまたまこの10人だからいえたことに過ぎないのか，あるいはそうした「たまたま」という偶然性をこえて，異なるデータでも同じことがいえるのか，について調べたいとします。どうすればよいでしょうか？

表1.4.7 恋愛感情得点（男性・女性）

男	恋愛感情	女	恋愛感情
こうじ	14	ちえ	4
たくや	9	かな	15
しんすけ	11	あさこ	9
けんたろう	12	めぐみ	3
ゆうき	14	さちこ	9
平均	12	平均	8
分散	3.60	分散	18.40

10人の大学生から得られた結果（恋愛感情得点の男女差）が，背後にあるより大きな集団（日本全国の恋人のいる大学生）へと一般化できるかどうかを検討したい場合は，**統計的仮説検定**とよばれる方法を利用します。

特に，この問いのように，男女差や2つのクラスの比較などに関心があるとき，つまり2群の平均値について検討をおこなうときには，**t 検定**（この場合は**独立な2群の平均値差に関する t 検定**とよばれる方法となります）を用いることができます。検定には以下の5つの手順があります。

1. **帰無仮説**と**対立仮説**を設定する。
2. **検定統計量**を選択する。
3. **有意水準 α** の値を決める。
4. データより**検定統計量の実現値**を求める。
5. **棄却域**を求め，帰無仮説を棄却するかどうか判断する。

▷12 以下の計算は，Ⅵ-3 の側注4の式を用いています。

データより検定統計量 t を求めると，以下のように $t=1.71$ となります。

$$t=\frac{12-8}{\sqrt{\dfrac{3.60+18.40}{5-1}}}=\frac{4}{\sqrt{5.50}}=1.71$$

自由度8の t 分布より，**両側5％水準**の場合の棄却域は，$t \leq -2.306$，$t \geq 2.306$ となります。データより求められた t の値1.71はこの棄却域に入らないので，帰無仮説は棄却されず，検定の結果は有意にはなりません。つまり，この10人のデータから得られた「男女差がある」という結果は，「たまたまこの10人だったから差が出た」という偶然性を否定できるほどではなかったということになります。統計的仮説検定は Ⅴ を，t 検定は Ⅵ をみてください。

▷13 いいかえると「偶然の範囲内で，たまたまこれくらいの差が出ることもある」ということです。

〈パターン6〉より大きな集団へ一般化したいとき。特に，3つ以上のグループの平均を比較したいとき

> 恋人がいるかいないかによって，恋愛感情得点に差があるかどうか，検討することにしました。恋人がいる・恋人はいないが片思いの相手はいる・恋人も片思いの相手もいない，という3つのグループについて，それぞれ5人ずつの男子大学生を集めました(表1.4.8)。3つのグループで，恋愛感情得点に差があるかどうか調べたいのですが，手元にあるこの15人のデータをこえて，その背後にあるより大きな世界へと一般化できるだけのはっきりとした差はあるといえるでしょうか？

▷14 「恋人も片思いの相手もいない」人については，「仮に好きな人がいたとしたら」として恋愛感情尺度に答えてもらったと考えてください。

3つ以上のグループについて平均値の有意性を検討する場合は，t検定ではなく**分散分析**を適用します。細かい計算方法については後回しにしますが，表1.4.8のデータから表1.4.9のような分散分析表を導くことができます。

この分散分析表より，データから求めた検定統計量Fの値は9.32となります。分子の自由度2，分母の自由度12の**F分布**より，有意水準5％のときの棄却域を求めると，$F \geq 3.89$となるので，データから求めた検定統計量の値は棄却域に入ります。よって，5％水準で有意差ありという結論が得られます。3つのグループについて「恋愛感情得点」に有意な差があるということになるわけです。この結果から，手元のデータの背後にあるより大きな集団への「結果の一般化」について検討することができるようになります。分散分析については Ⅶ をご覧ください。また，このようなデータにt検定を適用できない理由についてはコラム6を読んでください。

表1.4.8　恋人の有無（3グループ）による恋愛感情得点の違い（男性）

恋人あり	恋愛感情	片思い中	恋愛感情	恋人なし	恋愛感情
こうじ	14	ひろし	12	あきら	6
たくや	9	しんいち	9	たけとし	7
しんすけ	11	まなぶ	11	かずひろ	5
けんたろう	12	てつお	5	なおや	8
ゆうき	14	けんいち	8	こういち	4
平均	12	平均	9	平均	6

表1.4.9　分散分析表

変動要因	平方和	自由度	平均平方	F
群間	90	2	45.00	9.32
群内	58	12	4.83	
全体	148	14		

*

以上，先取りとして，本書の見取り図を描いておきました。繰り返しになりますが，現時点では，ここに書いてあることがわからなくても問題ありません。ここまでは，いわば導入の部分です。これからがいよいよ本番です。頑張ってついてきてくださいね。

II　1つの変数の特徴を記述しよう

　データとは

1　データと変数

　たとえば，身長は人によって違います。また，同じ人であっても身長は変化するものです（年単位という長い期間をおいた成長による変化かもしれませんし，1日の中でも，朝と夜では身長が多少変わることもありますね）。このように，「個人や状況によって値が変わるもの」を**変数**といいます。そして，たとえば身長という変数について，150cm，155cm，160cm…というようにたくさんの人の値を集めたもの，これを**データ**とよびます。先に例にあげた恋愛感情得点，これは変数です。そして，この恋愛感情得点を何人かについて調べてまとめたもの，それがデータということになります。心理統計の主な目的の1つは，調べたい変数についてデータを収集し，分析して，その変数の特徴についてまとめること，ということができるでしょう。

2　質的変数と量的変数

　I ではさまざまなデータを示しました。たとえば，I-2 の表1.2.1も I-4 の表1.4.5もデータです。でも，表1.2.1の「恋愛感情の大きさ」という変数と表1.4.5の「喫煙習慣の有無」という変数はずいぶん違う感じがすると思います。もちろん，どちらも「変数」には違いありません。喫煙習慣は人によって「吸う」か「吸わない」の2とおりに変化しますし，恋愛感情の大きさはさまざまな値に変化します。それではこの2つの変数の違いはどこにあるのでしょうか。
　「喫煙習慣の有無」とか「性別」といった変数は**質的変数**といい，「恋愛感情の大きさ」とか「身長」といった変数は**量的変数**といいます。具体的に説明しましょう。質的変数とは，一言でいえば「分類」する変数です。たとえば，被験者を，「たばこを吸うか吸わないか」に分類するわけです。この変数は，量の違いを問題にしません。もちろん，「たまに吸う」とか「ヘビースモーカー」とかいろいろあるわけですが，この両者はともに「吸う」に分類されます。このように，たとえば「吸うか吸わないか」のような質的な違いにのみ注目するのが，質的変数です。その他の例として，「あなたの血液型は？」という変数も，質的変数です。被験者を，A型，B型，O型，AB型，のどれか1つに「分類」するからです。このように，質的変数には順序がありません。4つの血液型は，すべて同列に扱います。また，喫煙習慣がある人もない人も同列で

▷1　文脈によっては，「集めたもの全体」ではなく，たとえば「150 cm」といった個々の値を「データ」という場合もあります。本書では，「集めたもの全体」を指すときは「データ」，個々の値を指すときは「データの値」と書くようにしています。また，「データ数」あるいは「データの個数」といった場合には，「データに含まれる値の個数」を，「○個のデータ」といった場合には，「データの集まりが○個ある」ということを意味するよう書いています。

▷2　I-2 の復習になりますが，このように，データのもつ情報を集約して「このデータの特徴は○○ですよ」と記述する統計を記述統計といいます。

▷3　「被験者」とは，研究の対象者のことです。

す。ですから，「吸う」に「1」という数字を割り振り，「吸わない」に「2」と割り振っても，逆に，「吸う」に「2」という数字を割り振り，「吸わない」に「1」と割り振っても，問題はありません。血液型についても同じです。以上，分類することを目的とした変数が，質的変数です。

　それでは，量的変数とは何でしょうか。一言でいえば，「量の大小」が問題になる変数です。質的変数のようにそれぞれの値が同列ではなく，その変数がとる値の間に何らかの大小関係が考えられる場合です。たとえば，「恋愛感情の大きさ」に関する下記の項目について，

	かなりあてはまる	あてはまる	どちらともいえない	あてはまらない	まったくあてはまらない
・○○さんのためなら，何でもしてあげるつもりだ。	5	4	3	2	1

かなちゃんは「5」に○をつけ，さちこちゃんは「3」に○をつけたとします。このときの「5」と「3」という値を同列に扱うことはできません。「5」と「3」という数値の大小関係は，そのまま恋愛感情の大きさの大小関係を反映します。つまり，「5」を選んだかなちゃんのほうが，「3」を選んださちこちゃんよりも恋愛感情が大きいということです。ですから，このような項目について，「かなりあてはまる」に「3」を，「どちらともいえない」に「5」という数値を割り当てたとしたら，これは問題です。実際には，恋愛感情の大きさについて「かなちゃん＞さちこちゃん」なのに，数字の上では「かなちゃん＜さちこちゃん」と逆になってしまうからです。また，身長であれば，173cm の人と152cm の人では，173cm の人のほうが152cm の人よりも背が高いといった，背の高さという量に関する大小関係があることは明らかでしょう。このように，量的変数とは，何らかの量をどの程度もっているか，についてあらわしたものといえます。以上，異なる値どうしを同列と扱えるか，その間に大小関係が存在するか，という点が，質的変数と量的変数の違いです（図2.1.1）。

▷4　厳密にはこの1項目だけで恋愛感情の大きさが測られるわけではありませんが，ここでは簡単のために，この1項目への回答が恋愛感情の大きさをあらわすものとしておきます。

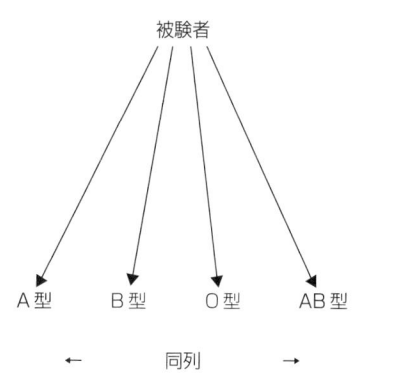

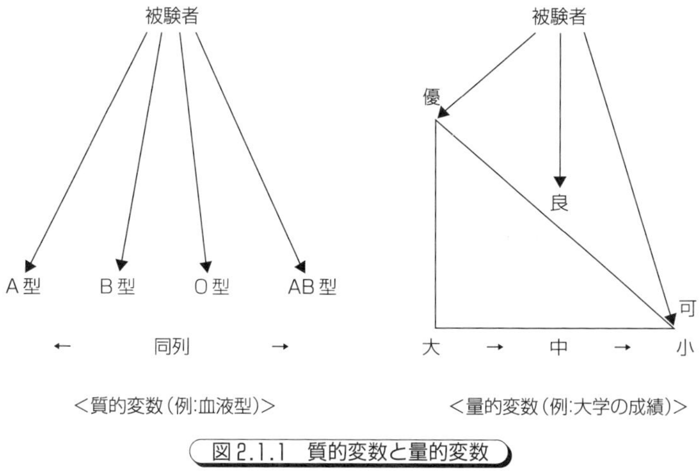

図2.1.1　質的変数と量的変数

3 離散変数と連続変数

ここまでのところで，質的変数と量的変数の違いについては理解していただけたと思います。実は，量的変数はさらに2種類に分類することができます。それは，離散変数と連続変数というものです。

離散変数というのは，恋愛感情尺度のように，「5・4・3・2・1」という「とびとびの値」しかとらないものです。サイコロの目とか，家族の人数などもこの離散変数に当てはまります。サイコロの目は，「1・2・3・4・5・6」のどれかしかありえないわけで，たとえば「3.94」といった間の値はないです。これが「とびとびの値しかとらない」という意味です。

一方，このようにとびとびの値だけをとるのではない量的変数も存在します。たとえば，身長について考えてみましょう。身長が173cmといっても，より正確に測ることができる身長計を用意したら，ぴったり173cmにはならないかもしれません。173.24cmとか173.85cmのようにより細かくなるでしょう。さらに，もっと正確で小数点以下いくらでも計れるような超高性能な身長計があったらどうなるでしょう。173.2431…cmとどこまでもきりがないことになります。このように考えると，173cmと174cmの間には数が「無限に存在」することになります（逆にいえば，身長173cmという値で表現するのは，測定装置の精度の問題（普通の身長計では，そこまで正確には測れない）や実用上の問題（より正確にということで「身長173.123456cm」といわれても，細かすぎて逆に困ってしまう）ということができるかもしれません）。このような量的変数を**連続変数**といいます。時間や温度などもこの連続変数の例です。サイコロの目と違って，小数点以下どんどん細かくしていけますよね。以上，変数の種類について，図2.1.2にまとめておきました。

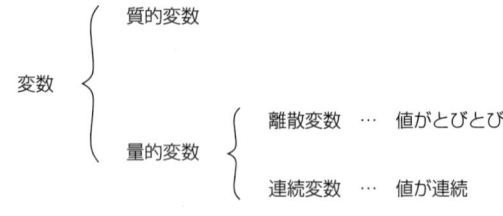

図2.1.2 変数の種類

連続変数と離散変数の違いについて述べましたが，この区別は実は難しいところがあります。具体的には，連続変数を離散変数のように扱う場合があります。上記で，恋愛感情尺度が「5・4・3・2・1」と「とびとびの値」をとることから，離散変数であると説明しました。しかし，こうした変愛感情尺度を連続変数とみなすべきという意見もあるのです。たとえば，森・吉田(1990)では，「データが1〜5までの整数値しかとりえないので離散変量のように思われるが，段階をより細かくして測定することは可能であり，このよう

▷5 エピローグ-2 参照。

なデータは，本来は連続変量のものとみなすのが妥当であろう」（p.5）と述べられています。また，山内（1998）[6]は，「連続―離散変数という区別は，理論上の区別であり，実際の測定では，測定値を離散的として取り扱う場合が多い」（p.5）と述べています。

　このことは，皆さんおなじみのテストの得点にも当てはまることです。数学のテストを例に考えてみましょう。数学のテストは，数学の能力を測るためのものです。しかし，数学の能力というのは，実際に目でみることはできません。このような，目でみることのできない変数のことを**潜在変数**といいます。そこで，テストというものさしを用いて，潜在変数であり，かつ，連続変数である数学の能力を測定しようとするわけです。もし，このテストが10点満点のテストであれば，これは離散変数とみなすのが普通ですよね。しかし，テストが800点満点[8]だったらどうでしょう。これはもう連続変数と考えてもよいのではないでしょうか。段階をより細かくして測定することで，本来の姿である連続変数に近づけることができる，ということです。

　このように離散変数か連続変数かの区別は実はかなり難しいのですが，本書では「得られたデータがとびとびか連続か」ということで，話を先に進めることにしましょう。

❹ 質的・量的変数とデータの扱い

　それではなぜ，質的変数，量的変数，という区別が重要になるのでしょうか。それは，量か質かによって，そのデータの扱いが違ってくるからです。

　質的変数として，「性別」を考えてみましょう。被験者が4人いて，うち男性が3人，女性が1人で，男性に「1」，女性に「2」と数字を与えたとしましょう。このとき，平均を出してみようということで，（1＋1＋1＋2）÷4＝1.25と計算したとします。何だか変ですよね。1.25という数字は，2よりも1に近いという意味では，「男性のほうが多い」ということをあらわしていると考えることができそうです。しかし，男女しかいない世の中で1.25は意味不明です（数字でいえば，1か2かのどちらかですから）。

　しかし，4人の被験者の身長の平均を出すのはごく普通のことです。たとえば，4人の身長の平均を，（150cm＋160cm＋163cm＋167cm）÷4＝160cmと計算した場合も，計算後の160cmという値は意味をなしますよね。

　このように，量的変数ではたし算やひき算を用いてデータを扱う（データを処理する）ことが可能です[9]。しかし，質的変数では，こうしたデータ処理は意味をもちません。これが，変数の種類によってそのデータの扱いが異なるということの説明です[10]。以下，こうした変数の違いによる処理方法の違いについて，より詳細にみていくことにします。

▷6　山内光哉　1998　心理・教育のための統計法　第2版　サイエンス社

▷7　0点，1点，2点，…，10点と全部で11段階あることになります。

▷8　0点，1点，2点，…，800点と全部で801段階あることになります。

▷9　厳密には，間隔尺度以上の量的変数では，となります。順序尺度は量的変数であってもたし算やひき算はできませんので。間隔尺度，順序尺度については II-2 を参照してください。

▷10　II-2 で詳しく述べます。

II　1つの変数の特徴を記述しよう

 **尺度水準**

1　「量か質か」をこえて

II-1で，質的変数と量的変数という区別をしましたが，よく考えてみると，この2つの区分だけでは不十分な点があります。

同じ量的変数であっても，「通知票の5段階評価」と「身長」とではずいぶん話が違うのでは，と思います。たとえば，通知票の5段階評価で，国語が5だったAさんと，3だったBさん，1だったCさんがいたとすると，この3人の国語の差は各々2ずつとなりますが，AさんとBさんの国語の実力の差と，BさんとCさんの国語の実力の差が本当に等しいかといわれたら，ちょっとそうはいえないでしょう。一方，身長175cmのAさん，身長173cmのBさん，身長171cmのCさんを考えると，AさんとBさんの身長の差と，BさんとCさんの身長の差は，ともに2cmで本当に等しいといえます。

どちらの例も，同じ2単位の差ではありますが，この2単位の差を常に等しい大きさのものとみなせるか否かという点で2つの変数は異なっています。こうした意味で身長のほうが通知票の5段階評価よりも「高性能」な変数といえそうです。この「どの程度性能が高いか」という観点から，質的変数と量的変数をさらに分類してみましょう。

2　4つの尺度水準

I-1で出てきた恋愛感情尺度の**尺度**とは，何かを測定するときに必要となる「ものさし」のことです。何も心理尺度に限らず，身長計も体重計も尺度です。

しかし，身長計・体重計も心理尺度も同じ尺度とはいえ，大きな違いがあります。それは，先に述べた「性能の高さ」です。体重計ですと，0 kgであれば重さがまったくないということですが，たとえば，数学のテストで0点をとったとしても，その人には数学の学力がまったくないとはいえません。また，先ほど述べたように，同じ2単位の差でも，身長の2 cmの差と，5段階評価の2段階の差とでは，前者の2 cmの差のほうがより精密です。▷1

このように，どうやら，尺度によって精密さが異なる，つまり，尺度には異なる「ランク」が存在するようです。この「尺度の性能のランク」のことを**尺度水準**といいます。尺度には4つの水準（ランク）があります。水準の高いものから（より高性能なものから）順に説明していきましょう。

▷1　「精密」とは「情報量が多い」ともいいかえることができるでしょう。

◯ 比率尺度（比尺度）

身長計，ストップウォッチ，などは**比率尺度**です。この比率尺度で測られた変数は，重さ，時間のように0（すなわち，重さならば0 kg，時間ならば0秒といった数値）が「何もない」ことを示します。このように0が「何もない」ことを示すことを，「（0という）絶対的な原点をもつ」といいます。だから，体重80kgは体重40kgよりも2倍重い，というように，測定された値どうしの関係を「何倍か」という形で表現できます（これは，体重が0という絶対的な原点をもっているからこそ可能なことなのです）。

このように，0という原点が「何もない」ことを意味し，倍数の関係を問題にできるのが，比率尺度です。比率尺度では，たし算・ひき算・かけ算・わり算，すなわち四則演算がすべて可能になります。

◯ 間隔尺度

温度計が**間隔尺度**の例です。温度計で測られた摂氏温度は，0度であっても，その0は「温度が何もない」ことは意味しません（冬は零下になりますから）。絶対的な原点をもたないので，「摂氏20度」は「摂氏10度」の2倍暖かいということはいえませんから，比率尺度のように倍数関係を問題にできません。でも，摂氏8度と摂氏7度の1度の差は，摂氏2度と摂氏1度の1度の差と，「同じだけの熱の量」という意味で等しいので，目盛りが等間隔です。

このように，倍数関係は問題にできませんが，どこの目盛りの間隔でも等しいのが間隔尺度です。間隔尺度では，たし算とひき算が可能になります。

◯ 順序尺度

ある高校で成績のよい順に「1位，2位，3位…」と順位をつけることがその例です。順位は「1位＞2位＞3位＞…」の順に成績がよいことを示しますが，「1位と2位の差」＝「2位と3位の差」というわけではありませんから（たとえば，1位だけがずばぬけてできる人かもしれませんから），間隔尺度のように等間隔ではありません。しかし，1位，2位，3位，という順位の数字が小さいものがより成績がよいことを意味するという関係は常に成り立っているので，順序性はあります。これをたとえば，成績のよい順に「5位，14位，3位，80位，…」のようにデタラメに数字を割り当てることはできませんよね。

また，この**順序尺度**については，四則演算（たし算・ひき算・かけ算・わり算）はできません。たとえば「1位＋2位＝」とか「2位×3位＝」というような計算は変ですよね。

◯ 名義尺度

たとえば，下記のような質問項目は**名義尺度**です。

- あなたの好きなコンビニエンスストアはどれですか。
  1.セブンイレブン，2.ローソン，3.ミニストップ，4.ファミリーマート，5.サンクス

▷2　以下の2つの直線をみてください。

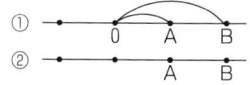

①では，常に「（長さが）0」とみなせる点が決められているので「BはAの2倍」といえますが，②では，どこを基準（0）にするかが決められていないので「BはAの何倍か」ということについて何もいえません。

▷3　上の側注の図より，絶対的な原点をもつ場合，「何倍重い」（かけ算・わり算）を考えることができ，目盛りが等間隔である場合，「何kg重い・軽い」（たし算・ひき算）を考えることができます。

▷4　重さや時間（比率尺度で測られる変数）の0の値と違い，摂氏0度の0は，絶対的な原点（「何もない」ことを示す0）ではないということです。

▷5　「気温が昨日よりも1度高い」とか「1度低い」という場合には，たし算，ひき算をしていることになりますよね。

▷6　等間隔性がないため，必然的に絶対的原点もないことになります。そのため，間隔尺度，比率尺度で可能だった演算ができないのです。ですが，順序性はあるので，値の大小比較はできます。

II　1つの変数の特徴を記述しよう

　この質問項目では、「セブンイレブン」には「1」、「ローソン」には「2」、「ミニストップ」には「3」、というふうに数字が割り当てられています。しかし、これらの数字の間に、どれが上でどれが下という順序性はありません。また、等間隔性もありません。ミニストップ（3）とローソン（2）の差（3－2＝1）と、サンクス（5）とファミリーマート（4）の差（5－4＝1）が等しいなどといってはいけません。そもそも、名義尺度でこうした差を問題にすることはできません。

　このように、名義尺度は「いくつかのカテゴリに分類する」だけの尺度です。ですから、ここで割り当てた数字は分類すること以上の意味をもちません。したがって、対応させた数値を自由に入れ替えても問題ありません[7]。また、名義尺度については、順序尺度と同様、四則演算はできません[8]。「セブンイレブン＋ローソン＝1＋2＝3」という計算には意味がありませんよね。

　以上の4つの尺度水準について、表2.2.1にまとめておきました[9]。比率尺度・間隔尺度・順序尺度は量的変数に、名義尺度は質的変数に相当します[10]。
　「可能な計算」（やって意味のある計算）については、尺度の水準が上位のものから下位のものにいくにしたがって、どんどん制限が出てきます。下にいくにつれて、できる計算がなくなっていくのです。名義尺度の例である血液型であれば、たし算なんてできません。

▷7　たとえば、「セブンイレブン」に「1」でなく「2」を割り当て、「ローソン」に「2」でなく「1」を割り当てるなどしても問題ないということです。

▷8　名義尺度は、分類する以上の意味はありませんから、四則演算はできませんし、大小関係についても言及できません。

▷9　表2.2.1における「必要な条件」では、より上位の条件はそれ以下の下位の条件を包含します。たとえば、比率尺度における「絶対的原点」はそれよりも下位の条件である、等間隔性・順序性を包含し、間隔尺度における「等間隔性」は順序性を包含します。

▷10　実際のところ、順序尺度の扱いは難しいです。テキストによっては、順序尺度を質的変数とみなし、「順序的な質的変数」と分類しているものもあります（たとえば山内（1998）（II-1 側注6参照））。

表2.2.1　尺度水準

尺度水準	可能な計算	必要な条件	扱える変数	例
比率尺度	×、÷、＋、－	絶対的原点	量的変数	身長・体重
間隔尺度	＋、－	等間隔性	量的変数	西暦年
順序尺度	大小関係の比較	順序性	量的変数	成績の順位
名義尺度			質的変数	血液型

（水準高←→水準低）

3　心理尺度の尺度水準

　心理学研究では、恋愛感情尺度のように、数字を割り振ります。
　たとえば、

　　質問：『よくわかる心理統計』はおもしろいですか？

とても おもしろい	やや おもしろい	どちらとも いえない	やや つまらない	とても つまらない
5	4	3	2	1

と尋ねたとします。この尺度は普通に考えたら順序尺度でしょう。なぜなら、「とてもおもしろい」の5と、「ややおもしろい」の4の差（5－4＝1）と、「ややつまらない」の2と「とてもつまらない」の1の差（2－1＝1）が等し

いという保証はないからです。

しかし，順序尺度だとしますと，たとえば平均を出すときに使うたし算ができなくなってしまいますので，不都合です。ですから，心理学では，この種の尺度を便宜的に間隔尺度とみなすことが一般的です。

もちろん，「とてもおもしろい」の5と，「ややおもしろい」の4の差と，「ややつまらない」の2，と「とてもつまらない」の1の差が等しいという保証はありませんが，絶対そうでないということもないだろうからです。逆にいえば，図2.2.1の上図のように等間隔に近いだろうとみなしているのです。つまり，図2.2.1の下図のように著しく等間隔性から逸脱していることはないだろうと想定しているわけです。

というわけで，心理尺度は順序尺度でもあり間隔尺度でもあるという中途半端なことになってしまうのです。重要なことは，心理尺度＝間隔尺度とみなして普通に平均など計算をしているけれども，実は間隔尺度であると仮にみなしてやっているに過ぎないんだ，ということです。

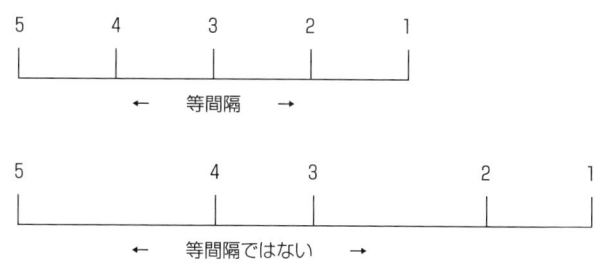

図2.2.1 心理尺度で想定している単位の間隔

4 間隔尺度における平均の計算

こんな疑問があるかもしれません。「間隔尺度ではかけ算・わり算はできないはずなのに，平均を計算するときには，わり算を使うじゃないか？なんで？」と。

実は，かけ算・わり算ができないというのは，データの値どうしをかけ算したり，わり算したりできないということなのです。たとえば，「ややおもしろい」の4を「ややつまらない」の2でわるというのはだめなのです。しかし，平均を求めるときには，「データの値を全部たして，それをデータの個数でわる」わけです。したがって，データの値どうしでわり算をしているわけではないのです。データの個数として得られる値は，具体的なデータの値ではありません。平均を計算するときに，データの値どうしでやっている演算はたし算だけですよね。

▷11 [II-1] 側注1参照。

▷12 データの個数（データ数）は，あるデータに対していくつと固定されたものになります。たとえば，「『よくわかる心理統計』はおもしろいですか？」への5人分の回答 {4, 4, 3, 2, 5} というデータがあったとします。このデータについては，データの個数（データ数）は5で固定されています。それに対してデータの値は2, 3, 4, 5といろいろな値をとります。このように，データの値はいろいろな値をとる変数ですが，データの個数は特定のデータには固定した値をとる定数になるのです。

II　1つの変数の特徴を記述しよう

3　尺度水準と変数変換

　心理学では，測られた変数の値を他の値に変えることがあります。これを**変数変換**といいます。たとえば，大学生の生まれた年（西暦）に関するデータがあったとします。これを，昭和の元号に変えるといった場合です。「西暦1985年」でしたら「昭和60年」に変換されます。この「1985→60」という作業が変数変換の例です。以下では，各尺度水準ごとに，どのような変数変換をやっていいのか，という点について述べていきたいと思います。

○比率尺度

　変数変換は表2.2.1にある「必要な条件」を満たす範囲でおこなわれなければなりません。比率尺度の条件「絶対的な原点」を満たすような変換は，変数を**定数倍**する（変数にある数をかける）ということだけです。たとえば，2をかけるとしましょう。体重80kg×2＝160，体重40kg×2＝80，となり，変換後も160÷80＝2で，やはり2倍重いという元の関係（80÷40＝2）は保たれます。このように，「尺度の性質を損なわずにできる変換」は，尺度水準によって違います。比率尺度の場合，もし，変換することによって，「2倍重い」といった元の関係が崩れるのであれば，それはやってはいけない変換をしているということになります（「崩れる」例については，すぐ後の側注10に示します）。つまり，比率尺度で可能な変換は定数倍ということになります。

○間隔尺度

　まず，比率尺度のように「何かをかける」ことは大丈夫です。たとえば，摂氏8度と摂氏7度の間の差と，摂氏2度と摂氏1度の差は，どちらも1で等間隔ですが，試しに，これらの値それぞれに2をかけてみましょう。摂氏8度×2＝16，摂氏7度×2＝14，摂氏2度×2＝4，摂氏1度×2＝2，となり，変換後も差は2ずつになって等間隔性は保たれています。さらに，「何かをかけてから，何かをたして」みましょう。たとえば2をかけて1をたしてみます。（摂氏8度×2）＋1＝17，（摂氏7度×2）＋1＝15，（摂氏2度×2）＋1＝5，（摂氏1度×2）＋1＝3，差は2ずつになってやはり等間隔性は保たれています。比率尺度のときと違うのは，間隔尺度では0という絶対的な原点を必要としないということです。このため，すべてのデータに同じ数をたして原点の位置を変えてもかまわないのです。原点の位置を変えても，等間隔性は崩れません。間隔尺度でやってもいい変換はここまで，つまり「何かをかけて，何かをたす」までです。

▷1　II-2 参照。

▷2　表2.2.1にあるように，間隔尺度の「必要な条件」は，「等間隔性」です。

▷3　たとえば，摂氏温度から華氏温度への変換式は次式のようになります。
華氏温度（°F）＝1.8×摂氏温度（°C）＋32
摂氏温度の原点0℃は，華氏温度では32°Fに対応します（上式で，摂氏温度に0を代入してください）。いいかえると，32°F→0℃という原点の位置の変更をおこなっていることになります。

▷4　実は，西暦から昭和への変換もこれと同様です。（西暦×1）－1925＝昭和，ですよね。1925をひいているから，たすのとは違うのでは？と思うかもしれませんが，「マイナス1925をたす」と考えれば，たし算をしていることと同じです。

なお，ここで紹介した，「ある値（x）を定数倍（a倍）して，これに別の定数（b）をたす変換」のことを**線形変換**（$y=ax+b$）といいます。線形変換は単なる定数倍（$y=ax$）を含みます。線形変換において，たす定数（b）が0の場合（$y=ax+0$）が定数倍というわけです。以上，間隔尺度では線形変換が許されるということになります。

○順序尺度

やってもいい変換は，順序関係（順番）を変えないものです。たとえば，高校のクラスの成績の順位を，クラスの壁をとり払って学年全体の順位にする変換です。すると，1位のAさんは学年2位になり，3位のBさんは学年10位になるかもしれませんが，クラス内の順位と学年順位は対応しています。つまり，AさんのほうがBさんよりも上位である，という順位は変わりません。このように順序関係を保ちながら，他の値に変換することを**単調変換**といいます。なお，単調変換は，比率尺度の変換で出てきた定数倍も，間隔尺度の変換で出てきた線形変換もどちらも含んでいます。以上，順序尺度では単調変換が許されるということになります。

○名義尺度

やってもいい変換は，他の何かにおきかえる変換です（**一対一変換**といいます）。セブンイレブンを「1」に，ローソンを「2」にしていたものを，セブンイレブンを「2」に，ローソンを「1」にしてもいいです。重ならなければどんな数字に変換してもかまいません。一対一変換は単調変換を含んでいます。すなわち，定数倍・線形変換・単調変換をすべて含んでいるということです。以上，名義尺度では一対一変換まで可能になっています。

▷5 例：「3倍して5をたす」は$y=3x+5$。

▷6 例：「単なる3倍」は$y=3x$。

▷7 例：$y=3x+0$。

▷8 定数倍・線形変換・単調変換・一対一変換という4つの変換には，図2.3.1のような包含関係があります。

▷9 II-2 で説明した「可能な計算」と，ここ II-3 で説明した「可能な変換」をごっちゃにしないでくださいね。

▷10 たとえば，比率尺度の例の体重に「2をかけて1をたす」という，本来間隔尺度にしか許されない変換をしてみましょう。体重80kgの人と体重40kgの人がいたとして，（体重80kg×2）＋1＝161，（体重40kg×2）＋1＝81，となり，元の「2倍の体重」という関係が崩れてしまいました。161÷81は2にはなりませんよね。

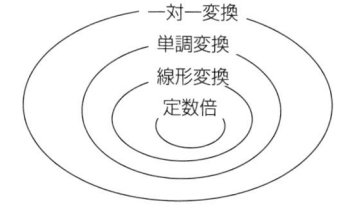

図2.3.1　4つの変換の包含関係

表2.3.1　尺度水準と可能な変換

尺度水準	必要な条件	定数倍	線形変換	単調変換	一対一変換
比率尺度	絶対的原点	○	×	×	×
間隔尺度	等間隔性	○	○	×	×
順序尺度	順序性	○	○	○	×
名義尺度		○	○	○	○

（水準高 ↑ ↓ 水準低）

以上の4つの尺度水準と可能な変換について，表2.3.1にまとめておきました。「可能な計算」については，上から下にいくにしたがって，どんどん制限が出てきますが（II-2 の表2.2.1参照），「可能な変換」については，上から下に，どんどん制限がなくなっていきます。変数を他の何かに変換しようと思った場合，尺度水準が高いほうが，「これだけしかやってはいけない」と厳しいのです。高い水準のほうがより高性能なので，その精度を保つために，許される変換については条件が厳しくなるのです。

II　1つの変数の特徴を記述しよう

4　データの図表化

1　度数分布

○質的変数の度数分布

人によって身長が異なるように，変数は通常さまざまな値をとります。ある値を示したデータの個数を**度数**とよびます。たとえば，「好きなテレビ局」という変数があったときに，その変数は，関東地方であれば「NHK」「日本テレビ」「TBSテレビ」「フジテレビ」「テレビ朝日」「テレビ東京」という6つの値をとることになるでしょう（衛星放送などはのぞいて考えます）。このうち，たとえば「NHK」と答えた人が15人いたとすると，「NHK」という値に対する度数は「15」ということになります。

度数分布とは，変数のとるそれぞれの値と度数とを対応させたものです。特に，質的変数では，度数分布を求めることが分析の中心的な作業になります。

度数分布の様子を表にしたものを**度数分布表**といいます。たとえば，先ほどの「好きなテレビ局」を50人に聞いたところの答えが，NHK15人，日本テレビ12人，TBSテレビ5人，フジテレビ6人，テレビ朝日8人，テレビ東京4人だったとすると，度数分布表は表2.4.1のようになります。

表2.4.1　度数分布表（質的変数の場合）

値	NHK	日本テレビ	TBSテレビ	フジテレビ	テレビ朝日	テレビ東京
度数	15	12	5	6	8	4

○量的変数の度数分布

以上，「好きなテレビ局」という変数は，質的変数です。それでは量的変数の場合，どのように度数分布表を作ったらよいでしょうか。実際に量的変数の例を示して，それを度数分布表にしてみたいと思います。

以下のデータは，K大学の学生83名の通学時間です（単位：分）。

40 90 20 70 110 20 70 100 95 100 120 80 20 110 12 15 40 120 45 90 120 110 35 120
45 60 30 90 150 30 30 75 5 80 120 30 70 65 10 90 10 35 10 90 100 40 80 120 110
110 30 100 10 90 60 60 70 30 40 90 10 100 70 70 40 105 120 5 15 40 10 60 75 90 100
105 50 90 120 40 110 115

このデータから度数分布表を作成してみましょう。量的変数の場合，まず，全体をいくつかの段階に分けます。この場合，15分ごとに区切って，10個の段

階に分けていますが，こうした段階のことを**階級**といいます。次に，それぞれの階級に含まれる度数を数えて表にまとめると，表2.4.2のようになります。

表2.4.2　度数分布表（量的変数の場合）

階級	～15	～30	～45	～60	～75	～90	～105	～120	～135	～150
度数	11	9	11	5	9	13	9	15	0	1
階級値	7.5	22.5	37.5	52.5	67.5	82.5	97.5	112.5	127.5	142.5

　量的変数の場合，このようにして度数分布表を作ることができます。なお，表中の**階級値**とは，各階級の真ん中の値のことです。また，この表では，たとえば「～15」とした場合，「0より大きく15以下」ということとして度数分布表を作成していますが，表によっては，「0以上15未満」とすることもあります。

▷1　たとえば「～15」の階級については，(0+15)÷2＝7.5と求めます。

▷2　「15以下」といったときは15を含み，「15未満」といったときは15を含みません。

❷ 棒グラフとヒストグラム

　度数分布表を図にまとめる場合，**棒グラフ**や**ヒストグラム**とよばれるものを作成することが多いです。変数のとりうる値を横軸に，それぞれの値における度数を縦軸にとったものです。たとえば表2.4.1のような質的変数の度数分布を棒グラフにすると，図2.4.1のようになります。

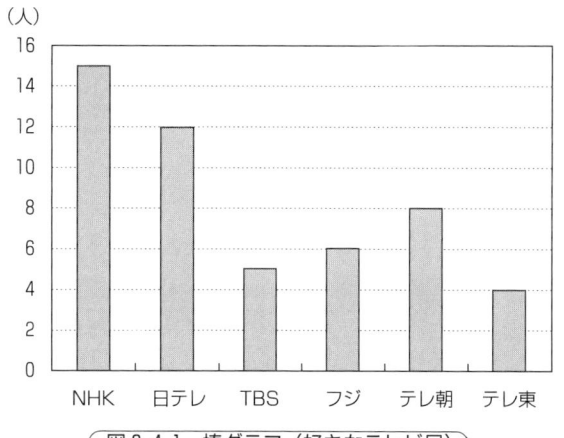

図2.4.1　棒グラフ（好きなテレビ局）

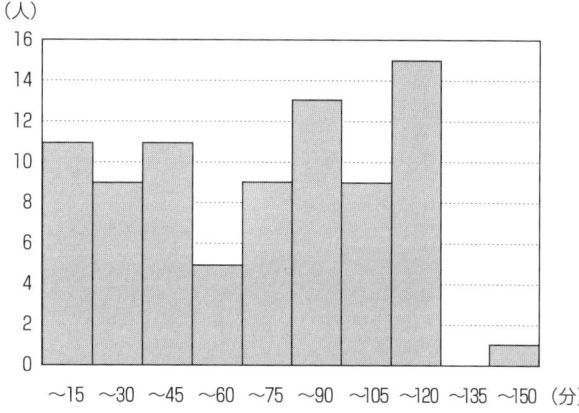

図2.4.2　ヒストグラム（K大学生の通学時間）

　次に，表2.4.2のような量的変数の度数分布をヒストグラムにしたのが，図2.4.2です。ヒストグラムが棒グラフと異なるのは，横軸の値である通学時間という値が連続変数であるため，1本1本の棒の隙間をなくしている点です。

　以上のように，データを図表にまとめることは，データ解析に先立っておこなう重要な作業です。たとえば，先の通学時間の例で，「900分」という値がまぎれこんでいたとします（本当は「90分」なのに，間違って0を1つ多く入力したとします）。データの並びをみているだけでは，この900分の存在には気づきにくいかもしれませんが，度数分布表やヒストグラムを作れば，すぐに発見できます。このように，データをとったら，すぐに II-5 以降で紹介するような統計処理にとりかかるのではなく，まずデータをよくみて，図表化し，データと向きあいましょう。

▷3　本文を読むと，質的変数なら棒グラフ，量的変数ならヒストグラムと思われるかもしれませんが，厳密にはそうではありません。量的変数でも，離散変数については，その度数分布を棒グラフで表現することができます。II-6 の図2.6.1は離散変数のデータを棒グラフで表現しています。

▷4　連続変数については II-1 を参照してください。

II　1つの変数の特徴を記述しよう

 代表値

1　代表値による数値要約

　データの図表化は重要ですが，たくさんの変数についてデータをとった場合，その1つ1つについていちいち図表化していたら，たくさんの図表を前にした読者は，視覚的に圧倒されてしまうでしょう。また，何よりも図表化止まりですと，分析がそこから先へ進みません。そこで，一般的には，データ全体のもつ情報を1つの値にまとめてしまうことが多いです。このような作業を，**数値要約**といい，要約された値のことを**要約統計量**といいます。ここではまず，その要約統計量の1つとして，代表値というものを紹介します。

　具体的に説明しましょう。たとえば，次のように，5人の高校生に，毎月の小遣いの金額を聞いた結果が得られているとします。このデータをたった1つの値に要約するにはどうすればよいでしょうか。

15000, 30000, 20000, 10000, 20000（単位は円）

　この5人の平均は，(15000＋30000＋20000＋10000＋20000)÷5＝19000円ですから，この19000という数字をもって，5人のデータを要約することができるでしょう。この平均は，「5人の小遣いはだいたい○円くらい」といった意味ですから，19000という数字は，5人全員の値を代表しています。このように，データ全体をたった1つの値で代表させるとき，この値のことを**代表値**といいます。データ全体を代表するわけですから，通常は，そのデータに照らして一般的な値が代表値になります。ここで用いた平均というのは，代表値として一般的なもので，多くの場面で使われます。それに対して，仮に，上の例で30000円を代表値としてしまうと，それを聞いた人は，実際よりも金持ち集団を思い浮かべてしまうことになりますから，30000円は代表値として不適切ということになります。

　なぜ，代表値を考えるのでしょうか。記述統計の目的は，たくさんのデータを整理してわかりやすく表現することです。上の例は5人ですからたくさんのデータではありませんが，それでも5人の金額を並べて書かれるよりは「5人の高校生の小遣いは○円くらい」と表現できたほうが，聞くほうもわかりやすいでしょう。5人ならまだ並べて書くこともできますが，100人だったらどうなるでしょう。100人分の小遣いのデータをそのままみせられても，困ってしま

▷1　データの図表化については II-4 を参照。

▷2　本書では，平均を「平均値」という場合もあります。

います。それよりは，データ全体を1つの値であらわすことができるならそうしたほうがわかりやすいし，伝えやすいでしょう。

❷ 平 均

　平均というと，皆さんにとってもなじみの深いものだと思います。そして，先ほどもすでに登場しているのですが，ここで改めて説明しておくことにします。**平均**とは，データのすべての値をたし加えて，データの個数でわったものです。n 個のデータがあったとき（一般にデータの個数はアルファベットの n であらわすことが多いです），

$$平均 = \frac{1\text{番目のデータの値} + 2\text{番目のデータの値} + \cdots + n\text{番目のデータの値}}{n}$$

という式であらわします。先の例の場合，$n=5$ ですから，平均は，(15000＋30000＋20000＋10000＋20000)÷5＝19000つまり19000円となるのです。これが平均です。

❸ 中央値

　代表値は他にもあります。データを大きさの順に並べ替えたときに，ちょうど真ん中にくる値を代表値として考えることもできます。この値のことを**中央値**といいます（**メディアン**ともいいます）。

　例のデータを小さい順に並び替えると，

　　　　　　　10000, 15000, 20000, 20000, 30000

となります。ちょうど真ん中の値は3番目の値ですから，中央値は20000円ということになります。この中央値，平均の19000円とかなり近いですよね。ならば，代表値として，平均を使っても中央値を使ってもどっちでもいいのではと思う方もいるかもしれません。この点についてはすぐ後で解説します。

　ところで，今は $n=5$ ですから真ん中が存在しましたが，データの個数が偶数個の場合はどうすればいいのでしょう。たとえば，先のデータに小遣い9000円の人を加えて $n=6$ としますと以下のようになります。

　　　　　　　9000, 10000, 15000, 20000, 20000, 30000

　データの個数が偶数の場合は，真ん中が2つあることになるので（6個の場合は3番目と4番目），その2つの平均を計算し，その値を中央値とします。具体的には，(15000＋20000)÷2＝17500円，この場合，中央値は17500円ということになります。

▷3　ここでは，真ん中（3番目）の値である20000円を中央値としていますが，20000円という値は2個あります。このデータのように，真ん中あたりに同じ値が複数ある場合，ここで紹介した中央値の求め方（山内（1998）II-1 側注参照）は，これを簡便法とよんでいます）以外に，やや複雑な手順で中央値を求めることもあります。その方法について知りたい方は，エピローグ-2 で紹介してある，芝・南風原（1990），森・吉田（1990）などを参照してください。

❹ 最頻値

最も度数の多いデータの値を**最頻値**といいます（**モード**ともいいます）。一番出現頻度の高いデータをそのデータ全体を代表する値とみなすわけです。

例の場合（5人の場合），20000円の人が2人いて，あとはみな1人ですよね。つまり，20000円という値の度数が2で一番多いことになります（他の値は度数1）。よって，最頻値は20000円となります。ここで，これまでに出てきた代表値をまとめておきます（表2.5.1）。

表2.5.1 主な代表値の指標

平均	データの値をすべて合計してデータの個数でわる。
中央値	データを小さい（大きい）順に並べ替えたとき，ちょうど真ん中にくる値。
最頻値	最も出現頻度の高い値。

❺ どの代表値を使うべきか

例の場合（5人の場合），平均19000円，中央値20000円，最頻値20000円となり，どの代表値を選んでもほぼ同様の結果でした。ですが，いつもこんなふうにいくわけではありません。

別の5人の高校生に，毎月の小遣いがいくらかを聞いたら次のようになったとしましょう。それぞれの，平均，中央値，最頻値を求めてみましょう。そして，その結果からどのようなことがいえるでしょうか。

10000, 10000, 20000, 25000, 100000（単位は円）

平均：（10000＋10000＋20000＋25000＋100000）÷5＝33000円

中央値：20000円

最頻値：10000円

3つの代表値で，ずいぶん異なる値になってしまいました。なぜでしょう。データ全体の中で，他のデータの値に比べて極端に大きかったり，小さかったりする少数のデータの値のことを**外れ値**とよびます。上の例の場合，100000円ももらっている高校生がいます。この値は，他の4人に比べてかなり大きいといえますから，外れ値とみなせるでしょう。平均を出すときには，データに含まれるすべての値を利用して計算しますから，この100000円の影響が出てしまって，平均が大きいほうにひきずられてしまいました。これでは，5人の値をきちんと代表しているとはいえません。このようにデータに外れ値が含まれている場合は，平均ではなく他の指標（一般には中央値）を代表値として用いる検討をすべきでしょう。このように，平均の短所は外れ値の影響をうけやすい点です。上の例でも，たった1つの外れ値が平均の計算に大きく影響していますね。

▷4 平均である33000円よりも多くの小遣いをもらっている人はたった1人ですから！

▷5 たとえば1999年のサラリーマン家庭の平均貯蓄額は1393万円ということですが，この平均は，超金持ちの値（＝外れ値）に引きずられているといえるでしょう。

それでは，中央値なら常に問題がないのでしょうか。実はそうともいえないのです。次の2つのデータを見比べてみましょう。

　　　　データA：15000, 18000, 20000, 25000, 30000
　　　　データB：8000, 11000, 20000, 20500, 21000

この場合，どちらも中央値は20000円で同じです。ですが，データをみるとずいぶん様子が違うことがわかります。データAの人たちのほうが，データBの人たちよりも，全体的に多くの小遣いをもらっているように思えるからです。実際に平均を計算してみますと，データAの平均は21600円，データBの平均は16100円と，5500円の差があります。これらをどちらも同じ20000円という値で代表させるのは問題です。中央値は，「真ん中の値」ということですから，その値よりも大きいものと，その値よりも小さいものが同じ個数あるということ以上の意味をもたないため，こうしたことが起こるのです。▷6

最後に，最頻値についてはどうでしょう。こちらも以下のような2つのデータを見比べてみましょう。

　　　　データC：10000, 15000, 20000, 20000, 30000
　　　　データD：20000, 20000, 25000, 30000, 50000

どちらも最頻値は20000円で同じです。しかし，平均は，データCが19000円，データDが29000円と，10000円の差があります。データCのように最頻値がちょうどデータ全体の真ん中辺りにくる場合は問題はないですが，▷7 データDの場合のように最頻値が端っこに偏っている場合は，この最頻値を代表値とするのにはちょっと抵抗があります。▷8

このように，いずれの代表値についても「これを選んでおけば大丈夫」といった万能なものはないのです。かんじんなことは，データをきちんとみながら，そのときどきに応じた最もふさわしい代表値を選ぶことです。▷9 1つには，外れ値があるかどうかの確認がポイントになります。表2.5.2に，それぞれの代表値の長所・短所についてまとめておきましたので，参考にしてください。

▷6　つまり，すべての値を使って計算していないのです。その意味では，すべての値を使って計算される平均は，データをフルに使っているという意味で好ましいでしょう。

▷7　平均と最頻値が近いですから。

▷8　最頻値20000円，平均29000円と差がありますから。

▷9　ここにおいても再びデータの図表化の重要さがわかるでしょう。

表2.5.2　代表値の指標とその特徴

	長所	短所
平均	データをすべて用いるため，データのもつ情報を有効に使っている。	外れ値の影響をうけやすい。
中央値	外れ値の影響をうけにくい。	単に真ん中の値であるということ以上の意味はなく，中央値よりも大きなものと小さなものがどのような値，分布でも，それらの点は中央値には反映されない。
最頻値	外れ値の影響をうけにくい。	最頻値が分布の端に位置した場合，データを適切に代表するとはいいがたい。

II 1つの変数の特徴を記述しよう

6 散布度

1 代表値だけではわからないこと

以下の2つのデータについて、3種類の代表値、すなわち、平均・中央値・最頻値を求めてみましょう。どちらも10点満点の漢字テストの結果だとします。

データA：4, 4, 5, 5, 5, 5, 6, 6
データB：1, 2, 3, 5, 5, 7, 8, 9

代表値は、平均・中央値・最頻値すべて一致します（表2.6.1）。この2つのデータを代表値だけで判断すると、これらは同じようなデータであるということになってしまいますが、実際にはどうでしょう。データAとBではずいぶん違った印象をうけるのではないでしょうか。データAの各値は5点の近辺に集中しているのに対し、データBには、1点や9点など5点よりずいぶん離れた値が存在します。代表値の情報だけでは、こうしたデータの散らばりの様子を判断することができません。

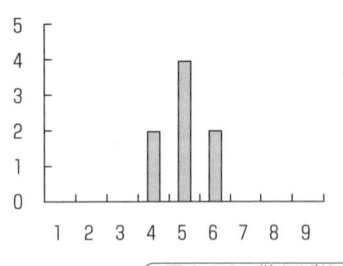

表2.6.1 代表値だけではわからないこと

	平均	中央値	最頻値
データA	5	5	5
データB	5	5	5

図2.6.1は、両データを棒グラフにしたものです。明らかに散らばりの様子が異なっていることがわかります。この「どれだけ散らばっているか（どれだけばらついているか）」に関する指標のことを、**散布度**といいます。散布度は、代表値とともに、データのもつ特徴を記述するための要約統計量です。

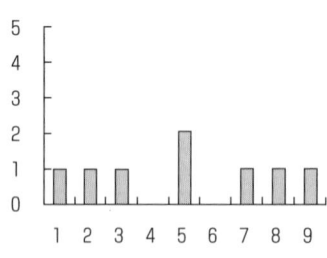

図2.6.1 散らばりの異なる2つのデータ

以下に、散布度をいくつか説明していきましょう。

▷1 以下で説明するのは、より正確にいうと**平均からの偏差**です。

▷2 偏差自体は散布度そのものではないですが、後に説明する平均偏差・分散・標準偏差といった代表的な散布度の指標を求めるために重要な役割を果たすので、前もって説明します。

2 偏差

散布度について説明する前に、**偏差**について説明しておきましょう。偏差とは、個々のデータの値が平均からどれだけずれているかを示すもので、

偏差＝データの値－平均

で計算されます。

実際に、データAについて偏差を求めてみましょう。

偏差は，それぞれのデータの値から平均をひくことで求められますから，偏差がプラスであればそのデータの値は平均より

表2.6.2　偏差の計算（データA）

データの値	4	4	5	5	5	5	6	6
偏差 （値－平均）	4−5= −1	4−5= −1	5−5= 0	5−5= 0	5−5= 0	5−5= 0	6−5= 1	6−5= 1

も大きく，偏差がマイナスであればそのデータの値は平均よりも小さいことがわかります。つまり，偏差の符号（＋，－）により，そのデータの値が平均より上か下かを判断できます。表2.6.2についていえば，値4は－の符号ですので平均以下，値6は＋の符号ですので平均以上，値5はちょうど平均，ということになります。

3　さまざまな散布度

○平均偏差

それではいよいよ散布度の説明です。まずは平均偏差です。

今，偏差について説明しましたよね。偏差は，データの値が平均からどれだけずれているかを1つ1つのデータの値について求めたものです。だとすると，それぞれの偏差を全部合計して，「データ全体としての偏差の大きさ」のようなものを散布度として扱えないかという考えが出てきますよね。実際に，表2.6.2の偏差を合計してみますと，$(-1)+(-1)+0+0+0+0+1+1=0$，ゼロになってしまいました。散らばりがまったくない？これはおかしいですよね。同じようにデータBについて偏差を計算しますと，表2.6.3のようになり，偏差の合計は，$(-4)+(-3)+(-2)+0+0+2+3+4=0$，こちらもゼロになってしまいました。このように，どんなデータであっても，偏差の合計はいつも同じ値（0）になります。これでは散布度として利用できません。

表2.6.3　偏差の計算（データB）

データの値	1	2	3	5	5	7	8	9
偏差 （値－平均）	1−5= −4	2−5= −3	3−5= −2	5−5= 0	5−5= 0	7−5= 2	8−5= 3	9−5= 4

なぜ，いつも偏差の合計は0になるのでしょうか。それは偏差にはプラスのものとマイナスのものが含まれており，それらが合計するときに互いに打ち消しあうためなのです。つまり符号が邪魔をしているのです。

それならば，符号を無視して値そのものの大きさだけに注目したらどうでしょうか。そのためには，絶対値を使うとよいです。**絶対値**とは，その値の符号をとったものです。たとえば，表2.6.3のデータの値1の偏差は－4ですが，これの絶対値はただの4となります。記号で書くと，$|-4|=4$となります。同様に，＋4の絶対値は4です。記号で書くと，$|+4|=4$となります。一般に，「数値xの絶対値」のことを$|x|$と表記します。それでは実際に，データAについて，それぞれ偏差の絶対値を求めてみましょう（表2.6.4）。

こうして求めた偏差の絶対値を，さらに平均します。表2.6.4の場合，

II 1つの変数の特徴を記述しよう

表2.6.4 偏差の絶対値（データA）

データの値	4	4	5	5	5	5	6	6
偏差	−1	−1	0	0	0	0	1	1
偏差の絶対値	1	1	0	0	0	0	1	1

表2.6.5 偏差の絶対値（データB）

データの値	1	2	3	5	5	7	8	9
偏差	−4	−3	−2	0	0	2	3	4
偏差の絶対値	4	3	2	0	0	2	3	4

$(1+1+0+0+0+0+1+1) \div 8 = 0.5$ となります。この場合の0.5，これを平均偏差といいます。「偏差の平均」ではなく，「偏差の絶対値の平均」であることに注意してください。このように**平均偏差**とは，平均をデータの代表値と考えたときに，平均からの偏差の絶対値がデータ全体で平均的にどれくらいになるかを示したものです。

同様に，データBについても平均偏差を求めてみましょう。表2.6.5より$(4+3+2+0+0+2+3+4) \div 8 = 2.25$です。データAよりも大きい値です。たしかに，データBのほうが散らばりが大きいですよね。1点も9点もいるわけですから。

○ 分　散

平均偏差では，偏差の絶対値を考えることで，偏差のプラスマイナスの影響をとりのぞくことができました。しかし，符号を考えなくて済む方法は絶対値だけではありません。それは2乗です。マイナスの値を2乗するとプラスになります。2乗してしまえば符号の影響はなくなるのです。

これを利用した散布度の指標があります。それが**分散**です。具体的には，偏差を2乗してそれらの平均を散布度の指標としたものです。偏差の2乗をそれぞれ求めたら（表2.6.6），それを平均したものが分散です。つまり，$(1+1+0+0+0+0+1+1) \div 8 = 0.5$です。式であらわすと，

▷3　分散は，まったく同じ身長のデータでも，測定単位がmかcmかによって，その値が変わってきます。mからcmに値を変える（データの値を100倍する）ことで，分散の値は10000倍になります。分散は，その値が測定単位に依存する指標であるといえます。III-2の共分散も参照してください。

表2.6.6 偏差の2乗（データA）

データの値	4	4	5	5	5	5	6	6
偏差	−1	−1	0	0	0	0	1	1
偏差の2乗	1	1	0	0	0	0	1	1

$$\text{分散} = \frac{(1\text{番目のデータの値} - \text{平均})^2 + (2\text{番目のデータの値} - \text{平均})^2 + \cdots + (n\text{番目のデータの値} - \text{平均})^2}{n}$$

となります。このように，分散とは，平均をデータの代表値と考えたときに，平均からの偏差の2乗がデータ全体で平均的にどれくらいになるかを示したものです。分散の値が小さいときは平均のそばにデータの値が集中しているということになります。

同様に，データBについても分散を計算しておきましょう。

表2.6.7 偏差の2乗（データB）

データの値	1	2	3	5	5	7	8	9
偏差	−4	−3	−2	0	0	2	3	4
偏差の2乗	16	9	4	0	0	4	9	16

表2.6.7より，分散の大きさは，$(16+9+4+0+0+4+9+16) \div 8 = 7.25$です。平均偏差の場合と同様，データBのほうが，散らばりが大きいことになります。

分散は，今後学んでいく相関係数や，t検定，分散分析などのさまざまな心理統計で利用される非常に重要な指標です。

○ 標準偏差

分散は，各値の偏差を2乗しているため，単位がもともとのデータや平均と

▷4　「√をとる」というのは，「ルート（正の平方根）を計算する」ということです。たとえば，9の平方根（ルート）とは，2

は異なっています。たとえば，もとのデータの単位がcmという長さであれば，それを2乗している分散はcmの2乗という単位になってしまっている，つまり面積になってしまっているのです。

そこで，分散の$\sqrt{\ }$（ルート）をとる（正の平方根をとる）ことによって単位を元に戻すという操作をおこないます。こうして求めた指標が**標準偏差**（標準偏差の英訳 Standard Deviation の頭文字をとって，*SD* と表記されることが多い）です。

データAの分散は0.5なので，$\sqrt{0.5}=0.71$となります。データBの分散は7.25なので，$\sqrt{7.25}=2.69$となります。この，0.71，2.69という値が標準偏差です。

$$標準偏差=\sqrt{分散}$$

このデータは，10点満点の漢字テストの得点でした。ですから，たとえばデータBの散らばりを表現する際に，散布度として分散を用いた場合，「散らばりは7.25点^2」となってしまいます。これでは何のことだかよくわかりません。一方，標準偏差で考えれば，「散らばりは2.69点」と同じ単位で表現できて，わかりやすくなります。つまり，「いろんな点の人がいるけれど，平均からのへだたり具合の目安は2.69点くらい」ということができます。

標準偏差は，2乗してまた$\sqrt{\ }$をとるという計算をしなければならないので面倒です。それよりも平均偏差のほうが簡単だしわかりやすいのも事実です。しかし，実際に心理統計で多用されるのは，標準偏差のほうなのです。

○ **範 囲**

最後に，散布度として**範囲**（レンジともいいます）を紹介します。これは，データの最大値と最小値の差として定義される散布度で，最も単純な，情報量の少ない指標といえるでしょう。たとえば，データAの範囲は$6-4=2$，データBの範囲は$9-1=8$となります。

4 実際の心理学研究での代表値と散布度

心理学の論文では，代表値とともに散布度も併記されることが一般的です。実際には，代表値としては平均が，散布度としては標準偏差が，かなり頻繁に登場します。たとえば，表2.6.8のようなタイプの表をよくみかけます。

このように，平均と標準偏差を併記してあると，「女性のほうが男性よりも社交的だけれど，女性は散らばりが大きいな」とか，「男性は女性よりも孤独でその散らばりが小さい，つまり個人差があまりないんだな」とか，考えることができるのです。最後に，代表値と散布度について，図2.6.2にまとめておきます。

▷ 乗して9になる数のことで，+3と-3がこれにあたります。正の平方根とは+3のほうをいいます。

▷5 標準偏差が多用される一番の理由は，後に出てくる統計的仮説検定とのかかわりです。t検定などの統計的仮説検定に標準偏差は密接なかかわりをもちます。また，これについても後で解説しますが，正規分布との関係で，標準偏差は意外な有用性を発揮するのです（IV-3 参照）。

▷6 表2.6.8中の値は仮想的なものです。

▷7 代表値にしても散布度にしても，場合によって適切なものを選択する必要があります。ただし，一般的には，代表値として平均を，散布度として標準偏差を用いることが多いと思われます。しかし，たとえば，代表値の選択の際，外れ値が多く，さらにその外れ値を除外したくないというような場合は，平均ではなく中央値を用いる，といったような使い分けが必要となるでしょう。

表 2.6.8 実際の心理学論文の例

	社交性得点 平均 (*SD*)	孤独感得点 平均 (*SD*)
男性	23.25 (3.21)	30.89 (1.56)
女性	29.44 (9.22)	20.63 (13.91)

要約統計量
- 代表値
  - 平均 …データの値を全部たしてデータの個数でわる
  - 中央値…真ん中の値
  - 最頻値…一番度数が多い値
- 散布度
  - 分散 …偏差の2乗の平均
  - 標準偏差…分散の$\sqrt{\ }$
  - 平均偏差…偏差の絶対値の平均
  - 範囲 …最大値と最小値の差

図 2.6.2 代表値と散布度

II 1つの変数の特徴を記述しよう

7 標準化

1 まずは偏差

いきなりの質問です。B組のこうじ君がうけたテストの結果は、英語86点、国語67点、数学44点でした（満点はいずれも100点とします）。この結果から「こうじ君は英語が得意で数学が苦手である」といってよいでしょうか。

答えはノーです。なぜでしょうか。それは、それぞれのテストの難しさが、考慮されていないからです。こうじ君の成績は一見「英語＞国語」ですが、もし英語がほとんど全員100点で、逆に国語がほとんど全員0点だったとしたら、話は変わってきます。このように、「テストがどれくらい難しかったか」を知るためには、平均がわかっていればよいですよね。

仮に各科目のB組における平均が、英語90点、国語53点、数学30点であったとしましょう（表2.7.1）。

表2.7.1 平均との比較

科目	こうじ君の成績	B組の平均
英語	86	90
国語	67	53
数学	44	30

こうじ君の得点が平均に比べて上か下かで、相対的に各科目の得意・不得意を評価することができます。ただし、II-5で学んだように、一部の人だけがすごく得点が高かったり、低かったりすると、平均は代表値として適切でないことになりますので、この場合、B組における成績の分布は外れ値をもたず、平均を中心とした比較的左右対称な分布であるとしましょう。[1]

「平均よりも上か下か」ということで思い出される指標があると思います。それは、II-6で学んだ偏差です。さっそくですが、こうじ君の各科目の成績について、偏差を求めてみましょう（表2.7.2）。

表2.7.2 偏差を求める

科目	こうじ君の成績	B組の平均	偏差
英語	86	90	−4
国語	67	53	14
数学	44	30	14

▷1 具体的には、正規分布のような分布ということです。正規分布についてはIV-3参照。

2 標準偏差の考慮

● 偏差は同じでも…

偏差を求めると，英語はB組の平均より低く，国語と数学のほうはB組の平均より高いことがわかります。ところで，偏差の値だけを比べると，国語と数学は同じ値になりますが，こうじ君は国語と数学は同じくらいに得意であるといってよいのでしょうか。

答えはまたもやノーです。なぜでしょうか。それは，データの散らばりが考慮されていないからです。偏差の値が同じであっても，データが平均のまわりに集中しているか，あるいは平均からの散らばりが大きいかによって，その意味は変わってくるでしょう。

仮にB組における各科目の標準偏差が，英語8点，国語10点，数学5点だったとしましょう（表2.7.3）。

表2.7.3 標準偏差を考慮

科目	こうじ君の成績	B組の平均	偏差	標準偏差
英語	86	90	−4	8
国語	67	53	14	10
数学	44	30	14	5

標準偏差の値から，国語は散らばりが大きく，数学は散らばりが小さい（つまり，平均のまわりに値が集中している）ことがわかります（図2.7.1）。

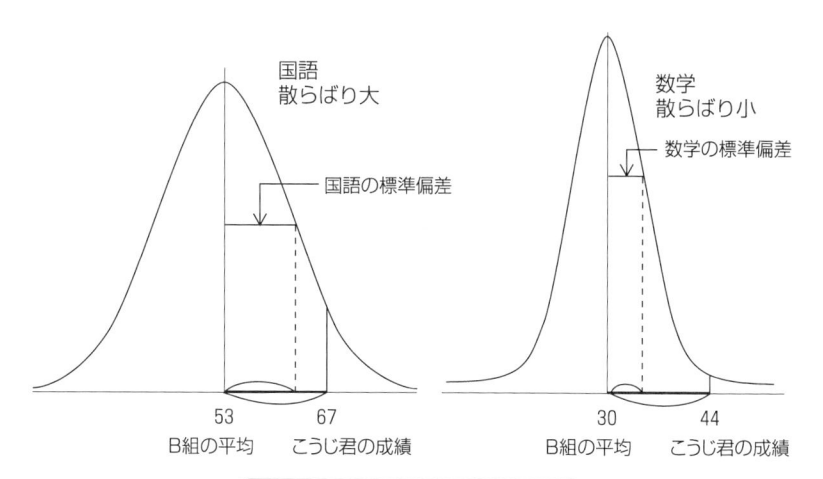

図2.7.1 国語と数学の得点分布

▷2 もちろん，実際のテスト得点は，図2.7.1のような「きれい」で「なめらか」な分布になるとは限りません。大学入試センター試験のような大量のデータならまだしも「B組のテスト得点」のような少数のデータですと，もっと「でこぼこ」で「いびつ」な分布になるのが普通ですが，ここではわかりやすさのために図2.7.1のようにしてあります。

この散らばりを考慮することによって，単純に偏差を比較しただけではわからなかったことがみえてきます。

たとえば同じ90点（100点満点）でも，散らばりが大きい集団（例：0点から100点までいろいろいる場合）で90点をとった場合と，散らばりが小さい集団（例：ほとんどの人が50点付近に固まっている場合）で90点をとった場合とでは，

意味が違うでしょう。

こうじ君は，国語も数学も偏差が＋14でした。しかし，国語の標準偏差は，数学の倍もあります。この状況では，散らばりの小さい数学での偏差14のほうが，「よりすごい」といえるでしょう。なぜなら，散らばりが小さい分，平均からのへだたり「14」が，他の人から突出していることになるからです（図2.7.1）。このように，標準偏差の値を基準に偏差がどれくらい大きいかをみることで，成績がどれだけ優れているか・劣っているかを評価できるのです。

◯標準得点

具体的には，こうした評価の指標として用いられるのは**標準得点**というもので，以下のように計算されます。

$$標準得点 ＝ （データの値 － 平均） \div 標準偏差$$

上の式の「データの値－平均」の部分が偏差ですが，この偏差だけでは，どちらが優れているかを比較することができないのです。標準偏差が異なるからです。そこで，偏差を標準偏差でわります。こうすることで，「その値は，標準偏差何個分，平均から離れているか」がわかりますから，違う得点を比較できるようになるのです。このような作業，つまり「データの値から平均をひいて標準偏差でわる」という作業をデータの**標準化**といい[▷3]，標準化によって求められた得点のことを標準得点といいます。

さて，それではさっそく，こうじ君の各科目の得点から標準得点を求めてみましょう（表2.7.4）。

▷3　すぐ後で述べますが，こうした作業をすると，平均0，標準偏差1になります。標準化を広く定義すると，「平均，標準偏差を（0，1に限らず）ある特定の値に変換すること」となります。

表2.7.4　標準得点の計算

科目	得点	平均	偏差	標準偏差	標準得点
英語	86	90	−4	8	(−4)÷8＝−0.5
国語	67	53	14	10	14÷10＝1.4
数学	44	30	14	5	14÷5＝2.8

これで，英語，国語，数学，の成績を相互に比較できるようになりました。こうじ君の「できる順番」は，数学（標準得点2.8）＞国語（標準得点1.4）＞英語（標準得点−0.5），となります。

素点[▷4]で比較してみると，英語（86）＞国語（67）＞数学（44），でしたから，平均と標準偏差を考慮した結果，順番が変わってきます。こうじ君の数学の44点は，一見悪い成績のようですが，標準得点でみると2.8点，つまり，標準偏差2.8個分，平均から上に位置しているので，逆によい成績なのです。

▷4　標準化する前の，もともとの得点のことです。

なお，このようにして計算された標準得点は，平均が0，標準偏差が1になっています。たとえば，B組の英語の得点について，こうじ君以外についても全員の標準得点を計算した場合，その全員分の標準得点の平均を計算すると0になり，標準偏差を計算すると1になる，ということです。このように，平均

0，標準偏差1になるように標準化した標準得点のことを，特に **z 得点**とよびます。

以上の計算では，すべて，平均0，標準偏差1になるように標準化していますので，以上で「標準得点」とあるところは，すべて「z 得点」といいかえても OK です。

3 偏差値

標準得点とは，標準化によって求められた得点です。なかでも，平均0，標準偏差1になるように標準化されたものが z 得点です。ということは，平均0，標準偏差1ではないように（つまり別の値に）標準化する標準得点があるということです。平均50，標準偏差10になるように標準化した標準得点があります。これが，あの有名な**偏差値**なのです。具体的な計算としては，z 得点を10倍して50をたします。

$$偏差値 = z 得点 \times 10 + 50$$

それでは，こうじ君の各科目の偏差値を求めてみましょう（表2.7.5）。

表2.7.5　偏差値の計算

科目	得点	標準得点	偏差値
英語	86	−0.5	−0.5×10+50=45
国語	67	1.4	1.4×10+50=64
数学	44	2.8	2.8×10+50=78

このようにして求められたものが，あの偏差値です。「英語の偏差値45」といわれると，「英語の標準得点−0.5」といわれるよりも，ずいぶん親近感がわくと思います。それは，一般的に，テストは100点満点であることが多く，偏差値がその100点満点形式に似ているからでしょう。それに何よりも，私たちが，大学受験などをとおして，偏差値に慣れ親しんできたことがあげられるでしょう。

「偏差値」という言葉を聞くと，おそらく大部分の人は，テスト，あるいはテストに関係するものをイメージすると思います。確かに受験産業では，偏差値は重要ですし，それゆえに「偏差値があるから日本の教育はダメになった」などと議論されることにもなっているのでしょうけれど，偏差値自体は本当にそんなに悪者なのでしょうか。その答えについては，次のページからはじまるコラム1をご覧ください。

コラム1

偏差値をめぐって

◎ 登場人物紹介

よしこちゃん：
K大学心理学科の3年生。明るく元気な女の子。カウンセラーを夢見て心理学科に進学するも，はじめてうけた心理統計の授業で，ひたすら数式展開が続き，完全にノックアウト。というわけで，心理統計が大嫌い。

いちろう君：
よしこの同級生。冷静沈着。大学院志望で，将来は認知心理学の研究をしようと考えている。心理統計は得意で，いつも，よしこの相談相手になっている。

――偏差値というと，どうもいい思い出がないのよねえ。

――そうだろうね。偏差値といえば受験というイメージだし，受験が楽しかったという人はあまり聞かないもんね。

――偏差値と聞いて思い出すのは，高校生のときに，担任の先生から「おまえの偏差値はこれくらいだから，この大学なら安全だ」といわれたとか，予備校の模擬試験で，偏差値○で志望校の合格可能性がC判定だったとか，そんなことくらいかな…。偏差値って何かいいことあるの？

――偏差値を使えば違う科目の得点を比較できるっていうことはわかったよね（II-7参照）。だからたとえば，英語・数学・国語の3科目で大学受験をする学生がいたとすると，先生は「あなたは英語よりも国語の成績がよくないようですね。今後は国語を重点的に勉強しなさい」といった指導ができるよね。

――それは偏差値に一喜一憂するよりも，その値をもとにこれからどうするか前向きに考えろってことなのかしら。

――そうそう。このような判断は「横断的個人内評価」っていうんだ。ある1人の人のなかで，よいところ，悪いところ，を評価するってことさ。

――ふーん，なるほどね。でも結局，偏差値といえばテスト，テストといえば受験，ってことには変わりないわけでしょう。やっぱり偏差値なんか好きになれそうもないわ。

――偏差値＝テストとは限らないよ。別に偏差値を求める対象はテストの得点に限らないんだ。

――ん？どういうこと？だって，偏差値ってテストの成績についてくるものでしょう？

――ううん，そうじゃないよ。偏差値は，平均と標準偏差が与えられたデータであれば，どんなデータについても求められるんだ。たとえば，僕らの学科の学生の通学時間について調査したら，こんなふうになったとしよう。

K大学心理学科3年生（90人）の通学時間に関する要約統計量
平均　　　70分
標準偏差　40分

この平均と標準偏差があれば，自分の通学時間

コラム1　偏差値をめぐって

について偏差値を出すことができるよ。よしこちゃんは家から大学まで何分かかるの？

私は自宅生だから結構かかっているわ。2時間弱、1時間50分ってとこかしら。

1時間50分は110分だね。まず、この値から z 得点を求めてみよう。z 得点は平均をひいて標準偏差でわると求められるから、

$$z 得点 = (110 - 70) \div 40 = 40 \div 40 = 1$$

z 得点は1となる。これを偏差値にするには、10倍して50を足すんだ。

$$偏差値 = z 得点 \times 10 + 50 = 1 \times 10 + 50 = 60$$

つまりよしこちゃんの通学時間は、偏差値にすると60ってことさ。

おもしろーい！通学時間が偏差値になるの？いちろうくんは？たしか下宿だから近かったわよね？

うん、僕は大学のそばのアパートでひとり暮らししているから通学時間は徒歩10分だよ。

じゃあ、私がいちろうくんの通学時間の偏差値を求めてみるね。まず、z 得点を求めて、

$$z = (10 - 70) \div 40 = -60 \div 40 = -1.5$$

z 得点は -1.5 になったわ。これを10倍して50をたすと偏差値になるのね。

$$偏差値 = -1.5 \times 10 + 50 = 35$$

35になったわ。ずいぶん偏差値低いわね〜。

そうそう、そんな感じだよ。偏差値っていうのは、データの値が平均と比べて標準偏差何個分大きいか小さいかをあらわした指標に過ぎないんだ。偏差値が50だったらちょうど平均、40だったら平均よりも標準偏差1個分小さい、偏差値70は平均より標準偏差2個分大きい、というふうにね。

なるほど。つまり、偏差値っていうのは、平均と比べてどれだけ大きいとか小さいとかをあらわす数値であって、テストに限ったものではないのね。

うん、だから、ときどきマスコミがいうような「偏差値があるから日本の教育はダメになった」とか「偏差値自体が日本の教育を堕落させた諸悪の根源だ」といった主張は、ちょっとおかしいんじゃないかな。

偏差値という指標自体にはそんなに責任はないもんね。

そうそう、たとえば、よしこちゃんの毎月のお酒の消費量についてだって偏差値を求めることはできるんだからね（笑）。

何よ、にやにやしちゃって失礼ね！まるで私が酒豪みたいじゃない！私はおしとやかに飲むから酒量の偏差値はそんなに高くないわよ!!（といって、缶ビール片手にいちろうの頬をつねるよしこであった）

●ポイント●

① z 得点＝（データの値－平均）÷標準偏差

② 偏差値＝z 得点 $\times 10 + 50$

③ 「偏差値＝テストや受験」ではない。偏差値は、データの値が平均と比べて標準偏差何個分大きいか小さいかをあらわした指標に過ぎない。

III 2つの変数の関係を記述しよう

1 散布図

1 変数と変数の関係

II では，ある1つの変数について，その平均を求めたり，標準偏差を求めたり，ということを考えてきました。しかし，心理学研究では複数の変数の関係について考えることが一般的です。たとえば，恋愛感情が大きい人とはどのような人だろうか，ということについて研究するためには，恋愛感情と関連すると思われる「どのような」に当たる変数についても調べなくてはなりません。先行研究から「孤独感の大きい人ほど，その孤独を埋め合わせるために恋愛感情が大きくなる」ということが仮説として設定されたとしましょう。この場合，恋愛感情の大きさについてのみ検討する1変数の分析ではだめです。孤独感もあわせて検討しなくてはいけませんね。III では，このように2変数について，その両者の関係をみることを学びましょう。

2 散布図

2つの変数の関係をみる場合に，最も視覚的に訴えかける方法は，やはり図にあらわすことです。1つの変数の状態を視覚的に表現する方法は棒グラフやヒストグラムでしたね。2つの変数の関係をみる場合には**散布図**（**相関図**ともいいます）というものを用います。散布図とは，図3.1.1のように，平面上にそれぞれの人の値をプロット（点を打っていくこと）したものです。

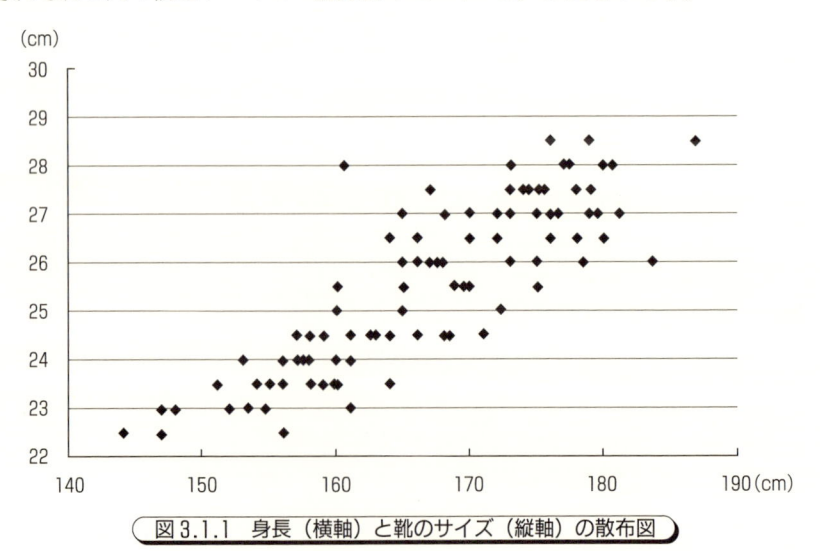

▷1 棒グラフやヒストグラムについては II-4 を参照。

図3.1.1 身長（横軸）と靴のサイズ（縦軸）の散布図

III-1 散布図

　この散布図は，ある大学生の実際のデータで，身長と靴のサイズを調査した結果です。横軸が身長ですが，190cm近くの非常に背の高い人がいます。縦軸をみるとこの人の靴のサイズは，これまた大きく28.5cmくらいです。一方，身長145cmくらいの背の低い人がいますが，この人の靴のサイズは22.5cmくらいと小さいものになっています。このように，各々の人に，「身長」「靴のサイズ」という2つの変数があって，それら2つの変数を全員分図中にプロットしたものが図3.1.1なのです。

　さて，この散布図をみますと，1つ顕著な傾向があることがわかると思います。図中の点の並びは，全体的に「右上がり」になっていますよね。これは，背が高くなればなるほど靴のサイズも大きくなる傾向があるということです。これは，背が低くなればなるほど靴のサイズは小さくなる傾向がある，といっても同じことです。この散布図のように，データ全体の傾向として，一方の値が大きくなるともう一方の値も大きくなる（あるいは，一方の値が小さくなるともう一方の値も小さくなる），という関係が2変数間にあるとき，「正の相関関係がある」といいます。正の相関関係の例として，「社交性」と「友達と遊ぶ回数」があるでしょう。一般に，社交的であればあるほど，友達と遊ぶ回数は多くなると思われます。

　2つの変数の相関関係は，何も「右上がり」に限りません。さまざまな散布図をみていきましょう。

▷2　これ以降，散布図の例としてあげているのは，実際の研究結果に基づくものではありません。

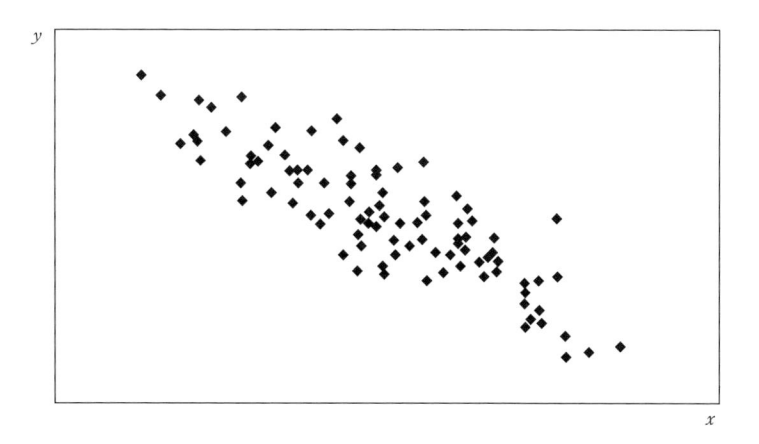

図 3.1.2　右下がりの散布図

　図3.1.2は，「右下がり」です。この散布図のように，一方の値が大きくなるともう一方の値が逆に小さくなる，という関係が2変数間にあるとき，「負の相関関係がある」といいます。

　たとえば，子どもの「攻撃性」と「人気度」があげられると思います。他の子どもに攻撃的な子どもは，なかなかまわりから好かれないということがあるでしょう。

Ⅲ　2つの変数の関係を記述しよう

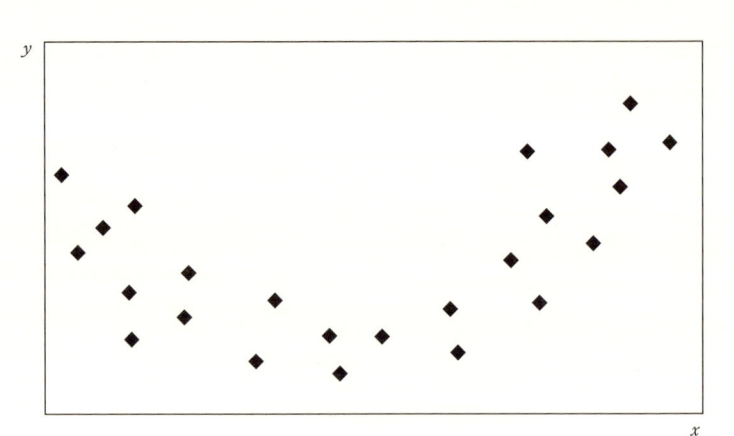

図3.1.3　U字型曲線相関の散布図

　図3.1.3は,「U字型曲線相関」といいます。単純に「右上がり」とか「右下がり」ではなく,両者をミックスした感じ,すなわち,一方の変数xが大きくなると「前半」のうちは他方の変数yは小さくなっていくけれども,「後半」からyは大きくなっていく,という関係です。

　たとえば,「養毛剤の使用量」と「抜け毛の量」を考えてみましょう。抜け毛に悩む24人各々について,「養毛剤の使用量」と「抜け毛の量」を測定し,横軸に「養毛剤の使用量」,縦軸に「抜け毛の量」をとって,各人をプロットしていったら上記の図になったとしましょう。養毛剤の量があまりに少ないと,成分が効きませんから抜け毛は多いまま,適度に使うと抜け毛が減るけれども,使いすぎると今度はどんどん毛穴がつまって抜け毛が多くなっていく,と思われます。

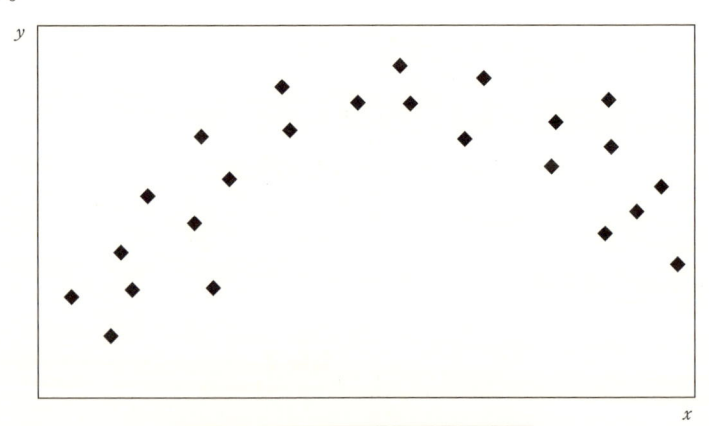

図3.1.4　逆U字型曲線相関の散布図

　図3.1.4は,「逆U字型曲線相関」といいます。図3.1.3の逆です。一方の変数xが大きくなると「前半」のうちは他方の変数yは大きくなっていくけれども,「後半」からyは小さくなっていきます。

　たとえば,24人の被験者を対象に「自分の勉強部屋の音量」と「勉強への集中度」を測定したとします。横軸に「自分の勉強部屋の音量」,縦軸に「勉強への集中度」をとって,各人をプロットしていったら上記の図になったとしま

しょう。あまりにシーンとしていると何となく集中できません。適度に音があるときに集中できます。当然，周りがあまりにうるさすぎると集中できません。

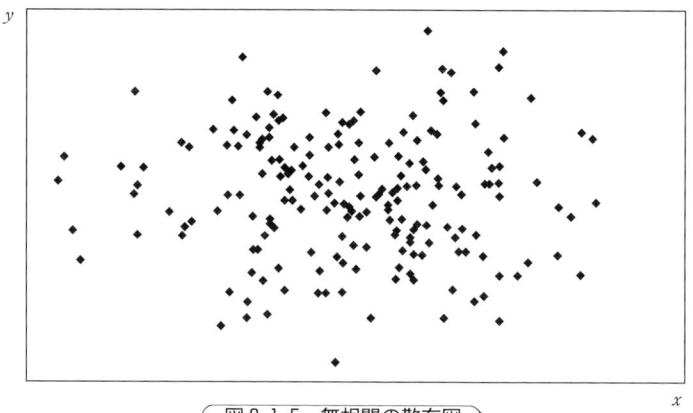

図 3.1.5 無相関の散布図

最後に図3.1.5は「無相関」といいます。点の集まりは全体的に「まんまる」です。まんまるということは，2変数がでたらめに散らばっているということですから，何も規則性らしきものがないわけです。

以上のように，散布図を描くことで，2変数間の関係を視覚的に捉えることができます。散布図は，2変数の分析の出発点といえます。

▷3 ここで紹介した散布図は代表的な例であって，実際のデータから描かれる散布図すべてが上記の5つのパターンのいずれかに分類されるというわけではありません。しかし，心理学の領域では，ここで紹介した5つの散布図の例を理解しておけばよいでしょう。

3 現実の散布図の例

それでは，最後に実際の散布図の例を1つ紹介しておきましょう。図3.1.6はプロ野球選手（日本人野手）の中で，2004年度の年俸が5000万円以上の選手を対象として散布図を描いたものです。この散布図では，横軸に推定年俸をとり，縦軸には2003年シーズンのホームラン数をとってあります。

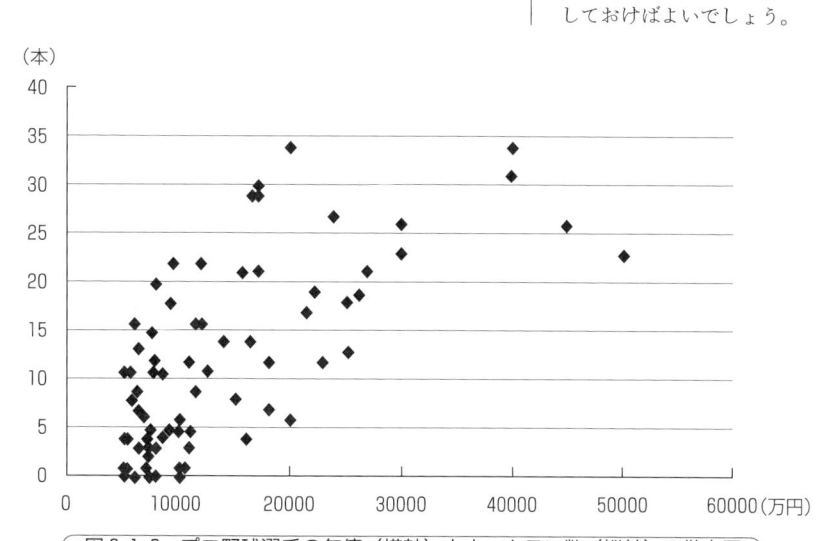

図 3.1.6 プロ野球選手の年俸（横軸）とホームラン数（縦軸）の散布図

この散布図をみると，2変数の間には，右上がりの直線関係，すなわち，正の相関関係があることがわかりますよね。つまり，年俸が高い人ほど，よくホームランを打つ傾向があるということです。みなさんもこのように，自分の身近なデータについて，散布図を描いてみてください。そうすることによって，2つの変数の関係を知るために散布図を描くことのおもしろさを実感できるでしょう。

III 2つの変数の関係を記述しよう

2 共分散

▷1 ヒストグラムについては II-4 を参照。

▷2 平均については II-5 ,標準偏差については II-6 を参照。

▷3 $\bar{x}$ は,「エックス・バー」と読みます。x の平均を意味します。

1変数の場合,ヒストグラムの様子を平均・標準偏差などに集約することができました。同様に2変数の場合についても,その両者の関係をあらわす具体的な数値・指標について考えることができます。その指標とは共分散と相関係数です。まずは共分散からみていきましょう。

共分散は,「平均からの偏差の積 $(x_i-\bar{x})(y_i-\bar{y})$」の平均,と定義されます。式であらわすと,

$$s_{xy} = \frac{(x_1-\bar{x})(y_1-\bar{y})+(x_2-\bar{x})(y_2-\bar{y})+\cdots+(x_n-\bar{x})(y_n-\bar{y})}{n}$$

となります(このように,変数 x と変数 y の共分散は記号で s_{xy} とあらわされることが一般的です。あるいは $Cov(x, y)$ とあらわすこともあります。Cov は共分散の英語 covariance の先頭の3文字をとったものです)。この式で,分母の n は変数 x と y が何組分あるかをあらわしています。しかし,これだけだと何のことだかわかりませんよね。例をみてみましょう。今,表3.2.1のように,5人の被験者に対して質問紙調査を実施して,「恋愛感情」と「孤独感」という2種類の変数について測定したとします。以下,恋愛感情を x_i,孤独感を y_i,とします。i というのは,何番目の被験者か,ということをあらわす添え字です(5人いますから,$i=1, 2, \cdots, 5$ です)。たとえば,3番目の被験者の「恋愛感情」は x_3 とあらわされ,その具体的な値は30ということになります。さて,このとき,この2変数間の共分散を求めてみましょう。

表3.2.1 5人の被験者のデータ

被験者	1	2	3	4	5
恋愛感情(x_i)	10	20	30	40	50
孤独感(y_i)	20	10	40	30	50

まず,「恋愛感情」「孤独感」それぞれの平均を出してみましょう。「恋愛感情」の平均は,$(10+20+30+40+50)\div 5=30$,「孤独感」の平均は,$(20+10+40+30+50)\div 5=30$,となります(表3.2.2のStep 1)。さらに,「平均からの偏差」を5人それぞれで出してみましょう(表3.2.2のStep 2)。たとえば,1番目の被験者の「恋愛感情」の大きさであれば,データの値10から平均30をひくので,$10-30=-20$ となります。これを,x と y 両方で,全員分計算してみましょう。

▷4 (平均からの)偏差については II-6 参照。

表 3.2.2　共分散を求める過程

被験者番号 i	1	2	3	4	5	平均
x_i（恋愛）	10	20	30	40	50	30 ← Step 1
$x_i - \bar{x}$	−20	−10	0	10	20	← Step 2
y_i（孤独）	20	10	40	30	50	30 ← Step 1
$y_i - \bar{y}$	−10	−20	10	0	20	← Step 2
$(x_i - \bar{x})(y_i - \bar{y})$	200	200	0	0	400	160 ← Step 3

次に，各被験者ごとに，「恋愛感情」の平均からの偏差 $(x_i - \bar{x})$ と「孤独感」の平均からの偏差 $(y_i - \bar{y})$ をかけ算してみましょう（表 3.2.2 の Step 3）。たとえば，1 番目の被験者であれば，$(-20) \times (-10) = 200$ となります[5]。これを全員分計算してみましょう。すると，1 番目の被験者から順に，200，200，0，0，400，となりました。さらに，これらの平均を出します。$(200 + 200 + 0 + 0 + 400) \div 5 = 160$ となります。これが共分散です。あらためて先ほどの式をみてみましょう。

$$s_{xy} = \frac{(x_1 - \bar{x})(y_1 - \bar{y}) + (x_2 - \bar{x})(y_2 - \bar{y}) + \cdots + (x_n - \bar{x})(y_n - \bar{y})}{n}$$

それぞれの人について，まず，両方の変数の値からそれぞれの変数の平均をひき（平均からの偏差を出す），そのひいたものどうしをかけ算します（平均からの偏差の積を出す）。それを n 番目の人まで全員分やって全部たし，最後に n でわります（平均からの偏差の積の平均を出す）。

それでは，なぜこうして計算した共分散が 2 つの変数の関係の大きさを示す指標なのか，ということが問題になります。以下の図 3.2.1 は，表 3.2.1 を散布図にしたものです。

たとえば図中の一番右上の点，これは 5 番目の被験者です[6]。5 人全員について，偏差の積を求めていくわけですが，1 つ 1 つの偏差の積 $(x_i - \bar{x})(y_i - \bar{y})$ は，x_i と y_i が両方とも平均を上回るとき，あるいはともに平均を下回るときに

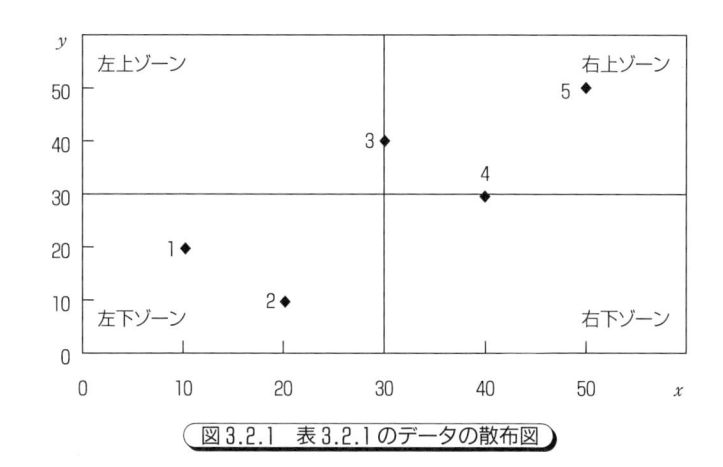

▷5　表 3.2.2 の 1 行目（被験者番号 i）が 1 のところの，3 行目の値（−20）と 5 行目の値（−10）をかけ算するわけです。

▷6　プロットされている ◆ に付された数字は，何番目の被験者かをあらわしています。

図 3.2.1　表 3.2.1 のデータの散布図

III 2つの変数の関係を記述しよう

▶7 この人は，x_i と y_i がともに平均（$\bar{x}$ と $\bar{y}$）を上回っている人です。$x_i > \bar{x}$, $y_i > \bar{y}$ なので，$x_i - \bar{x}$ も $y_i - \bar{y}$ もプラスになります。プラスとプラスのかけ算なので，平均からの偏差の積，$(x_i - \bar{x})(y_i - \bar{y})$ もプラスになります。

プラスの値になります。たとえば，5番目の被験者は，$x_i - \bar{x} = 50 - 30 = 20$, $y_i - \bar{y} = 50 - 30 = 20$ で，$20 \times 20 = 400$ とプラスになり，▶7 1番目の被験者は，$x_i - \bar{x} = 10 - 30 = -20$, $y_i - \bar{y} = 20 - 30 = -10$ で，$(-20) \times (-10) = 200$ とこれもプラスになります。

図3.2.1の散布図をもう一度みてください。$x = 30$（x の平均）の縦の直線と $y = 30$（y の平均）の横の直線で，散布図全体を4つの「ゾーン」に分割していると考えてください。この4つのゾーンのうち，「右上ゾーン」と「左下ゾーン」は，ここにあるデータについて，偏差の積がプラスになるゾーンです。これとは逆に，x_i と y_i のうち一方が平均を上回り他方が平均を下回るときは，偏差の積はマイナスの値になります。図3.2.1の4つの「ゾーン」のうち，「右下ゾーン」「左上ゾーン」にあるデータは偏差の積がマイナスになるということです。このデータでは，この場合に該当する被験者はいません（厳密にいいますと，3番目・4番目の被験者は，値＝平均になっているため，2つのゾーンにまたがっていますが…）。つまり，「右上ゾーン」と「左下ゾーン」（およびゾーンの境界線上）にデータがプロットされているというわけです。

さらに詳しく説明していきましょう。図3.2.2をご覧ください。図中の直角に交差している2つの黒い線が平均を示す直線です。■は x_i と y_i が両方とも平均を上回る，あるいはともに平均を下回る被験者です。この■がたくさんあるということは，散布図が右上がりになるということです。▶8 ■は x_i と y_i ともに平均を上回るか下回るかですから，偏差の積はプラスになります。■の点がたくさんあれば，散布図が右上がりになり，その場合，偏差の積の平均である共分散の値はプラスになります。

▶8 右上がりの散布図，右下がりの散布図については III-1 参照。

一方，●は x_i と y_i の片方が平均を上回り，もう片方が平均を下回る被験者です。この●がたくさんあるということは，散布図が右下がりになるということです。●は x_i と y_i の片方が平均を上回り（偏差はプラスになる），もう片方が平均を下回る（偏差はマイナスになる）わけですから，偏差の積はプラス×マイナスで「マイナス」になります。●の点がたくさんあれば，散布図が右下

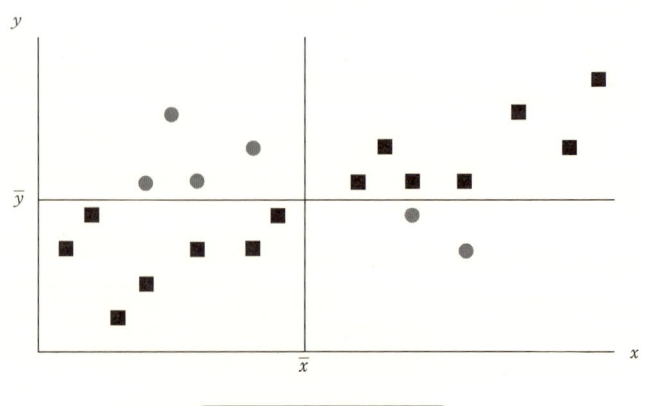

図3.2.2 共分散の意味

がりになり，その場合，偏差の積の平均である共分散の値はマイナスになります。

一般的には，データをとりますと，■の被験者も●の被験者もいて，それらがいりまじっているわけですが，もし■の被験者が多いのであれば，散布図は右上がりの傾向の強いものになります。また，偏差の積がプラスの人が多いということになり，プラスの勢力が打ち勝って共分散の値はプラスになります。一方，もし，●の被験者が多いのであれば，散布図は右下がりの傾向の強いものになります。また，偏差の積がマイナスの人が多いということになり，マイナスの勢力が打ち勝って共分散の値はマイナスになります。このように，共分散の値の符号によって，散布図が右上がりか右下がりかわかります。また，ある被験者について，偏差の絶対値が大きければ大きいほど（平均から離れた値であるほど），偏差の積の絶対値は大きくなっていきますから，共分散の絶対値は大きくなっていきます。これはつまり，共分散の絶対値が大きいほど，右上がり・あるいは右下がりの傾向が強い，ということです[9]。

以上のように，共分散は，2変数の間に正の相関関係があればプラスの値に，負の相関関係があればマイナスの値になるという便利な指標なのですが，問題点があります。共分散の値は2変数の関連の程度に依存するわけですが，測定単位にも依存してしまうのです。たとえば，身長と体重の相関関係をみたい場合に，身長（cm）と体重の共分散をみた場合と，まったく同じデータの身長をメートルに変えて身長（m）と体重の共分散をみた場合とで，共分散は値が違ってしまうのです。一般に，身長が高ければそれだけ体重は重くなる傾向にありますが，身長をmにするかcmにするかで，値が違ってしまうなんて，変な話です。これでは，共分散の値が大きい場合，2変数の関係が強いから値が大きいのか，それとも測定単位のせいで値が大きくなっているのか，区別がつかなくなってしまいます。これが共分散の問題点です[10]。

たとえば，先ほどの例で，（身長をmからcmにすることに対応して）「孤独感」の得点を100倍してみましょう（表3.2.3）。

表3.2.3 共分散と単位

被験者番号 i	1	2	3	4	5	平均
x_i(恋愛)	10	20	30	40	50	30 ← Step 1
$x_i - \bar{x}$	−20	−10	0	10	20	← Step 2
y_i(孤独)	2000	1000	4000	3000	5000	3000 ← Step 1
$y_i - \bar{y}$	−1000	−2000	1000	0	2000	← Step 2
$(x_i - \bar{x})(y_i - \bar{y})$	20000	20000	0	0	40000	16000 ← Step 3

共分散は16000となり，先ほどの値160と比べて100倍になってしまいました。このように，共分散は単位に依存してしまい，解釈が難しいです。この点を克服している指標はないのでしょうか。あります。それが次に紹介する相関係数です。

▷9 図3.2.2をみるとわかるように，各点が x, y それぞれの平均から離れれば離れるほど，右上がり，右下がりの傾向を強めます。また，図3.2.1では，5番目の被験者のデータは，x, y ともに平均から20「も」離れているので，20×20＝400と，共分散を大きくすることに相当寄与しています。また，1番目，2番目の被験者については，各々 $(-20) \times (-10) = 200$，$(-10) \times (-20) = 200$，と，5番目の被験者ほどではありませんが，共分散を大きくすることに寄与しています。

▷10 同様の問題点は分散にもあります（II-6 参照）。

III　2つの変数の関係を記述しよう

3　相関係数

1　相関係数

○相関係数の式

いきなりですが，**相関係数**を式であらわすと，

$$r_{xy} = \frac{s_{xy}}{s_x s_y}$$

となります（分子の s_{xy} は III-2 で紹介した共分散，分母の s_x, s_y はそれぞれ x と y の標準偏差（ II-6 参照）をあらわしています）。

この場合の相関係数は，厳密にいうと**ピアソンの積率相関係数**というもので，記号では r_{xy}（または単に r）と書きます。あるいは $Corr(x, y)$ とあらわすこともあります（$Corr$ は相関係数の英語 correlation coefficient の先頭4文字をとったものです）。これから，単に相関係数といった場合には，ピアソンの積率相関係数のことだと思ってください。▷1

さて，上の式をよくみてみましょう。これは，共分散を「2変数各々の標準偏差の積」でわったものですね。こうすることにより，測定単位の影響（ III-2 にあるように，共分散の場合，たとえば一方の得点を100倍すると共分散の値も100倍になってしまう）といった，データに含まれる本質的でない部分の影響をうけない指標になります（「測定単位の影響…」という上記の説明をちょっと難しいと思われる方もいるかもしれません。しかし，次のページにあります実際の計算で納得していただけますので，心配せずに読み進めてください）。

○相関係数を求める

それでは， III-2 の表3.2.1のデータで，さっそく相関係数を求めてみましょう（表3.3.1）。

▷1　相関係数には，ピアソンの積率相関係数のほかに，スピアマンの順位相関係数，ケンドールの順位相関係数などがあります。詳しくは山内（1998）（II-1 側注6参照）をみてください。

表3.3.1　相関係数を求める過程

被験者番号 i	1	2	3	4	5	
x_i（恋愛）	10	20	30	40	50	
$x_i - \bar{x}$	−20	−10	0	10	20	
$(x_i - \bar{x})^2$	400	100	0	100	400	標準偏差＝14.14
y_i（孤独）	20	10	40	30	50	
$y_i - \bar{y}$	−10	−20	10	0	20	
$(y_i - \bar{y})^2$	100	400	100	0	400	標準偏差＝14.14

相関係数を出すには，標準偏差が必要ですから，x, yそれぞれの標準偏差を出します。この場合，ともに14.14でした。そこで，Ⅲ-2で計算した共分散160を使って，

$$r_{xy} = 160 \div (14.14 \times 14.14) = 0.80$$

と計算します。この0.80という値が相関係数です。次に，Ⅲ-2の共分散の計算と同様に，yの値をそれぞれ100倍して相関係数を計算してみましょう（表3.3.2）。

▷2　xの標準偏差は
$$\sqrt{\frac{400+100+0+100+400}{5}}$$
$=14.14$
yの標準偏差は
$$\sqrt{\frac{100+400+100+0+400}{5}}$$
$=14.14$
標準偏差の求め方は，Ⅱ-6参照。

表3.3.2　相関係数と単位

被験者番号 i	1	2	3	4	5	
x_i（恋愛）	10	20	30	40	50	
$x_i - \bar{x}$	-20	-10	0	10	20	
$(x_i - \bar{x})^2$	400	100	0	100	400	標準偏差＝14.14
y_i（孤独）	2000	1000	4000	3000	5000	
$y_i - \bar{y}$	-1000	-2000	1000	0	2000	
$(y_i - \bar{y})^2$	1000000	4000000	1000000	0	4000000	標準偏差＝1414

Ⅲ-2での計算で，共分散は16000でしたので，

$$r_{xy} = 16000 \div (14.14 \times 1414) = 0.80$$

とまったく同じになります。これが「測定単位に依存しない」という意味です。共分散を両方の標準偏差でわり算することによって，単位の影響を調節しているのが相関係数です。

▷3　この例の場合，分子が100倍になっても，分母も100倍になるため，単位の影響をまぬがれていますね。

○相関係数の範囲

この相関係数は，どのようなデータで計算しても，-1から$+1$の範囲に収まります。ここではひとまず，2変数に「xが決まればyが1つに決まる」という極端な対応関係がある場合に，相関係数は最大の1をとる，ということを例で示しておきましょう。

表3.3.3　相関係数が1になるデータ

被験者	1	2	3	4	5
恋愛感情	10	20	30	40	50
孤独感	10	20	30	40	50

表3.3.3は2つの変数の間に1対1の対応関係があるデータの例です。どの被験者をみても，恋愛感情得点と孤独感得点がまったく同じ値になっており，全体としてみますと，恋愛感情が高ければ孤独感も高い，という直線的な関係があります。これはつまり，「恋愛感情が□点に決まれば，孤独感は△点に決まってしまう」という1対1の対応関係です。

▷4　なぜ相関係数の値が-1から$+1$の範囲に収まるのか，という点については，一般的には「コーシー・シュワルツの不等式」によって説明されるようです。また，この他の説明として，南風原（2002）（エピローグ-2参照）では，共分散 s_{xy} の最大値が $s_x s_y$ に，最小値が $-s_x s_y$ になることから相関係数の範囲を導いています。

▷5　ここⅢ-3で「関係」という場合，「直線的な関係」を考えています。Ⅲ-1で述べたような「曲線的な関係」，これも関係があるには違いないのですが，この曲線的な関係があるデータについて相関係数を計算しますと，ほとんどゼロになってしまいます。この点は，Ⅲ-4の「相関係数の性質」に該当する内容です。「相関係数は，曲線的な関係についてはあらわしてくれない」という点，覚えておいてくださいね。

表3.3.4のように,まず共分散を計算しましょう。[6]

表3.3.4 共分散を求める過程

被験者番号 i	1	2	3	4	5	平均
x_i(恋愛)	10	20	30	40	50	30 ← Step 1
$x_i - \bar{x}$	−20	−10	0	10	20	← Step 2
y_i(孤独)	10	20	30	40	50	30 ← Step 1
$y_i - \bar{y}$	−20	−10	0	10	20	← Step 2
$(x_i-\bar{x})(y_i-\bar{y})$	400	100	0	100	400	200 ← Step 3

$$s_{xy} = (400+100+0+100+400) \div 5 = 200$$

となります。

次に表3.3.5のように,相関係数を計算しましょう。

表3.3.5 相関係数を求める過程

被験者番号 i	1	2	3	4	5	
x_i(恋愛)	10	20	30	40	50	
$x_i - \bar{x}$	−20	−10	0	10	20	
$(x_i-\bar{x})^2$	400	100	0	100	400	標準偏差=14.14
y_i(孤独)	10	20	30	40	50	
$y_i - \bar{y}$	−20	−10	0	10	20	
$(y_i-\bar{y})^2$	400	100	0	100	400	標準偏差=14.14

$$r_{xy} = 200 \div (14.14 \times 14.14) = 1.0$$

となります。

2 相関係数の大きさ

●相関係数と散布図

相関係数の計算の仕方は以上のとおりですが,相関係数がどのくらいの値のとき,どのような散布図になるのでしょうか。以下,図3.3.1にいくつかの例を示しておきます。[7]

図より,相関係数(r)の値が1.0に向かって大きくなっていくにつれ,1本の直線に近くなっていくことがわかります。この「1本の直線」というのは,xが決まればyが1つに決まる,という意味です。[8]

しかし心理データでは,こういうことは通常ありえません。たとえば,「恋愛感情が□点の人は,もう絶対に孤独感△点になる」なんていうことはありません。

▷6 共分散を求める過程の詳細(表3.3.4のStep1〜3)については III-2 参照。

▷7 図3.3.1には正の相関のみ示しましたが,負の相関の場合,右下がりになります。

▷8 先に相関係数が1になることを確かめた,表3.3.3のデータのような場合です。

図 3.3.1　相関係数と散布図

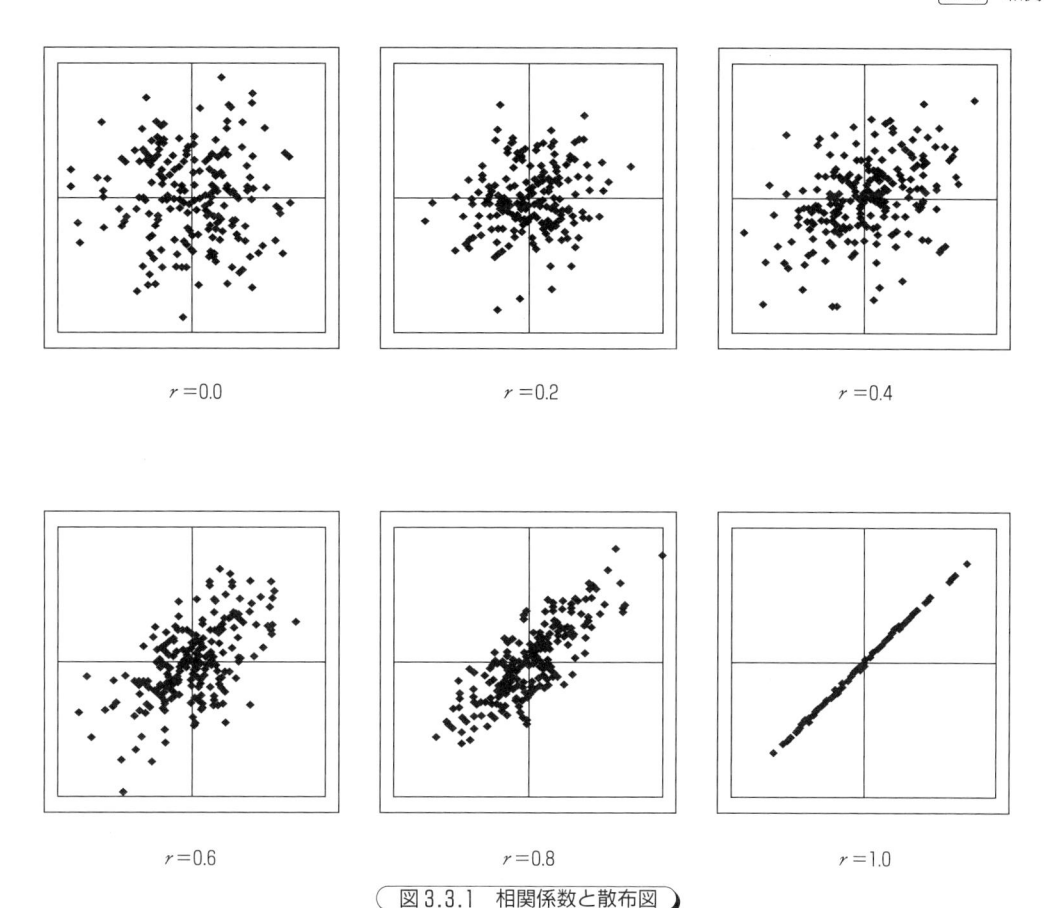

◯相関係数の値と関係の強さ

それでは，相関係数がどの程度の値であれば，関係が強いと判断するのがよいのでしょうか。

この「相関係数の値の評価」については明確な基準はありませんが，通常次の表 3.3.6 のように解釈されることが多いです。[9]

表 3.3.6　相関係数の値の評価

$0 < r \leq 0.2$	$-0.2 \leq r < 0$	→ほとんど相関なし
$0.2 < r \leq 0.4$	$-0.4 \leq r < -0.2$	→弱い相関あり
$0.4 < r \leq 0.7$	$-0.7 \leq r < -0.4$	→中程度の相関あり
$0.7 < r \leq 1.0$	$-1.0 \leq r < -0.7$	→強い相関あり

たとえば，相関係数の値が $r = 0.65$ であったら「中程度の正の相関がある」と評価し，$r = -0.81$ であったら「強い負の相関がある」と解釈するわけです。ですが，以上の表 3.3.6 はあくまでも目安です。変数の内容，研究分野などによって大きく変わってくるでしょう。たとえば医学などで，人の生死にかかわる研究ですと，0.2 程度の値でもみのがせない結果になるかもしれません。

▷9　本によって表現が異なる場合があります。吉田（1998）（エピローグ-2 参照）では，$0.4 < |r| \leq 0.7$ を「比較的強い相関あり」としています（$0.4 < |r| \leq 0.7$ とは，$0.4 < r \leq 0.7$，$-0.7 \leq r < -0.4$ ということです）。

III 2つの変数の関係を記述しよう

4 相関係数の性質

1 相関係数の性質

相関係数を解釈する際には，いくつか注意すべき点があります。

◯外れ値の影響

相関係数の値は，**外れ値**◁1（極端に大きな，または小さな値の少数のデータ）によって，大きく変化します。外れ値がある場合は，外れ値を含めた場合と除いた場合とで，相関係数の値を比較しましょう。以下の図3.4.1において，全体の相関は $r=0.59$ と中程度の正の相関がありますが，右上のたった1つの外れ値をとりのぞくと，相関はわずか $r=0.07$ になってしまいます。

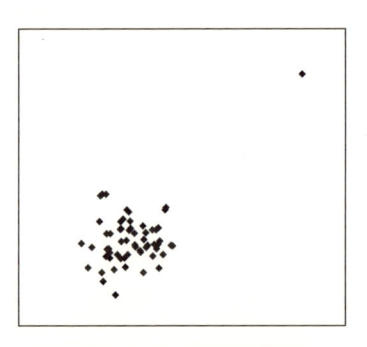

図3.4.1 外れ値の影響力

このように，相関係数を算出する場合は，まず散布図を描いて外れ値が含まれていないかどうかを確認することが大切です。◁2

◯擬似相関

擬似相関とは，2つの変数 x と y の間に本当は相関がないにもかかわらず，第3の変数 z の存在によりあらわれる，見かけ上の相関のことです。

図3.4.2をご覧ください。たとえば，ある小学校で1年生から6年生までの

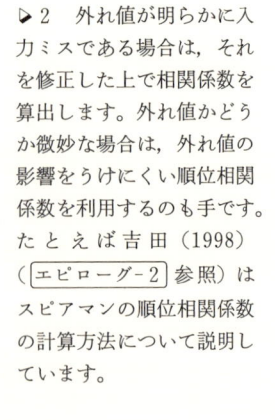

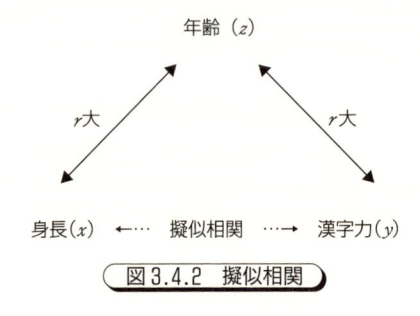

図3.4.2 擬似相関

▷1 外れ値については II-5 参照。

▷2 外れ値が明らかに入力ミスである場合は，それを修正した上で相関係数を算出します。外れ値かどうか微妙な場合は，外れ値の影響をうけにくい順位相関係数を利用するのも手です。たとえば吉田（1998）（エピローグ-2 参照）はスピアマンの順位相関係数の計算方法について説明しています。

全校児童を対象に身長を測定し，また，知っている漢字の量（以下では「漢字力」とよびます）をテストで調べたとします。このデータをもとに，身長と漢字力の相関係数を算出したところ，$r=0.80$という高い正の相関係数が得られたとしましょう。普通に考えますと，「背が高いほどたくさんの漢字を知っている」なんて，ちょっと不自然な感じがします。それではなぜ高い正の相関係数が得られたのでしょうか。通常，年齢の上昇とともに身長は高くなります。また同時に，年齢の上昇とともに知っている漢字の量も多くなるでしょう。つまりこの場合，身長（x）も漢字力（y）も，ともに年齢（z）との間に強い正の相関があると考えられます。このため，身長と漢字力の間に相関がなくても，年齢（z）が「橋渡し」をして擬似相関があらわれてしまうのです。

こうした問題点を回避するためには，たとえば，10歳なら10歳の児童だけを集めてという具合に，同年齢の集団の中で身長と漢字力の相関をみれば，年齢の影響をうけない「本当の」相関を確認できるでしょう。このように，第3の変数を考慮すると，2変数間の適切な関係がわかる場合があります。なお，以上に関連して，第3の変数が連続変数の場合，**偏相関係数**という指標を計算することがあります。第3の変数zの影響をとりのぞいた上でのxとyの相関係数のことですが，詳しい計算方法などは，南風原（2002）をご覧ください。

▷3 連続変数について II-1 参照。

▷4 「とりのぞく」ことを「パーシャルアウト」といいます。

▷5 エピローグ-2 参照。

◯ データの層別化

相関係数は集団の性質によって変化します。相関係数を解釈するときには，どのような集団に基づいて計算されたものかを考慮する必要があります。図3.4.3では，◯の相関係数は$r=-0.77$，■の相関係数は$r=-0.63$であり，両方とも負の相関なのに，全体では0.48と正の相関になります。このように，集団ごと（これが**層別化**の意味です）に計算した相関係数のことを，**層別相関**といいます。それぞれの集団が「層」になっていて，それらの層を集めたデータが全体になっている，ということです。

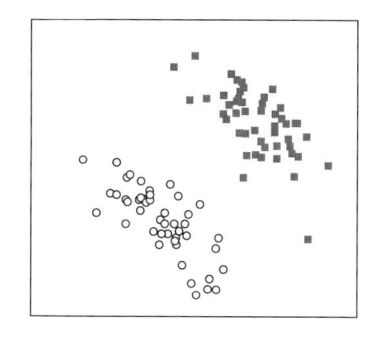

図3.4.3 層別相関

◯ 選抜効果

図3.4.4をご覧ください。大学入試では，合格最低点以上の人だけが入学を許可され，それ未満の人は入学できません。ですから，「大学入試の成績と，

Ⅲ　2つの変数の関係を記述しよう

入学後の成績

不合格者　合格者

合格最低点　入試成績

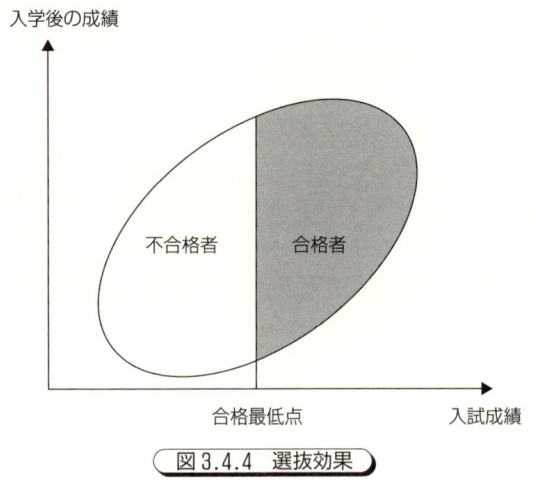

図 3.4.4　選抜効果

入学後の成績の相関係数をみて，両者にどの程度関係があるか調べよう」と思っても，実際に得られるデータは図の色のついた部分だけです。仮に，合格者・不合格者全体を調べることができるなら，入試の成績と入学後の成績にはある程度の正の相関があると思うのですが，色のついた部分だけをみますと「まんまる」に近くなってしまい，相関係数が大きくはなりません。

このように，集団の一部だけで相関係数を計算すると，小さくなる傾向にあります。これを，**選抜効果**というのですが，集団の一部が「切りとられている」ということから，**切断効果**といわれることもあります。

▷6　厳密には，「その絶対値は小さくなる傾向にある」ですね。

○ 相関関係と因果関係

相関が強いということは，必ずしも2つの変数の間に因果関係があるということではありません。相関関係と因果関係は違います。**因果関係**とは，原因と結果の関係ですから，Aが起こればBが起きる，という「A→B」という方向性があります。一方，相関係数には，そうした方向性はありません。相関が強かったとしても，「A→B」だか「A←B」だかわかりません。方向性はないのです。Ⅲ-1 の例ですと，「靴のサイズ」と「身長」の間には相関関係があるけれども，どちらがどちらを決めるともいえませんので，因果関係については何もいえないことになります。

心理学研究では非常にしばしば相関係数が使われます。その場合，思わず因果関係について言及してしまうことは勇み足でしょう。たとえば，一般に，本をよく読む人は国語の成績がよかったりしますよね。つまり，「好きな本を読む頻度」と「国語の成績」には相関関係があるでしょう。このとき，「国語の成績をアップさせるためにはどうすればよいでしょう」といわれ，相関関係があることを根拠に「好きな本をたくさん読みなさい。そうすればおのずと国語の成績も上がるでしょう」とアドバイスすることは何となく間違っているような気がしませんか。国語の成績には，読解力，論理的に推論する力，文法に関する知識，漢字や慣用句などの語彙力，…などたくさんの要因が関係してきま

すし，また現代文，古文，漢文，などいろいろな文章があります。単純な話，好きな本ばかり読んでいたら，国語のテスト用の勉強時間はなくなってしまうのです。その結果，国語という科目の成績は落ちてしまうかもしれません。因果関係とは「こうしたらこうなる」という関係であることを常に念頭に置くようにしてください。▷7

② 実際の心理学研究で

最後に，実際の心理学の論文で，相関係数がどのように表にされるのか，という点についてみておきましょう。

心理学の論文では，相関係数がしばしば出てきます。以下のようなタイプの表をみかけることがあるでしょう（表中の数字は仮想的なものです）。たとえば，恋愛感情に関連する特性として，孤独感と社交性を調べ，これら3者間の相関をみたとしましょう。

表3.4.1 実際の心理学論文の例（その1）

	孤独感	社交性
恋愛感情	0.83	0.23
孤独感		−0.79

表3.4.1の見方ですが，たとえば，恋愛感情と孤独感の相関係数は0.83です。このように2つの変数のまじわったところにある数字が，それらの間の相関係数の値です。

なお，表中に，数字がない箇所がありますね。孤独感と孤独感のところです。これは，あえて書くとすれば「1.00」です。ある変数とその変数自体の相関係数は当然1.00になりますから。▷8

表3.4.2 実際の心理学論文の例（その2）

	恋愛感情	孤独感	社交性
恋愛感情	1.00	0.83	0.23
孤独感		1.00	−0.79
社交性			1.00

また，表3.4.2のように相関係数をあらわすこともあります。同じ変数どうし（たとえば，恋愛感情と恋愛感情）の相関係数は1.00と書かれています。左下の三角部分が空白なのは，そこが右上の三角部分の相関係数と同じ値になるので，繰り返しを避けるためです。▷9

▷7 もちろん，実際には「好きな本を読むことにより国語の成績がアップする」こともあるでしょう。相関関係があるということは，そこに因果関係があることの傍証にはなりうるということです。

▷8 孤独感のデータと孤独感のデータの相関係数を求めることは，まったく同一のデータについて相関係数を求めるということです。つまり，表3.3.3の例と同じですから，相関係数の値は1.00ですね。

▷9 表をみると，たとえば恋愛感情と孤独感のまじわる部分は2ヶ所あり，本来そのどちらにも0.83が入るはずですが，繰り返しを避けるため，右上のほうにのみ書いてあります。

コラム2

回帰効果

- 私，身長が低いのが微妙にコンプレックスなの…。
- ? 身長は遺伝するっていうよね。親の身長は？
- お母さん，低い…しかも私よりも低いの。
- そっかー，回帰効果だね。
- 回帰効果？何それ？
- 遺伝学者のフランシス・ゴールトンっていう人がいたんだけど，彼は，背の高さは遺伝するので，160cmの親からは平均的に160cmの子どもが生まれ，180cmの親からは平均的に180cmの子どもが生まれるだろうと考えたんだ。
- 考えた，って，それ当たり前じゃない？
- ところがそうでもないんだ。ゴールトンは，実際に，親子の身長についての散布図から親の身長の各階級における子どもの平均身長を求め，親の身長と比較したんだ。すると，極端に背の高い親の子どもの背が親ほど高くなく，逆に極端に背の低い親の子どもが親ほどは背が低くないという傾向があることに気づいたんだ。
- それって，私たち親子と同じよ！
- そうそう。つまり，極端な身長の親から生まれた子どもの身長は，平均に近づくことがわかった。この「平均に近づく」ということを難しい言葉で「回帰する」っていうんだ。
- じゃあ，さっきいってた回帰効果っていうのは…。
- 別に身長の遺伝に限らず，2変数の関連を検討するときに，一方の変数において極端な値をとるものは，他方ではそれほど極端な値にはならず，平均に近い値をとるようになることを**回帰効果**というんだ。
- 回帰効果はどういう場合に起きるの？
- 親と子の身長のように，2変数の間に強い正の相関がある，でも相関係数が1ではない，そういう場合に起きる。図C2.1をみてごらん。
- これは，横軸に母親の身長，縦軸に子どもの身長をとった散布図よね。

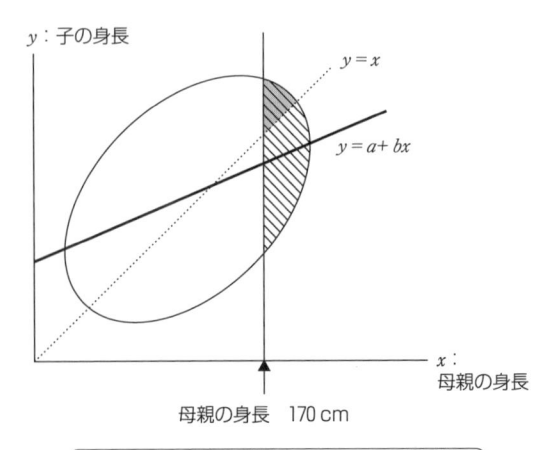

図 C2.1 身長の遺伝についての回帰効果

コラム2　回帰効果

そう。この図では，楕円がすべてのデータが散らばっている範囲をあらわしている，そう考えてね。この図より，母親の身長が170cm以上の親子（楕円のうち，$x \geq 170$ の部分。斜線の部分）の中で，子どもの身長が母親の身長以上になるのはごくわずかである（楕円のうち，$x \geq 170$ と $y \geq x$ で囲まれた部分。図で色がついているところ）ことがわかるでしょ？つまり，母親が170cm以上でもその子どもは170cmにならない場合のほうが多いということなんだ。

それと同じように，親が150cm以下でもその子どもは150cmよりも大きい場合のほうが多いってことね。高すぎる親からはそれほど高くない子どもが生まれ，低すぎる親からはそれほど低すぎない子どもが生まれるってことよね。

もうちょっと図を説明すると，ある高さの身長の親から生まれた子どもの平均身長を通るように結んだ直線の傾きは1より小さいんだ。図の太線 $y = a + bx$ がそれだよ。ここで，母親の身長（x）と子の身長（y）の標準偏差が等しいとすれば，b は母親の身長と子の身長の相関係数（r）になる。この相関は正の値だけど，どんなに大きくても1をこえることはない。この図はそのことを表現しているんだ。[2]

へー，回帰効果については何となくわかったわ。身長以外にも回帰効果ってあるの？

あるさ。たとえば，中間テストと期末テストの関係。中間テストでよい成績をとった人は期末テストでは成績が下がる傾向があるね。これも回帰効果で説明できる。こういう事実は，全国の中学や高校で繰り返し発見され続けているみたいなんだけど，[3]これは中間テストでよい成績だった人がその結果に慢心して勉強しなくなったのではなくて，単に中間テストと期末テストの相関が1でないことの反映にすぎないという面もあるんだ。

そっかー。えーっと，私の前期の「心理統計」の成績は，あ，かなり悪かったんだ。ん？ということは，放っておいても，回帰効果のおかげで後期の成績はアップってことね！や，やったー。回帰効果万歳！

よ，よしこちゃん…。

●ポイント●

① 回帰効果：2つの変数に高い正の相関（しかし，1ではない）があるときに生じる，一方の変数において極端な値をとるものは，他方の変数ではそれほど極端な値にならず，平均に近い値をとるようになる現象。「回帰」とは「平均に近づく」「平均に引き戻される」の意。

② 回帰効果の例：親子の身長，中間テストと期末テストの成績。

▷1　「平均に引き戻される」という表現がより正確。

▷2　この $y = a + bx$ という式であらわされる直線を回帰直線といいます。a は回帰直線の切片（縦軸（y軸）と交わる点の，y の値）です。回帰直線の傾き b は正確には

$$b = r \times (y \text{の標準偏差} \div x \text{の標準偏差})$$

となります。いちろう君が「母親の身長（x）と子の身長（y）の標準偏差が等しいとすれば，b は母親の身長と子の身長の相関係数（r）になる」といっているのは，$r \times (y \text{の標準偏差} \div x \text{の標準偏差}) = r \times 1 = r$ となるためです。

▷3　繁桝・柳井・森（1999）（エピローグ-2 参照）。

III 2つの変数の関係を記述しよう

5 クロス集計表と連関係数

1 相関と連関

III-3 で紹介した相関係数は、2つの変数の関係（相関）をみるものでした。その変数とは、ともに量的変数でした。「母親の身長」と「子の身長」、これらはいずれも量的変数ですよね。量的変数どうしの関係のことを**相関**といいます。

これと同じように質的変数どうしの関係を考えることもできます。たとえば、「親が喫煙するかどうか」（吸う・吸わない）と「子が喫煙するかどうか」（吸う・吸わない）の関係、が質的変数どうしの関係ということです。質的変数どうしの関係のことを**連関**といいます。

ここ III-5 では、質的変数間の関係（連関）の指標である連関係数についてみていきます。以上の点について、表3.5.1に整理しておきました。

表3.5.1 相関と連関

2変数の関係	関係の名称	用いる図表	指標
量的変数と量的変数の関係 →	相関	→ 散布図	→ 相関係数
質的変数と質的変数の関係 →	連関	→ クロス集計表	→ 連関係数

2 クロス集計表

2変数の連関をみるための第一歩は、表にしてみることです。

今、ある会社で、男女250人に喫煙するかどうか（普段たばこを吸う・吸わない）について尋ねたとします。その結果、表3.5.2のようになったとしましょう。こういう表を**クロス集計表**といいます（あるいは単に**クロス表**、または**連関表**ともいいます）。「男か女か」と「吸うか吸わないか」という2つの質的変数が「クロス」しているのです。なお、この表3.5.2については、「男か女か」で2つ、「吸うか吸わないか」で2つ、各々2つということで、2×2クロス集計表とよばれます。

さっそく2変数の間の連関、つまり、男女の違いによって喫煙に差があるか

表3.5.2 性別と喫煙のクロス集計表（1）

	吸う	吸わない	計
男	90	40	130
女	60	60	120
計	150	100	250

どうか，みてみましょう。

男性は130人中90人が吸っています。約70%です。それに対して，女性は120人中60人が吸っていますから，50%です。男性のほうが喫煙率がやや高くなる傾向がありますから，性別と喫煙には少しだけ連関がありそうです。ということが，クロス集計表をみてまずわかりますね。これが，相関関係の場合でいうと，散布図をみて「相関がありそうだな」と視覚的にわかることに相当します。

なお，このクロス集計表で，「計」のところに書かれた130とか120とか，表の「端っこ」にある数字のことを**周辺度数**といいます。表の縦方向の合計，あるいは横方向の合計，ということです。また，250，これは「全員」ということですが，これを**総度数**といいます。

③ クラメールの連関係数

さて，相関関係の場合，その散布図の様子を相関係数があらわしてくれるのでした。これと同様，クロス集計表の場合も，その表の様子をあらわしてくれる指標があります。相関係数ではなくて，**連関係数**というものです。

連関係数について説明するに先立って，まずは，**カイ2乗値**（ギリシャ文字で書くとχ^2値）というものを紹介しましょう。この値の具体的な求め方については，Ⅴ-11，Ⅴ-12の「カイ2乗検定」のところに書いてありますので，そこをご覧ください。Ⅴ-12には表3.5.2とまったく同じクロス集計表について，計算の仕方が詳しく書いてあります。ここでは，先の表3.5.2でχ^2値を計算すると，χ^2値=9.62になります，と結果を記すのみにとどめて次に進みたいと思います。

連関係数として，**クラメールの連関係数**というものがあります。クラメールの連関係数はしばしばVとあらわされます。表3.5.2のような2×2クロス集計表の場合，クラメールの連関係数Vは，

$$V = \sqrt{\chi^2 \div n}$$

となります（nは総度数をあらわします）。

表3.5.2の場合，

$$V = \sqrt{9.62 \div 250} = 0.20$$

0.20，何となく相関係数みたいですよね。そう，クラメールの連関係数は，相関係数と似たような解釈をすることができます。ただちょっと違う点が，Vはマイナスの値をとらないということです（これはχ^2，nがともにプラスの値であり，したがって$\frac{\chi^2}{n}$もプラス，その$\sqrt{}$もプラスであることからわかりますよね）。Vは0以上，1以下です。参考までに$V=1$になる場合は，表3.5.3のようなケースです。

▷1 値が1に近ければ近いほど関係が強いと解釈できます。

表3.5.3 性別と喫煙のクロス集計表（2）

	吸う	吸わない	計
男	130	0	130
女	0	120	120
計	130	120	250

　この場合 χ^2値＝250になるのですが，これをもとにクラメールの連関係数を計算すると $V=1$ になります。表をみると明らかなとおり，男性であればもう絶対たばこを吸う，女性であればもう絶対たばこを吸わない，という極端な関係にあります。

　なお，以上の連関係数の計算の仕方は，あくまで2×2クロス集計表の場合です。3×5クロス集計表，などいろいろなクロス集計表がありうるわけですが，その場合の計算方法は，χ^2値を単に n でわって…，というわけにはいかなくなります。

$$V=\sqrt{\frac{\chi^2}{(\text{行数と列数で小さいほうの値}-1)\times n}}$$

　たとえば，以下の表3.5.4の場合でも連関係数を計算することができます。▷2

▷2　次に紹介するファイ係数は2×2クロス集計表にしか適用できませんので，クラメールの連関係数のほうが，適用範囲が広いです。

表3.5.4 性別と学食のメニューの好みのクロス集計表

	A定食	B定食	C定食	計
男	10	20	30	60
女	30	20	10	60
計	40	40	40	120

　この場合 χ^2値＝20になるのですが，これをもとにクラメールの連関係数を計算すると $V=0.41$ になります（行数＝2，列数＝3ですので，小さいほうの数字「2」から「1」をひいた「1」に120をかけた「120」で，20をわり算します。それの $\sqrt{\ }$ です）。表をみるとわかるとおり，男性はC定食を好む傾向に，女性はA定食を好む傾向にありますね。

④ ファイ係数

　2×2クロス集計表の場合，つまり，両変数ともに2つの値からなる場合に（例：「男・女」と「吸う・吸わない」），**ファイ係数**という指標を用いることがあります。ファイはギリシャ文字で ϕ と書きますので，ファイ係数は ϕ と略記されます。

　計算の仕方ですが，表3.5.2の場合ですと，

$$\phi=(90\times 60-40\times 60)\div\sqrt{130\times 120\times 150\times 100}=0.20$$

となります。

表3.5.5 ファイ係数

	吸う	吸わない	計
男	①	②	⑤
女	③	④	⑥
計	⑦	⑧	

　表3.5.5の，表の各セルに番号を打っておきました。この表をもとに ϕ 係数の求め方を説明しますと，

$$\phi = \underline{① \times ④ - ② \times ③} \div \sqrt{⑤ \times ⑥ \times ⑦ \times ⑧}$$
$$\uparrow$$
$$\text{"たすきがけ"}$$

▷3　セルとは表の中のマス目のことです。

となります。まず，①～④について"たすきがけ"のようにクロスさせてかけ算をします。その後に，周辺度数をすべてかけて $\sqrt{}$ をとったものでわり算をして終了です。

　今度は，表3.5.6について，ファイ係数を計算してみましょう。この場合，男女ともに吸う・吸わないは半々ですから，性別と喫煙の間には連関がないはずです。

表3.5.6　性別と喫煙のクロス集計表（3）

	吸う	吸わない	計
男	65	65	130
女	60	60	120
計	125	125	250

$$\phi = (65 \times 60 - 65 \times 60) \div \sqrt{130 \times 120 \times 125 \times 125} = 0$$

と，$\phi=0$ になりました。

　この ϕ 係数，実は相関係数の特別な場合です。相関係数同様，-1 から 1 までの間をとり，解釈も同様です（III-3 の表3.3.6参照）。相関係数では，両方の変数ともさまざまな値をとりうる量的変数を用いるのですが，この表の場合，男性＝1，女性＝0，吸う＝1，吸わない＝0，と数字に直した上で，相関係数を求めるのです。それがファイ係数に他なりません。

　また，すでにお気づきの方もいると思いますが，表3.5.2の場合，先に求めたクラメールの連関係数と，このファイ係数，まったく同じ0.2でした。2×2クロス集計表の場合，両者は一致するのです。ただし，厳密にいいますと，クラメールの連関係数はプラスの値しかとらないので，

　　　　ファイ係数の絶対値＝クラメールの連関係数

ということになります。

▷4　「吸う」「吸わない」のように2つの値をとりうる変数を2値変数といいます（コラム4参照）。

コラム 3

シンプソンのパラドックス

（春は花粉症の季節ですね。そんなある日の昼下がりのよしこちゃんといちろう君の会話です…）

- 今年は、新発売のお茶「こうじ茶※1」を飲んだおかげで、花粉症がぜんぜん楽になったの。
- ？何それ？こうじ茶って何？
- 最近、大阪の大学で開発された花粉症に効くお茶なのよ。
- へー、そんなに効くんだ。僕も花粉症だから興味あるなあ。で、どのくらい効くの？臨床試験のデータとかないの？
- いちいち、うるさいわね。まあ、そんなあなたのためにデータを用意しといたわ。以下のクロス表（表C3.1）をご覧なさい（表中の％はヨコ方向にたすと100％になります）。

表 C3.1 こうじ茶の効き目

	よくなった	悪くなった	計
飲む	30（60％）	20（40％）	50
飲まない	25（50％）	25（50％）	50
計	55	45	100

- えーと、飲んだ50人のうちよくなったのが30人ってことは、60％がよくなって、飲まなかった人はよくなった・悪くなったが半々だね。ふーん、確かに飲んだほうがよさそうかも。
- でも、私のまわりの男の子たちはなぜかあまり効かなかったみたいなの。
- ？ん？そうなの？ちょっと、男女別々にクロス表みてみたいんだけど、ある？
- ちょっと探してみるね…。

（いちろう、よしこにもらったこうじ茶をがぶ飲みしながらしばし待つ。よしこ、戻る）

- あったあった、さっきの表を男女別に分けたやつ。ネットでみつけた。これ（表C3.2と表C3.3）がそうよ。
- どれどれ。

表 C3.2 こうじ茶の効き目（女性の場合）

	よくなった	悪くなった	計
飲む	20（80％）	5（20％）	25
飲まない	5（20％）	20（80％）	25
計	25	25	50

表 C3.3 こうじ茶の効き目（男性の場合）

	よくなった	悪くなった	計
飲む	10（40％）	15（60％）	25
飲まない	20（80％）	5（20％）	25
計	30	20	50

えっと、女性をみると（表C3.2）、飲んだ25人のうちよくなったのが20人ってことは、80％がよくなって、飲まなかった人は反対に80％が悪くなったかー。確かに効くんだね。で、男性の

コラム3 シンプソンのパラドックス

ほうは，…むむっ？？
どうしたの？

ちょっと待ってよ，男性の場合（表C3.3），飲んだ25人のうち悪くなったのが15人ってことは，60％が悪くなってるよ。で，飲まなかった人は，80％の人がよくなってるけど…。

で，どうしたっていうの？

さっき，こうじ茶，がぶ飲みしてしまった…。

へっ，おろかなやつよのお。

ふー，気をとりなおして，**シンプソンのパラドックス**について説明しよう。

何それ？

今，クロス集計表をみるときに性別を考慮したよね。このように新しい視点を入れると最初の結果と変わってしまう現象のことをいうんだ。[2]

そっかー。最初の表では，「こうじ茶は効く」だったけど，男女を考慮すると，「男性には効かない」ってことが起きちゃうってことね。これって，相関係数のところ（Ⅲ-4）で習った層別相関みたいね。

す，するどい。そうそう，調査対象に異質なものが混在しているとこういうことが起きてしまうんだ。それを防ぐためには，できるだけ同じような集団で調査するとか，あるいは，仮に雑多な集団でデータをとったとしても，分析するときには層別にみてみるといいね。

なるほどね，それって重要よね。ところで，もう1杯いっとく，例のもの？

いるかい！ああ，心なしか鼻がむずかゆいような…。ヘッ，ヘッ，ヘーックション!!

ご愁傷様。

---●ポイント●---

シンプソンのパラドックス（Simpson's paradox）：全体としてのクロス集計表の結果（たとえば，男女こみの結果）と，ある変数について分類しクロス集計表を作り直したとき（たとえば，男女ごとにクロス集計表を新たに作成したとき）の結果を比較したとき，結果が変わってしまう，または結果が逆になってしまうこと。調査対象に異質なものが混在しているとこういうことが起こるので，なるべく等質な集団で調査をおこなう，あるいは，分析時にデータを層別にみてみるとよい。

▷1 架空のお茶です。
▷2 細かいことですが，「結果が変わってしまう」ことを「シンプソンのパラドックス」と捉える人もいれば，さらに限定して「結果が逆になってしまう」ことを「シンプソンのパラドックス」と捉える人もいるようです。ちなみに，シンプソンの元の論文では，単に「変わってしまう」例があげられています。

Simpson, E. H. 1951 The interpretation in contingency table. *Journal of the Royal Statistical Society Series B*, **13**, 238-241.

Ⅳ 標本から母集団を推測しよう

1 母集団と標本

▷1 記述統計については Ⅰ-2 参照。

▷2 数値要約については Ⅱ-5 参照。

▷3 推測統計については Ⅰ-3 参照。

Ⅱ，Ⅲでは，記述統計をとりあげ，データ例をもとに，そのデータの数値要約の方法を紹介してきました。ここⅣでは，Ⅴ以降の推測統計の具体的な方法の理論的基礎となる，母集団と標本の関係について説明していきます。

Ⅳの内容がこれまでと違った難しさをもつのは，話が抽象的である点です。一読しただけでは内容をうまくつかむことができないかもしれません。そのときは，あまり深刻に考えずに読み進めてください。そして，Ⅴ，Ⅵ，Ⅶで推測統計の具体的な方法を学んだ後で，またこのⅣの内容を振り返って読んでほしいと思います。そうすることにより，推測統計に対する理解がいっそう深まることになるでしょう。それでは，母集団と標本の説明をはじめます。

1 推測統計とは

▷4 度数分布表，ヒストグラムについては Ⅱ-4 参照。

▷5 平均については Ⅱ-5 参照。

▷6 標準偏差については Ⅱ-6 参照。

Ⅱ，Ⅲで学んできた記述統計は，データがもっている情報を整理して，みやすくまとめたり，1つの値で表現したりすることを目的としていました。たとえば，100人分の恋愛感情得点のデータがあるとしましょう。このとき，得点の度数分布表やヒストグラムを作成したり，平均や標準偏差を求めたり，といったことをするのが記述統計でした。記述統計は手元にあるデータについてそこだけを対象とした分析，手元のデータの中だけで完結した分析，ということができます。

それに対して，**推測統計**では，手元にあるデータの背後にある，さらに大きな対象について推測することを試みるのです。たとえば，現在の内閣支持率というものを考えてみましょう。本来なら有権者全体を調査対象として，その1人1人に支持するかどうか尋ねていくべきでしょうが，時間も労力も費用もかかるので，そのうちの一部を調査して，「支持率は○％でした」と報告することが多いですよね。けれども，そのような一部だけの調査は誰を対象にしたかによって結果が変わってしまい，有権者全体を調査した場合の結果と一致する保証はありません。

▷7 とはいえ，まったく結果がかけはなれていたら，これは問題ですよね。そんなことが起こらないように，マスコミが実施している支持率調査では，推測統計の理論が用いられているのです。

ここで，推測統計の出番がきます。推測統計では，内閣支持率調査における有権者全体のように，関心のある対象全体のことを**母集団**とよびます。そして，母集団の一部であり，実際に調査や実験を実施した集団を**標本（サンプル）**とよびます。推測統計の目的は，実際に手元に得られた標本から，その背後にある母集団の様子を推測することです（もちろん，関心のある調査対象全員につい

て，つまり，母集団について調べ尽くすことができるのであれば，推測統計は必要ありません。このような調査を**全数調査**といいます）。このような目的でおこなわれる標本に基づく調査のことを**標本調査**といいます。標本調査は，内閣支持率調査の他にも，テレビの視聴率調査や CD などの売り上げ調査，工場における製品の不良品チェックなど，いろいろな場面で利用されています。[8]

② 母集団と標本

母集団から標本をとりだす（これを「抽出する」といいます）ときには，偏らないように抽出することが大切です。内閣支持率を調べるときに，仮に関東ばかりを調べていたら，他の地域の意見が反映されませんよね。そこで，日本の有権者全体という母集団から，すべての有権者 1 人 1 人（これを母集団の「要素」とか「メンバー」とよびます）[9]が等しい確率で選ばれるような標本抽出が重要になります。これを，**単純無作為抽出**といいます。[10]「母集団のどの要素（メンバー）についても等しい確率で選ぶ」ということが**無作為**の意味です（**ランダム**ということです）。

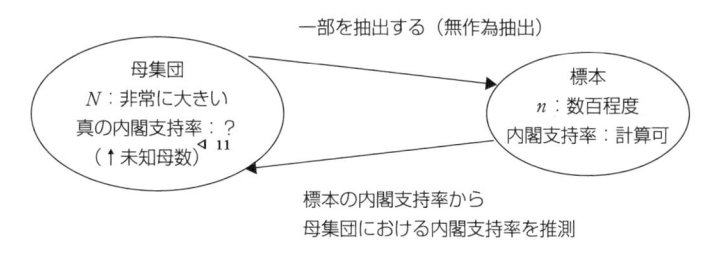

図 4.1.1　母集団と標本（N と n はそれぞれ，母集団と標本の構成要素の数）

図 4.1.1 に母集団と標本の関係を示しました。私たちが本来関心をもっているのは母集団です。しかし，母集団を構成する要素の数 N（この N のことを**母集団の大きさ**とよびます）はとても大きく（何千万，何億といった桁になることも珍しくありません），それを全部調べ尽くすことは非常に困難です。そこで，母集団から無作為抽出により，母集団の一部を標本として入手して調査や実験をおこなうのです。標本に含まれる要素の数 n（この n のことを**サンプルサイズ**とか**標本の大きさ**といい，たとえば 180 人のデータであれば $n=180$ などと書きます）は母集団の大きさ N に比べてずっと小さく，数百から数千といったところです（心理学研究ではさらに小さいのが一般的で，サンプルサイズが数十ということも珍しくありません）。これは現実的に調査可能な数字といってよいでしょう。

母集団と標本の関係，標本から母集団を推測するという考え方は，みそ汁の味見をイメージするとわかりやすいと思います。皆さんがみそ汁を味見するときはどのようにしますか。鍋いっぱいのみそ汁をすべて味見する人はいませんよね。そんなことをしたら，食事のときに食べる分がなくなってしまいます。たいていの人はオタマに少しみそ汁をすくって味見するでしょう。この場合の

[8] テレビの視聴率調査の例についてはコラム 4 も参照してください。

[9] ある集団を構成する「もの」を要素といいます。母集団の要素とか，標本の要素とかいったりします。母集団が日本の有権者全体であれば，有権者 1 人 1 人が要素になるし，母集団が無限回の囲碁の対局（[V-1] 参照）であれば，1 回 1 回の対局結果が要素になります。このように，母集団の要素となるのは人だけではありません。

[10] 無作為抽出（ランダムサンプリング）の方法の 1 つです。無作為抽出には，単純無作為抽出の他にも，2 段抽出といった方法があります。2 段抽出とは，まず，日本全国の高校からランダムに高校を選び，次に選ばれた高校からランダムに生徒を選ぶ，という 2 段階の抽出をおこなう方法です。このように，無作為抽出の方法は単純無作為抽出だけではありません。しかし，「少なくとも心理学では，特に断らない限り，ランダムサンプリングは単純無作為抽出を意味すると解釈されることが多い」（南風原，2002，[エピローグ-2] 参照））ので，本書でも無作為抽出という言葉を単純無作為抽出の意味で用いることにします。

[11] 母数については次のページを参照。

鍋全体のみそ汁が母集団，オタマにすくった少量のみそ汁が標本ということです。よくかきまぜさえすれば，オタマにすくった少量の分の味見だけで全体の味を評価することはできますよね。標本調査も同じことです。ですが，みそ汁のみそがよく溶けていなくて，みそが固まったところをオタマですくってしまったら正しい味見ができませんよね。これは標本抽出でも同じで，標本抽出をおこなうときには偏らないようにすることが大切であるということになります。

3 母数・標本統計量・標本統計量の実現値

◉標本統計量は確率変数

標本を入手できたら，そこから内閣支持率を計算することができます。私たちはこの標本から計算された内閣支持率をもとに，母集団における真の内閣支持率を推測しようとします。このように，伺い知ることのできない，母集団における本当の値を**母数**といいます。母数のことを英語では**パラメタ**といいます。そして，標本から計算される値のことを**標本統計量**といいます[12]。この場合，手元にある標本から計算された「内閣支持率」という標本統計量を用いて，母集団における「内閣支持率」という母数について推測しようとするわけです。

▷12 **統計量**という言葉が出てきましたが，これまでに出てきた，平均，分散，相関係数などはすべて統計量です。これらに対応する標本統計量を標本平均，標本分散，標本相関係数とよびます。

調査により得られる内閣支持率は（全数調査でない限り）あくまで標本から計算される値（標本統計量）であって，母集団における真の内閣支持率（内閣支持率の母数）ではありません。このことは忘れないようにしてください。

さらに，標本統計量は，標本の要素が変わるとその値が変わります。ある$n=100$の標本から求めた標本統計量の値と，別の$n=100$の標本から求めた標本統計量の値は違った値になるでしょう。このように，標本統計量は，標本によって変動する変数です[13]。こうした変数のことを**確率変数**といいます。確率にしたがっていろいろな値をとる数ということです。たとえば，「1回サイコロを振ったときに出る目の数」というのも確率変数です。イカサマサイコロでなければ1から6までどの目が出る確率も等しく，それぞれ$\frac{1}{6}$であると考えられます。つまり，「1回サイコロを振ったときに出る目の数」とは，1から6のいずれか1つの値をとり，どの値になるかは各々$\frac{1}{6}$の確率で決まります[14]。

▷13 変数については Ⅱ-1 参照。

▷14 Ⅳ-2 の確率分布の説明も参照してください。

標本統計量は，標本によって変動する変数ですから，ある特定の標本から実際に計算して求められた数値のことを，**標本統計量の実現値**とよんで，さまざまな値をとる可能性のある「標本統計量」と区別することにしましょう。

標本統計量をXとしたとき，ある標本で支持率65%，つまり$X=0.65$だったとします。また，別の標本では支持率55%，つまり$X=0.55$だったとします。このとき，Xが「標本統計量」です。0.65とか0.55とかいろんな値をとる可能性があるわけです。一方，標本統計量の具体的な値である0.65とか0.55が「標本統計量の実現値」です。

このように，「標本統計量」といったときは，0.65とか0.55といったいろい

IV-1 母集団と標本

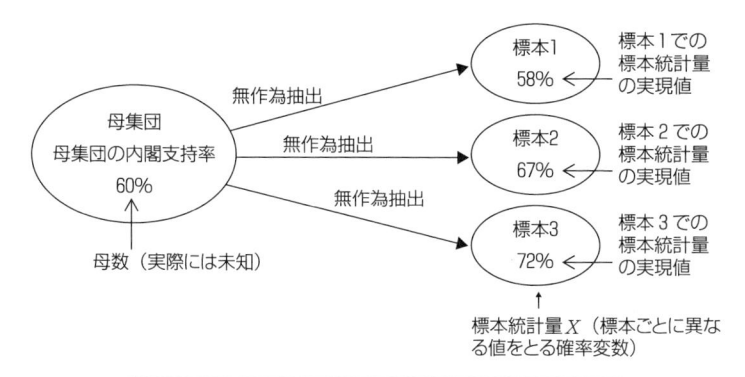

図 4.1.2 母数・標本統計量・標本統計量の実現値

ろな値をとる可能性のある「確率変数」を意味するということです。これは「1回サイコロを振ったときに出る目」という確率変数の場合でいうと、まだサイコロを振っていない状態と似ています。サイコロを振るまでは1から6のどの数字が出るかは決まっていません。いろいろな値をとる可能性があります。標本統計量に関しても、実際に「標本」が手元に得られるまでは標本統計量の値がいくらになるかはわからないということです。一方、「標本統計量の実現値」といったときは、すでに標本調査がおこなわれており、標本が手元にある場合を意味します。手元に具体的な標本があるわけですから、標本統計量を計算して値を求めることができます。これは、サイコロ投げの例でいえば、すでにサイコロを投げて3の目が出たという結果が得られている状態と似ていることがわかるでしょう。

● 標本統計量はさまざまな値をとる

図4.1.2は母集団と母集団から無作為抽出した複数の標本との関係、さらに、母集団における内閣支持率である「母数」と、それぞれの標本で実際に計算した内閣支持率である「標本統計量の実現値」の関係をあらわしたものです。

母集団における内閣支持率は実際には知ることはできません(全数調査をしない限り、という意味で)が、ここでは仮に60%とその値がわかっているものとします。この母集団から無作為抽出された、標本1,標本2,標本3,…,と複数の標本があります。仮に、それぞれのサンプルサイズを $n=1000$ としましょう。標本1の1000人と標本2の1000人がまったく同じ人たちで、したがって、それぞれの標本から計算される支持率もまったく一緒になるということはちょっと考えにくいですよね。ですから、標本1の1000人について内閣支持率を計算すると58%、標本2の1000人について内閣支持率を計算すると67%、標本3については72%といったように、標本の内閣支持率は標本ごとに違った値をとることになります。そしてその値は、標本1の58%のように母数60%(しつこいですが、この母数は一般には知ることができないものです。ここではあくまで、母数がわかっているという状況を想定しているだけです)に近いものもあれば、標本3の72%のように母数とはずいぶん値の違うものもある、というわけ

です。これが「標本統計量はさまざまな値をとる」ということの説明です。58％とか67％のように個々の標本で具体的に計算されるものが「標本統計量の実現値」です。

◯標本統計量の実現値から母数を推定する

標本調査が何度も繰り返されるということは普通ありませんので，実際に標本調査で得られるのは，1つの標本統計量の実現値だけということになります。そして，その値が母数に近いものなのか，そうでないのか，については神のみぞ知ることなのです。つまり，せっかく苦労して標本調査を実施しても，そこで得られた標本統計量の実現値は母数とはずいぶん違うものである，ということも起こりうるのです（しかし，標本統計量の実現値が母数とかけ離れたものになってしまう可能性を減らすことは可能です。そのための最も単純な方法は，サンプルサイズを増やすことです。サンプルサイズが大きくなるほど，標本は母集団の実際の姿に近づいていくことになります。したがって，標本から計算される標本統計量の実現値も母数に近い値になりやすくなるのです。この辺りの内容については IV-6 以降で詳しく紹介します）。

以上のように，全数調査ができなくても，標本調査（母集団より抽出された標本を用いた調査）をおこなうことによって，標本から計算された内閣支持率（標本統計量の実現値）から母集団の内閣支持率（母数）を推測することができるということです。

母数は未知の定数ですから，私たちはその値を知ることは通常できません。このような未知の値に，具体的な数字を当てはめることを**推定**といいます。たとえば，A新聞の内閣支持率調査では1000人の有権者に対して調査をおこない（サンプルサイズ $n=1000$ の標本調査です），そこでの内閣支持率の値が65％だった（これは，この標本についての標本統計量の実現値です）ことをもって，日本全国の有権者の内閣支持率（これは母数ですね）が65％であると推定をしているといった感じです。

新聞やテレビでは，標本調査による内閣支持率を単に内閣支持率と称して報道していますが，この場合の内閣支持率は，「母集団における内閣支持率の推定値」といったほうがより正確であるわけです。

◯やっぱり抽象的な推測統計

と，ここまで「母集団」と「標本」，そして，母集団における未知の定数である「母数」と「標本統計量」の関係を述べてきました。これらについては表4.1.1にもまとめてあります。しかし，読者の皆さんの中には「何となくわかるんだけど，具体的にイメージしにくいなあ」と思った方も多いのではないでしょうか。

これまでの記述統計では，具体的なデータがあって具体的な数値を計算することができました。ところが，推測統計では，全体像をみることができない母

▷15 このように母数（60％）と標本統計量の実現値（72％）のずれは標本調査が母集団全体ではなく一部を調査したことによって起こります。これを，標本誤差といいます。

▷16 サンプルサイズがうんと大きくなって母集団の大きさに一致すれば，それは全数調査ということになり，母数の値そのものを知ることができますね。このことからもサンプルサイズが大きいほど標本統計量の実現値が母数とかけ離れたものになる可能性が低くなることが理解できるでしょう。

▷17 さまざまな値をとりうる変数とは異なり，定数は値が固定されていて，変わることがありません。

表 4.1.1 母数・標本統計量・標本統計量の実現値

母数：母集団における定数	母集団（有権者全体）の内閣支持率・母集団（成人男子全体）の平均身長（定数だが，全数調査をしないと実際の値を知ることはできない）
標本統計量：標本から計算される統計量（標本が変われば変動する確率変数）	標本の内閣支持率・標本の平均身長（具体的な値を指すのではなく，たとえば「標本の内閣支持率」のいろいろな値が入りうる「入れ物」のようなイメージ）
標本統計量の実現値：特定の標本から求められる具体的な数値	実際に手元に得られた標本から計算された内閣支持率の具体的な値・実際に手元に得られた標本から計算された平均身長の具体的な値

集団とか，未知の値である母数，はたまた，さまざまな値をとる標本統計量，といったように具体的にイメージしにくいものばかりが登場します。このように，全体的に話が具体的でなく抽象的である点が，推測統計の難しいところです。

そこで以下では，母集団と標本の具体的な例として以下のようなケースを考えてみることにします。B大学4年生のゆうこさんは，卒業論文のテーマとして「大学生の恋愛」をとりあげることにしました。母集団は日本の大学生です。すべての大学生を調べ尽くすことは難しいので，母集団から $n=3$ という非常に小さな標本を抽出し（実際の研究でこんな小さな標本をとることはないでしょうが，ここではあくまで例ですので），標本から母集団の恋愛感情得点の平均を推定することを考えます（図4.1.3参照）。

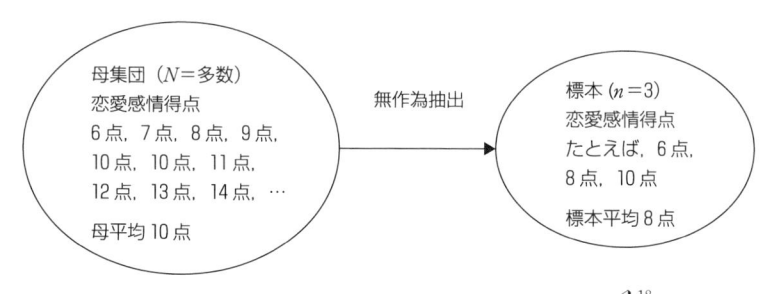

図 4.1.3 母集団と標本の例（大学生の恋愛感情得点）

母集団（N=多数）恋愛感情得点 6点, 7点, 8点, 9点, 10点, 10点, 11点, 12点, 13点, 14点, … 母平均10点 → 無作為抽出 → 標本（$n=3$）恋愛感情得点 たとえば，6点, 8点, 10点 標本平均8点

▷18 「母平均」とは母集団の平均のこと。母数の一種。「標本平均」とは標本の平均のこと。標本統計量の一種。

ゆうこさんには母集団のことは何もわかりません。読者の皆さんも母集団のすべての要素についてはわからないのですが，その一部の値（6点，7点，…，14点など）と，母平均が10点となることを知っている，つまり神様の立場にいるとします。皆さんは母平均の値を知っているわけですから，ゆうこさんがもし，母平均を8点と推定した場合，母平均とは2点のズレがあるということがわかります（これが標本誤差です）。そんな状況を考えてください。はたして，ゆうこさんはどの程度正しい推定をおこなうことができるでしょうか。IV-2 からは，適宜この例をもとに説明していきたいと思います。

▷19 標本誤差についてはコラム4を参照。

IV 標本から母集団を推測しよう

2 母集団分布を仮定する

1 変動する標本統計量

◯標本統計量は標本によって変わる

 IV-1 では，母集団と標本の関係，さらには，母数と標本統計量の関係を学びました。母数とは，たとえば母集団における内閣支持率や母集団における平均身長などのように，母集団の特性をあらわす値のことです。標本統計量とは，たとえば標本における内閣支持率や標本における平均身長などのように，標本から計算される，母数に対応する値のことです。私たちが実際に手に入れることのできるのは標本です。手に入った標本について標本統計量を計算したものが，標本統計量の実現値です。この標本統計量の実現値を手がかりに，実際には入手できない，目にみることのできない母数を推測するのが推測統計の目的でした。

 また，標本統計量は一般に標本ごとに異なる値をとります。同じ母集団から抽出された標本であっても，その標本を構成する要素は標本によってそれぞれ異なるからです。よって，ある調査で得られた標本から計算された標本統計量の実現値は，たまたまその標本だったからという偶然性を含んだものなのです。

 この偶然性の程度が度をこしていたら，つまり，標本ごとに標本統計量の実現値が全然異なるものだったらどうなるでしょうか。たとえば，ある標本について内閣支持率を計算すると10％なのに，別の標本について計算すると80％になってしまうような場合です。

 この標本統計量の「異なり具合」は，なるべくなら小さいほうがいいですよね。標本によって内閣支持率の結果が全然違うと，自分の手元にあるデータ（標本）について求められた標本統計量の実現値が本当に母数をきちんと推定しているのか不安になってしまいますよね。つまり，標本統計量がどれくらい変動するかがわかると，どれだけ正確に母数を推定しているかの手がかりになるのです。

◯標本統計量の変動の程度を知るには

 では，標本統計量がどの程度変動するかを知るにはどうすればよいのでしょうか。仮に，母集団から標本を何度も抽出して，とりだした標本についてそのつど標本統計量を計算するということを繰り返すことができるのであれば，そうして得られた標本統計量の実現値の集まりを利用して，標本統計量の変動を

```
                標本（と要素）      標本統計量（標本平均）

                  標本1 (6,7,8)      $\bar{X}=7$

                  標本2 (7,8,9)      $\bar{X}=8$         このk個の標本
     母集団                                              平均の標準偏差
     母平均10       標本3 (9,10,11)    $\bar{X}=10$        を求めれば，
                                                        標本統計量の
                     ⋮               ⋮                  変動を評価できる。

                  標本k (12,13,14)   $\bar{X}=13$
                                      ↑
                                 標本統計量の実現値
```

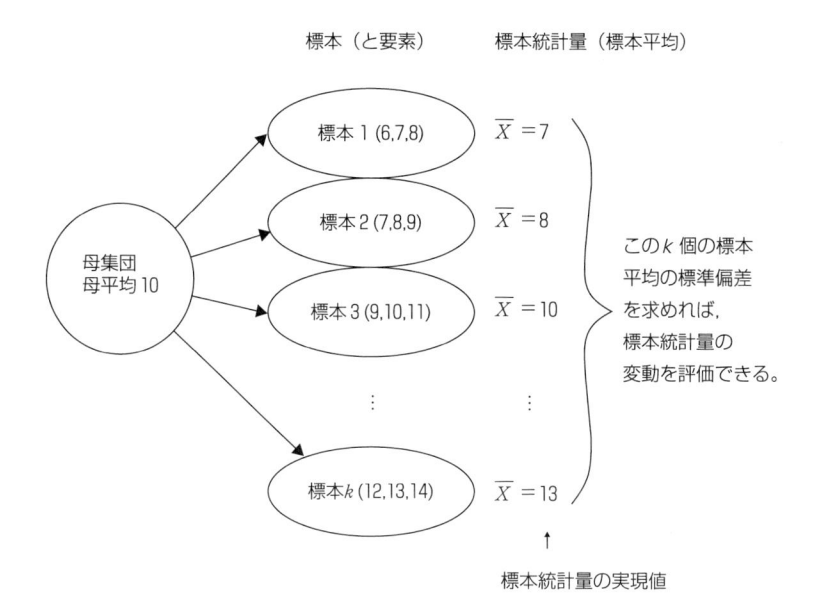

図4.2.1　標本統計量の変動

知ることができそうです。

ゆうこさんの卒論の例をとりあげてみましょう。

図4.2.1をみてください。母集団の平均（母平均）が10になることを我々は知っていますので（ゆうこさんは知らないのですが），母集団の母平均は10と書かれています。標本1は6，7，8という3つの要素が選ばれています。標本1について，恋愛感情得点の平均を求めると（6＋7＋8）÷3＝7となります。同様にして，7，8，9からなる標本2，そして9，10，11からなる標本3，…のようにたくさんの標本を手に入れることができると考えるのです（図4.2.1をみれば，標本ごとに要素が違うこと，そのため，標本統計量も変動することがわかってもらえるのではないかと思います）。

こうして，k回の標本抽出により，k個の標本平均（$\bar{X}=7, \bar{X}=8, \bar{X}=10$, …$\bar{X}=13$）が得られるわけです。これらを用いて標準偏差を求めることで，標本統計量（この場合は標本平均）の変動を知ることができるのです。

ここで述べたことは，標本比率の場合についても同様に考えることができます。たとえば，ある調査で内閣支持率が65%だったということであれば$x=0.65$というようになります。こうした調査を何回か繰り返すことができたとして，その結果，内閣支持率が65%，54%，73%,…といろいろあれば，これら実現値の集まりから標準偏差を計算できるというわけです。

しかし，現実にはこのように標本抽出を何度も繰り返すということはおこなわれません。通常，1回の調査では1つの標本しか手に入れることはできないのです。そこで，複数の標本を使わなくても，1つの標本からでも，標本統計量の変動の大きさを推測することができるような「仕組み」が必要になってきます。

▷1　ゆうこさんの卒論については，IV-1 参照。

▷2　図中の$\bar{X}$は「エックス・バー」と読み，標本平均を意味します。たとえば「$\bar{X}=7$」というのは標本平均が7ということです。

▷3　ここまでの説明で，サンプルサイズはnであらわしましたが，「n回の標本抽出」とするとまぎらわしいので，ここでは「k回の標本抽出」とkを用いてあらわしています。また，kは必ずしも有限個をあらわしているわけではなく，無限個の場合もあります。kが無限個というのは，標本抽出が無限回おこなわれる場合を指しています。

▷4　標本比率も標本統計量の一種です。標本比率に対応する母数は母比率です。

IV 標本から母集団を推測しよう

② 母集団分布を仮定する

○標本統計量の分布を考える

それでは，標本統計量の変動の大きさを推測するための「仕組み」をどのように用意すればいいのでしょうか。

先ほど，「母集団から標本を抽出して，とりだした標本について標本統計量を計算するということを何度も繰り返す」ということを考えました。実際にこのようなことがおこなわれることはまずないのですが，こう考えること自体は悪くなさそうです。

つまり，現実に手に入れることができた標本統計量の実現値の他にも無数の標本統計量の実現値が存在し，分布を形成しているというアイデアです。そして，この標本統計量の分布がどのような様相をしているかがわかれば，その分布の特徴（分布の標準偏差など）から，ただ1つの標本からでも標本統計量の変動の大きさを推測することができるようになるのではないでしょうか。

○母集団分布を仮定する

この標本統計量の分布がどのようなものになるかを知るには，まず，母集団について分布を仮定します。たとえば，大学生の恋愛感情得点の分布は，平均 μ[5] を中心とした左右対称な分布になるだろう，そうした分布を仮定しよう，といった具合です。

こうして，**母集団分布**（母集団に属するすべての値の分布）を仮定することによって，標本統計量の分布がどのような分布になるかを数学的に導くことができるのです（このように，母集団分布を仮定してそこから標本統計量の分布を導くのは，「数理統計学」とよばれる学問領域のテーマとなります。しかし心理学研究において統計を利用するユーザーにとっては，そうした数学的な標本統計量の分布の導出過程よりも，どういう母集団分布を仮定することで標本統計量の分布がどのようになるかということのほうが重要です）。

標本統計量の変動の大きさを推測するプロセスを整理すると以下のようになります（表4.2.1）。

▶5 ミューと読みます。ギリシャ文字です。

表4.2.1 標本統計量の変動の大きさを推測するプロセス

プロセス①	母集団分布に何らかの確率分布を仮定する。
プロセス②	母集団分布の仮定から，標本統計量についての確率分布を導く。
プロセス③	標本統計量の分布がどのような確率でどのような値をとるかがわかれば（標本統計量の確率分布がわかれば），標本統計量の変動を査定できるようになる。

③ 確率分布

表4.2.1の「標本統計量の変動の大きさを推測するプロセス」の中で，「確率分布」という言葉が出てきました。「母集団分布に何らかの確率分布を仮定」

し,「標本統計量についての確率分布を導く」と2回も出てきています。それでは,確率分布とはいったい何でしょうか。ここでは,確率分布の説明を簡単にしてみます。

確率分布とは,確率変数の分布です。**確率変数**についてはⅣ-1でも紹介しましたが,もう一度おさらいしておきましょう。

たとえば,「1回サイコロを振ったときに出る目の数」というのは確率変数で,1から6のいずれか1つの値をとります。確率分布とは,確率変数のとる値に確率をそれぞれ対応させたものです。このサイコロ投げの例では,確率変数のとりうる1から6までのそれぞれの値に,各々 $\frac{1}{6}$ という確率を対応させることができます。

こうして,確率分布を表4.2.2のようにあらわすことができるというわけです。[6]

表4.2.2 確率分布の例(1回のサイコロ投げ)

確率変数のとる値	1	2	3	4	5	6
確率	$\frac{1}{6}$	$\frac{1}{6}$	$\frac{1}{6}$	$\frac{1}{6}$	$\frac{1}{6}$	$\frac{1}{6}$

それでは,表4.2.1の,プロセス①母集団分布に何らかの確率分布を仮定する,プロセス②母集団分布の仮定から標本統計量についての確率分布を導く,というのはどういうことなのでしょうか。以下では,簡単な例を用いてこれらを説明してみることにします(表4.2.1では,これらに加えプロセス③として,標本統計量の確率分布から標本統計量の変動を査定する,というのがありました。この③についてはⅣ-7の標準誤差のところで説明します)。

④ 母集団分布から導かれる標本統計量の分布

母集団分布から標本統計量の分布を導くプロセス(①母集団分布に何らかの確率分布を仮定する,②母集団分布の仮定から標本統計量についての確率分布を導く)を簡単な例を使って紹介してみましょう。

そのために,母集団の大きさ $N=5$ という非常に小さな母集団を考えます。そして,その母集団の要素は「1, 2, 3, 4, 5」という値であるとします。[7]たとえば,壺の中に「1」から「5」までの数字が書かれたカードが1枚ずつ全部で5枚入っており,ここからカードを抜き出すという状況を考えてみればいいでしょう。

この母集団の分布を確率分布で表現してみると,表4.2.3のようにあらわすことができるでしょう。つまり,1回に1枚抜き出すということを考え,しかも,どのカードも等しい確率で抜き出されるとすれば,それぞれのカードを引く確率は $\frac{1}{5}$ になりますよね。1から5までの値にそれぞれ $\frac{1}{5}$ の確率が対応しているということです。

▶6 確率分布は理論的に導かれる分布であり,実際のデータをもとに描かれるヒストグラムや棒グラフ(Ⅱ-4参照)とは異なります。サイコロ投げは身近な例なので,具体的なデータ(実際にサイコロを600回投げてみたというような)に基づいた分布と勘違いしてしまうかもしれませんが,そうではないことに注意しましょう。サイコロで1の目が出る確率が $\frac{1}{6}$ というのは,実際にサイコロを600回振ったら1の目が100回出た(その場合は確率ではなく,比率になります)わけではないのです。

▶7 この場合,母集団を構成するすべての要素がわかっていることになるので,母集団分布を仮定する必要はありません。仮定するまでもなく,分布の様相がわかるわけですから。しかし,通常は母集団の要素がすべてわかるということはありませんので,何らかの分布(確率分布)を仮定することになります。

Ⅳ 標本から母集団を推測しよう

表4.2.3 母集団分布に確率分布を仮定する

確率変数のとる値	1	2	3	4	5
確率	$\frac{1}{5}$	$\frac{1}{5}$	$\frac{1}{5}$	$\frac{1}{5}$	$\frac{1}{5}$

こうして，母集団分布に表4.2.3のような確率分布を仮定することができました。これがプロセス①です。

続いて，この母集団からサンプルサイズ $n=2$ の標本を抽出し標本平均を求めるということを考えます。母集団における平均（母平均 $(1+2+3+4+5) \div 5 = 3$）を $n=2$ の標本平均から推測するということです。可能な標本の要素（サンプルサイズ $n=2$ のときに，起こりうるすべてのペア）とそのときの標本平均の値を表4.2.4にまとめました。

▷8 この場合は，説明のために非常に小さな母集団を考えており，全数調査（Ⅳ-1 参照）の結果が出ているので，母平均を求められますが，普通は母平均はわかりません。わからないからこそ，標本平均から推測するのです。

▷9 たとえば標本のところに「1，2」とあるのは標本の要素として1と2が選ばれたということです。このとき，標本平均の実現値は $(1+2) \div 2 = 1.5$ となります。

表4.2.4 標本の要素と標本平均の値

標本	1, 2	1, 3	1, 4	1, 5	2, 3	2, 4	2, 5	3, 4	3, 5	4, 5
標本平均	1.5	2	2.5	3	2.5	3	3.5	3.5	4	4.5

表4.2.4より，標本平均（という標本統計量）の確率分布を求めることができます。表4.2.5が標本平均の確率分布です。たとえば，表4.2.5で確率変数の値が2.5のとき，確率が $\frac{1}{5}$ となっています。これは表4.2.4で標本平均が2.5となるのが10とおりのうち2つあるから，$\frac{2}{10} = \frac{1}{5}$ となるということです。

表4.2.5 標本平均の確率分布

確率変数のとる値	1.5	2	2.5	3	3.5	4	4.5
確率	$\frac{1}{10}$	$\frac{1}{10}$	$\frac{1}{5}$	$\frac{1}{5}$	$\frac{1}{5}$	$\frac{1}{10}$	$\frac{1}{10}$

こうして，母集団分布から標本統計量の確率分布を導くことができました。これがプロセス②に当たります。

表4.2.5より，確率変数の値が2.5，3，3.5のとき確率 $\frac{1}{5}$，それ以外の値では確率 $\frac{1}{10}$ となっていますよね。このように，標本平均の確率分布では，母平均（この場合3）に近い値をとる確率が高くなっているのがわかります。

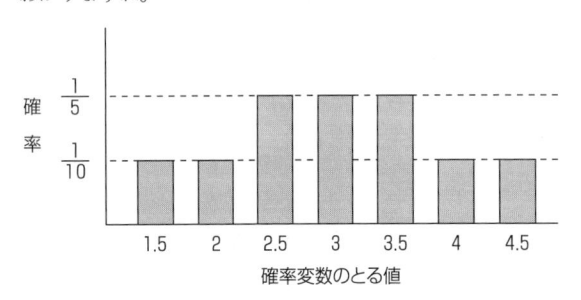

5 母集団に正規分布を仮定したときの標本平均の分布

▷10 下図のように，確率分布を図示してみると母平均（3）に近い値をとりやすくなっていることがよくわかりますね。

先ほど紹介したのは，母集団の大きさ $N=5$ という非常に小さな母集団であり，母集団の要素がすべてわかっているという特殊な例でした。しかし，実際には，表4.2.3のように母集団の確率分布をはっきりと特定できるわけではありませんので，母集団に何らかの確率分布を仮定をすることが一般的です。以下では，もう少し一般的な例を

標本統計量(標本平均)

母集団
母平均 μ

標本 1 → $\overline{X} = \overline{x}_1$
標本 2 → $\overline{X} = \overline{x}_2$
標本 3 → $\overline{X} = \overline{x}_3$
⋮
標本 k → $\overline{X} = \overline{x}_k$

標本統計量の分布も正規分布になる。

母集団分布に正規分布を仮定すると…。

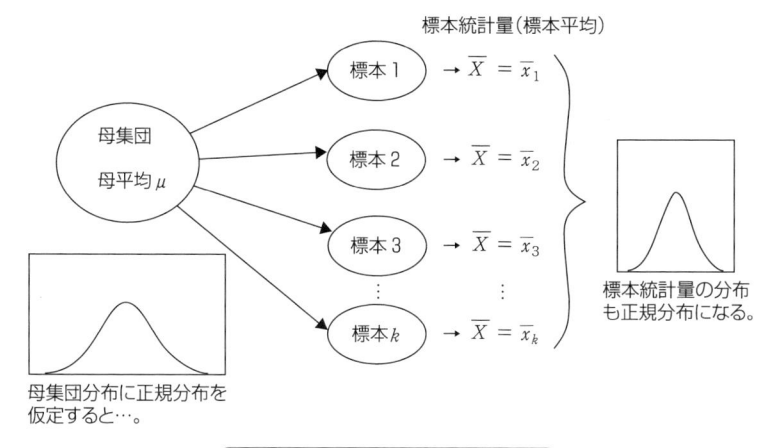

図 4.2.2　母集団分布を仮定する

紹介しておきます。

IV-6 で詳しく述べますが，たとえば，母集団分布に正規分布とよばれる確率分布を仮定すると，その標本平均（という標本統計量）の分布もまた正規分布にしたがうことを数理的に導出できることが知られています。

図 4.2.2 をみてください。図で $\overline{X} = \overline{x}_1$ とあるのは，標本 1 から計算した標本平均 $\overline{X}$ の実現値が（たとえば 8 といった）具体的な数値であったということをあらわしています。小文字のアルファベットは標本統計量の実現値，つまり具体的な数値を表現しています（大文字の $\overline{X}$ は標本統計量，すなわち確率変数です）。

ゆうこさんの卒論の例だと，ゆうこさんには母集団のことはわかりませんので，母集団分布に正規分布を仮定してみた，ということです。大学生の恋愛感情得点が正規分布にしたがっていると仮定すると，母集団から無作為抽出した $n = 3$ の標本に関する標本平均の分布も正規分布になります。そして，標本平均の分布（これを標本分布といいます。なお，標本平均に限らず，何らかの標本統計量の分布のことを標本分布といいます）[11]が正規分布であることがわかれば，正規分布のさまざまな性質（IV-3 をみてください）を利用することができるようになり，とても便利です。

心理学領域では，ほとんどの場合に，母集団分布として正規分布が仮定されます。正規分布については，IV-3 で詳しく紹介します（なぜ，母集団分布として正規分布が利用されることが多いのでしょうか。それは，正規分布のもつ数理的な性質の便利さがあるからです。V で紹介する統計的仮説検定でも，母集団として正規分布を仮定する方法を説明しています）。

▷11　標本分布については IV-6 参照。

Ⅳ 標本から母集団を推測しよう

3 正規分布とその性質

1 正規分布

下記の図4.3.1は，平成14年度の12歳女子の身長分布です。この分布は実際のデータをわかりやすくまとめたヒストグラムです。文部科学省生涯学習政策局調査企画課の『平成14年度　学校保健統計調査報告書』をもとに作成したものです。

▷1　通常，ヒストグラムは度数の分布をあらわしますが，ここでは全体に占める割合を縦軸にとっています。しかし，図の形自体は，度数を縦軸にとった場合とまったく変わりません。

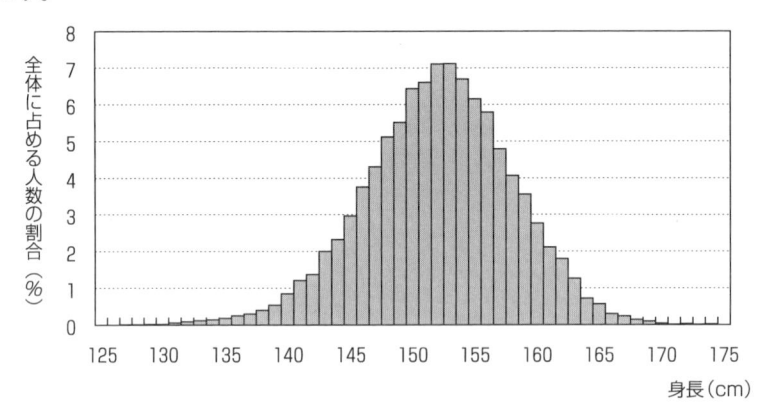

図4.3.1　12歳女子の身長分布

このヒストグラムをみると，①左右対称で，②釣り鐘型（あるいは山型といってもよいでしょう）の形状をしていることがわかります。

もし，サンプルサイズが100人程度だった場合，このようにきれいな左右対称形の分布にはならないでしょう。しかし，この身長分布のように，数千といった多数のデータを集めると，このような形に近づくのです。そして，こうした身長の分布の他にも，大学入試センター試験の得点分布，工場で生産されるボルトの直径の分布，といったものも，サンプルサイズが大きくなれば同様な形状になることがわかっています。

ここであげた，左右対称・釣り鐘型という性質をもつ分布として，**正規分布**というものがあります。

正規分布とは，身長の分布のように実際のデータを元に作成されたヒストグラムとは異なり，理論的に導かれた分布です。図4.3.2が正規分布の形状です。図のように，正規分布はその山の中心（平均）を μ（ミュー）で，山の横方向への広がりの程度（分散）を σ^2（シグマじじょう）であらわします。

▷2　理論的に導かれた分布，つまり，確率分布です。確率分布については Ⅳ-2 参照。

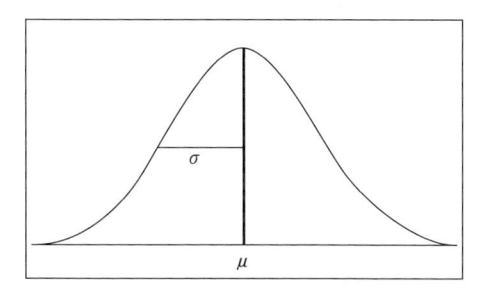

図 4.3.2　正規分布 $N(\mu, \sigma^2)$

また，平均 μ，分散 σ^2 の正規分布を $N(\mu, \sigma^2)$ とあらわします。N は正規分布の英語 Normal Distribution の頭文字をとったものです。また，σ^2 が分散ですから，その $\sqrt{}$ である σ は標準偏差です。

2　連続変数の確率分布

正規分布も，IV-2 で紹介したサイコロ投げの確率分布と似ています。サイコロ投げの確率分布と違う点は，「サイコロの出る目」という確率変数は，1，2，3，…ととびとびの値しかとらない（離散的な変数だからです）のに対して，正規分布の場合は，連続的な変数を仮定していることです。

以上の点についてさらに詳しく説明していきましょう。

まず，サイコロ投げの確率分布です。図 4.3.3 をみてください。

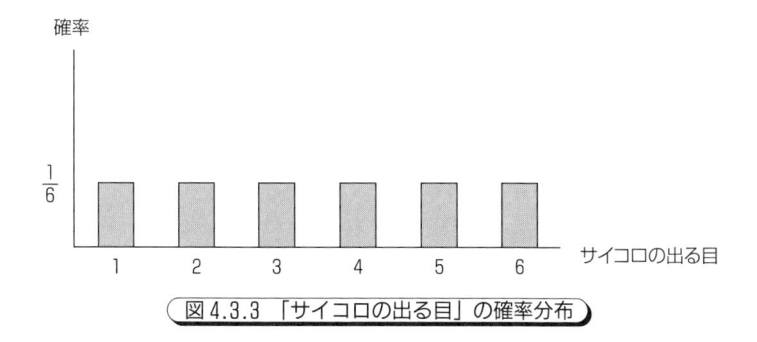

図 4.3.3　「サイコロの出る目」の確率分布

確率変数がとびとびの値（離散変数）である場合は，このように，横軸に確率変数のとる値（サイコロの出る目：1 から 6 までの整数）を，縦軸にはそれぞれの値をとる確率（サイコロの目 1 から 6 まで，それぞれ $\frac{1}{6}$ の確率）をとることになります。

○「範囲」に対して確率を定める

一方，確率変数が連続変数である場合，その確率分布では，ある特定の値に対して確率を対応させるのではなく，ある特定の「範囲」に対して確率を定めます。これはなぜかというと，連続変数では，1 つの値に確率を対応させることは意味をもたない，つまり，1 つの値に対する確率は 0 となるからです（この点については，すぐ後に説明します）。

▶3　ここで出てきた μ と σ はギリシャ文字です。μ はアルファベットの m に，σ はアルファベットの s にそれぞれ対応します。心理統計では，一般に母数（IV-1 参照）をギリシャ文字で表現します。

▶4　「○○の $\sqrt{}$ である」という書き方はあまり一般的ではありませんが，本テキストでは「○○の正の平方根である」という意味でこの表現を用いています。

▶5　連続変数と離散変数の違いについては II-1 で解説しました。

IV 標本から母集団を推測しよう

▷6 確率密度については
すぐ後で説明します。

確率密度

「173cm〜174cmである
確率」というように，
範囲（区間）で確率を定
める。

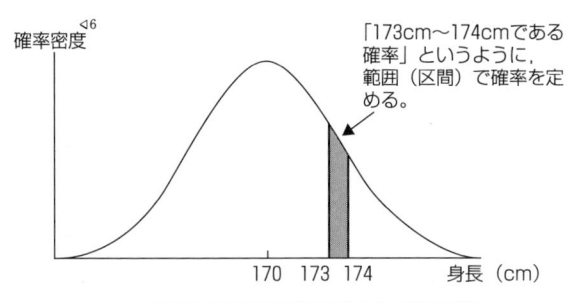

170 173 174　身長（cm）

図4.3.4 「成人男子の身長」の確率分布

　図4.3.4に，成人男子の身長の確率分布を示しました。ここでは，成人男子の身長を連続変数と考え，平均 $\mu=170$cm，標準偏差 $\sigma=6$cm の正規分布にしたがっているものとしました。

　このような成人男子の身長の例では，ある1人の人の身長は173.245…cm と小数点以下無限に細かくしていけますから，「ある人を連れてきたときその人がぴったり身長173cmである確率」は定義できないということになります。きっちり身長173cmなんて存在しないわけですから。そこで，「ある人を連れてきたときその人が身長173cm〜174cmである確率」と区間で定義するしかないのです。

　連続変数では，このようにある特定の範囲に対して確率を定めるのです。これが連続変数の確率分布と，離散変数の確率分布の大きな違いです。

　図4.3.3は「サイコロを1回振ったときの出る目」の確率分布でした。このように離散変数の確率分布は，確率変数のそれぞれの値に対して確率が決まるため，図4.3.3の縦軸は確率になっているのです。サイコロを1回振ると1から6のいずれかの整数から1つが出ます。いずれの整数も出る確率は $\frac{1}{6}$ です。したがって，サイコロの目1から6に対して，それぞれ確率 $\frac{1}{6}$ が対応しているわけです。

　では同様に，連続変数の確率分布について考えてみましょう。連続変数のとる値はサイコロの目のようなとびとびの値ではなく，連続した値になります。

　たとえば，ボタンを押すと0から6までの範囲から実数が1つ画面に表示されるような装置があると考えてみましょう。ぴったりした整数ではなく，小数点以下どこまでも値が続く数値が画面に表示される様子をイメージしてください。またこの場合，画面に表示される桁数には限りがありますが，表示しきれない部分も実はあって，小数点以下が無限に続いていると考えてください。このとき，どの実数も出る確率は等しいものとします。「この装置で1回ボタンを押したときに表示される値」という確率変数について，確率分布を考えてみましょう。

◯確率密度

　図4.3.5がその確率分布です。確率変数が0から6の間の値をとるとき，縦

図 4.3.5 連続変数の確率分布

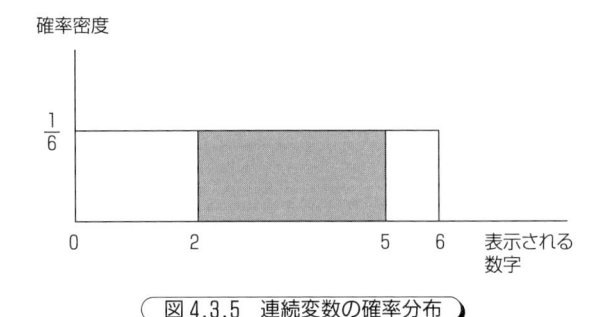

軸の値が $\frac{1}{6}$ となっています（このような確率分布のことを、どこをとっても一様に同じ確率ということで、**一様分布**とよびます）。サイコロの例のように縦軸が確率になっていないのは、連続変数では1つの値に対して確率を対応させることができないためです（たとえば、きっちり「3」が表示されることはないので、「3が出る確率」というのは考えられないからです）。

連続変数の確率分布では、縦軸に確率をとる代わりに「確率密度」というものをとります。そして、ある特定の範囲をとる確率は、**確率密度関数**とよばれる関数を用いて計算することができます。

たとえば、確率変数 X が2から5までの範囲をとる確率（これを $P(2 \leq X \leq 5)$ とあらわすことにします）は、

$$P(2 \leq X \leq 5) = (5-2) \times \frac{1}{6} = 0.5$$

と求められます。

この確率を求める計算は、図4.3.5で、縦の長さが $\frac{1}{6}$、横の長さが3（=5-2）の長方形（色のついた部分）の面積を求める計算と同じになっていることに注目してください。連続変数では、確率は面積になるのです（離散変数の場合は、縦軸が確率そのものでしたが）。このように、**確率密度**とは、面積で確率が与えられるようにした（連続変数の）確率分布の縦軸の値のことです。

同様にして、図4.3.5では $P(0 \leq X \leq 1) = (1-0) \times \frac{1}{6} = \frac{1}{6}$ となります。サイコロの例では、1という値をとる確率が $\frac{1}{6}$ でした。連続変数の例では、0から1までの範囲をとる確率が $\frac{1}{6}$ ということになるわけです。

さらに、このように確率計算を面積計算に対応させて考えれば、連続変数においてある1つの値をとる確率を定義できないということが直感的に理解できると思います。横の長さが0の長方形の面積は $0\left(0 \times \frac{1}{6} = 0\right)$ となってしまい求めることができませんよね。

なお、図4.3.5で確率変数のとる全範囲について確率を（面積を）求めると、$6 \times \frac{1}{6} = 1$ となるのでその値は1になります。これは全体の確率が1であることに対応しています。離散変数の確率分布のときと同様ですね。サイコロ投げの例（図4.3.3）でも、$\frac{1}{6} + \frac{1}{6} + \frac{1}{6} + \frac{1}{6} + \frac{1}{6} + \frac{1}{6} = 1$ となっています。すべて

▶7　連続変数は1点ではなく、ある特定の区間に対して確率が定められるのでした。ですから、どこをとってもというのは、厳密には、「同じ幅の区間に対しては、どこをとっても」同じ確率ということです。

▶8　P は確率の英語 probability の頭文字をとったものです。

▶9　くわしく書くと、
$P(0 \leq X \leq 6) = (6-0) \times \frac{1}{6}$
$= 6 \times \frac{1}{6} = 1$

3 正規分布の平均と分散

正規分布の形は，平均 μ と分散 σ^2 の2つの値によって決まります。

μ が変わると平均の位置，つまり，山の中心がどこにくるかが変わります。σ^2 が決まると，正規分布の横方向への伸び具合，つまり，険しく高い山か低くなだらかな山かが決まります。◁10

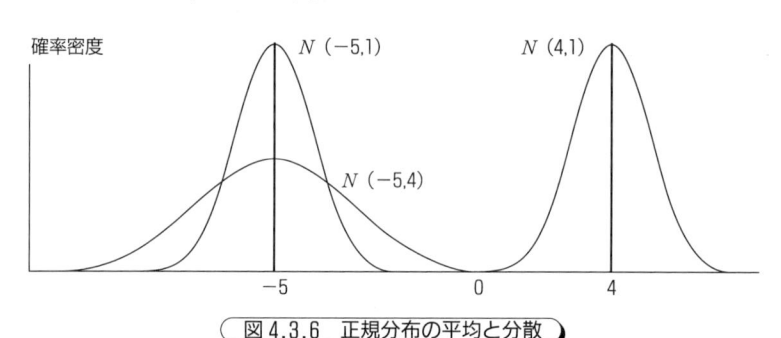

図4.3.6　正規分布の平均と分散

図4.3.6は平均と分散が異なる3つの正規分布を図にあらわしたものです。

$N(-5, 1)$ と $N(-5, 4)$ では，山の中心の位置はともに -5 で同じです。しかし，横方向への伸び具合，山の高さが異なります。$N(-5, 4)$ の正規分布のほうが $N(-5, 1)$ よりも横方向への伸びが大きく，山が低くなだらかになっています。これは2つの正規分布における分散の違い（1と4）を反映しています。つまり，分散（データの散らばり）の小さいときは，多くのデータが平均の近くに集まるので，高く険しい山になります。一方，分散の大きいときは，データが広い範囲に散らばるので，低くなだらかな山になります。

一方，$N(-5, 1)$ と $N(4, 1)$ では，山の高さ，横方向への伸び具合は一緒です。しかし，山の中心の位置が異なります。$N(4, 1)$ のほうが $N(-5, 1)$ よりも右側に位置しています。これは2つの正規分布における平均の違い（-5 と 4）を反映しています。

4 正規分布と確率

Ⅱ-6 の標準偏差の説明のところで，「正規分布との関係で，標準偏差は意外な有用性を発揮する」と述べました。ここで，その意外な有用性とは何かを説明することにしましょう。

実は，正規分布とその標準偏差の間には次のような関係があるのです。◁11

①平均±1標準偏差の中には，全体の68.3％が含まれる。
②平均±2標準偏差の中には，全体の95.4％が含まれる。

▷10　なお，念のため繰り返しておきますと，ここで出てくる正規分布というのは，ヒストグラムのような実際のデータから作られるものではなく，理論的な分布です。母集団分布として仮定されるものです（Ⅳ-2 参照）。この Ⅳ-3 のはじめに身長分布の例を出したこともあって，正規分布とは，実際のデータに基づいて作成される分布だとイメージする人もいるかもしれませんが，そうではないのです。正規分布は確率分布であり，ヒストグラムではないということをしっかり押さえておきましょう。

▷11　標準偏差でなくても，平均偏差（Ⅱ-6 参照）でも以下のようなことは（数値は違いますが）いえます。しかし，よく知られていて，使われることが多いのは正規分布と標準偏差の関係です。

図4.3.7 正規分布と確率

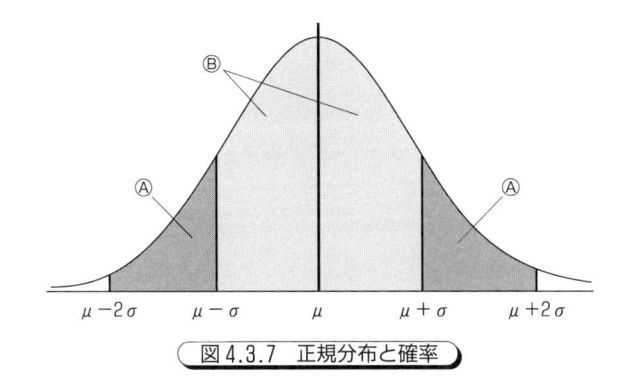

　以下，図4.3.7を用いながら上に述べた①と②の意味を説明してみますと，ようするに，平均から上下にそれぞれ標準偏差1個分の範囲（すなわち，図のⒷの部分）には，全体の約70％（68.3％）が含まれ，平均から上下にそれぞれ標準偏差2個分の範囲（すなわち，図のⒷとⒶをあわせた部分）には，全体の約95％（95.4％）が含まれるということです。

　また，正規分布は連続変数の確率分布であるという見方をすれば，①は$P(\mu-\sigma \leq X \leq \mu+\sigma)=0.683$，②は$P(\mu-2\sigma \leq X \leq \mu+2\sigma)=0.954$というように，確率変数がある特定の範囲をとる確率という形で表現することもできます。いいかえれば，図4.3.7において，Ⓑの部分（$\mu-\sigma$から$\mu+\sigma$の間，つまり平均±1標準偏差の間）の範囲の確率が0.683であり，ⒷとⒶをあわせた部分（$\mu-2\sigma$から$\mu+2\sigma$の間，つまり平均±2標準偏差の間）の範囲の確率が0.954ということです。

　もし，ある標本から作成したヒストグラム（つまり，現実の分布です）が正規分布に似た形状をしていたとします。すると，「z得点で2点の人は上位2.5％以内である」（z得点の平均は0，標準偏差は1なので，z得点で2点は「平均＋2標準偏差」に当たります。$(1-0.954)\div 2$は0.023，つまり2.3％（2.5％以内）です）とか，「偏差値40から60の間に全体の約70％が入る」（偏差値は平均50，標準偏差10なので，偏差値40から60というのは，平均±1標準偏差に当たる）といった具合に，大まかに考えることができるようになります。現実の分布を理論的な正規分布になぞらえることによって，標準偏差に具体的な意味をもたせることができるようになるというわけです。

　さらに，Ⅳ-5で紹介する「標準正規分布表」を用いると，正規分布における任意の範囲について，その範囲が全体の何％に当たるのかを調べることができるのです。ある確率変数Xの確率分布が正規分布$N(\mu, \sigma^2)$であるとき，$P(a \leq X \leq b)$がどんな値になるか，標準正規分布表から求められるのです。

▷12　z得点については Ⅱ-7 参照。

▷13　ⓐとⓘ両方あわせて$(1-0.954)$，よって片方では$(1-0.954)\div 2=0.023$。

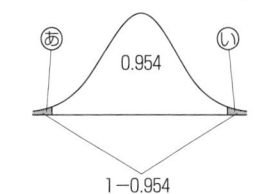

Ⅳ 標本から母集団を推測しよう

4 標準正規分布

1 標準正規分布

データの値の標準化のことを思い出してみましょう（忘れてしまった人は，Ⅱ-7 を読み返してみてください）。標準化とは，データの値から平均をひいて標準偏差でわるという操作のことでした。標準化した後のデータの値は，平均が0，標準偏差が1になります。このように標準化された後のデータの値のことを「z得点」といいました。いいかえると，z得点とは平均が0，標準偏差が1になるように変換されたデータの値です。

$$z得点 =（データの値 - 平均）÷ 標準偏差$$

データの値の標準化と同じように，正規分布にも標準化（正確には，正規分布にしたがう確率変数の標準化ですが）をおこなうことができます。すべての正規分布 $N(\mu, \sigma^2)$（平均"ミュー"，分散"シグマじじょう"の正規分布）は標準化をおこなうことにより，**標準正規分布** $N(0, 1)$（平均0，分散1の正規分布）に変換することが可能です。正規分布の標準化も，記述統計のところ（Ⅱ-7）でやったように，平均（μ）をひいて標準偏差（σ）でわるという操作をおこないます。また，ある確率変数Xの確率分布が正規分布 $N(\mu, \sigma^2)$ であるとき，「確率変数Xは $N(\mu, \sigma^2)$ にしたがう」といいます。これを記号で表現すると，$X \sim N(\mu, \sigma^2)$ とあらわされます。「$\sim$」は「にしたがう」という意味です。

それでは，正規分布 $N(\mu, \sigma^2)$ にしたがう確率変数 $X(X \sim N(\mu, \sigma^2))$ を標準化してみましょう。

$$X \sim N(\mu, \sigma^2) \quad \to \quad 標準化 \quad Z = \frac{X - \mu}{\sigma} \quad \to \quad Z \sim N(0, 1^2)$$

平均μ，分散σ^2の　　　　　　　　　　　　　　　　　平均0，分散1^2の
正規分布にしたがう確率変数X　　　　　　　　　標準正規分布にしたがう確率変数Z

のように，変換されるわけです。

図4.4.1は正規分布（ここでは，平均5，分散4（$=2^2$）の正規分布）を標準正規分布へ変換する様子を描いたものです。山の中心の位置が5から0に移動しています。これは正規分布の平均が5から0になったことをあらわしています。また，標準化前の正規分布に比べると，左右への広がりが狭く，山の高さが高

▷1　正規分布については Ⅳ-3 参照。

▷2　確率変数については Ⅳ-1 Ⅳ-2 参照。

▷3　$N(0, 1^2)$ と書いてあるのは，標準偏差が1であること，したがって，その2乗である分散も1（$= 1^2$）であることを強調するためです。

▷4　Ⅱ-7 で標準得点（z得点）を説明したときは，小文字のzで表現していました。ここでは大文字のZが使われています。これは大文字のZを使うことで，実際のデータではなく，確率変数であることをあらわしています。

図 4.4.1　正規分布の標準化

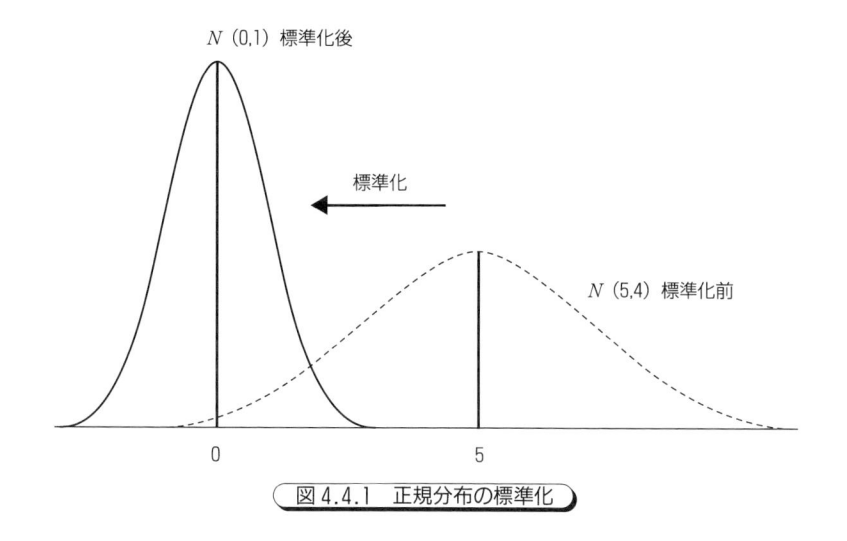

くなっています。このように山が急になるのは，分散が 4 から 1 へと小さくなったためです。

正規分布を標準化することにより，分布の中心の位置と左右への広がりの程度は変わりますが，変換前も変換後も，平均±1 標準偏差の間に全体の 68.3％ が含まれるといった，正規分布のもつ性質は変わりません。

▷5　正規分布の形と，平均，分散の関係については，IV-3 参照。

2　標準正規分布の特徴

こうして変換された標準正規分布には，次のような特徴があります。
① 平均，中央値，最頻値がすべて 0 になる。
② $Z=0$ から ∞（無限大）の範囲に全体の 50％ が入る（つまり，標準正規分布の山を，0 を境に左右に 2 つにわったその右側の部分が 50％ ということです）。同様に，$Z=-\infty$（マイナス無限大）から 0 までの範囲にも全体の 50％ が入る。
といった特徴です。

▷6　無限大を意味する記号です。プラスの方向に無限に大きいところという意味です。

それでは，そもそも正規分布を標準化して標準正規分布にすることにどのような利点があるのでしょうか。

それは，IV-5 で説明します標準正規分布表を使える，という点にあります。それぞれ固有の平均・分散をもった正規分布ですと，標準正規分布表といういわば「統一規格」を利用することができませんが，標準化することによりこの統一規格が利用可能になるのです。その便利さについては IV-5 で実感していただけると思いますが，具体的には，標準正規分布表を用いることで，標準正規分布における任意の範囲の全体に対する割合を求めることができます。それでは，実際にどのように求めるのでしょうか。IV-5 ではその方法について例をあげながら説明していくことにします。

IV 標本から母集団を推測しよう

5 標準正規分布表

▷1 標準正規分布とは平均 0，分散 1 の正規分布のことです。$N(0, 1)$ とあらわされます。IV-4 参照。

たいていの統計の教科書には巻末に**標準正規分布表**がついています。この本もそうです（巻末の付表1）。標準正規分布表には，z 得点の値（標準正規分布にしたがう確率変数 Z が具体的にとる値（＝実現値））と，それに対応する① $P(0 \leqq Z \leqq z)$（Z が 0 から z までの値をとる確率）および② $P(Z \geqq z)$（Z が z 以上の値になる確率，これを「ある値よりも上のほうの確率」ということで**上側確率**ともいう）が記されています。標準正規分布表の①②はそれぞれ，図 4.5.1 の色のついた部分の面積（確率）を意味しています。

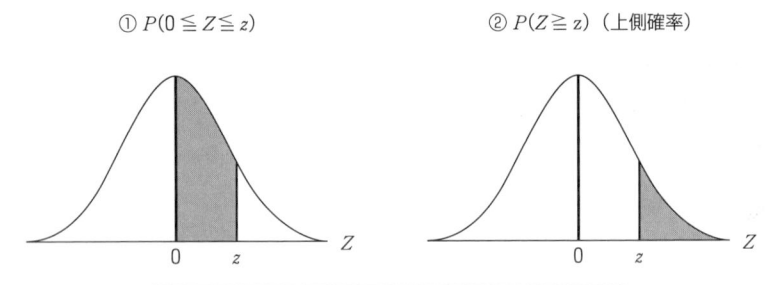

① $P(0 \leqq Z \leqq z)$　　　　② $P(Z \geqq z)$（上側確率）

図 4.5.1 標準正規分布における確率・上側確率

ここで大文字の Z と小文字の z が使われています。確率変数をあらわすときは一般に，大文字のアルファベットで表現します。これに対してその確率変数が具体的にとる実現値を小文字のアルファベットであらわすのです。IV-2 で，標本統計量を X，標本統計量の実現値を x とあらわしたのと同様に考えてください。

それでは，標準正規分布表を使って，以下の値を求めてみましょう。

例題 4.5

Z が標準正規分布 $N(0, 1)$ にしたがうとき，次の値を求めてください。

1. $P(0 \leqq Z \leqq 1.00)$　2. $P(Z \geqq 1.50)$　3. $P(Z \leqq -0.50)$
4. $P(Z \leqq 0.50)$　5. $P(|Z| \leqq 1.96)$

例題の答え

1. 標準正規分布表の $z = 1.00$ のところに書かれた①の値をみましょう。$P(0 \leqq Z \leqq 1.00) = 0.3413$ となります。
2. 標準正規分布表の $z = 1.50$ のところに書かれた②上側確率の値をみましょう。$P(Z \geqq 1.50) = 0.0668$ となります。

▷2 巻末の標準正規分布表では，「.3413」と表示されています。このように，整数部分が 0 の小数ではその 0 を省略して書くことがあります。

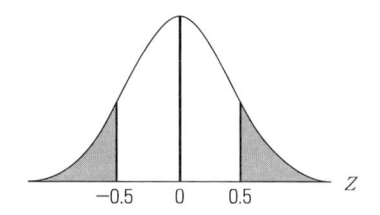

図4.5.2 $P(Z\leqq-0.50)=P(Z\geqq0.50)$（正規分布の対称性）

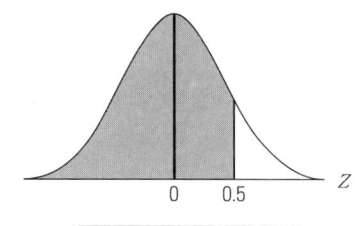

図4.5.3 $P(Z\leqq0.50)$

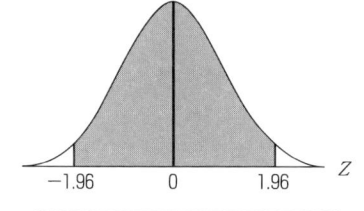

図4.5.4 $P(-1.96\leqq Z\leqq1.96)$

3. 正規分布の対称性を利用します。図4.5.2で色をつけた左右2ヶ所の部分の面積（確率）は等しくなります。すなわち，$P(Z\leqq-0.50)=P(Z\geqq0.50)$ となるので，標準正規分布表の $z=0.50$ の②上側確率の値を求めればよいことになります。$P(Z\geqq0.50)=0.3085$ ですよね。よって，$P(Z\leqq-0.50)=0.3085$ となります。

4. 図に書いて考えましょう（図4.5.3）。$P(Z\leqq0.50)$ とは正確には $P(-\infty\leqq Z\leqq0.50)$ なのです。つまり，$P(-\infty\leqq Z\leqq0)$ と $P(0\leqq Z\leqq0.50)$ の和と考えるとよいことになります。$P(-\infty\leqq Z\leqq0)=0.5$ です（標準正規分布全体のちょうど半分なので）。一方，$P(0\leqq Z\leqq0.50)=0.1915$ となるので，$P(Z\leqq0.50)=0.5000+0.1915=0.6915$ となります。

5. $|Z|$ とは Z の絶対値のことです。$|Z|\leqq1.96$ とは，Z の絶対値が1.96以下になるということで，別の書き方をすれば，$-1.96\leqq Z\leqq1.96$ となります（図4.5.4）。$P(|Z|\leqq1.96)=P(-1.96\leqq Z\leqq1.96)=P(-1.96\leqq Z\leqq0)+P(0\leqq Z\leqq1.96)=P(0\leqq Z\leqq1.96)\times2=0.4750\times2=0.95$ と求められます（$z=1.96$ のところの①の値をみると0.4750とあります）。

最後の5番の問題で出てきた1.96という値は，一見すると半端な数字だと思うでしょう。しかし，注目すべきは $P(-1.96\leqq Z\leqq1.96)=0.95$ という結果のほうです。これは，標準正規分布では−1.96から1.96までに全体の95%が含まれるということを意味しています。別の見方をすれば，標準正規分布で1.96以上または−1.96以下になるのは，5%に過ぎないということです。この5%と1.96という数字は，Vの統計的仮説検定以降で何度もお目にかかることになる値です。標準正規分布表における $z=1.96$ という値の意味をよく覚えておきましょう。

▷3 正規分布は，左右対称という性質をもつ分布です。IV-3 参照。

▷4 z の値が図の左端のほうに向かってどんなに小さくなっていっても，この曲線は永遠に x 軸に接することはありませんから，−∞（マイナス無限大）まで，ということになります。

▷5 「$Z=0$ から−∞の範囲に全体の50%が入る」ということです。IV-4 参照。

▷6 絶対値については，II-6 参照。

▷7 ここでも正規分布の対称性から，$P(-1.96\leqq Z\leqq0)=P(0\leqq Z\leqq1.96)$ となり，よって $P(-1.96\leqq Z\leqq0)+P(0\leqq Z\leqq1.96)=P(0\leqq Z\leqq1.96)+P(0\leqq Z\leqq1.96)=P(0\leqq Z\leqq1.96)\times2$ となります。

IV 標本から母集団を推測しよう

6 標本分布①

1 標本分布

IV-2 では，標本統計量の変動の大きさを知るために，母集団から標本を抽出し，標本統計量を計算することを何度も繰り返すことにより，標本統計量の分布を求めるというアイデアを紹介しました。さらに，実際にはこうした標本統計量の分布を求めることはできないこと，そのため，母集団分布を仮定することで，この標本統計量の分布がどのような分布になるか，その確率分布が数理的に導出されることを述べました。

実は，標本統計量の分布には**標本分布**という名前がついています[1]。標本分布と聞くと，実際に入手できた標本について作成された度数分布といったイメージを浮かべるかもしれません。しかし，そうではなく，標本分布は標本統計量の分布であることをまずはしっかり押さえましょう。度数分布のように実際得られたデータから作成されるものではないのです[2]。

表4.6.1に改めて，母集団分布と標本分布，さらに，度数分布の違いをまとめました。

特に標本分布を理解することは，推測統計を学ぶ上で非常に重要なポイントとなります。抽象的でわかりにくいものではありますが，しっかりと理解するようにしてほしいと思います。

▷1 標本分布は英語では,sampling distribution といいます。

本書では，単に標本分布といったときは，標本平均 $\bar{X}$ の標本分布をあらわします。標本分布は標本統計量の分布のことですから，標本平均に限りませんが，本書で標本平均以外の統計量の標本分布をあらわすときは，標本比率の標本分布，視聴率の標本分布（コラム4参照），のように○○の標本分布，という表現をすることにします。

▷2 度数分布については II-4 参照。

表4.6.1 母集団分布・標本分布・度数分布

名称	意味	利用される文脈
母集団分布	母集団に属するすべての値の分布。通常母集団のすべての値を知ることはできないので，正規分布などの確率分布を仮定する。	推測統計
標本分布	標本統計量の分布。母集団分布の仮定より，数理的に導かれる確率分布。	推測統計
度数分布	実際に得られたデータについて作成される。データの値と度数を対応させたもの。	記述統計

2 標本分布のバラツキ

母集団分布に正規分布を仮定すると，標本平均の標本分布もまた正規分布になるということが知られています。X（たとえば，全国成人男子の身長）が平均 μ，分散 σ^2 の正規分布にしたがっているとします（母集団が正規分布にしたが

うというのは，母集団分布に正規分布を仮定する，と同じ意味です。また，このことを，記号を用いて，$X \sim N(\mu, \sigma^2)$ と表現します▷3。すると，標本平均 $\bar{X}$ という標本統計量の分布，つまり，「標本平均の標本分布」もまた正規分布にしたがうことになるのですが，このとき，標本分布の平均は母集団の平均（母平均）μ に一致することがわかっています。

標本平均の標本分布の平均 $\mu_{\bar{X}} =$ 母平均 μ

▷3 こうした正規分布のあらわし方については，IV-3 参照。

このように，標本統計量の分布の平均が母数に一致する場合，その統計量は**不偏性**をもつといいます。この不偏性という言葉については，IV-10 で再び紹介することにします。

▷4 ここでは，標本統計量は標本平均，母数は母平均です。

一方，標本平均の標本分布の分散は母集団の分散（母分散）σ^2 には一致せず，$\frac{\sigma^2}{n}$ となります。母分散 σ^2 をサンプルサイズ n でわったものになるということです。そこで，標本平均の標本分布の分散を $\sigma_{\bar{X}}^2$（シグマ・エックスバーのじじょう）とあらわすと，$\sigma_{\bar{X}}^2$ は次式で求められます。

$$\sigma_{\bar{X}}^2 = \frac{\sigma^2}{n}$$

▷5 標本抽出を何度もおこない，そのつど平均を出すことを考えた場合，それら平均の集まりがどの程度ばらついているか，ということです。

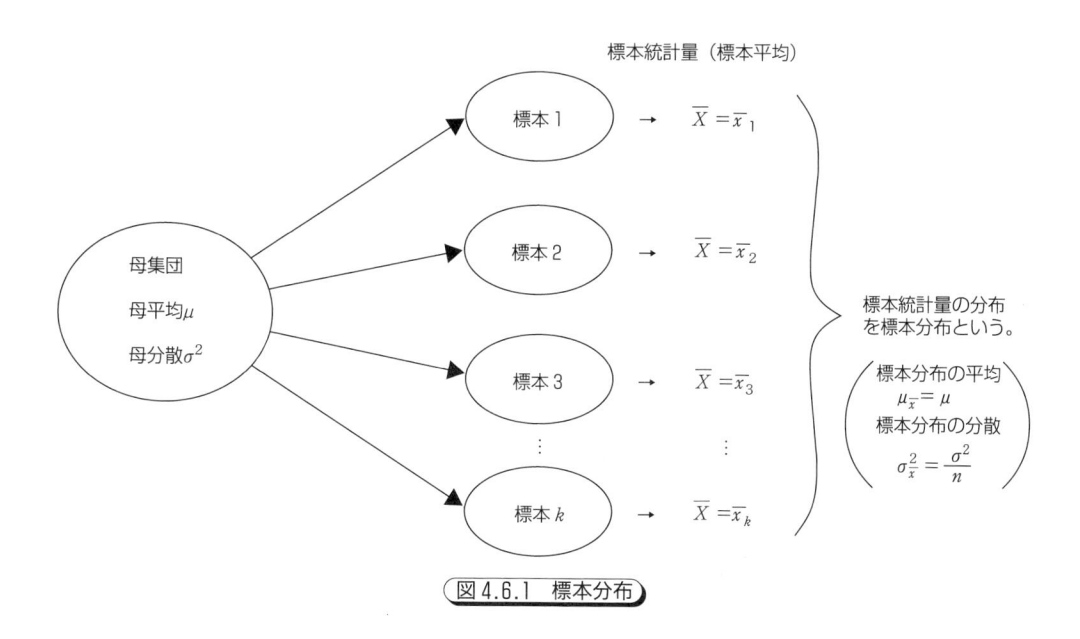

すなわち，母集団に平均 μ，分散 σ^2 の正規分布を仮定したとき（$X \sim N(\mu, \sigma^2)$ のとき），標本平均の分布は，平均 μ，分散 $\frac{\sigma^2}{n}$ の正規分布となる（$\bar{X} \sim N(\mu, \frac{\sigma^2}{n})$ となる），ということです。

ここまでの説明を図 4.6.1 にまとめました。

図 4.6.1　標本分布

IV 標本から母集団を推測しよう

7 標準誤差

IV-6 で，標本平均の標本分布の分散 $\sigma_{\bar{X}}^2$ が $\dfrac{\sigma^2}{n}$ となることがわかりましたので，その $\sqrt{}$ をとることによって，標本平均の標本分布の標準偏差 $\sigma_{\bar{X}}$（シグマ・エックスバー）を求めてみましょう。

$$\sigma_{\bar{X}} = \frac{\sigma}{\sqrt{n}} \quad ^{◁1}$$

このような標本分布，すなわち，標本統計量の分布の標準偏差のことを**標準誤差**$^{◁2}$といいます。統計ソフトなどでは，標準誤差の英語 standard error の頭文字をとって，SE と出力されることが多いです。標準誤差は，標本統計量の変動（バラツキ）の大きさを評価する指標として用いられます。この標準誤差の値が小さいほど，標本統計量の変動は小さいということになります。そして，標本統計量の変動が小さいということは，標本統計量の実現値から母数を推測する際の精度が高いということです。

IV-2 で，標本統計量の変動の大きさを推測するプロセスは次の3段階であると説明しました（表4.7.1）。

表 4.7.1 標本統計量の変動の大きさを推測するプロセス

プロセス①	母集団分布に何らかの確率分布を仮定する。
プロセス②	母集団分布の仮定から，標本統計量についての確率分布を導く。
プロセス③	標本統計量の分布がどのような確率でどのような値をとるかがわかれば（標本分布がわかれば），標本統計量の変動を査定できるようになる。

このプロセス③の「標本分布から標本統計量の変動を査定する」際の目安となるのが，標準誤差であるということです。

上にあげた標準誤差の式の右辺をもう一度みてみましょう。標本の大きさ（n）が大きくなれば標準誤差が小さくなり，推定の精度がよくなるということがわかります。つまり，n が大きくなれば，偏った標本が抽出される可能性が低くなるということです。もし，n を無限に大きくしていけば，標準誤差の式の分母がどんどん大きくなるわけですから，標準誤差は限りなく0に近づいていき，標本平均は母平均 μ（ミュー）$^{◁3}$ に完全に一致することになります。これは，母集団についてすべて調べ尽くす全数調査をおこなうことと一緒です$^{◁4}$。全数調査ができれば，母数 μ を直接知ることができるわけですよね。

図4.7.1は，正規分布にしたがう母集団（これを**正規母集団**とよぶことがあります）からサンプルサイズ $n=1, 4, 9$ の標本を抽出したときの，それぞれの

▷1 $\sigma_{\bar{X}}^2 = \dfrac{\sigma^2}{n}$ より
$\sigma_{\bar{X}} = \sqrt{\dfrac{\sigma^2}{n}} = \dfrac{\sqrt{\sigma^2}}{\sqrt{n}} = \dfrac{\sigma}{\sqrt{n}}$

▷2 「標準誤差」は「標準偏差」と名前が似ているためにごっちゃにされることがあります。「標準誤差」は，母数について推測するときの精度（値が小さいほど正確に推測していることになります），「標準偏差」はデータの散らばり具合，という感じです。

▷3 母集団の平均を母平均といいます。また，同様に，母集団の分散は母分散といいます。

▷4 全数調査については IV-1 参照。

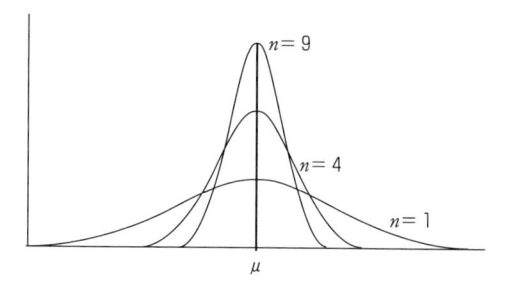

図4.7.1 サンプルサイズと標準誤差

標本平均の標本分布を示したものです。図の中の$n=1$，たった1個のデータの分布というのは，たった1個のデータについての分布を考えたり，1個のデータから標準偏差を計算したりするということではなく，$n=1$というサンプルサイズの標本抽出を何度も繰り返し，そのつど標本統計量[5]を計算するということを繰り返すことができるとしたときに，無数の標本平均を元に作られる仮想的な分布のことです。$n=1$のときは，標準誤差は$\sigma_{\bar{X}}=\frac{\sigma}{\sqrt{n}}=\frac{\sigma}{\sqrt{1}}=\sigma$となり，母集団における標準偏差に一致します。つまり，$n=1$の標本分布は，母集団分布そのものをあらわしていることになります。$n=4$，$n=9$とサンプルサイズが大きくなるにしたがって，標準誤差$\sigma_{\bar{X}}$が小さくなっていきます。[6]図4.7.1では，このような，サンプルサイズnが大きくなるにつれて標準誤差が小さくなる様子をあらわしています。標準誤差の大きさは，図4.7.1におけるそれぞれの標本分布の横方向への広がりの程度の違いとして表現されています。$n=1$の標本分布よりも$n=4$の標本分布のほうが，横方向への広がりが狭く，傾斜の急な山になっていますね。$n=9$になるとさらに山の傾斜が急になって描かれているのがわかります。標準誤差が小さくなることにより，標本分布の形状が母平均μの周りに集中した形になるわけです。[7]

これまで，標本平均の標本分布の平均[8]が母平均に一致することと，サンプルサイズnが大きくなるほど，標本平均の標本分布のバラツキ（標準誤差）が小さくなることを学びました。標本平均の標本分布の平均が母平均μになり，その母平均μの周りに値が集中するのであれば（たまたま偶然得られた標本から求めた標本平均の値が，母平均と大きく違う可能性が低いのであれば），実際に得られた標本について標本平均を計算し，その標本平均の実現値を母平均の推定値と考えることは自然で，妥当な手続きといえるでしょう。そして，サンプルサイズを大きくとることによって，標本平均の実現値が母平均からかけ離れた値になる可能性を低くすることができるのです。つまり，精度の高い推測ができるようになるということです。標本調査で，より正確に母数を推定したいのであれば，まずはサンプルサイズを大きくすればよいわけです。

▷5　この場合は標本平均です。ただし，1個のデータから計算される「平均」なので，その1個のデータそのものということになります。

▷6　具体的に求めてみましょう。$n=4$のときは$\sigma_{\bar{X}}=\frac{\sigma}{\sqrt{4}}=\frac{\sigma}{2}$（$n=1$のときの半分の大きさ），$n=9$のときは$\sigma_{\bar{X}}=\frac{\sigma}{\sqrt{9}}=\frac{\sigma}{3}$（$n=1$のときの$\frac{1}{3}$の大きさ）となっています。

▷7　標本分布が母平均μの周りに集中しているということは，実際に手元に得られた標本について，標本平均を計算したもの（標本統計量の実現値）が母平均μに近い値をとる可能性が高くなることを意味しています。

▷8　くどいようですが，難しい内容なので繰り返しておきます。標本抽出を何度もおこない，そのつど平均を出すことを考えた場合，それらの平均（標本平均）を用いてさらに平均を出すということです。つまり「標本平均の平均」ということです。

IV 標本から母集団を推測しよう

8 標本分布②

1 標本分布のおさらい

▷1 ゆうこさんの卒論については，IV-1 参照。

さて，IV-7 までの話を，ゆうこさんの卒論の例で振り返ってみましょう[1]。ゆうこさんは，大学生の恋愛感情得点 X の母集団に正規分布を仮定します。平均 μ，分散 σ^2 の正規分布です（$X \sim N(\mu, \sigma^2)$）。そして，母集団からサンプルサイズ $n=3$ の標本を抽出します。そして，その標本から平均を求め，求めた標本平均の実現値を利用して，母平均を推定しようと考えるわけです（図4.8.1）。

このとき，標本平均の標本分布は，やはり正規分布となります。その平均は母集団分布と同じ μ ですが，分散が異なります。母集団分布では σ^2 だった分散は，標本平均の標本分布では $\frac{\sigma^2}{3}$ となります。サンプルサイズの分だけ，分散が小さくなるということです。さらに，標本分布の標準偏差，つまり $\frac{\sigma^2}{3}$ の $\sqrt{}$ のことを標準誤差といいました。この場合，標準誤差は $\frac{\sigma}{\sqrt{3}}$ ということになります。そして，この標準誤差 $\frac{\sigma}{\sqrt{3}}$ が，ゆうこさんのおこなった標本調査で，その推定の精度をあらわす値になっているのです。サンプルサイズ n が大きくなるほど標準誤差の分母が大きくなるため，標準誤差の値は小さくなり，推定の精度がよくなります。ゆうこさんの調査では，サンプルサイズ $n=3$ ですから，推定の精度はあまりよくないということになります。

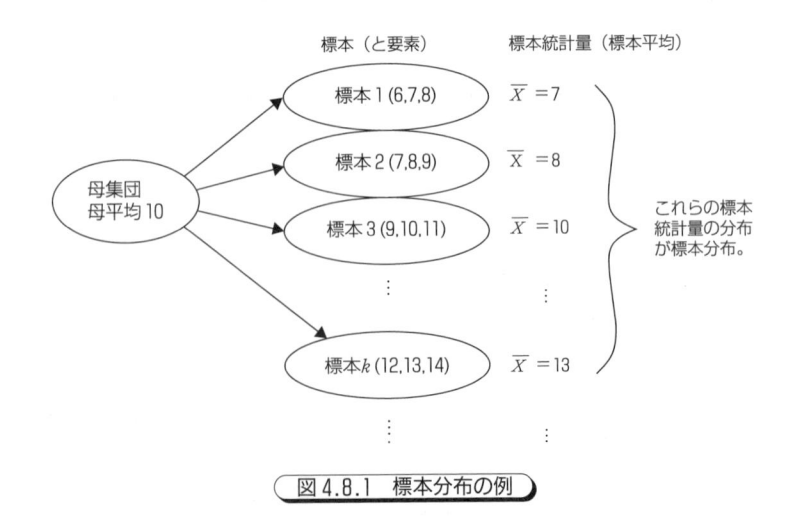

図4.8.1 標本分布の例

2　標本分布の使い方

これまで，標本分布について勉強してきました。

母集団に正規分布を仮定して，$X \sim N(\mu, \sigma^2)$ としたとき，その母集団から無作為に抽出した標本について計算した平均（標本平均）の分布もまた，正規分布になります。この標本平均という標本統計量の分布のことを，標本分布とよんだのでした。そして，この標本分布は，$\bar{X} \sim N\left(\mu, \dfrac{\sigma^2}{n}\right)$ とあらわされます。標本平均の標本分布の平均は，母平均 μ に一致します。標本平均の標本分布の分散は，母分散 σ^2 をサンプルサイズ n でわったものになります。これはサンプルサイズが大きいほど，標本分布のバラツキが小さくなることを意味します。標本分布のバラツキが小さいということは，標本平均 $\bar{X}$ を用いて母平均 μ を推測する場合に，標本から計算した $\bar{X}$ が μ とかけ離れた値である可能性を減らすことができるということです。

では，標本平均の標本分布は具体的にどのように利用されるのでしょうか。その答えの1つはコラム4にあります。コラム4では，視聴率の標本分布から，視聴率の95%信頼区間というものを求めています。そしてもう1つの答えは，Ⅴで紹介する統計的仮説検定です。標本分布を理解することは統計的仮説検定の手続きを理解する上で欠かせないものです。

▷2　信頼区間についての詳しい説明はコラム4をみてください。

最後に，標本分布 $\bar{X} \sim N\left(\mu, \dfrac{\sigma^2}{n}\right)$ を標準化することを考えておきます。なぜ，標本分布を標準化するのでしょうか。それは，統計的仮説検定（詳しくはⅤで勉強します）に関係しています。「1つの平均値の検定」とよばれる統計的仮説検定をおこなう場合，標本分布 $\bar{X} \sim N\left(\mu, \dfrac{\sigma^2}{n}\right)$ を標準化することにより，検定統計量というものを求めていきます。標準化とは，平均をひいて標準偏差でわるという操作でした。正規分布にしたがう確率変数を標準化すると標準正規分布にしたがいます（Ⅳ-4 を参照してください）。標本平均の標本分布の平均は μ，標準偏差は $\dfrac{\sigma}{\sqrt{n}}$ ですから，下記のように標準化します。

▷3　標準化については Ⅱ-7 参照。

▷4　標本分布の標準偏差を標準誤差とよびましたので，正確には標準誤差です。Ⅳ-7 参照。

$$\bar{X} \sim N\left(\mu, \dfrac{\sigma^2}{n}\right) \;\rightarrow\; 標準化 \;\; Z = \dfrac{\bar{X} - \mu}{\sigma/\sqrt{n}} \;\rightarrow\; Z \sim N(0, 1^2)$$

平均 μ，分散 $\dfrac{\sigma^2}{n}$ の　　　　　　　　　平均 0，分散 1^2 の
正規分布にしたがう確率変数 $\bar{X}$　　　　標準正規分布にしたがう確率変数 Z

このように，標本平均の標本分布を標準化することにより，標準正規分布にしたがう確率変数に変換することができます。つまり，標準正規分布表を利用できるようになるということです。Ⅴ-8 では，統計的仮説検定の1つの方法として，標準正規分布表を利用するものをとりあげています。ここで紹介した標本平均の標本分布の標準化はそちらで再び登場することになります。

▷5　標準正規分布表については Ⅳ-5 参照。

IV 標本から母集団を推測しよう

9 推定と推定量

1 母数を推定する

IV-1 ですでに述べたように，推測統計の目的は，標本（標本統計量）から母集団（母数）を推定することでした。このとき，たった1つの値を用いて母数の推定をおこなうことを**点推定**といいます。たとえば，「内閣支持率は60％である」とただ1つの値で推定することがこれに当たります。これに対して，ある一定の区間を設けて，母数の推定を1つの値ではなく区間でおこなうことを**区間推定**といいます（区間推定については，コラム4をみてください）。たとえば，「内閣支持率は50％から70％である」と幅をもたせて推定することがこれに当たります。

母数の推定のために用いられる標本統計量のことを**推定量**とよびます。母平均 μ を推定するために用いられる推定量は標本平均 $\bar{X}$ です。ゆうこさんの卒論の例で，日本全国の大学生の恋愛感情得点の母平均 μ を推定するために，$n=3$ の標本から求めた平均を使うことがこれに当たります。同様に，母集団比率 π（パイ）（たとえば，日本全国の有権者という母集団における内閣支持率）を推定するための推定量は標本比率 p（たとえば，日本全国の有権者という母集団から無作為抽出した有権者1000人の標本における内閣支持率）となり，母相関係数 ρ（ロー）[1]（たとえば，日本全国の中学3年生の数学と理科のテスト得点の相関係数）を推定するための推定量は標本相関係数 r（たとえば，日本全国の中学3年生から無作為抽出した1000人の標本における数学と理科のテスト得点の相関係数）となるわけです。このように，一般に，ある母数に対応する標本統計量が，その母数を推定するための推定量となります。そして，標本統計量に対して，その具体的な値である標本統計量の実現値があったように，推定量に対しても，その推定量の実現値を考えます。これを**推定値**とよびます。表4.9.1に，母数と推定量，推定値の関係を示しました。

この表は，表4.1.1（母数・標本統計量・標本統計量の実現値）によく似ています。それもそのはず，ここで推定量とよんでいるものは標本統計量であり，推定値というのは標本統計量の実現値だからです。標本統計量が母数の推定のために用いられるとき，推定量とよばれることになります。同様に，標本統計量の実現値が母数の推定のために用いられるとき，これを推定値とよぶのです。単に，状況に応じてよび方が変わるだけですので，難しく考えないようにして

▷1 ρ（ロー）はローマ字の r に相当するギリシャ文字です。

ください（V-2 では，標本統計量・標本統計量の実現値は，さらに検定統計量・検定統計量の実現値という別名でよばれることになります。このように，推定／検定という用途の違いによって言い方が変わります）。

表4.9.1 母数・推定量・推定値

母数	推定量	推定値
母集団平均 μ（ミュー） 例：日本の大学生の恋愛感情得点の平均	標本平均 $\bar{X}$ 例：3人の大学生の恋愛感情得点の平均	標本平均 $\bar{X}$ の実現値 例：ある具体的な大学生3人の標本から実際に計算された恋愛感情得点の平均
母集団比率 π（パイ） 例：全国の有権者集団における内閣支持率	標本比率 p 例：有権者1000人の無作為標本の内閣支持率	標本比率 p の実現値 例：ある具体的な有権者1000人の標本から実際に計算された内閣支持率
母集団相関係数 ρ（ロー） 例：全国の中学3年生の数学と理科のテスト得点の相関係数	標本相関係数 r 例：中学3年生1000人の無作為標本の数学と理科のテスト得点の相関係数	標本相関係数 r の実現値 例：ある具体的な中学3年生1000人の標本から実際に計算された数学と理科のテスト得点の相関係数

❷ 期待値

確率変数の平均のことを**期待値**といいます。期待値とは平均は平均でも「確率を考慮した平均」だと思ってください。次のような例題を考えてみましょう。

例題 4.9

サイコロを1回投げて出た目の10倍のお金がもらえるゲームがあります。1の目が出たら10円がもらえ，2の目が出たら20円もらえる，ということです。このゲームの参加料が30円だとすると，ゲームに参加したほうが得でしょうか。

ゲームでもらえる金額の期待値を求めてみましょう。期待値は，確率変数の値とそのときの確率をかけた値をたしあわせることで求められます。

「ゲームでもらえる金額」という確率変数のとりうる値は，10，20，30，40，50，60の6とおりです。そして，それぞれの値に対応する確率は，サイコロのそれぞれの目が出る確率と同じですから $\frac{1}{6}$ です。よって，期待値を計算すると，$10 \times \frac{1}{6} + 20 \times \frac{1}{6} + 30 \times \frac{1}{6} + 40 \times \frac{1}{6} + 50 \times \frac{1}{6} + 60 \times \frac{1}{6} = 35$，となります。

期待値が35というのは，このゲームでもらえる金額はだいたい35円くらいであることが期待されるということです。参加料は30円ですから，ゲームに参加したほうが得であるということになります。

一般に，確率変数 X の期待値を $E(X)$ とあらわします。たとえば，標本平均 $\bar{X}$ という推定量（母平均 μ を推定するための標本統計量）の期待値は $E(\bar{X})$ とあらわされます。また，標本分散 s^2 という推定量（母分散 σ^2 を推定するための標本統計量）の期待値は $E(s^2)$ です。つまり，E（推定量）と書いて「推定量の期待値」と読むということです。

▷2　E は期待値の英語 expectation の頭文字をとったものです。

それでは，期待値は，推測統計の文脈でどのように利用されるのでしょうか。実は，ある推定量の期待値がその推定量によって推定しようとしている母数に一致する場合，その推定量で母数を推定することの正当性の根拠となるのです。このことについての詳細は，IV-10，IV-11 をみていただきたいと思います。

▷3　推定量の期待値が母数に一致する性質を不偏性といいます。IV-10 では，この不偏性について述べていくことになります。

Ⅳ 標本から母集団を推測しよう

10 不偏性

推測統計では，標本から計算される標本統計量（推定量といいかえてもかまいません）を用いて母数を推測するわけですが，このとき，標本統計量（推定量）の期待値と母数の差を，**統計量の偏り**といいます（偏りの英語 bias を用いて**統計量のバイアス**とよぶこともあります）。

Ⅳ-6 で，母集団分布に正規分布を仮定すると標本平均の標本分布もまた正規分布になることを述べました。繰り返しになりますが，母集団に平均 μ，分散 σ^2 の正規分布を仮定したとき（$X \sim N(\mu, \sigma^2)$ のとき），標本平均の標本分布は，平均 μ，分散 $\dfrac{\sigma^2}{n}$ の正規分布となる $\left(\bar{X} \sim N\left(\mu, \dfrac{\sigma^2}{n}\right)\text{となる}\right)$，ということです。このように，標本平均の平均（期待値）は母平均 μ に一致します。つまり，標本平均という標本統計量（推定量）の期待値 $E(\bar{X})$ が，母平均 μ という母数に一致しているということです。ですから，この場合の偏りは0です。つまり，$\mu - E(\bar{X}) = 0$ ということです。

このように，偏りが0であることを，偏りがない，偏らないということから，「不偏である」あるいは**不偏性**があるといいます。そして，推定量の期待値が母数に一致するような，不偏性をもつ推定量のことを，**不偏推定量**といいます。

以上の点について，ゆうこさんの卒論の例で考えてみましょう。

日本の大学生（母集団）の恋愛感情得点が，平均 μ，分散 σ^2 の正規分布にしたがっている（$X \sim N(\mu, \sigma^2)$）とします。日本の大学生の恋愛感情得点の母集団分布に平均 μ，分散 σ^2 の正規分布を仮定するということです。

日本の大学生すべてを調べ尽くすことはできませんので，母集団における恋愛感情得点の平均 μ はわかりません（我々はこれが10点となることを知っているのですが，ゆうこさんにはわからないのでしたね）。そこで，標本からこの μ の値を推定することにしました。この母集団から，サンプルサイズ $n=3$ の標本を得ます。この標本について恋愛感情得点の平均を求めたところ，7点になりました。

普通は，得られる標本はこの1つだけです。しかし，仮に，標本抽出を何度もおこなうことができるとしましょう。最初のものとは別の $n=3$ の標本が手に入ります。この2番目の標本について標本平均を求めたら8点になりました。同様に，また別の $n=3$ の3番目の標本については，標本平均は10点，…というふうに，たくさんの標本平均が得られることになります。そして，これら無数の標本平均の平均（期待値）は母平均 $\mu(=10)$ に一致するのです。

▷1 推定量については Ⅳ-9 参照。

▷2 平均 μ，分散 σ^2 の正規分布をこうあらわすことができました。Ⅳ-3 参照。

▷3 期待値については Ⅳ-9 参照。

▷4 Ⅳ-9 の書き方を用いれば，「E（推定量）＝母数」となる推定量を不偏推定量という，ということです。

ちなみに，その他の推定量，たとえば，標本分散は，その期待値が母分散には一致しません。このことについては Ⅳ-11 を参照してください。

▷5 ゆうこさんの卒論については，Ⅳ-1 参照。

標本（と要素）　　標本平均（推定量）

```
母集団
母平均 10
  → 標本 1 (6,7,8)    X̄ = 7
  → 標本 2 (7,8,9)    X̄ = 8      これらの標本平均の
  → 標本 3 (9,10,11)  X̄ = 10     平均（期待値）は
                                  母平均に一致する。
                                  つまり，
  → 標本 k (12,13,14) X̄ = 13     (7,8,10,…,13,…) の平均
                                  =10 （母平均）。
```

図 4.10.1　不偏性の意味

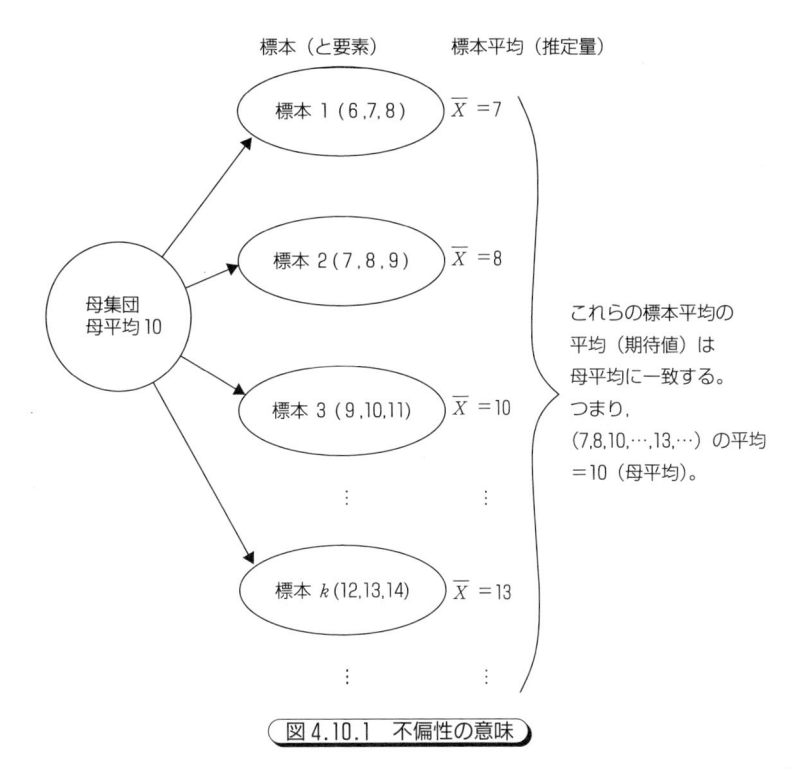

　不偏性とは，7点，8点，10点，…の平均が母平均に一致する，この性質のことです。「不偏性」の「不偏」とは，母平均に限らず，何らかの母数を推定するときに「偏りが0である」という意味です。

　　不偏性：$\underbrace{(7点，8点，10点，…)の平均（期待値）}_{\text{無数の標本平均}} = $ 母平均（10点）

　標本平均に関して，このような不偏性が成り立つことがわかっているので，母集団分布を正規分布と仮定したとき，標本平均の標本分布は母集団と同じ平均をもつ正規分布になります[6]（図 4.10.1）。

　ここまでの説明は，母集団分布が正規分布であると仮定して話を進めていました。しかし，標本平均については，非常に便利な性質があることがわかっています。それは，母集団分布が正規分布でなくても，標本平均の期待値が母平均に一致するということです。つまり，標本平均は母集団分布の種類によらず，母平均の不偏推定量になるのです。また，不偏性とはちょっと話題がずれますが，標本平均の標準誤差[7] $\sigma_{\bar{X}}$ についても，母集団分布の種類に関係なく，$\sigma_{\bar{X}} = \frac{\sigma}{\sqrt{n}}$ とあらわされることが知られています。標本平均については，

1. 期待値が母平均に一致する（不偏性がある）
2. 標準誤差が $\frac{\sigma}{\sqrt{n}}$ であらわされる

という2つのことが，母集団分布が何であっても成り立つということを覚えておきましょう。

▷6　具体的には母集団分布 $X \sim N(\mu, \sigma^2)$ とすると，標本分布 $\bar{X} \sim N\left(\mu, \frac{\sigma^2}{n}\right)$ になります。

▷7　標準誤差については IV-7 参照。

IV 標本から母集団を推測しよう

11 不偏分散

1 標本分散は不偏か？

○母分散と標本分散

IV-10 でみたように標本平均については，その期待値が母平均に一致する（偏りがない）という性質がありました。このような性質を不偏性といい，不偏性をもつ標本平均のような統計量のことを不偏推定量とよぶのでした。それでは，II-6 で勉強した，散布度の1つである分散については，どうなるのでしょうか。標本平均と同じように，不偏性をもつのでしょうか。

ここで，分散について復習しておきましょう。

以下，母集団の分散（母分散）と区別するために，II-6 で勉強した分散のことを**標本分散**とよぶことにします。標本分散の式は下記のようにあらわされます。

$$標本分散 = \frac{(1番目のデータの値-平均)^2+(2番目のデータの値-平均)^2+\cdots+(n番目のデータの値-平均)^2}{n}$$

この式を，標本分散を s^2，1番目〜n番目のデータの値を $X_1, X_2, \cdots, X_n$，標本平均を $\bar{X}$ とおいて，書き直すと，

$$s^2 = \frac{(X_1-\bar{X})^2+(X_2-\bar{X})^2+\cdots+(X_n-\bar{X})^2}{n}$$

となります。◁1

標本平均 $\bar{X}$ を用いて母平均 μ を推定したように，この標本分散 s^2 を推定量として用いて，母分散 σ^2 を推定することは，はたして妥当なのでしょうか（図4.11.1）。

▷1 一方，母分散 σ^2 は母平均 μ を用いて以下のような式であらわされます。
$$\sigma^2 = \frac{(X_1-\mu)^2+(X_2-\mu)^2+\cdots+(X_N-\mu)^2}{N}$$
ここで N は母集団の大きさをあらわしています。

母集団 N個
母平均 μ，母分散 σ^2
　→（無作為抽出）→
標本 n個
標本平均 $\bar{X}$，標本分散 s^2

$$\mu = \frac{X_1+X_2+\cdots+X_N}{N}$$
$$\sigma^2 = \frac{(X_1-\mu)^2+(X_2-\mu)^2+\cdots+(X_N-\mu)^2}{N}$$

$$\bar{X} = \frac{X_1+X_2+\cdots+X_n}{n}$$
$$s^2 = \frac{(X_1-\bar{X})^2+(X_2-\bar{X})^2+\cdots+(X_n-\bar{X})^2}{n}$$

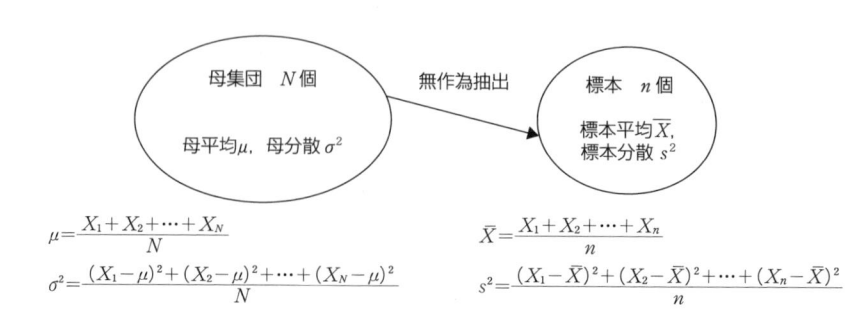

図4.11.1 母数と推定量

○標本分散は不偏ではない

実は，標本分散 s^2 の期待値は，次のような式になることが知られています。

$$E(s^2)=\frac{n-1}{n}\sigma^2$$

この標本分散 s^2 の期待値と母数である母分散 σ^2 の差を求めてみましょう。

$$母数-推定量の期待値=\sigma^2-E(s^2)=\sigma^2-\frac{n-1}{n}\sigma^2=\frac{n-(n-1)}{n}\sigma^2=\frac{1}{n}\sigma^2$$

このように，偏り（母数と推定量の期待値の差）は $\frac{\sigma^2}{n}$ となり，0ではありません。つまり，標本分散 s^2 は偏りのある推定量ということです。偏りがあるということは，不偏性をもたないということです。母分散を推定するときに「偏りがある」ということなので，不偏推定量ではないということです。

先ほど計算した $\frac{\sigma^2}{n}$ という偏り（母分散と標本分散の期待値の差）の分だけ，標本分散の期待値は，母分散よりも少し小さくなっていることがわかります。これは，もし，標本分散を母分散の推定量として用いると，実際の母分散よりも小さな値を推定してしまう可能性があるということです。

▷2　確率変数 X の期待値を $E(X)$ とあらわします。IV-9 参照。

▷3　ここでは，母数とは母分散，推定量とは標本分散です。

2 不偏分散

○$\hat{\sigma}^2$（シグマ・ハットのじじょう）

このように，標本分散は母分散の不偏推定量ではありません（標本分散 s^2 の期待値 $E(s^2)$ は母分散 σ^2 の $\frac{n-1}{n}$ 倍であるため）。

では，このズレ $\left(\frac{n-1}{n}\right)$ の逆数 $\frac{n}{n-1}$ を標本分散 s^2 にかけておけばどうなるでしょう。

$$\frac{n}{n-1}\times s^2=\frac{n}{n-1}\cdot\frac{(X_1-\bar{X})^2+(X_2-\bar{X})^2+\cdots+(X_n-\bar{X})^2}{n}$$

$$=\frac{(X_1-\bar{X})^2+(X_2-\bar{X})^2+\cdots+(X_n-\bar{X})^2}{n-1}$$

この式の最後の形 $\frac{(X_1-\bar{X})^2+(X_2-\bar{X})^2+\cdots+(X_n-\bar{X})^2}{n-1}$（標本分散 s^2 の式において，n でわるところを $(n-1)$ でわっています）を $\hat{\sigma}^2$（シグマ・ハットのじじょう）とおいてみます。推定量にはハット（ˆ）をつけて表現することが多いです。母分散 σ^2 の推定量ということで，このようにあらわすのです。

$$\hat{\sigma}^2=\frac{(X_1-\bar{X})^2+(X_2-\bar{X})^2+\cdots+(X_n-\bar{X})^2}{n-1}$$

▷4　$s^2=\frac{(X_1-\bar{X})^2+(X_2-\bar{X})^2+\cdots+(X_n-\bar{X})^2}{n}$

○不偏分散

それでは，この $\hat{\sigma}^2$ について期待値を求めてみることにしましょう。

すると，

▷5 「定数倍の期待値」は「期待値の定数倍」という公式があります。期待値の公式については，以下の文献に整理されています。
豊田秀樹　1998　調査法講義　朝倉書店

$$E(\hat{\sigma}^2)=E\left(\frac{n}{n-1}s^2\right)$$
$$=\frac{n}{n-1}E(s^2) \quad \leftarrow 定数は期待値の前に出すことができます ◁5$$
$$=\frac{n}{n-1}\cdot\frac{n-1}{n}\sigma^2 \quad \leftarrow E(s^2)=\frac{n-1}{n}\sigma^2 でした$$
$$=\sigma^2$$

となり，$\hat{\sigma}^2$ の期待値は母分散 σ^2 に一致しました。

このことより，$\hat{\sigma}^2$ は不偏性をもつことがわかります。この母分散の不偏推定量 $\hat{\sigma}^2$ を**不偏分散**といいます。

改めて不偏分散の式を書いてみましょう。

$$\hat{\sigma}^2=\frac{(X_1-\bar{X})^2+(X_2-\bar{X})^2+\cdots+(X_n-\bar{X})^2}{n-1}$$

▷6 「偏差」とはデータの値−平均です（II-6参照）。「2乗和」とは，すべての値を2乗して各々をたしたものです。つまり「偏差の2乗和」とは，ここにあげた $\hat{\sigma}^2$ の式の分子 $(X_1-\bar{X})^2+(X_2-\bar{X})^2+\cdots+(X_n-\bar{X})^2$ のことです。

標本分散と異なるのは，偏差の2乗和を n ではなく $(n-1)$ でわっているところです◁6。そして，母数（母分散）を推定する場合には，標本分散 s^2 ではなく，この不偏分散 $\hat{\sigma}^2$ を用いるということになります（SASなどの統計ソフトで出力される「分散」は，「標本分散」ではなく「不偏分散」であることが多いようです）。

③ 推定量の期待値と偏り・標本分散と不偏分散

表4.11.1に推定量の期待値と偏りについて，表4.11.2に標本分散と不偏分散について，それぞれまとめておきます。

ここ IV-11 で出てきた期待値の計算は，初学者の方にとっては難解であると感じるかもしれません。すぐに理解できなくても気にする必要はありません。期待値の計算自体よりも，表4.11.1と表4.11.2に書かれた内容を理解するようにしてください。

▷7　$\mu=$母平均
$\bar{X}=$標本平均
$\sigma^2=$母分散
$s^2=$標本分散

表4.11.1　推定量の期待値と偏り ◁7

期待値	確率変数の平均のこと。ここ IV-11 では，推定量（標本統計量）の平均を意味する。 なお，確率変数 X の期待値を $E(X)$ とあらわす。標本平均 $\bar{X}$ の期待値は $E(\bar{X})$。標本分散 s^2 の期待値は $E(s^2)$。
統計量の偏り	母数と，推定量の期待値の差。平均の場合は $\mu-E(\bar{X})$，分散の場合は $\sigma^2-E(s^2)$。
不偏性	偏りが0であること。 $\mu-E(\bar{X})=0$ だから，$\bar{X}$ は不偏性のある推定量。 $\sigma^2-E(s^2)=\frac{\sigma^2}{n}\neq 0$ だから，s^2 には不偏性なし。

表4.11.2 標本分散と不偏分散

推定量	不偏性	式	用途
標本分散	なし	$s^2=\dfrac{(X_1-\bar{X})^2+\cdots+(X_n-\bar{X})^2}{n}$	記述統計の文脈（すべてのデータが手元にあって，その中でのデータのバラツキをみたいとき） 例：中学生100人分の小遣いのデータがある。このデータにおける小遣いのバラツキを求めたい。つまり，この100人だけに関心がある場合。
不偏分散	あり	$\hat{\sigma}^2=\dfrac{(X_1-\bar{X})^2+\cdots+(X_n-\bar{X})^2}{n-1}$	推測統計の文脈（一部の標本から母集団の分散を推定することが目的となるとき） 例：全国の中学生（母集団）の小遣いの分散を知りたい。無作為抽出により，$n=100$ の標本を得た。この標本から母集団における分散を推定したい。

4 標本分散か不偏分散か

表4.11.2には，標本分散と不偏分散の用途が示されています。そこでは，標本分散は記述統計の文脈で利用し，不偏分散は推測統計の文脈で利用すると書かれています。

ここで，データ例を考えてみましょう。表4.11.3をみてください。データAは $n=5$ という小さなデータです。データBは $n=500$ という大きなデータです。偏差の2乗和というのは，標本分散と不偏分散の式に共通な，分子 $(X_1-\bar{X})^2+(X_2-\bar{X})^2+\cdots+(X_n-\bar{X})^2$ のことです。ここでは，データAとBで標本分散の値が同じになるように偏差の2乗和を設定しています。

表4.11.3 サンプルサイズと2種類の分散の値

	サンプルサイズ n	偏差の2乗和	標本分散と不偏分散の値
データA	5	50	$s^2=\dfrac{50}{5}=10$ $\hat{\sigma}^2=\dfrac{50}{4}=12.5$
データB	500	5000	$s^2=\dfrac{5000}{500}=10$ $\hat{\sigma}^2=\dfrac{5000}{499}=10.02$

データAのように，サンプルサイズが小さい場合，標本分散の値と不偏分散の値の差異は大きくなります。しかし，データBのように，サンプルサイズが500もあるような大きなデータでは，標本分散と不偏分散の値はほとんど変わりません（データAでは2.5あった差がデータBでは0.02しかありません）。このように，サンプルサイズの大小によって，標本分散と不偏分散の値の差異が変わってきます。

つまり，サンプルサイズが小さい場合は，標本分散と不偏分散の選択に十分気を使う必要があるということです。記述統計の文脈なのか推測統計の文脈なのかよく考えた上で利用すべき分散を正しく選ぶようにしましょう。

▶8 標本分散や不偏分散の式の分子 $(X_1-\bar{X})^2+(X_2-\bar{X})^2+\cdots+(X_n-\bar{X})^2$ のことを，平方和ともよびます。平方和という言葉はⅦで何度も登場します。

▶9 サンプルサイズが十分に大きい場合は，どうでもよいというわけではありませんが実質的な意味において n でわることと $n-1$ でわることの差異はほとんど無視できるものになります。

コラム4

テレビの視聴率

1 紅白歌合戦の視聴率

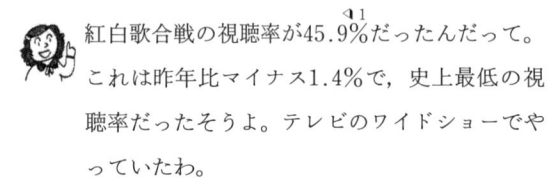

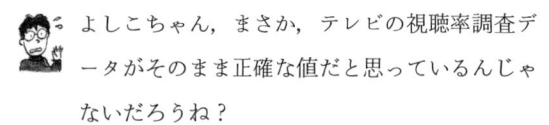

— 紅白歌合戦の視聴率が45.9%だったんだって。これは昨年比マイナス1.4%で、史上最低の視聴率だったそうよ。テレビのワイドショーでやっていたわ。

— よしこちゃん、まさか、テレビの視聴率調査データがそのまま正確な値だと思っているんじゃないだろうね？

— え?!どういうこと？テレビで紹介しているんだから正確な値なんでしょう？

— テレビの視聴率調査は「標本調査」なんだ。だから紅白歌合戦の視聴率45.9%という値は標本誤差を含んでいるんだよ。

— 標本誤差って何？

— たとえば、黒と白の碁石が5万個ずつ、全部で10万個の碁石が巨大な壺の中に入っているとする。この壺の中から100個の碁石を無作為にとるとき、白い碁石は何個になると思う？

— うーん、黒と白が半分ずつ入っているんだから50個くらいかしら？

— 理論的にはそうだよね。だけど、たとえば実際に100個をとり出してみて、白が50個ぴったりになるかな？

— あ、そうか！たぶん、ちょうど50個になることは珍しいんじゃないかしら。きっと53個とか半端な数になるような気がするわ。

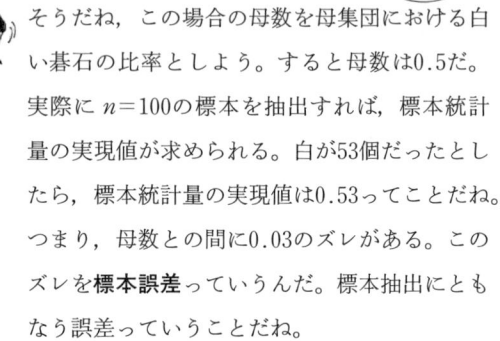

— そうだね、この場合の母数を母集団における白い碁石の比率としよう。すると母数は0.5だ。実際に$n=100$の標本を抽出すれば、標本統計量の実現値が求められる。白が53個だったとしたら、標本統計量の実現値は0.53ってことだね。つまり、母数との間に0.03のズレがある。このズレを**標本誤差**っていうんだ。標本抽出にともなう誤差っていうことだね。

— 要するに、テレビの視聴率調査は標本調査だから、碁石の例のように標本抽出にともなう誤差が生じるってことね。でも、視聴率ってどうやって調査しているのかしら。

— そうだね、まずは視聴率調査の調査方法からいってみようか。

2 視聴率の調査方法

— たとえば、関東地区の場合、600世帯を無作為抽出して視聴率を調査しているんだ。

— じゃあ、紅白歌合戦の視聴率45.9%というのは、600世帯中の45.9%がみたってことよね。とすると、$600\times0.459=275.4$世帯？あれれ、小数が出てきちゃった。

— 一般に視聴率として報道される数値は、毎分の視聴率の平均値らしいんだ。だから、単純に世帯数600に視聴率をかけても整数にはならないんだよ。

— なるほどね。じゃあ、次は標本誤差だったよね。標本誤差は、標本抽出にともなう誤差っていう

コラム4　テレビの視聴率

- ことだけど，これはどうやって求められるの？
- 標本誤差を考えるにはまず標準誤差を考えるといいんだよ。
- 標準誤差？標本誤差と似ているけど…。違うの？
- 視聴率調査では標準誤差は次の(1)式で求められるんだ。

$$\text{標準誤差}(\sigma_p) = \sqrt{\frac{\text{視聴率}(100-\text{視聴率})}{\text{世帯数}}} \quad \cdots\cdots(1)$$

- 何でそういう式になるの？私が知っている標準誤差の式は $\frac{\sigma}{\sqrt{n}}$ とかだったような…。
- $\frac{\sigma}{\sqrt{n}}$ は，標本平均の標本分布についての標準誤差の式だね。よく覚えていたね！
- うん，今週の心理統計の授業はなぜか睡魔に襲われなかったの。
- …。標本比率，この場合は視聴率を考えているんだけど，の標準誤差はここで書いたようになるんだ。左辺の σ_p は，標本比率 p（p は比率の英語 proportion の頭文字をとったもの）の標本分布のバラツキのことだよ。標本比率 p に対して，母集団比率はギリシャ文字の π とあらわされるんだ。視聴率は標本調査だから，別の600世帯について調べればまた違う値になる。そうした視聴率がどれくらい変動するかということは，標準誤差を用いて評価できるんだ。でも，考え方は標本平均の標本分布のときと変わらないんだ。標本平均の標本分布で，標準誤差が $\frac{\sigma}{\sqrt{n}}$ であらわされるけど，これは $\sqrt{\text{母分散} \div \text{サンプルサイズ}}$ ということだよね。ところで，視聴率の標本分布の背後に仮定する母集団分布として，「紅白をみたかみなかったか」という2つの値をとりうる変数を考えると，この母集団分布は平均 π，分散 $\pi(1-\pi)$ となることが知られている。すると

$$\sqrt{\text{母分散} \div \text{サンプルサイズ}} = \sqrt{\pi(1-\pi) \div n}。$$

これを(1)式の視聴率の標準誤差の式と見比べてみて。似てるでしょう？
- でも，(1)式にある視聴率っていうのは，母集団の値じゃなくて，標本から計算したものでしょ？似てるけど同じではないんじゃない？
- よしこちゃん，するどいね！確かにこの標準誤差の式の視聴率は標本から計算されたものであって，母比率 π ではない。でも，実際に π を知ることはできないので，標本から求めた視聴率で代用するんだよ。
- ふーん。なるほど。そうすると，標本平均の標本分布でも，視聴率（標本比率）の標本分布でも，その標準誤差の式は $\sqrt{\text{母分散} \div \text{サンプルサイズ}}$ という形で書けるんだね。別々だと思っていたものがつながったって感じがするわ。
- 視聴率の標本分布は図C4.1のようになる。分布の中心が母集団における視聴率 π になっているね。この標本分布の標準偏差のことを標準誤差というんだよ。
- この図に書いてある $-1.96\sigma_p$ とか $1.96\sigma_p$ というのは何？
- 視聴率の標本分布は，平均 π，分散 σ_p^2 の正規分布にしたがうんだ。$p \sim N(\pi, \sigma_p^2)$ だね。じゃあ，この標本分布を標準化してみよう。標準化は平均（π）をひいて，標準偏差（σ_p）でわればよいから，$Z = \frac{p-\pi}{\sigma_p} \sim N(0,1)$ となる。標準正規分布 $N(0,1)$ では，$P(-1.96 \leq Z \leq 1.96) = 0.95$ となるんだったよね。この Z のと

コラム4　テレビの視聴率

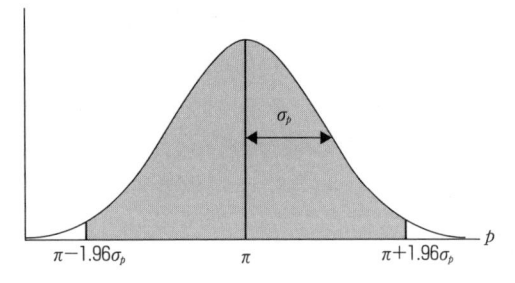

図C4.1　視聴率の標本分布

ころに，$\frac{p-\pi}{\sigma_p}$ を代入してみると，
$$P(-1.96 \leq \frac{p-\pi}{\sigma_p} \leq 1.96)=0.95$$
この式を変形していくと，
$$P(-1.96\sigma_p \leq p-\pi \leq 1.96\sigma_p)=0.95$$
$$P(\pi-1.96\sigma_p \leq p \leq \pi+1.96\sigma_p)=0.95$$
$\pi-1.96\sigma_p$ から $\pi+1.96\sigma_p$ の間に標本分布全体の95%が含まれるということがわかる。この式の左辺のカッコの中の不等式を π について解いてみると，

$\pi-1.96\sigma_p \leq p$ より $\pi \leq p+1.96\sigma_p$ となり，

また，$p \leq \pi+1.96\sigma_p$ より $p-1.96\sigma_p \leq \pi$ となるので，結局，

$$p-1.96\sigma_p \leq \pi \leq p+1.96\sigma_p \cdots\cdots(2)$$

という不等式（(2)式）が得られる。この(2)式に標本から計算された標本視聴率 p と標準誤差 σ_p を代入して求められる区間を，母集団における視聴率 π に関する**95%信頼区間**というんだ。

―信頼区間って何？95%信頼できる区間？わかんないよー。

―信頼区間の意味を説明してみるね。標本抽出をおこない，その標本について(2)式を用いて「ここからここまでの間」という区間を計算する。

この作業を何度も繰り返すことができたとする。すると，図C4.2のような区間がいくつもできることになるよね。そうしてできたたくさんの区間のうち，95%は母数 π を含む区間となる。これが，95%信頼区間の意味だよ。

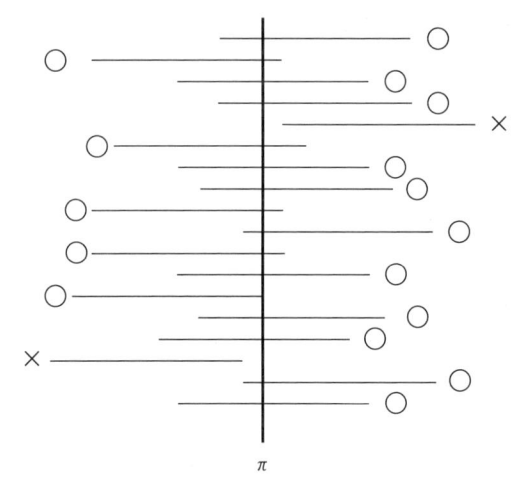

○は，母数 π を含む信頼区間。
×は，母数 π を含まない信頼区間。
何度も標本抽出を繰り返し，そのつど信頼区間を求めたとき，それらの区間のうち，95%が○のついたものになる。しかし，実際に得られるのはこれらのうちのどれか1つの区間。

図C4.2　標本抽出と信頼区間

―ふーん，なるほどね。じゃあ，紅白歌合戦の視聴率の95%信頼区間を求めれば，その区間が母集団における本当の視聴率を含んでいる可能性が高いから，1つの値で視聴率を推定するよりももっと信憑性があるってことね。

―なかなかわかってきたみたいだね。じゃあ，紅白歌合戦の視聴率について，95%信頼区間を求めてみよう。

―まずは，標準誤差からね。標準誤差は(1)式で求められるから，$\sigma_p=\sqrt{\frac{45.9(100-45.9)}{600}}=2.03$, できたわ！

コラム4　テレビの視聴率

― うん，その調子！じゃあ，次はいよいよ95％信頼区間だね。

― $p-1.96\sigma_p$ と $p+1.96\sigma_p$ を求めればいいのよね。$45.9-1.96\times 2.03=45.9-4.0=41.9$ と $45.9+1.96\times 2.03=45.9+4.0=49.9$ ね。できたわ！

― そうだね，紅白歌合戦の視聴率の95％信頼区間は41.9％から49.9％ということになる。標本誤差を考えると，本当の視聴率の値は41.9％ということもあり得るし，49.9％ということもあり得る。つまり，昨年比1.4％程度のマイナスはそんなに大騒ぎすることではないってことだね。

― ええっ！じゃあ紅白の視聴率が45.9％で前年比マイナス1.4％っていっても，標本誤差を考えると，実は視聴率は前の年よりも上がっているかもしれないってことなんだ！私があんなに真剣に紅白の未来を心配していたのはいったい何だったのよー！

― まあまあ，落ち着いてよ。でもビデオリサーチ社のホームページにはきちんと，「視聴率調査は，公共機関やマスコミが実施する世論調査と同様に，統計理論に基づいた標本調査なので，視聴率には統計上の誤差（＝標本誤差）が生じます」と書かれている。テレビのワイドショーやスポーツ新聞で視聴率を伝えるときには，こういった標本誤差の存在についてきちんと説明がされることはほとんどないよね。その辺りにも問題があると思うな。

― そうね，私もこれからは視聴率調査を鵜呑みにしないようにするわ。でも，やっぱりキムタクってすごいわね。このスポーツ新聞みてよ！今週もドラマの視聴率30％だって！

― …。よしこちゃん…。

●ポイント●

① 視聴率調査は標本調査であり，標本誤差を含む。標本誤差の大きさは，標準誤差で評価できる。

$$標準誤差(\sigma_p)=\sqrt{\frac{標本視聴率(100-標本視聴率)}{世帯数}}$$

② 視聴率の95％信頼区間は以下の式で求められる。

$$標本視聴率-1.96\sigma_p \leq \pi \leq 標本視聴率+1.96\sigma_p$$

95％信頼区間の解釈は，「何度も標本抽出を繰り返し，そのつど信頼区間を求めたとき，全体の95％は母数 π を含む区間となる」ということ。

▷1　2003年の第54回紅白歌合戦2部の，関東地方の視聴率です。

▷2　ビデオリサーチ社では系統抽出法という手法を用いて無作為抽出をおこなっているそうです。詳細は，http://www.videor.co.jp/rating/wh/ に書かれているFAQをご参照ください。

▷3　上の▷2のビデオリサーチ社のホームページのFAQには「テレビ番組の視聴率もまた，毎分視聴率から算出されます。毎分視聴率の和を番組の放送分数で割ったもの，それが番組平均視聴率です。」と書かれています。

▷4　こうした変数を2値変数といいます。紅白をみた＝1，紅白をみない＝0とすると，この1-0データの平均は全体における1の割合（比率）と等しいので，平均を求めれば紅白をみた人の割合，すなわち視聴率がわかります。

▷5　この母集団分布に仮定される分布はベルヌイ分布とよばれる確率分布です。なお，比率の標本分布の導出の詳細は，南風原(2002)（エピローグ-2 参照）を参照してください。

▷6　上の▷2参照。

V 統計的仮説検定って何だろう

1 統計的仮説検定の考え方

1 統計的仮説検定の考え方

　しんすけ君とけんたろう君はともに囲碁部に所属しています。近々おこなわれる囲碁の大会に2人のうちどちらか1人を送り込むことになりました。そこでどちらか強いほうを選ぶ必要が出てきました。これまでの2人の対局成績は，15戦して，しんすけ君の12勝3敗です。この結果をみて，しんすけ君とけんたろう君の棋力は五分五分だ（つまり，2人の棋力に差はない），と思う人は少ないでしょう。それは，仮に，ふたりの棋力が五分五分であるなら，12勝3敗という「偏った」結果になることはめったにないだろうし，そんなに極端な差はつかないはずだ，と考えられるからです。

　Vで学ぶ統計的仮説検定の考え方の基本は，この例とほとんど同じです。まずはじめに「差がない」という仮説を立てます。そして，実際の結果が，その仮説が正しいという条件のもとではめったに起こらないようなものであったとき，はじめに立てた「差がない」という仮説が間違っていると判断するのです。このように**統計的仮説検定**とは，ある仮説の正否（正しいか間違っているか）について統計的に検討する方法だと，ひとまず考えておいてください。

　Vでは，こうした統計的仮説検定の基本的な考え方を説明していきます。さらに，正規分布を利用した検定，t分布を利用した検定，相関係数の検定，カイ2乗検定といったさまざまな検定の方法を紹介していきます。

2 統計的仮説検定の実際の手順

　ここではまず，上記で述べた囲碁の例を用いて，統計的仮説検定の手順を紹介します。しかし，統計的仮説検定の用語は一切使いません。ひとまず，手順そのものを理解していただき，のちほど用語の細かい説明をおこないます。

　統計的仮説検定の手順は全部で5つあります。

手順1．仮説を設定する。
手順2．統計的仮説検定に用いられる標本統計量を選択する。
手順3．仮説が間違っているか正しいかの判断の基準になる確率を設定する。
手順4．実際のデータから標本統計量の実現値を計算する。
手順5．最初に定めた仮説が間違っているか正しいかを判断する。

▷1　囲碁の強さのことを「棋力（きりょく）」といいます。参考文献：小畑健（著）ほったゆみ（原作）1999-2003　ヒカルの碁　1-23　集英社

▷2　つまり，しんすけ君が勝つのも，けんたろう君が勝つのも，確率はそれぞれ$\frac{1}{2}$である，ということです。

▷3　「統計的仮説検定」は，**仮説検定**とか，あるいは単に**検定**とよばれたりもします。

▷4　標本統計量とは，母数に対して，標本から計算される値のこと。Ⅳ-1参照。

▷5　標本統計量の実現値とは，特定の標本から求められる具体的な数値のこと。Ⅳ-1参照。

この5つの手順を囲碁の例に当てはめてみましょう。

手順1．仮説の設定：「しんすけ君とけんたろう君の棋力は五分五分である」というのが最初に立てる仮説です。このように最初に立てる仮説は，本来主張したいこととは反対の内容にします。この場合，どちらか1人を選ばなくてはなりませんから，主張したいことは「しんすけ君のほうがけんたろう君よりも棋力が上である」ということになります。したがって，この反対は「差がない」つまり，「五分五分」ということになります。

手順2．標本統計量の選択：「15回の対局におけるしんすけ君の勝利数」を検定で用いる統計量とします。このように「対局数15」というのは，母集団から抽出した $n=15$ の標本であるとみなします。本来なら15回よりも多い回数対局すれば，2人の実力差はより明確になるでしょうが，それは実際問題難しいでしょう。そこで，15回という限られた対局数でひとまず判断するのです。つまり「15回の対局結果」は標本といえます。また，この場合の母集団は，しんすけ君とけんたろう君が無限回の対局をおこなったときの対局結果ということになります。

手順3．仮説の正否の判断基準となる確率の決定：5％とします。これは，2人の棋力が五分五分だという仮説のもとでは，5％以下の確率でしか起こらないような極端な勝敗差がついた場合に，「しんすけ君とけんたろう君の棋力は五分五分である」という仮説が間違っていると判断するということです。

手順4．標本統計量の実現値を求める：「15回対局したら，しんすけ君は12勝した」。

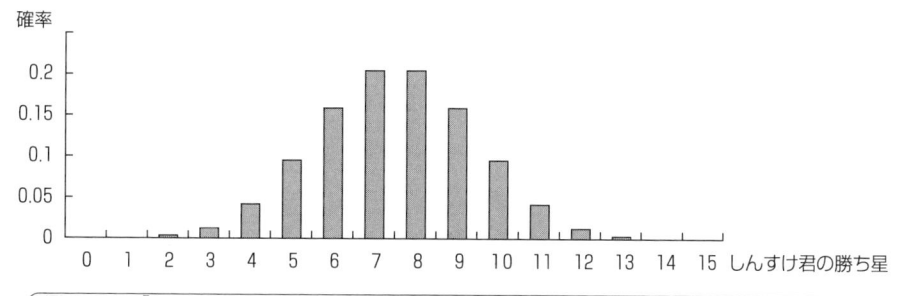

手順5．仮説の正否の判断：「しんすけ君とけんたろう君の棋力は五分五分である」という仮説のもとでの標本統計量の分布は以下のようになります。

図5.1.1の離散変数の確率分布において，勝ち星が12以上になる確率は0.0176となります。この0.0176というのは，「手順3」で定めた基準5％（0.05）よりも小さな値です。すなわち，12勝という勝ち星は，「2人の棋力が五分五分」という仮説のもとでは滅多に起こらないような非常に極端な値（偏った値，珍しい値）ということになります。この結果より，最初の仮説「しんすけ君とけんたろう君の棋力は五分五分である」は間違っていると判断します。

▷6　主張したい仮説をこのように設定するとき，片側検定とよばれる検定になります。片側検定については V-5 参照。

▷7　V-3 で詳しく紹介しますが，この5％というのは，研究者が任意に決めることができる値です。5％という数値に数学的な根拠があるわけではありません。

▷8　なぜ，このようになるかについては V-7 で詳しく説明します。

▷9　横軸に確率変数のとる値を，縦軸にその確率をとったものになっています。離散変数の確率分布については，詳しくは IV-2，IV-3 をご覧ください。

▷10　勝ち星12から15までの確率を合計します。具体的には，勝ち星12となる確率0.0139，勝ち星13となる確率0.0032，勝ち星14となる確率0.0005，勝ち星15となる確率0.00003を合計するということです。なお，これらをそのまま合計しても0.0176にはなりません。これは，それぞれの勝ち星のときの確率がすでに四捨五入されたものであるためです（こうした四捨五入する際の誤差のことを**まるめの誤差**といいます）。

図5.1.1　「しんすけ君とけんたろう君の棋力は五分五分である」ときの標本統計量の分布

V 統計的仮説検定って何だろう

2 帰無仮説と対立仮説

1 帰無仮説と対立仮説

●帰無仮説と対立仮説

$\boxed{\text{V-1}}$ では，統計的仮説検定の実際の手順を紹介しました。ここ $\boxed{\text{V-2}}$ 以降，上記の手順におけるさまざまな用語を説明していきます。

手順1のように，統計的仮説検定では，まず「差がない」とか「効果がない」という仮説を設けます。最終的にはこの仮説は，正しくないとして棄却されること（統計的仮説検定では，「捨てる」という言葉の代わりに「棄却（ききゃく）する」という言葉を使います）が期待されています。なぜ，棄却されることが期待されているかというと，先ほどの囲碁部の場合を考えると，2人ともまったく同じ棋力だったら，どちらか1人を選んで囲碁大会に送り込むことができなくなり困ってしまいますよね。ですから「2人の棋力に差はない」という仮説は否定されてほしいのです。

このように，否定されること，すなわち棄却されることを目的に作られる仮説のことを，**帰無仮説**（きむかせつ）といいます。「無に帰する仮説」という意味です。帰無仮説は記号で H_0 とあらわされます。帰無仮説は一般に，本来主張したいこととは逆の仮説になります。つまり，本当は「差がある」ことを主張したいのに，あえて「差がない」という仮説をはじめに立てるのです。

帰無仮説が棄却されたときに採択される（「採用される」という言葉よりも，統計的仮説検定では，「採択される」という言葉のほうがよく用いられます）仮説を**対立仮説**といいます。「差がない」とする帰無仮説に対して，「差がある」というのが対立仮説です。対立仮説のほうが，本来主張したい内容になるということです。対立仮説は記号で H_1 とあらわします。H_0 や H_1 の H は，「仮説」の英語 hypothesis の頭文字 H をとったものです。

囲碁の例では，「H_0：しんすけ君とけんたろう君の棋力は五分五分である（＝しんすけ君とけんたろう君の棋力に差はない）」というのが帰無仮説になります。そして，「H_1：しんすけ君のほうがけんたろう君よりも棋力が上である（囲碁が強い）」（あるいは「H_1：しんすけ君とけんたろう君の棋力に差がある」）というのが対立仮説ということになります（対立仮説が「しんすけ君のほうがけんたろう君よりも棋力が上である（囲碁が強い）」なのか「しんすけ君とけんたろう君の棋力に差がある」なのか，という点についての説明は $\boxed{\text{V-5}}$ でします）。

▷1 帰無仮説は英語では null hypothesis といいます。

▷2 対立仮説は英語では alternative hypothesis といいます。

◯ 帰無仮説か対立仮説か

帰無仮説と対立仮説の立て方をまとめておきましょう。まず，本来主張したいこととは逆の内容である帰無仮説を設定します。そして，本当に主張したい仮説を対立仮説として定めておきます。帰無仮説のもとでは，実際に得られたデータがとても極端な値（ここで述べた「極端な値」が，囲碁の例における「12勝3敗」という極端な勝敗差ということです）であり，そのような値は非常にまれな確率でしか生じないということが確認された場合，こうした実際のデータの様子から，「帰無仮説が正しい」という前提を疑い，帰無仮説を棄却します。

統計的仮説検定では，設定される仮説は帰無仮説と対立仮説の2つだけです。このどちらかを採択するのです。ですから，帰無仮説を棄却した場合，もう1つの仮説である対立仮説を採択します。一方，もし，実際のデータが帰無仮説のもとでもあり得るような極端でない値（たとえば，15回対局して8勝7敗とか，9勝6敗といった対局成績）であった場合は，帰無仮説を採択することになるわけです。8勝7敗とか9勝6敗であれば五分五分に近いので，最初の前提「帰無仮説は正しい」を疑う理由はないからです。

2 検定統計量

母集団の特性をあらわす値を母数というのに対し，標本から計算される量を標本統計量といいました（Ⅳ-1 を参照してください）。Ⅴ-1 の手順2のように，統計的仮説検定をおこなう場合，なんらかの標本統計量を決めます。こうして得られた標本統計量の実現値は，帰無仮説にそぐわず対立仮説に合っているほど大きな値を示すように定められています。たとえば囲碁の例では，しんすけ君の勝ち星が13勝とか14勝になるということは「2人の棋力に差はない」という帰無仮説にはそぐわず，対立仮説に合っています。

なお，以上のように，統計的仮説検定のために用いられる標本統計量のことを**検定統計量**といいます。代表的な検定統計量には，t，χ^2，F などがあります。

表5.2.1に母数と検定統計量，および，検定統計量の実現値の関係をまとめました。この関係は，Ⅳ の母数・標本統計量・標本統計量の実現値の関係（Ⅳ-1 の表4.1.1をご覧ください）や，母数・推定量・推定値の関係（Ⅳ-9 の表4.9.1をご覧ください）に対応しています。

▷3 Ⅳ-9 に書かれているように，標本統計量が母数の推定に用いられるときには，推定量とよばれます。このように，推定／検定という用途の違いによって言い方が変わります。

▷4 こうした検定統計量については後ほど詳しくとりあげます。

表5.2.1 母数・検定統計量・検定統計量の実現値

母数	検定統計量	検定統計量の実現値
母集団の特性をあらわす値	検定をおこなうために，標本から計算される標本統計量	実際のデータについて計算された，検定統計量の具体的な値

V 統計的仮説検定って何だろう

3 有意水準

1 有意水準と棄却域・採択域

　帰無仮説を棄却し対立仮説を採択するかどうか決定するときに，どの程度低い確率の結果が示されたら帰無仮説を棄却するかという基準になるのが**有意水準**です。これは V-1 にあげた手順 3 で定めた確率のことです。有意水準はさまざまな研究で共通の基準となる確率で，5％または1％に設定されることが多いです。有意水準は α であらわされます。$\alpha=0.05$ と書いたときは，有意水準が5％ということをあらわします。

　検定統計量が決まったら，次にその分布を考えます。V-2 の表 5.2.1 にあるように，検定統計量は標本から計算される標本統計量ですから，その分布というのは「標本分布」とよばれる分布になります（IV-6 を参照してください）。そして，帰無仮説が正しいときに，この検定統計量の分布＝標本分布がどのような分布を描くかということを考えるのです。たとえば，V-1 の図 5.1.1 では「しんすけ君とけんたろう君の棋力は五分五分である」という帰無仮説のもとでの検定統計量の分布を考えましたね。そして，こういった帰無仮説のもとでの標本分布におけるすそ野部分（分布の両はじの部分。分布の両はじで，といったときは，両側検定という検定をおこなっていることになります。片側検定という検定では，分布の両はじではなく，分布の片方のはしだけを使います。両側検定・片側検定については，V-5 で説明します）で，その確率が α となる領域のことを**棄却域**とよびます。

　なぜ，すそ野部分のことを棄却域とよぶのでしょうか。図 5.3.1 をみてください。帰無仮説が正しければ，検定統計量の実現値は分布のはじっこではなく，分布の真ん中付近になるはずです。そのほうが帰無仮説にマッチしているからです（帰無仮説が正しいという前提のもとでは，確率的に得られやすい値が得られているということです）。一方，分布のはじっこのほうは，値が極端に大きいか極端に小さいかのどちらかです。そしてこうした両極端の値をとる確率は非常に小さなものです。それにもかかわらず，検定統計量の実現値がこうした極端に大きな値や小さな値になるということは，帰無仮説にマッチしない，そぐわない値であるということになります（帰無仮説が正しいという前提のもとでは，確率的にめったに得られないような値が得られているということですから）。このようなわけで，帰無分布の両はじの，分布全体の5％とか1％の領域に対応する

▷1　統計的仮説検定では，この「帰無仮説における標本分布」を利用して，帰無仮説の棄却・採択という決定をおこなうことになります。この分布を**帰無分布**とよびます。

図5.3.1 棄却域

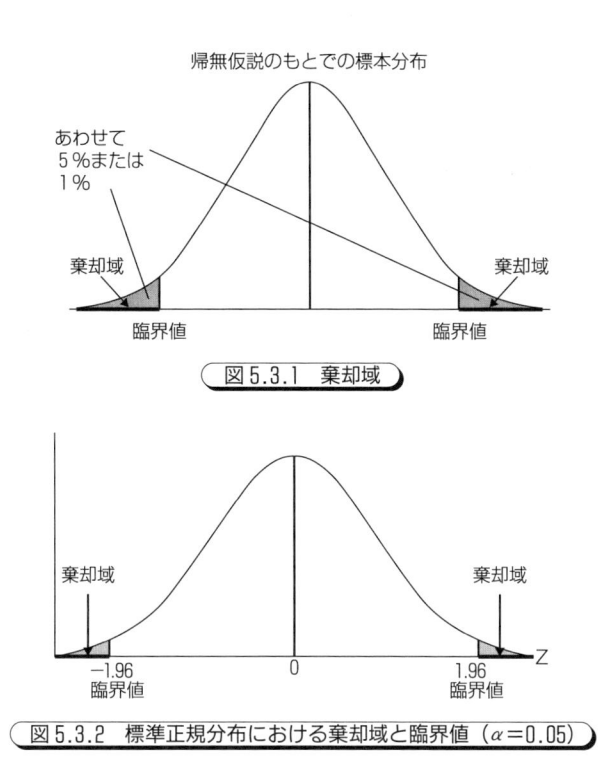

図5.3.2 標準正規分布における棄却域と臨界値（$\alpha=0.05$）

検定統計量の実現値の範囲のことを棄却域とよび，棄却域に検定統計量の実現値が入ったら，帰無仮説を棄却することになるのです。一方，帰無分布において，帰無仮説を採択することになる領域を**採択域**といいます。棄却域が，帰無分布におけるすそ野部分で，その確率がαとなる領域でしたから，採択域はその残りの部分，つまり帰無分布の真ん中の部分で，その確率が$1-\alpha$となる領域ということになります（帰無分布全体の確率は1ですから）。図5.3.1では，色のついていない真ん中の白い部分が採択域ということです。検定統計量の実現値がこの採択域に入ったら，帰無仮説を採択することになります。

IV-5 で学んだように，標準正規分布では，$-1.96 \leq Z \leq 1.96$ の範囲に全体の95％が入りました（確率であらわすと，$P(-1.96 \leq Z \leq 1.96)=0.95$ です）。ということは，$Z \geq 1.96$ の部分と，$Z \leq -1.96$ の部分をあわせると5％になるということです（図5.3.2）。

こちらも確率であらわしてみると，$P(Z \geq 1.96)=0.025$ と $P(Z \leq -1.96)=0.025$ となります。つまり，有意水準αを5％としたとき，検定統計量の標本分布が標準正規分布であれば，実際のデータから求められた検定統計量Zの実現値が，1.96以上あるいは，-1.96以下であれば，棄却域に入ることになり，帰無仮説を棄却することができるということになるわけです。反対に，検定統計量Zの実現値が-1.96から1.96の間の値であれば，帰無仮説を棄却しない（帰無仮説を採択する）ということになります。このように，データから計算された検定統計量の実現値がいくら以上（あるいはいくら以下）であれば，帰無

▷2 IV-5 でも紹介した正規分布の対称性により，$P(Z \geq 1.96) = P(Z \leq -1.96)$ となり，5％（0.05）を2等分して2.5％（0.025）となります。

▷3 有意水準αを1％としたときの棄却域については，図5.3.4を参照。

V 統計的仮説検定って何だろう

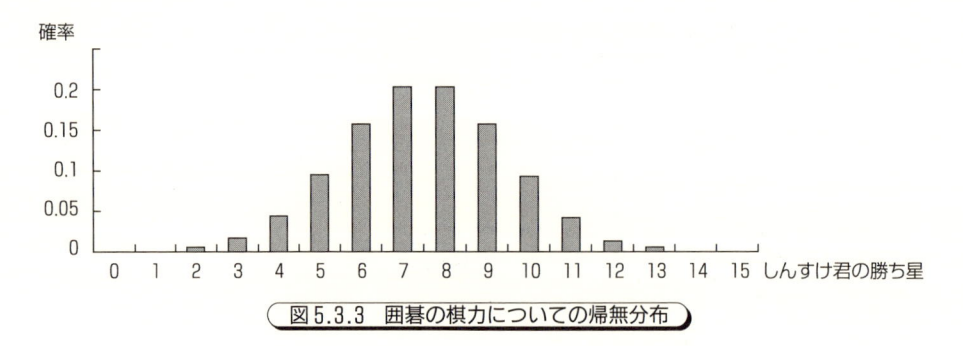

図5.3.3 囲碁の棋力についての帰無分布

▷4 帰無分布の両はじで,とあるので,両側検定をおこなっていることになります。この検定の対立仮説は「H_1：しんすけ君とけんたろう君の棋力に差がある」となります。V-5 参照。

▷5 このように勝ち星0の確率と勝ち星15の確率が同じ値になるのは,図5.3.3の帰無分布が左右対称の分布だからです。なお,これらの確率の具体的な計算方法については,本書では省略します。

▷6 勝ち星2と勝ち星13の確率は0.00320,勝ち星3と勝ち星12の確率は0.01389,そして,勝ち星4と勝ち星11の確率は0.04166です。これらより,勝ち星が3以下・12以上の確率は,0.00098＋0.00320＋0.00320＋0.01389＋0.01389＝0.03516,勝ち星が4以下・11以上の確率は,0.03516＋0.04166＋0.04166＝0.11848となります。なお,まるめの誤差があるため,ここで計算した結果は厳密に計算した場合とは微妙にずれています（まるめの誤差についてはV-1 側注10参照）。

仮説を棄却し対立仮説を採択するという境目になる値（標本分布が標準正規分布の場合は,1.96および-1.96）のことを**臨界値**といいます（ここで改めて図5.3.1をみてください。色のついた部分とついていない部分の境目のところに「臨界値」の文字があることがわかります）。

図5.3.3は, V-1 の手順5でも出てきた,帰無分布（＝帰無仮説が正しいときの標本分布）です。帰無仮説は,「H_0：しんすけ君とけんたろう君の棋力は五分五分である（＝しんすけ君とけんたろう君の棋力に差はない）」でした。

この帰無分布（＝帰無仮説が正しいときの標本分布）の求め方については, V-7 をご覧ください。検定統計量は「15回の対局におけるしんすけ君の勝ち星」です。有意水準を5％としましょう。帰無分布の両はじで,あわせて5％になるのは何勝以下・何勝以上の場合でしょうか。計算してみましょう。勝ち星が0の確率と15の確率はともに0.00003です。合計すると,勝ち星が0または15になる確率は0.00006（＝0.00003＋0.00003）です。まだまだ有意水準5％より小さな値です。続けて,勝ち星が1以下・14以上の場合の確率を求めてみましょう。勝ち星が1の確率と14の確率はともに0.00046です。よって,勝ち星が1以下・14以上の確率は, 0.00098（＝0.00006＋0.00046＋0.00046）です。まだ$\alpha=0.05$に達しません。このようにして,5％に到達するときの勝ち星がいくら以下・いくら以上になるかを求めていくと,勝ち星が3以下・12以上になる確率は0.03516となり,勝ち星4以下・11以上だと確率は0.11848となります。つまり,勝ち星4以下・11以上だと有意水準5％をこえてしまいます。これより,勝ち星が3以下・12以上が,この帰無分布における棄却域となります。勝ち星が3以下・12以上の確率は0.03516ですから,有意水準5％を下回っていますよね。よって,臨界値（帰無仮説を棄却し対立仮説を採択するという,棄却域と採択域の境目になる値）は3と12ということになります。

❷ 有意水準5％と1％

ここ V-3 の最初で,有意水準は「5％または1％に設定されることが多いです」と述べました。それでは,有意水準が5％と1％では何が違うのでしょうか。これまで同様,標準正規分布における棄却域と臨界値を考えてみまし

ょう。有意水準5％の場合は，すでに書きましたように，棄却域は$Z \geq 1.96$の部分と，$Z \leq -1.96$の部分です。つまり，臨界値は1.96と-1.96ということになります。

一方，有意水準1％の場合は，標準正規分布の両すそをあわせて1％になるようなZの値を求めます。つまり，上側確率0.0050（0.01÷2=0.0050ということです）となるZの値を求めるということです。すると，$P(Z \geq 2.576)=0.005$となります[7]（同様に，$P(Z \leq -2.576)=0.005$です）。これより，棄却域は$Z \geq 2.576$の部分と，$Z \leq -2.576$の部分です。つまり，臨界値は2.576と-2.576ということになります。

▷7　巻末の標準正規分布表ではZの値は小数第2位までしか載っていませんが，$P(Z \geq 2.576)=0.005$とちょうど0.5％になります。

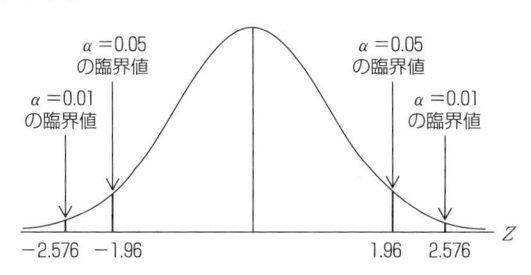

図5.3.4　標準正規分布における臨界値（$\alpha=0.05$と$\alpha=0.01$の場合）

図5.3.4をみてください。有意水準$\alpha=0.05$と$\alpha=0.01$のとき，それぞれの臨界値が示されています。この図からもわかるように，$\alpha=0.01$のほうが，すなわち，有意水準の値が小さいほうが，臨界値の絶対値は大きく，有意になりにくい，より厳しい検定となるということです。

3　有意水準5％の意味

さて，統計的仮説検定では，有意水準の値を5％にすることが一般的です。ところで，5％という値は慣例であって，理論的な根拠があるわけではありません。では，まったく当てにならない，いい加減な数字なのでしょうか。こんな例があります[8]。2002年の日本シリーズでは，西武が巨人に4連敗しました。この結果をみて「西武と巨人の強さは変わらない。たまたま，西武の選手の調子が悪かっただけだ」と考える人は少ないでしょう。多くの人は，「2チームの強さが同じくらいなら，4連敗なんていう極端な結果にはならないはず。巨人のほうが強いんだなあ」と思うでしょう。仮に巨人と西武の強さが五分五分だとしますと（これが帰無仮説になります），西武が4連敗する確率は0.5×0.5×0.5×0.5＝0.0625です（この場合，4戦したときの西武の勝ち星が検定統計量になります。つまり0勝です。実力の等しい2チームが4回対戦したとき，西武が0勝という結果になる確率が0.0625，つまり6.25％ということです）。この確率6.25％は5％という有意水準に近い値になっています[9]。このことから，5％という基準がそれほどいい加減なものではないことが納得できるのではないでしょうか。

▷8　この例は，以下の文献を参考にしたものです。
市川伸一・大橋靖雄・岸本淳司・浜田知久馬（著）竹内啓（監修）1993　SASによるデータ解析入門　第2版　東京大学出版会

▷9　実際の検定においては，6.25％は5％よりも大きいので，有意水準5％では帰無仮説は棄却できず，「両チームは五分五分」が採択されます。もし，西武がもう1敗すれば帰無仮説は棄却できます。

V　統計的仮説検定って何だろう

4　検定結果の報告

1　統計的仮説検定の結果の報告

○検定における判断

「差がない」という帰無仮説のもとでは偶然には起こり得ないようなデータが得られたとします。具体的には，標本から求めた検定統計量の実現値が，有意水準によって定められた棄却域に入るケースです。たとえば，しんすけ君とけんたろう君の棋力が五分五分であると仮定したとき，15戦して，しんすけ君が12勝以上，あるいは，3勝以下だったときです[1]。このとき，帰無仮説を棄却し，「差がある」という対立仮説を採択します。こうした判断の結果を，統計的に意味のある差があるということで，「**有意差がある**」といいます。

一方，帰無仮説のもとでも，確率的に生じ得る，それほど極端ではないデータが得られたとします。標本から求めた検定統計量の実現値が，棄却域に入らない（つまり採択域に入る）ケースです。たとえば，しんすけ君とけんたろう君の棋力が五分五分であると仮定したとき，15戦して，しんすけ君が7勝とか8勝だったときです。このとき，帰無仮説を採択します。こうした判断の結果を，統計的に意味のある差がない，ということで，「**有意差がない**」といいます（以下の「検定結果の記述」も参照してください）。

○検定結果の記述

ここで，統計的仮説検定の結果を論文などで報告する際の記述の仕方を説明しておきましょう。

まずは，帰無仮説を棄却し，対立仮説を採択する場合です。この場合は，「検定結果は5％水準で有意である」とか「しんすけ君とけんたろう君の棋力には $p<.05$ で有意差がみられた」と記述します[2]（なお，「$p<.05$」の「.05」は0.05のことですが，確率のように，1より大きな値をとることのない数値については最初のゼロは省略することが多いです）[3]。「有意」に対応する英語 significant から，「*sig.*」と表記することもあります。

一方，帰無仮説を棄却できない場合は，「検定の結果は有意ではない」とか「有意な差は認められなかった」と記述します。「有意でない」に対応する英語 not significant より，「*n.s.*」と表記することもあります。以上，検定結果の報告について，表5.4.1にまとめました。

▷1　12勝以上，あるいは，3勝以下だと棄却域に入りましたね。V-3参照。

▷2　このように，検定の結果，$α=.05$ で有意となることを，$p<.05$ のように表記します。同様に，$α=.01$ で有意ならば，$p<.01$ と表記します。このとき，$p≦.05$ のように等号（＝）を入れないで表記することが一般的です。

▷3　相関係数の場合も $r=.321$ というように，最初のゼロを省略することが多いです。

表5.4.1 検定結果の報告

検定統計量の実現値が	帰無仮説の採否	論文などでの報告の仕方の例
棄却域に入る	棄却する	● 5％水準で有意である ● $p<.05$
棄却域に入らない	採択する（棄却しない）	● 有意な差は認められなかった ● $n.s.$

❷ p 値

SAS や SPSS などの統計パッケージを利用すると，検定統計量の実現値と一緒に，**p 値**という数値が出力されます。p 値は，**有意確率**とか**限界水準**とよばれることもあります。p 値とは，帰無仮説が正しいという条件のもとで，標本から計算した検定統計量の実現値以上の検定統計量が得られる確率のことです。

囲碁の例では，2 人の棋力が等しいという条件のもとで，勝ち星が11という結果が得られたとしますと，この場合の p 値は勝ち星11以上になる確率のことです。よって，V-3 の図5.3.3の帰無分布を用いれば，p 値は0.05924と求められます（V-3 より「勝ち星4以下，11以上の確率」は0.11848でしたから，「勝ち星11以上の確率」は$0.11848 \div 2 = 0.05924$ となります）。

また，検定統計量に Z を用いたとします。Z とは，標準正規分布にしたがう確率変数です（IV-4 を参照してください）。その実現値が $Z=1.28$ であったとしましょう。標準正規分布表をみると，$P(Z \geq 1.28) = 0.1003$ となっています。つまり，標準正規分布で1.28以上の値をとる確率は0.1003であるということです（図5.4.1）。

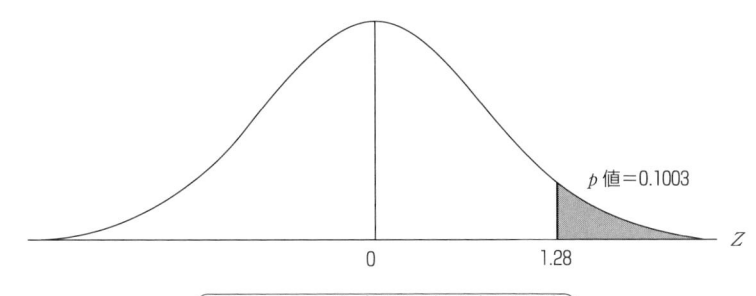

図5.4.1 p 値（標準正規分布の場合）

このことより，p 値は $p=0.1003$ となります。この検定の場合，10％水準で検定をすれば，ギリギリ有意な結果にならないということです。$0.1003 > 0.1$ ですから（これは片側検定の場合です。片側検定については V-5 の説明をご覧ください）。

▷4 10％水準というのは，実際の統計的仮説検定では利用されることはあまりありません。ただし，論文などでは10％の有意水準で，p 値が0.1よりも小さく0.05よりも大きいとき，「有意傾向」などと表現されることもあります。

V 統計的仮説検定って何だろう

5 両側検定と片側検定

1 両側検定と片側検定

検定統計量の標本分布の両すそ部分を棄却域とする検定のことを**両側検定**といいます（例：V-3 の図5.3.2）。一方、右または左の片すそだけを棄却域とする検定を**片側検定**といいます（例：V-4 の図5.4.1）。▷1

ある仮説の検定を両側検定でおこなうか、片側検定でおこなうかは、どんな対立仮説に関心をもつかによって決まります。

たとえば、帰無仮説 $H_0: \mu=0$ に対して、対立仮説 $H_1: \mu \neq 0$ ならば両側検定です。▷2 $\mu \neq 0$ ということは、$\mu=0$ でなければよいから、$\mu>0$ でも $\mu<0$ でもかまわないということです。つまり、方向は気にしないということになります。たとえば、棋力が、「しんすけ君＞けんたろう君」でも「しんすけ君＜けんたろう君」でもどちらでもかまわない。とにかく、2人の棋力に差があるということを主張したいとき、両側検定を利用するのです。具体的には、「しんすけ君とけんたろう君の棋力に差がある」という対立仮説を立てたときは両側検定です。

これに対して、対立仮説 H_1 が $\mu>0$ なら片側検定となります。たとえば、「しんすけ君のほうがけんたろう君よりも囲碁が強い」という対立仮説を立てたときです。「しんすけ＞けんたろう」のみを考え、逆方向の「しんすけ＜けんたろう」は考えない、というのが「片側」の意味です。

このように、片側検定は仮説に方向性のある検定ということができます。同じ有意水準5％の検定をおこなう場合でも、両側検定だと、標本分布の左右のすそに棄却域を設けるので、左すそに2.5％、右すそに2.5％の棄却域をとって、左右合計で5％にします。標準正規分布であれば Z の値が -1.96 以下か 1.96 以上であれば棄却域に入ることになります（V-3 参照）。ところが、片側検定だと、標本分布の右すそか左すそのどちらか一方に5％の棄却域をとることになるので、標本分布の右すそに棄却域をとった場合は、標準正規分布表より $P(Z \geq 1.645)=0.05$ となるので、Z の値が 1.645 以上であれば棄却されるということになります。▷3

図5.5.1をご覧ください。たとえば、標本から計算した、検定統計量 Z の実現値が $Z=1.70$ だったらどうなるでしょうか。両側検定の場合は、棄却域に入りません（$1.70<1.96$ ですから）。ところが、片側検定の場合は、棄却域に入

▷1 実は、V-1 では片側検定、V-3 では両側検定、V-4 では両側検定と片側検定の文脈でそれぞれ説明してあります。

▷2 μ（ミュー）はギリシャ文字で、ここでは母平均をあらわします。

▷3 巻末の標準正規分布表では Z の値は小数第2位までしか載っていませんが、$Z=1.645$ に対する上側確率は $P(Z \geq 1.645)=0.0500$ とちょうど5％になります。

りますので（1.70＞1.64ですから），帰無仮説は棄却されることになります。

このように，片側検定のほうが両側検定の場合に比べて臨界値は小さくなり[4]（片側検定の臨界値は1.645，一方，両側検定の臨界値は1.96となっています），たとえば $Z=1.70$ でも片側検定であれば棄却域に入るというわけです。いいかえると，片側検定のほうが有意になりやすいということです。

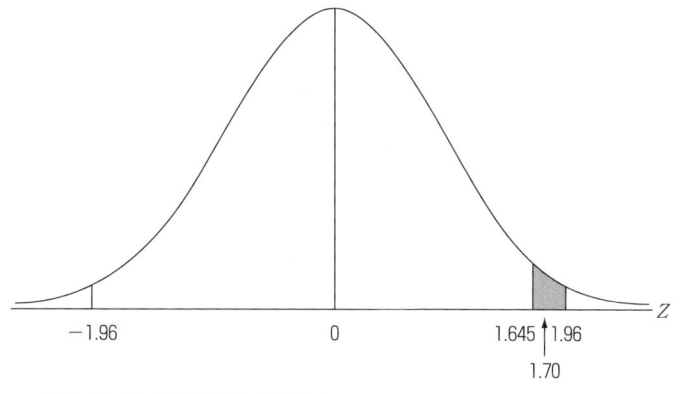

図5.5.1　両側検定と片側検定の棄却域（標準正規分布の場合）

ここで，注意しておくべきことがあります。それは，両側検定か片側検定のどちらをおこなうかは，データをとる前に決めておかなければならないということです。統計的仮説検定の手順を振り返ってみましょう。

> [4] 厳密には，「臨界値の絶対値は小さくなり」です。

手順1．仮説を設定する。
手順2．統計的仮説検定に用いられる標本統計量を選択する。
手順3．仮説が間違っているか正しいかの判断の基準になる確率を設定する。
手順4．実際のデータから標本統計量の実現値を計算する。
手順5．最初に定めた仮説が間違っているか正しいかを判断する。

両側検定か片側検定かは，仮説をどのように設定するかによって決まります。手順をみると，この仮説の設定が手順の一番最初になっていることに注目してください。つまり，先ほどの例で，検定統計量の実現値 $Z=1.70$ という値をみて，「両側検定だと有意にならないから，片側検定でやろう」ということをやってはダメということです。データをみてから両側検定か片側検定かを選ぶというのはルール違反です。

❷ 両側検定か片側検定か

片側検定のほうが有意になりやすいのであれば，「それじゃあ，どんな検定でも片側検定でやったほうがいいのか」と思われる読者もいることでしょう。しかし，実際の心理学研究では，両側検定のほうが多用されているという事実があります。なぜなら，たとえば，恋愛感情の男女差について検討する場合ですと，男性が高い場合も女性が高い場合も両方ありますよね。このように，両方のケースが想定されうることが多いからです。[5]

なお，SASやSPSSといった代表的な統計ソフトでは，特に指定しない限り両側検定が実行されます。

> [5] 森・吉田（1990）（エピローグ-2 参照）によれば，記憶の忘却の実験のように「忘れる」という一方向しか想定できない場合（時間経過とともに，記憶は減っていくだけですから）には片側検定をすることもありますが，通常は両側検定をします。

V 統計的仮説検定って何だろう

6 統計的仮説検定における2種類の誤り

1 第1種の誤りと第2種の誤り

　統計的仮説検定をおこない，「しんすけ君とけんたろう君の棋力には$p<.05$で有意差がみられた」という結果が得られたとします。しかし，このことから即，2人の棋力に差があるということを100％証明することはできません。仮に帰無仮説が棄却されたとしても，実は帰無仮説「2人の棋力に差がない」が正しい場合もあるのです。これは誤った判断をしていることになりますよね。

　統計的仮説検定では2種類の誤りを考えます。1つは，「帰無仮説が真のとき，これを棄却してしまう」誤りのことで，これを**第1種の誤り**といいます。もう1つは，「帰無仮説が偽のとき，これを採択する（棄却できない）」誤りのことで，これを**第2種の誤り**といいます。

　第1種の誤りを犯す確率をα，第2種の誤りを犯す確率をβであらわします。αを有意水準，または**危険率**といいます。これは V-3 の「有意水準と棄却域・採択域」のところですでに説明しました。第1種の誤りを犯す確率は有意水準と等しくなるのです。たとえば，有意水準を5％とした場合，第1種の誤りの確率も5％になるということです。同様に，有意水準を1％にすれば，第1種の誤りの確率も1％になります。

　以上について，囲碁の例で説明しましょう。帰無仮説として「H_0：しんすけ君とけんたろう君の棋力は五分五分である（＝しんすけ君とけんたろう君の棋力に差はない）」を，対立仮説として「H_1：しんすけ君のほうがけんたろう君よりも棋力が上である」をそれぞれ立てます。このとき，本当は帰無仮説「H_0：しんすけ君とけんたろう君の棋力は五分五分である」が正しいのに，これを棄却してしまった場合，第1種の誤りを犯したことになります。一方，帰無仮説「H_0：しんすけ君とけんたろう君の棋力は五分五分である」が間違っているにもかかわらず，これを棄却せずに採択してしまった場合，第2種の誤りを犯したことになるというわけです。

　まとめると，本当は2人の棋力には差がないのに，「しんすけ君のほうが強い」と判断してしまう誤り（ありもしない差を「差がある」と見誤る）が第1種の誤りであり，本当はしんすけ君のほうが強いのに，「ふたりの棋力には差がない」と判断してしまう誤り（差があるのにそれを見抜けない）が第2種の誤りということです。

▷1　こうした検定結果の表記については，V-4 を参照。

▷2　「仮説が真である」とは仮説が正しいことをいいます。

▷3　「仮説が偽である」とは仮説が正しくないことをいいます。

▷4　教科書によっては，各々**第1種の過誤，第2種の過誤**と書いてある場合もありますが同じことです。

表5.6.1 第1種の誤りと第2種の誤り

	真実	
決定	H_0 は正しい	H_0 は間違い
H_0 を棄却	第1種の誤り 確率は α	正しい決定 確率は $1-\beta$ ←これを検定力という
H_0 を棄却しない	正しい決定 確率は $1-\alpha$	第2種の誤り 確率は β

表5.6.1に2種類の誤りをまとめました。「H_0 は正しい」が真実であるとき,「H_0 を棄却」という決定をくだすのが,第1種の誤りです。また,「H_0 は間違い」が真実であるとき,「H_0 を棄却しない」という決定をくだすのが,第2種の誤りです。[5]

この他の2つは正しい決定です。つまり,「H_0 は正しい」が真実であるとき,「H_0 を棄却しない」という決定,または,「H_0 は間違い」が真実であるとき,「H_0 を棄却」という決定です。前者の確率,すなわち,「H_0 は正しい」が真実であるとき,「H_0 を棄却しない」という決定をする確率は,$1-\alpha$ となっています。真実が「H_0 は正しい」というところの確率を縦に合計すると100％つまり1なので(棄却するかしないかの2つの決定しかないので,この2つを合計した確率が100％ということです),1から α をひくということになるわけです。

❷ 検定力

統計的仮説検定をおこなったときに,帰無仮説を棄却することができず,「有意差がない」という判断をくだしたとします。しかし,たとえこのような判断をしたとしても,本当は差があるかもしれません。もし,本当は差があるにもかかわらず,帰無仮説を棄却しなかったとすると,これは間違った判断をくだしたことになります。この間違いのことを「第2種の誤り」といいます(この誤りを犯す確率は β であらわすのでしたね)。そして,1から β をひいた確率 $1-\beta$ のことを**検定力**といいます。[6] 検定力とは,間違っている帰無仮説を正しく棄却できる確率のことです。

検定力が低い状況で,統計的仮説検定をおこなうのは適切ではありません。なぜなら,本当は「差がある」かもしれないのに,検定力が低いために本来あるべき差を見抜くことができないということになってしまうからです。たとえば,検定力が0.5だったとすると,たとえ本当は差があっても,その差を検出できるかどうかは五分五分ということになってしまいます。検定力についてのさらに詳細な議論はコラム8を参照してください。

▷5 裁判の判決を例に考えることもできます。本当は無実なのに(差がないのに)有罪(差がある)といわれてしまう。これは第1種の誤りです。一方,本当は犯人なのに(差があるのに)証拠不十分で有罪にならない(差があるとされない)。これは第2種の誤りということになります。

▷6 **検出力**ということもあります。

V 統計的仮説検定って何だろう

7 統計的仮説検定の手順

1 統計的仮説検定の手順

統計的仮説検定では，まずはじめに，「差がない」という帰無仮説と「差がある」という対立仮説を立てます。続いて，これらの仮説を吟味するための検定統計量（t，F，χ^2 など）を決めます。そして，有意水準（通常5％あるいは1％が選ばれます）を設定します。ここまでは，実際にデータを集める前にやっておくべきことです。次に，いよいよ，実験や調査によってデータを収集します。これは，母集団から標本を無作為に抽出することを意味します▶1。データが手に入ったら，そのデータから検定統計量の実現値を計算します。最後にその値が，帰無仮説のもとで棄却域（帰無仮説のもとでの標本分布より求めます）に入れば，帰無仮説を棄却して「有意である」という判断をくだします。一方，棄却域に入らなければ（採択域に入れば），帰無仮説を棄却できないとして「有意でない」という判断をくだすのです。

これまで紹介してきた統計的仮説検定の一般的な手順をまとめると，表5.7.1のようになります。

ここで注意しておいてほしいのですが，帰無仮説を棄却できなかったときにくだす「有意差がない」という判断は，「等しい（同じである）」ということではないのです。「有意差がない」ということの意味は，実験や調査で得られた条件間の差は偶然でも（つまり標本抽出による誤差によっても）十分起こりうる程度の差ですよ，ということに過ぎません。「有意差がない」というのは，「統計的に意味のある差ではない」ということです。つまり，有意差がみられなかったとしても，そのことからすぐに「同じである」ということにはなりません▶2。

▶1 心理学研究で無作為抽出をして標本を得ること（こうして得られた標本を無作為標本といいます）は簡単なことではありません。たとえば，大学のある講義を受講している学生を対象に質問紙調査をおこなうといったことがありますが，このようにして得られた標本は無作為標本ではありません。無作為標本ではない標本で統計的仮説検定をおこなうことが多いのですが厳密にいえば望ましいことではありません（無作為抽出については Ⅳ-1 参照）。

▶2 「有意」という言葉は，「意味」が「有る」ということです。これはあくまで「統計的」には意味があるということです。検定の結果が有意であったとしても，その結果が「実質的」に意味があるかというと，それは別問題です。こうした点については Ⅷ-2 を参照してください。

表5.7.1 統計的仮説検定の一般的な手順

手順	やること
1	帰無仮説と対立仮説（両側 or 片側検定）を設定する。
2	仮説に応じた検定統計量を選択する。
3	有意水準 α の値を決める。
4	（データを収集した後，）データから検定統計量の実現値を求める。
5	検定統計量の実現値が棄却域に入れば帰無仮説を棄却して，対立仮説を採択する。棄却域に入らなければ，帰無仮説を採択する。

2 統計的仮説検定の具体例

それでは，統計的仮説検定の基本的な手順を，再び囲碁の例を用いて説明します。ここでは，統計的仮説検定の用語を使ってもう一度説明してみることにしましょう。

手順1．帰無仮説と対立仮説の設定：「しんすけ君とけんたろう君の棋力は五分五分である」というのが帰無仮説です。対立仮説は「しんすけ君のほうがけんたろう君より棋力が上である」ということにします。つまり，片側検定です。

手順2．検定統計量の選択：「15回の対局におけるしんすけ君の勝ち星」を検定統計量とします。

手順3．有意水準 α の決定：5％，つまり $\alpha=0.05$ とします。

手順4．検定統計量の実現値を求める：「実際に15回対局したら，しんすけ君が12勝だった」。

手順5．帰無仮説の棄却または採択の決定：帰無仮説のもとでの検定統計量の標本分布は図5.7.1のようになります。

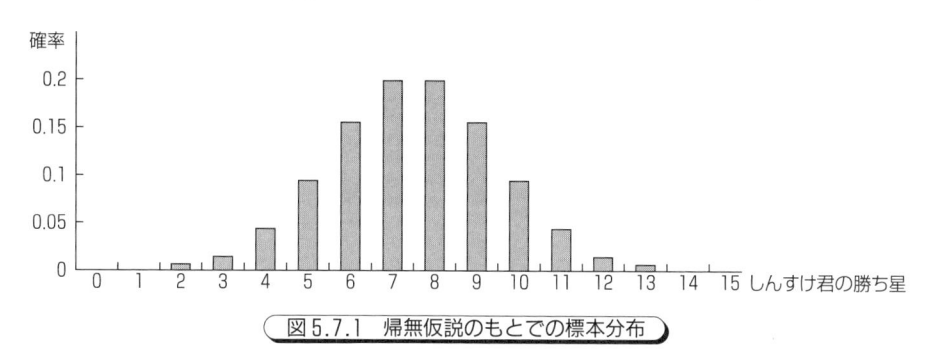

図5.7.1 帰無仮説のもとでの標本分布

この標本分布（これを，帰無仮説のもとでの標本分布ということで「帰無分布」というのでしたね）は，どのように求められるのでしょうか。簡単のために，対局数が3回の場合について考えてみましょう。

2人の囲碁の実力が五分五分だとするとき，3回対局をおこなった場合，勝ち負けのあらわれ方は全部で8とおりあります。表5.7.2にすべての順列（この表のように，勝ち負けを順序にしたがって並べたものを順列といいます）とそのときの勝ち星を示しました。この表5.7.2をもとに，3回対局したときのしんすけ君の勝ち星の確率分布を作成してみましょう。

確率分布とは，確率変数のとる値と確率を対応させたものでしたね。「1回サイコロを振ったときに出る目の数」という確率変数の場合は，1から6までどの目が出る確率も等しいと考え，それぞれに $\frac{1}{6}$ という確率を対応させました。

ここでの確率分布は，表5.7.3のようになります。表5.7.3で勝ち星0に対する確率が $\frac{1}{8}$ となっているのは，表5.7.2で8とおりある勝ち負けの順列の

▷3 帰無分布については V-3 参照。

▷4 この確率分布の例については IV-2, IV-3 参照。

表5.7.2　3回対局したときのしんすけ君の勝ち負けの順列

1局目	2局目	3局目	勝ち星
勝ち	勝ち	勝ち	3
勝ち	勝ち	負け	2
勝ち	負け	勝ち	2
勝ち	負け	負け	1
負け	勝ち	勝ち	2
負け	勝ち	負け	1
負け	負け	勝ち	1
負け	負け	負け	0

表5.7.3　3回対局したときの勝ち星の確率分布

勝ち星	0	1	2	3	合計
確率	$\frac{1}{8}$	$\frac{3}{8}$	$\frac{3}{8}$	$\frac{1}{8}$	1

中で，勝ち星0となるのが1とおりあるためです。勝ち星が1，2，3の確率についても同様に求めていくことができます。

　15回対局したときの確率分布も，基本的にはこれと同じです。勝ち・負けの順列を考え，それぞれの勝ち星（0から15まで）に対する確率を対応させればよいわけです。こうして求められた図5.7.1の標本分布は，離散的な確率分布（正規分布のような連続的な値ではなく，0，1，2，…というとびとびの値について確率が与えられている分布）であり，2項分布とよばれるものです。

　図5.7.1において，勝利数が12以上になる確率（勝ち星が12のとき，13，14，15のときのそれぞれの確率をすべて合計した値）は0.0176になります。勝利数が11以上だとその確率は0.0592となり，有意水準 $\alpha = 0.05$ よりも大きな値になります。したがって，臨界値は勝ち星12となり，有意水準5％の片側検定の場合，棄却域は勝利数12以上ということになります。

　さて，検定統計量の実現値は12でした。この値は棄却域に入ることになりますので，帰無仮説「しんすけ君とけんたろう君の棋力は五分五分である」は棄却されます。したがって，「検定結果は5％水準で有意である」という結果になります。つまり，対立仮説「しんすけ君のほうがけんたろう君より棋力が上である」が採択される結果になったわけです。

❸ いろいろな検定

　ここでは，しんすけ君とけんたろう君の棋力という例を用いて，統計的仮説検定の具体的な手順について説明しました。続いて，V-8，V-9では，1つの平均値についての検定を紹介します。まず，正規分布にしたがう母集団（これを正規母集団とよびました）から無作為に標本を抽出するという状況を考

▷5　離散変数・連続変数については，II-1 を参照。

▷6　図5.7.1の分布の形状をみると，わずか $n=15$ の場合でも，左右対称・釣り鐘型の正規分布に近い形になっていることがわかります。2項分布は，サンプルサイズ n をどんどん増やしていくとさらに正規分布に近づいていくのです。

▷7　正規母集団については IV-7 参照。

えます。つまり，母集団分布に正規分布を仮定します（すると，帰無仮説のもとでの標本平均の標本分布（帰無分布）も正規分布にしたがうことになります。Ⅳ-6 を参照してください）。この場合の統計的仮説検定について，その手順を紹介します。

▷8 V-8 参照。

なお，同じ正規母集団からの無作為標本に関する統計的仮説検定でも，母集団における分散（母分散）が未知で，標本の大きさが大きくないときには，帰無分布として正規分布を使うことはできません。この場合は，正規分布ではなく，t 分布とよばれる確率分布を利用することができます。帰無分布に標準正規分布を用いることのできる検定に続いて，帰無分布に t 分布を用いる検定を紹介します。

▷9 V-9 参照。

さらに，相関係数に関する検定，名義尺度データに適用できるカイ2乗検定についても説明が続きます。盛りだくさんの内容が出てきて，戸惑ってしまうかもしれませんが，いずれも重要なものですので，しっかりマスターしましょう。きちんと理解できるか不安に思っている方もいるかもしれません。しかし，安心してください。検定に用いる検定統計量と，帰無分布に用いる確率分布が異なる以外は，基本的な手順については，どの方法についてもほぼ同様です。これまでに習った手順をしっかり押さえておけば，V-8 以降のそれぞれの方法も同じように理解することができるでしょう。ちょっと先どりになりますが，表5.7.4に V-8 以降で登場するいろいろな検定についてまとめました。

▷10 V-10 参照。

▷11 V-11, V-12 参照。

表5.7.4 V-8 以降に登場するいろいろな検定

検定の名前	検定統計量	帰無分布として用いる確率分布	検定の目的
1つの平均値の検定（標準正規分布を用いた検定）	$Z=\dfrac{\bar{X}-\mu}{\sigma/\sqrt{n}}$	標準正規分布	1つの標本平均を母平均と比較する（母分散が既知のとき）。
1つの平均値の検定（t 検定）	$t=\dfrac{\bar{X}-\mu}{\hat{\sigma}/\sqrt{n}}$	t 分布（自由度＝サンプルサイズ−1）	1つの標本平均を母平均と比較する（母分散未知のとき）。
相関係数の検定	$t=\dfrac{r\sqrt{n-2}}{\sqrt{1-r^2}}$	t 分布（自由度＝サンプルサイズ−2）	2つの量的変数の間に統計的に有意な相関があるかをみる。
適合度の検定（カイ2乗検定）	$\chi^2=\dfrac{(O_1-E_1)^2}{E_1}+\dfrac{(O_2-E_2)^2}{E_2}+\cdots+\dfrac{(O_k-E_k)^2}{E_k}$	カイ2乗分布（自由度＝カテゴリ数−1）	観測度数と期待度数がどの程度適合しているか，マッチしているか，をみる。
独立性の検定（カイ2乗検定）	$\chi^2=\dfrac{(O_1-E_1)^2}{E_1}+\dfrac{(O_2-E_2)^2}{E_2}+\cdots+\dfrac{(O_k-E_k)^2}{E_k}$	カイ2乗分布（自由度＝(行数−1)×(列数−1)）	2つの質的変数の間に統計的に有意な連関があるかをみる。

V 統計的仮説検定って何だろう

8 標準正規分布を用いた検定（1つの平均値の検定）

1 母分散 σ^2 が既知の場合の1つの平均値の検定

例題 5.8

牛丼チェーンの「よしな家」では，牛丼並の牛肉の重さを50gとすることが，本社から指示されています。ある日，よしな家本郷三丁目店の店長は，ここ1ヶ月の牛肉の減り方が大きいのを不審に思い，ある週にランダムに49回，牛丼並の牛肉の重さを調査してみました。すると，49回の牛肉の重さの平均は53gになりました[1]。全国の店舗データをもとに，本郷三丁目店の牛丼並の牛肉の重さXの母集団分布として，平均50g，分散81の正規分布を仮定することにしました（$X \sim N(50, 81)$）。この店の店員たちは牛肉50gという指示を守っているといえるでしょうか。有意水準5％で検定してください（両側検定）。

$\boxed{\text{V-7}}$ の表5.7.1にしたがって，この検定を実行してみましょう。

1. **帰無仮説と対立仮説の設定：**

   帰無仮説 H_0：本郷三丁目店は牛肉50gという指示を守っている。この検定における母集団は，本郷三丁目店で日々作り続けられてきた牛丼並の牛肉の重さと考えることができます。帰無仮説が正しければ，母集団分布は平均50g，分散81の正規分布になります。すなわち，式であらわすと $\mu = 50$ となります[2]。

   対立仮説 H_1：牛肉50gという指示を守っていない。つまり，本郷三丁目店で日々作り続けられてきた牛丼並の牛肉の重さの平均（母平均）は50gではないということで，これを式であらわすと，$\mu \neq 50$（両側検定）となります。

2. **検定統計量の選択：** $Z = \dfrac{\bar{X} - \mu}{\sigma/\sqrt{n}}$ を検定統計量とします。なぜ，このようなZを検定統計量に選ぶのでしょうか。平均μ，分散σ^2の正規母集団から無作為に標本を抽出する場合，標本平均の標本分布も正規分布になります[3]。そしてそれは，平均μ，分散$\dfrac{\sigma^2}{n}$ の正規分布になります $\left(\bar{X} \sim N\left(\mu, \dfrac{\sigma^2}{n}\right)\right)$[4]。この確率変数 $\bar{X}$ から平均 μ をひいて標準偏差 $\dfrac{\sigma}{\sqrt{n}}$ でわれば[5]，確率変数は標準化され，標準正規分布にしたがう確率変数Zに変換することができます。つまり，$Z \sim N(0, 1)$ です。よって，$Z = \dfrac{\bar{X} - \mu}{\sigma/\sqrt{n}}$ という検定統計量は標準正規分布にしたがうことになります[6]。

▷1 サンプルサイズ $n=49$ の標本で，標本平均の実現値は $\bar{X}=53$ です。

▷2 μ は母平均をあらわします。σ^2 は母分散をあらわします。

▷3 標本分布については $\boxed{\text{IV-6}}$ を参照。

▷4 $\boxed{\text{IV-6}}$，$\boxed{\text{IV-8}}$ などを参照。

▷5 分散が $\dfrac{\sigma^2}{n}$ なので，標準偏差は $\sqrt{\dfrac{\sigma^2}{n}} = \dfrac{\sigma}{\sqrt{n}}$ となります。なお，標本分布の標準偏差のことを標準誤差といいます。$\boxed{\text{IV-7}}$ 参照。

▷6 $\boxed{\text{IV-8}}$ も参照してください。

$$\bar{X} \sim N\left(\mu, \frac{\sigma^2}{n}\right) \quad \rightarrow \quad 標準化 \quad Z = \frac{\bar{X}-\mu}{\sigma/\sqrt{n}} \quad \rightarrow \quad Z \sim N(0, 1)$$

平均 μ, 分散 $\frac{\sigma^2}{n}$ の 正規分布にしたがう確率変数 $\bar{X}$

平均 0, 分散 1 の 標準正規分布にしたがう確率変数 Z

3. 有意水準 α の決定：5％, つまり $\alpha = 0.05$ とします。

4. 検定統計量の実現値を求める：母分散が81なので, 標準偏差はその $\sqrt{}$ で9となります。すると, Z の分母, つまり標準誤差は $\frac{9}{\sqrt{49}}$ と求まります。したがって, $Z = \frac{53-50}{9/\sqrt{49}} = 2.33$ となります。

5. 帰無仮説の棄却または採択の決定：巻末の標準正規分布表で, 上側確率 $P(Z \geq 1.96) = 0.0250$ となります。つまり, 有意水準5％の両側検定の棄却域は $|Z| \geq 1.96$ ($Z \leq -1.96$ または $1.96 \leq Z$) です (図5.8.1をみてください)。一方, 検定統計量の実現値は2.33ですので, この値は棄却域に入ります。よって, 帰無仮説は棄却されます。検定の結果は,「5％水準で有意差がみられた」と報告することになります。つまり,「指示を守っていない」と判断します。

▷7 上側確率とは「ある値よりも上のほうにある確率」のことです。この場合は, 標準正規分布表で1.96以上の確率のことを意味しています。IV-5 も参照してください。

2 母分散既知とは

例題5.8では, 母集団分布として, 分散がわかっている（分散が既知である）正規分布を仮定しました。それでは, 母分散が既知である場合とは, どんな場合でしょうか。たとえば, ある学力テストの得点について数十年の蓄積があり, その平均や分散が経験的にわかっている場合をあげることができるでしょう。また, 工場である製品を作っていて, その製品の重さが平均いくら, 分散いくらの正規分布になるように機械が調整されている場合も, 母分散が既知である場合と考えられるでしょう。このような場合は, 母集団分布として, 分散が既知である正規分布を仮定することができます。しかし, 心理学研究ではこのような分散既知の状況というのはあまりありません。そこで V-9 では, 母分散が未知である場合の検定方法を紹介します。

もっとも, サンプルサイズ n が大きくなると, 母分散が未知のときも, (本来は t 分布表という別の分布表を利用しないといけないのですが) ここで紹介したような標準正規分布表を利用しても, かなり近い結果が得られます。このことも V-9 であわせて紹介します。

▷8 t 分布表は V-9 で登場します。

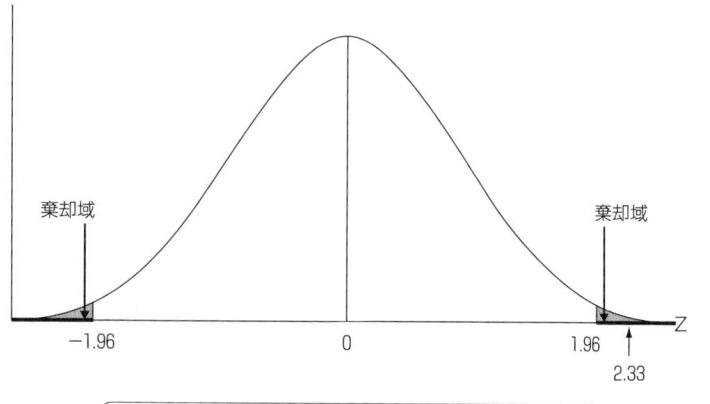

図5.8.1 標準正規分布の棄却域（両側検定の場合）

V 統計的仮説検定って何だろう

9 t分布を用いた検定（1つの平均値の検定）

1 母分散 σ^2 が未知の場合の1つの平均値の検定

$\boxed{\text{V-8}}$ と同様に，次のような例題を考えてみましょう。

例題 5.9

牛丼チェーンの「よしな家」では，牛丼並の牛肉の重さを50ｇとすることが，本社から指示されています。ある日，よしな家本郷三丁目店の店長は，ここ1ヶ月の牛肉の減り方が大きいのを不審に思い，ある週にランダムに16回，牛丼並の牛肉の重さを調査してみました。すると，16回の牛肉の重さの平均は54ｇ，不偏分散は100になりました。全国の店舗データをもとに，本郷三丁目店の牛丼並の牛肉の重さXの母集団分布として，平均50ｇの正規分布を仮定することにしました（$X \sim N(50, \sigma^2)$）。この店の店員たちは牛肉50ｇという指示を守っているといえるでしょうか。有意水準5％で検定してください（両側検定）。

▷1 分散についてはわかりません。母分散が未知であるということです。

正規母集団からの無作為標本であるという点は$\boxed{\text{V-8}}$の例題と同じです。違うのは，その正規母集団の分散σ^2がわからない（母分散未知）というところです。この場合，帰無分布（帰無仮説が正しいと仮定したときの，検定統計量の標本分布）として標準正規分布を用いることができません。それは，さきほどの$Z=\dfrac{\bar{X}-\mu}{\sigma/\sqrt{n}}$という検定統計量の式をみるとわかるように，$\sigma$の値がわからないと$Z$を計算することができないからです。

▷2 母集団は，$\boxed{\text{V-8}}$と同様，本郷三丁目店で日々作り続けられてきた牛丼並の牛肉の重さと考えることができます。

そこで，$\hat{\sigma}^2=\dfrac{(X_1-\bar{X})^2+(X_2-\bar{X})^2+\cdots+(X_n-\bar{X})^2}{n-1}$を求めて（なぜ，不偏分散を使うかというと，表4.11.2にあるように，推測統計の文脈では，標本分散ではなく，不偏分散を用いるためです。不偏分散は不偏性をもつ（不偏分散の期待値が母分散に一致する）ため，偏りなく母数（この場合は母分散）の推定をおこなうことができるというわけです），σの代わりに$\hat{\sigma}$（シグマ・ハット）を使ってみますと，$\dfrac{\bar{X}-\mu}{\hat{\sigma}/\sqrt{n}}$となります。

▷3 不偏性について詳しくは$\boxed{\text{IV-10}}$参照。

この確率変数は，残念ながら標準正規分布にはしたがいません。ですから，$\boxed{\text{V-8}}$のように$Z=\dfrac{\bar{X}-\mu}{\sigma/\sqrt{n}}$とは書かなかったのです。しかし，その代わりに$t$分布という確率分布にしたがうことが知られています。つまり，正規母集団における分散σ^2がわからない場合でも，不偏分散$\hat{\sigma}^2$の$\sqrt{\ }$である$\hat{\sigma}$を代わりに用いて計算される$t=\dfrac{\bar{X}-\mu}{\hat{\sigma}/\sqrt{n}}$という検定統計量が，$t$分布にしたがうと

いう性質を用いて，検定をおこなうことができるというわけです。

2　t 分布

それでは，**t 分布**というのはいったいどのような確率分布なのでしょうか。t 分布を図 5.9.1 に示しました。

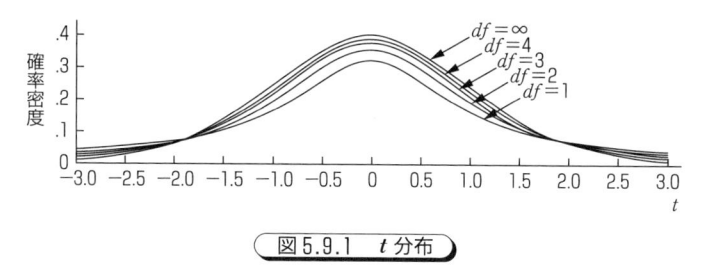

図 5.9.1　t 分布

図 5.9.1 には df の値が異なる t 分布（$df=1$ の t 分布，$df=2$ の t 分布，…）が描かれています。この df というのは**自由度**のことです（自由度の英語 degrees of freedom の省略形です）。

自由度とは，t 分布の形状を決めるもので，サンプルサイズによって決まってきます。例題のように，1 つの標本について平均を求め（標本平均 $\bar{X}$ を求め），$\bar{X}$ を $t=\dfrac{\bar{X}-\mu}{\hat{\sigma}/\sqrt{n}}$ のように変換した場合，この統計量 t は自由度 $df=n-1$ の t 分布にしたがいます。例題の場合，t 分布の自由度は「サンプルサイズ -1」になるということです。つまり，サンプルサイズ $n=16$ ですから，自由度は $df=16-1=15$ となります。しかし，t 分布の自由度はいつでも $n-1$ になるわけではありません。

図 5.9.1 をみますと，分布の形はなんとなく正規分布に似ていますよね。実際，自由度が大きくなると，t 分布は次第に標準正規分布に近づいていきます。そして，$df=\infty$（無限大）のときに，t 分布は標準正規分布と同じになるのです。つまり，図 5.9.1 の $df=\infty$ の t 分布は標準正規分布と一致しているということです。

▷4　t 分布に限らず，他の分布にも自由度があり，その値によって形状が変わってきます。この本では χ^2 分布（V-11）や F 分布（VII-2）などが出てきます。

▷5　VI で紹介しますが，独立な 2 群の平均値を比較するために t 検定をおこなう場合は，t 分布の自由度は，それぞれの群のサンプルサイズの合計から 2 をひいた値になるのです。

3　t 検定を実行する

t 分布を用いた検定（これを **t 検定**といいます）を実行することにより，例題を解いてみましょう。ここでも，V-7 の表 5.7.1 の手順に沿って検定を実行します。

1. 帰無仮説と対立仮説の設定：

帰無仮説 H_0：牛肉 50 g という指示を守っている。これはつまり，$\mu=50$ のこと。

対立仮説 H_1：牛肉 50 g という指示を守っていない。これはつまり，$\mu \neq 50$（両側検定）のこと。ここは，V-8 の例題と同じです。

2. 検定統計量の選択：$t=\dfrac{\bar{X}-\mu}{\hat{\sigma}/\sqrt{n}}$ を検定統計量とします。

3. 有意水準 α の決定：5%，つまり $\alpha=0.05$ とします。これも $\boxed{\text{V-8}}$ の例題と同じです。
4. 検定統計量の実現値を求める：不偏分散が100となったことから，$\hat{\sigma}$ はその $\sqrt{}$ で10と求められます。よって，$t=\dfrac{54-50}{10/\sqrt{16}}=\dfrac{4}{2.50}=1.60$ となります。
5. 帰無仮説の棄却または採択の決定：t 分布の棄却域を求めるには，巻末の t 分布表を用いておこないます。表5.9.1に t 分布表の一部を示しました。有意水準 $\alpha=0.05$ の両側検定で棄却域を求めるには，巻末の t 分布表において，両側検定の有意水準.05の列と，自由度が $df=16-1=15$ の行が交わるところの値を読みとります。すると，$t=2.131$ となることがわかります（表5.9.1）。よって，棄却域は $|t|\geq 2.131$（$t\leq -2.131$ または，$2.131\leq t$）となります。検定統計量の実現値1.60はこの棄却域に入らないので，帰無仮説は棄却されません。検定の結果は，「有意差がみられなかった」と報告することになります。つまり，「指示を守っている」という判断をくだします。

表5.9.1　t 分布表における棄却域の求め方

自由度 df	片側検定の有意水準			
	.05	.025	.01	.005
	両側検定の有意水準			
	.10	.05	.02	.01
1	6.314		31.821	63.657
2	2.920		6.965	9.925
3	2.353		4.541	5.841
4	2.132		3.747	4.604
5	2.015		3.365	4.032
14	1.761		2.624	2.977
15	1.753	2.131	2.602	2.947

（両側検定の有意水準.05 の列と自由度 $df=15$ の行が交わるところの値に注目する。$t=2.131$ となることがわかる。）

❹ 標本分散から t を求める

なお，例題5.9では，不偏分散が100となっていました。

$$\text{不偏分散：} \hat{\sigma}^2=\frac{(X_1-\overline{X})^2+(X_2-\overline{X})^2+\cdots+(X_n-\overline{X})^2}{n-1}=100$$

もし，不偏分散ではなく，標本分散が求められていた場合にはどうすればよいでしょうか。

$$\text{標本分散：} s^2=\frac{(X_1-\overline{X})^2+(X_2-\overline{X})^2+\cdots+(X_n-\overline{X})^2}{n}$$

▷6　標本分散と不偏分散については $\boxed{\text{IV-11}}$ 参照。

この場合は，不偏分散と標本分散の間に，

$$\frac{\hat{\sigma}^2}{n}=\frac{s^2}{n-1}$$

という関係式が成り立つ，さらに，両辺の $\sqrt{}$ をとれば，$\frac{\hat{\sigma}}{\sqrt{n}}=\frac{s}{\sqrt{n-1}}$ となる[7]ことを利用して，検定統計量 t の分母に $\frac{s}{\sqrt{n-1}}$ を用いればよいことになります。[8]

⑤ サンプルサイズが大きいときは

ここ V-9 では，正規母集団の分散 σ^2 がわからない（母分散未知）ときは帰無分布（帰無仮説が正しいと仮定したときの，検定統計量の標本分布）として標準正規分布ではなく，t 分布を用いるということを紹介しました。

しかし，V-8 の最後で述べたように，サンプルサイズ n が大きいとき（自由度が大きいとき）は，t 分布ではなく標準正規分布を利用しても，かなり近い結果が得られるのです。これは，サンプルサイズ n（自由度 $df=n-1$）が大きくなると，t 分布は標準正規分布に近づいていくことによるものです（図5.9.1参照）。

表5.9.2に，有意水準5％の両側検定をおこなったときの棄却域を示しました。サンプルサイズ n が大きくなると，t 分布から求めた棄却域が，標準正規分布から求めた棄却域（$Z\leq-1.96$, $1.96\leq Z$）に近づいていくことがわかります。$n=100$ でも，臨界値（棄却域と採択域の境目になる値のことでしたね。棄却域が $Z\leq-1.96$, $1.96\leq Z$ なら±1.96が臨界値。V-3 参照）は±1.984となり，標準正規分布のときの臨界値±1.96にかなり近い値を示していることがわかります。

▷7 不偏分散の式
$\hat{\sigma}^2=$
$\frac{(X_1-\bar{X})^2+\cdots+(X_n-\bar{X})^2}{n-1}$
より，
$(n-1)\times\hat{\sigma}^2=(X_1-\bar{X})^2+\cdots+(X_n-\bar{X})^2$
となります。標本分散の式
$s^2=$
$\frac{(X_1-\bar{X})^2+\cdots+(X_n-\bar{X})^2}{n}$
からも同様に，
$n\times s^2=(X_1-\bar{X})^2+\cdots+(X_n-\bar{X})^2$ が導かれます。この2つの式から，
$(n-1)\hat{\sigma}^2=ns^2$ が成り立つので，両辺を $n(n-1)$ でわって
$\frac{\hat{\sigma}^2}{n}=\frac{s^2}{n-1}$
さらに両辺の $\sqrt{}$ をとれば，
$\frac{\hat{\sigma}}{\sqrt{n}}=\frac{s}{\sqrt{n-1}}$ が成り立ちます。

▷8 結局，標本分散を用いる場合は，
$t=\frac{\bar{X}-\mu}{s/\sqrt{n-1}}$
になるということです。

表5.9.2 サンプルサイズ別にみた有意水準5％・両側検定の棄却域

サンプルサイズ n	帰無分布	棄却域
（例題5.9）16	t 分布	$t\leq-2.131$, $2.131\leq t$
100	t 分布	$t\leq-1.984$, $1.984\leq t$
500	t 分布	$t\leq-1.964$, $1.964\leq t$
1000	t 分布	$t\leq-1.962$, $1.962\leq t$
	標準正規分布	$Z\leq-1.96$, $1.96\leq Z$

V 統計的仮説検定って何だろう

10 相関係数の検定

1 相関係数

相関係数については，Ⅲ-3 で勉強しました。相関係数は，2 変数間の直線的な関係の強さを表す指標で，次式で求めるのでしたね。

相関係数＝（x と y の共分散）÷（x の標準偏差×y の標準偏差）

ここで，x と y の共分散は，次式から求めるのでした。

x と y の共分散：
$$s_{xy}=\frac{(x_1-\bar{x})(y_1-\bar{y})+(x_2-\bar{x})(y_2-\bar{y})+\cdots+(x_n-\bar{x})(y_n-\bar{y})}{n}$$

Ⅲ では，記述統計の立場から，相関係数を計算し解釈しました。ここでは，推測統計の立場から考えてみることにします。

つまり，手元のデータから計算された相関係数は，母集団からの無作為標本について計算された標本統計量であると考えるわけです（標本について計算された相関係数ということで，**標本相関係数**とよびます。アルファベットの r であらわされます）。そして，この標本相関係数を用いて，母集団における相関係数（**母集団相関係数**，あるいは，**母相関**といったりします。こちらはギリシャ文字 ρ（ロー）であらわされます。ρ はアルファベットの r に対応するギリシャ文字です）を推測しようというわけです。

さっそく，次の例題を考えてみましょう。

例題 5.10

大学生について，恋愛感情得点と孤独感得点という 2 変数の関係（たとえば，孤独感の強い人は恋愛感情も大きくなる，といった関係があるかどうか）を調べることにしました。日本の大学生という母集団から，サンプルサイズ $n=18$ の標本を無作為に抽出して，これらについて，恋愛感情得点と孤独感得点という 2 変数を測定したところ，2 つの得点間の相関係数の値が 0.50 となりました。母集団においても，恋愛感情得点と孤独感得点の間には相関があるといえるかどうか，有意水準 5％で検定をしてください（両側検定）。

▷1 この場合の変数とは量的な変数を意味しています。量的変数については Ⅱ-1 参照。

▷2 共分散については Ⅲ-2 参照。

▷3 記述統計については Ⅰ-2 参照。

▷4 推測統計については Ⅰ-3 参照。

2 相関係数の検定で用いる検定統計量

標本相関係数 r を用いて，母集団相関係数（母相関）ρ に関する検定をおこなうときには，標本相関係数 r を，次式により変換します。

$$t = \frac{r\sqrt{n-2}}{\sqrt{1-r^2}}$$

こうして変換された t は，自由度 $df = n-2$ の t 分布にしたがいます。このことを利用すれば，t 分布を用いて相関係数の検定をおこなうことができるわけです。

ここで，n は標本相関係数を計算するために用いた変数のペアの数，つまり，サンプルサイズです。この場合，t 分布の自由度が $n-2$ となっており，V-9 で紹介した，1つの平均値の検定（自由度は $n-1$ でした）のときとは自由度が違っています。

▷5 ここで心理統計でよく利用されるギリシャ文字をまとめておきます。（ ）内が対応するローマ字です。
α：アルファ（a）
β：ベータ（b）
π：パイ（p）
ρ：ロー（r）
σ：シグマ（s）
δ：デルタ（d）
μ：ミュー（m）
ϕ：ファイ（v）
χ：カイ（c）

3 相関係数の検定を実行する

それでは，例題を解いてみることにしましょう。ここでも，V-7 の表5.7.1の手順に沿って検定を実行します。

1. 帰無仮説と対立仮説の設定：

帰無仮説 H_0：母集団の相関係数（母相関）はゼロである。これを式であらわすと，$\rho = 0$

対立仮説 H_1：母相関はゼロではない。これを式であらわすと，$\rho \neq 0$（両側検定）

2. 検定統計量の選択：$t = \dfrac{r\sqrt{n-2}}{\sqrt{1-r^2}}$ を検定統計量とします。
3. 有意水準 α の決定：5％，つまり $\alpha = 0.05$ とします。
4. 検定統計量の実現値を求める：$t = \dfrac{0.5\sqrt{18-2}}{\sqrt{1-0.5^2}} = \dfrac{0.5 \times 4}{\sqrt{0.75}} = \dfrac{2}{0.87} = 2.30$ となります。
5. 帰無仮説の棄却または採択の決定：棄却域を求めるには，巻末の t 分布表を用いておこないます。有意水準 $\alpha = 0.05$ の両側検定で棄却域を求めるには，t 分布表の両側検定の有意水準0.05の列と，自由度が $df = 18 - 2 = 16$ の行が交わるところの値を読みとります。すると，$t = 2.120$ となることがわかります。よって，棄却域は $|t| \geq 2.120$（$t \leq -2.120$ または $2.120 \leq t$）となります。検定統計量の実現値2.30はこの棄却域に入るので，帰無仮説は棄却されます。検定の結果は，「標本相関係数 $r = 0.50$ は，5％水準で有意である」と報告することになります。つまり，恋愛感情得点と孤独感得点の間には有意な相関があるということになります。

V 統計的仮説検定って何だろう

11 カイ2乗検定①（適合度の検定）

1 カイ2乗（χ^2）検定とは

　名義尺度データに対する検定として χ^2 **検定**がよく用いられます。名義尺度とは，II-2 で学んだ「4つの尺度水準」の中で，最も水準の低い尺度でした。名義尺度は「いくつかのカテゴリに分類する」だけの尺度です。たとえば，「好きなコンビニは？」という問いに対する答えとして，「1.セブンイレブン，2.ローソン，3.ミニストップ，4.ファミリーマート，5.サンクス」のいずれかを選ぶような場合です。この例のように，カテゴリに対して数字を割り当てることも多いですが，割り当てた数字は分類すること以上の意味をもちません。対応させた数値を自由に入れ替えても問題ありません。カテゴリを示す数字自体には意味がありませんので，大小関係も成り立ちませんし，数値どうしを計算することもできません。

　これまで V で紹介してきた検定は，いずれも間隔尺度以上のデータに対して適用されるものでした。ここで紹介するカイ2乗検定は，最も水準の低い名義尺度のデータに適用できるという点が，これまでの検定法とは異なるところです。

　以下，カイ2乗検定が利用されるケースとして，「適合度の検定」と「独立性の検定」を紹介します。

2 適合度の検定

　まずは，表5.11.1をみてください。K大学の学生160人が4つの性格タイプに分類されています。性格タイプという名義尺度のデータということです。

表5.11.1　K大学の学生160人の性格タイプ

性格	しっかり者	うっかり者	ちゃっかり者	おっとり者
観測度数	72	48	24	16

　適合度の検定で想定されるのは，あるデータがいくつかのカテゴリに分類されているときに，そのカテゴリの度数（あるいは比率）に関して，何らかの仮説が設定されるという状況です。たとえば，「性格タイプのすべてのカテゴリの度数は等しい」といった仮説です。「すべてのカテゴリの度数は等しい」という仮説は，「各カテゴリの度数には偏りがない」といいかえてもかまいませ

ん。

この仮説を具体的にあらわすと，表5.11.2のようになります。160人が各カテゴリに偏りなく分類されるので，それぞれのカテゴリに所属する人数は40ずつになっているわけです（表5.11.1では観測度数となっていたところが，表5.11.2では期待度数となっています。期待度数については，すぐ後で紹介します）。

表5.11.2 仮説「各カテゴリの度数は等しい」のもとでの度数分布

性格	しっかり者	うっかり者	ちゃっかり者	おっとり者
期待度数	40	40	40	40

また，別の例でいえば，「4つの血液型の比率は，A：B：O：AB＝4：3：2：1である」といったような仮説です。こうした仮説を帰無仮説とする検定，これが**適合度の検定**です。実際のデータにおけるカテゴリの度数と，仮説で想定されるカテゴリの度数がマッチしているか，適合しているかを調べるための検定というわけです。

この検定では，検定統計量を以下のように定めます。

$$\chi^2 = \frac{(O_1-E_1)^2}{E_1} + \frac{(O_2-E_2)^2}{E_2} + \cdots + \frac{(O_k-E_k)^2}{E_k}$$

ここで，O_1，O_2，…，O_k は「観測度数」です（O（オー）は「観測された」の英語 observed の頭文字Oです）。**観測度数**とは，実際の名義尺度データでカテゴリがk個ある場合の，それぞれのカテゴリに属する度数のことです（表5.11.1参照）。

一方，E_1，E_2，…，E_k は「期待度数」です（E（イー）は「期待された」の英語 expected の頭文字Eです）。**期待度数**とは，帰無仮説のもとで計算される度数のことです。E_kは，総度数（サンプルサイズ）に帰無仮説のもとでのカテゴリkの比率をかけることで求められます。たとえばカテゴリの数が5つあったとします。「各カテゴリの度数には偏りがない」という帰無仮説のもとでは，各カテゴリの比率は20％ずつ（カテゴリが5つなので，5分の1）になります。よって，総度数（サンプルサイズ）が100人のときは，100人に20％をかけて，$E_k = 100 \times 0.2 = 20$ となります。k番目のカテゴリの期待度数は20人ということです（表5.11.3）。

表5.11.3 仮説「各カテゴリの度数に偏りがない」のもとでの度数分布[1]

カテゴリ	カテゴリ1	カテゴリ2	カテゴリ3	カテゴリ4	カテゴリ5
期待度数	20	20	20	20	20

▷ 1 表5.11.2とは別のデータです（$n=100$，5カテゴリ）。混乱しないように，注意！

χ^2 という検定統計量は，「観測度数と期待度数の間のズレを評価するもの」と捉えることができます。実際の観測度数が，期待度数とかけ離れているほど，つまり「現実」と「期待」のズレが大きいほど，χ^2値は大きな値をとります。

先ほどの χ^2 の式をみてください。O と E の差が大きいほど，分子が大きくなって全体として χ^2 の値は大きくなっていきます。

この χ^2 という検定統計量は，自由度 $df=k-1$（カテゴリ数－1）のカイ2乗分布にしたがうことがわかっています。カイ2乗分布とは，t 分布と同様に，確率分布の一種です。カイ2乗分布も自由度によって分布の形がさまざまに変化します。

図5.11.1にさまざまな自由度に対するカイ2乗分布の様子を示しました。

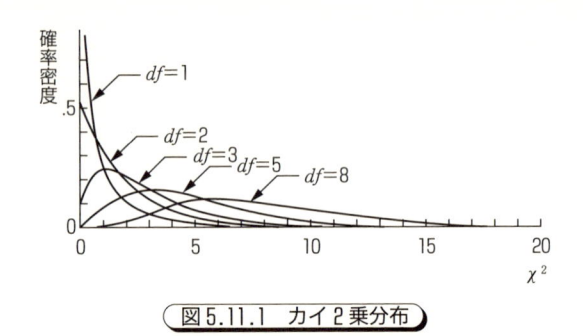

図5.11.1　カイ2乗分布

実際のデータから求めた χ^2 の実現値が，帰無仮説のもとでの標本分布における棄却域に入るかどうかを判定します。棄却域は，カイ2乗分布表（巻末付表3）を使って求めることができます。

③ 適合度検定の実際

それでは，以下のような例題を解いてみることにしましょう。

例題 5.11

K大学の学生から無作為に160人を選び，性格診断テストをおこなったところ，先の表5.11.1のようなタイプに分類されました。人数に偏りがあるといえるでしょうか。有意水準5％で検定してください。

この問題も，これまで同様，$\boxed{\text{V-7}}$ の表5.7.1の手順にしたがって解いてみましょう。

1. 帰無仮説と対立仮説の設定：

　帰無仮説 H_0：人数には偏りがない。
　対立仮説 H_1：人数に偏りがある。

　対立仮説を「偏りがある」としています。これは両側検定か片側検定かという点からみると，片側検定ということになります。カイ2乗検定では，カイ2乗分布の右すそにだけ棄却域を設けます。巻末のカイ2乗分布表をみると，片側検定の有意水準に対する χ^2 の臨界値が与えられています。このように，カイ2乗検定は片側検定でおこない，棄却域は $\chi^2 \geq 3.841$ のようにあらわされま

▷2　ここでは，簡単のため，仮説を文章で書きました。記号を用いて，帰無仮説 H_0：$\pi_1=\pi_2=\pi_3=\pi_4$，対立仮説 H_1：$\pi_i \neq \pi_j$（いずれかの $i, j (i \neq j)$ に対して）と書くこともできますが，ややこしいのでそうしていません。π（パイ）は母集団におけるカテゴリの比率のことです。

2. 検定統計量の選択：$\chi^2 = \frac{(O_1-E_1)^2}{E_1} + \frac{(O_2-E_2)^2}{E_2} + \cdots + \frac{(O_k-E_k)^2}{E_k}$ を検定統計量とします。
3. 有意水準 α の決定：5％，つまり $\alpha=0.05$ とします。
4. 検定統計量の実現値を求める：

まずは，期待度数を求める必要があります。4つのカテゴリで度数に偏りがないとすると，それぞれのカテゴリの比率は0.25（$=\frac{1}{4}$）となります（4等分ということです）。総度数（サンプルサイズ）160にカテゴリの比率0.25をかけると，期待度数が求められます。160×0.25＝40。これが期待度数です（表5.11.4参照）。帰無仮説が正しいとき，つまり4つのカテゴリに偏りがないとするなら，40人ずつになることが期待されます，ということです。

表5.11.4 観測度数と期待度数

	しっかり者	うっかり者	ちゃっかり者	おっとり者
観測度数	72	48	24	16
帰無仮説における比率	0.25	0.25	0.25	0.25
期待度数	40	40	40	40

期待度数が求められたので，実際のデータの観測度数と期待度数から，検定統計量の実現値を計算します。すると，

$$\chi^2 = \frac{(72-40)^2}{40} + \frac{(48-40)^2}{40} + \frac{(24-40)^2}{40} + \frac{(16-40)^2}{40} = 48.00$$ となります。

5. 帰無仮説の棄却または採択の決定：上で求めた χ^2 値が，自由度 $df=k-1=4-1=3$ のカイ2乗分布にしたがうことを利用して，棄却域を求めます。巻末のカイ2乗分布表によると，自由度3における χ^2 の臨界値（この値以上であれば棄却域となる境目の値のこと）は，有意水準5％で7.815です。よって，棄却域は，$\chi^2 \geq 7.815$ となります。検定統計量の実現値は48.00でした。よって，棄却域に入るので，帰無仮説は棄却されます。結果の報告は，「K大学においては，各性格タイプに属する人数に有意に偏りがある」とすればよいでしょう。論文などでは，$\chi^2_{(3)}=48.00$, $p<.05$ と表記されることもあります。カッコ内の数字（ここでは3）は自由度をあらわしています。

以上で適合度検定は終わりです。この検定をおこなうことで，各性格タイプの比率に偏りがあるということがわかりました。実際，「しっかり者」が72名もいて偏ってますよね。ところで，適合度検定というと，最近では，共分散構造分析での利用の方が一般的かもしれません。この場合は，データがモデルに適合しているかどうかを確認するために用いられます。

▷3 共分散構造分析については，以下の文献などを参照してください。
狩野裕・三浦麻子 2002 AMOS, EQS, CALIS によるグラフィカル多変量解析——目で見る共分散構造分析（増補版）現代数学社

V 統計的仮説検定って何だろう

12 カイ2乗検定② (独立性の検定)

続いては，**独立性の検定**です。独立性の検定は，心理や教育の分野でよく利用される検定の1つです。この検定は，2つの質的変数が独立であるか（あるいは連関があるか）どうかを確かめるためにおこないます。2つの質的変数が独立しているというのは，2つの質的変数に連関がないということです。

▷1 質的変数どうしの関係のことを「連関」というのでしたね。Ⅲ-5 を参照してください。

性別という質的変数（男子か女子に分類されます）と，恋愛タイプという質的変数（積極的と受動的のいずれかに分類されるとします）を例にとってみましょう。男子では，積極的：受動的の比率が3：1で，女子では，積極的：受動的の比率が1：3であったとします（表5.12.1）。

この場合，男子のほうがより積極的で，女子のほうが受動的であるということですから，性別と恋愛タイプは独立ではなさそうです。あるいは，性別と恋愛タイプには連関がありそうといいかえることもできるでしょう。こうした，2つの質的変数間の連関を調べるために，カイ2乗検定をおこなうことができます。次の例題を解いてみましょう。

表5.12.1 性別と恋愛タイプのクロス集計表

	積極的	受動的	計
男子	300	100	400
女子	100	300	400
計	400	400	800

例題 5.12

成人男子の母集団から，250人の無作為標本を抽出しました。全員に，日常の喫煙習慣の有無（普段タバコを吸う・吸わない）と日常のパチンコ習慣の有無（普段パチンコをする・しない）を尋ねた結果が，表5.12.2のクロス集計表です。この表の結果から，成人男子における，喫煙習慣とパチンコ習慣の独立性について，有意水準5％で検定してください。

表5.12.1や表5.12.2をクロス集計表，あるいは，クロス表，連関表といいました。表5.12.2のように，クロス集計表を構成する2つの変数が，どちらも2つのカテゴリに分類されると，2×2＝4つのセルに度数が配置されることになります。このクロス集計表を2×2クロス集計表とよびます。この例題では，喫煙習慣の有無によって，パチンコをする・しないの母比率（母集団における比率）に差があるかどうかを吟味していくことになります。

▷2 クロス集計表については，Ⅲ-5 も参照してください。

▷3 セルとは表の中のマス目のことです。

検定統計量は，適合度の検定のときと同じ χ^2 です。

$$\chi^2 = \frac{(O_1-E_1)^2}{E_1} + \frac{(O_2-E_2)^2}{E_2} + \cdots + \frac{(O_k-E_k)^2}{E_k}$$

表5.12.2 喫煙習慣とパチンコ習慣のクロス集計表

	パチンコする	しない	計
タバコ吸う	90	40	130
吸わない	60	60	120
計	150	100	250

χ^2値によって，観測度数（O_1, O_2, …, O_k）と期待度数（E_1, E_2, …, E_k）の間のズレを評価します。ここで，2×2クロス集計表における期待度数の求め方を考えてみましょう。

表5.12.3のような2×2クロス集計表があったとします。Aのカテゴリの違い（A_1かA_2）によって，B_1とB_2の度数の比が変わらない（つまり，$a:b=c:d$）とすると，$a:b$も$c:d$も100：200と同じ比率，つまり1：2になるはずです（100：200=1：2）。このことから期待度数を求めてみましょう。A_1の周辺度数150を1：2に分けると，$a=50$，$b=100$となります。このように，周辺度数の比率から期待度数を求めると表5.12.4のように求められます。

表5.12.3 2×2クロス集計表の例

	B_1	B_2	計
A_1	a	b	150
A_2	c	d	150
計	100	200	300

表5.12.4 2×2クロス集計表の期待度数

	B_1	B_2	計
A_1	50	100	150
A_2	50	100	150
計	100	200	300

周辺度数の比率から期待度数を求める以外にも次のような方法があります。表5.12.3でAのカテゴリがA_1，BのカテゴリがB_1であるセル（度数がaとなっているところ）のことをセルA_1B_1とよぶことにします。たとえば，セルA_2B_2は，AのカテゴリがA_2，BのカテゴリがB_2のセルです。セルA_1B_1の2つ右のセルには周辺度数150と書かれています（このようなクロス集計表の横方向のことを，クロス集計表の**行**といいます。表5.12.3でいうと，$A_1\to a\to b\to 150$と横にみていくということです）。また，同じセルA_1B_1の2つ下のセルには周辺度数100と書かれています（このようなクロス集計表の縦方向のことを，クロス集計表の**列**といいます。$B_1\to a\to c\to 100$と縦にみていくということです）。表5.12.5にクロス集計表の行と列の見方を矢印で示しました。

表5.12.5 クロス集計表の行と列

	B_1	B_2	計
A_1	a	b	150
A_2	c	d	150
計	100	200	300

A_1B_1が属する行の周辺度数は150です。A_1B_1が属する列の周辺度数は100です。この周辺度数どうしをかけて，総度数でわると（150×100）÷300=50と，このセルの期待度数を求めることができます。このように，期待度数を求めるためには，その観測度数が属する行と列の周辺度数をかけて総度数でわればよい，ということを覚えておきましょう。先のように比率を考えて計算するより

▷4 この方法も，1つ目の方法と同じように，比率を利用したものです。
$a : 150 = 100 : 300$ から，$a \times 300 = 150 \times 100$，よって $a = (150 \times 100) \div 300$ を導いています。

も，こちらの方法のほうが簡単です。▷4

クロス集計表におけるセルの期待度数
= (セルが属する行の周辺度数×セルが属する列の周辺度数)÷総度数

この例題も，これまで同様，$\boxed{V-7}$ の表5.7.1の手順にしたがって解いてみましょう。

1. 帰無仮説と対立仮説の設定：

   帰無仮説 H_0：喫煙習慣の有無によって，パチンコ習慣の有無が異ならない。すなわち，2つの変数は独立である。

   対立仮説 H_1：喫煙習慣により，パチンコ習慣の有無が異なる。すなわち，2つの変数には連関がある。

2. 検定統計量の選択：$\chi^2 = \frac{(O_1 - E_1)^2}{E_1} + \frac{(O_2 - E_2)^2}{E_2} + \cdots + \frac{(O_k - E_k)^2}{E_k}$ を検定統計量とします。

3. 有意水準 α の決定：5%，つまり $\alpha = 0.05$ とします。

4. 検定統計量の実現値を求める：まずは，期待度数を求めます（表5.12.6参照）。

表5.12.6 クロス集計表から期待度数を求める

	パチンコする	しない	計
タバコ吸う	期待度数：$(130 \times 150) \div 250 = 78$ 観測度数：90	期待度数：$(130 \times 100) \div 250 = 52$ 観測度数：40	130
吸わない	期待度数：$(120 \times 150) \div 250 = 72$ 観測度数：60	期待度数：$(120 \times 100) \div 250 = 48$ 観測度数：60	120
計	150	100	250

$$\chi^2 = \frac{(90-78)^2}{78} + \frac{(40-52)^2}{52} + \frac{(60-72)^2}{72} + \frac{(60-48)^2}{48} = 9.62$$

5. 帰無仮説の棄却または採択の決定：クロス集計表から χ^2 値を計算するときは，自由度は，(行数−1)×(列数−1) となります。例題のように，2×2クロス集計表では，自由度は $(2-1) \times (2-1) = 1$ となるわけです。$\alpha = 0.05$，自由度1の χ^2 値を巻末のカイ2乗分布表より求めると，臨界値は3.841と読みとることができます。よって，棄却域は $\chi^2 \geq 3.841$ です。検定統計量の実現値は9.62でした。よって，この値は棄却域に入るため，帰無仮説は棄却されます。つまり，喫煙習慣とパチンコ習慣は独立ではなく，2つの変数の間には連関があるということになります。論文などで検定結果を報告するときは，$\chi^2_{(1)} = 9.62$, $p < .05$ のように表記します。▷5

▷5 2×2クロス集計表の自由度は1というのは覚えておくとよいでしょう。

V 統計的仮説検定って何だろう

13 まとめ

ここ V では統計的仮説検定に関するたくさんの用語を紹介し、またさまざまな検定を紹介しました。ここで、これまでに出てきた用語を表5.13.1にまとめておきます。きちんと整理しておきましょう。

表5.13.1 統計的仮説検定の用語

用語	説明
帰無仮説	統計的仮説検定で最初に設定される「差がない」とか「効果がない」という仮説。本来主張したいこととは反対の仮説で、棄却されることが期待されている。
対立仮説	帰無仮説が棄却されたときに採択される仮説。「差がない」とする帰無仮説に対して、「差がある」とか「効果がある」という仮説。本来主張したい内容になっている。
検定統計量	統計的検定のために用いられる標本統計量。通常この統計量の値は帰無仮説にそぐわず、対立仮説に合っているほど極端な値を示すようになっている。
有意水準	帰無仮説を棄却し対立仮説を採択するかどうか決定するときに、どの程度低い確率の結果が示されたら帰無仮説を棄却するかという基準になるもの。通常、5%または1%に設定される。
帰無分布	帰無仮説のもとでの検定統計量の標本分布。
棄却域	帰無分布におけるすそ野部分（分布の両はじの部分）で、その確率が α となる領域のこと。
臨界値	データから計算された検定統計量の実現値がいくつ以上（あるいはいくつ以下）であれば、帰無仮説を棄却し対立仮説を採択するかという境目になる値のこと。
p 値	帰無仮説のもとで、データから計算した検定統計量の実現値より極端な値をとる標本の出現確率。
両側検定	帰無分布の両すそ部分を棄却域とする検定のこと。対立仮説が「差がない」「等しくない」といったものになる。
片側検定	帰無分布の右または左の片すそだけを棄却域とする検定。対立仮説が「○は□より大きい（強い・重いなど）」とか「○は□より小さい（弱い・軽いなど）」などのように方向性をもつ。
第1種の誤り	「帰無仮説が真のとき、これを棄却してしまう」誤り。第1種の誤りの確率は有意水準に等しい。つまり有意水準を5%として検定をおこなうと、第1種の誤りの確率も5%になる。一般にこの確率は α であらわされる。
第2種の誤り	「帰無仮説が偽のとき、これを採択する（棄却しない）」誤り。一般にこの確率は β であらわされる。
検定力	間違っている帰無仮説を正しく棄却できる確率のこと。第2種の誤りの確率 β を用いて $1-\beta$ とあらわされる。

コラム5

有意は偉い？

- 今，心理学実験のレポート書いてるの。

- どれどれ，どんな感じ？

- それがさあ，相関係数がぎりぎり有意じゃなくってがっかりよ。ほらみて。（と，よしこ，いちろうに統計ソフトSASの出力をみせる）

    0.37418　←標本から計算した相関係数
    0.0597　　←p値
    26　　　　←サンプルサイズ

- ほんとだ。2段目の値がp値だね。これが0.05よりも大きいから有意じゃないね。

- 相関係数は，0.37418だから，弱い相関があるだけに残念。有意じゃなかったら意味ないや。やる気なくなっちゃった。

- それはいかんぞ。しっかり考察しないと。

- だって有意じゃなかったら意味ないんでしょ。

- そんなことないさ。有意な結果だって，有意じゃない結果だって，ともに価値は一緒だと思うよ。

- だって，論文をいろいろみると，必ずといっていいほど，「有意な結果が認められた」って書いてあるじゃない。

- 確かにそうかもしれないね。一般的には，「有意差」が大事にされる傾向があるよね。でも，実際に研究をやってみて，すべて有意なものばかりというのはおかしいと思わない？

- そうよね，じゃあなんで有意・有意…のオンパレードになってるの？もしかして，いろいろ研究はなされているけど，有意なものだけ論文になっているんでは…。

- 実はそうなんだ。心理学の研究では，よく「結果が出た」「結果が出なかった」といわれることがあるけど，「結果が出た」というのはたいがい「有意だった」ということを意味すると思うよ。たとえば，ある学習法の有効性についての研究で，有意差があったら，「やった，結果が出た」と万歳なわけだ。

- で，結果が出ると，インパクトがあるから，ついつい論文にしたくなる。

- で，結果が出ないと，ついつい論文にしたくなくなる。

- かくして，有意な結果ばかりが世の中に出回るということね。

- そう。有意じゃない結果は論文にならないから，僕らの目には触れない，それで研究者はその結果を自分の「引き出し」にしまい込んでしまう。こういったことを「引き出し問題」とか「お蔵入り問題」というんだよ。英語でいうと，file drawer problemね。有意じゃない論文のファイルが引き出しにしまったままになっている問

コラム5　有意は偉い？

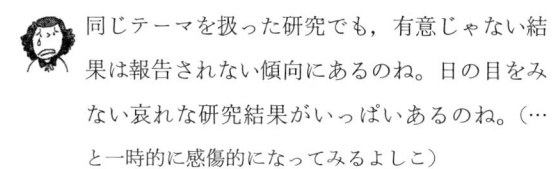

- 題ということさ。
- 同じテーマを扱った研究でも，有意じゃない結果は報告されない傾向にあるのね。日の目をみない哀れな研究結果がいっぱいあるのね。（…と一時的に感傷的になってみるよしこ）
- そういった有意でない結果も積極的に論文にしないと，たとえば，ある学習法の効果であれば，その効果が不当に高く評価されてしまうことになるから，これは問題だよね。 
- じゃあ，なんで研究者は有意じゃない結果をもっと論文にしないんだろ。  
- さっきいったように，やはり有意差がないと「差がありませんでした」という研究はインパクトがないように思えて，論文にしたくなくなるんだろうな。それから，たとえそういう論文を書いたとしても，その論文を審査する人が「結果が出てないので，この論文は不採択です」という態度を示すこともあるんだろうな。
- でも，聞くところによると，データ数が多ければ有意になりやすいんでしょ？なら，データいっぱいとったもん勝ちじゃん。 
- お，よく知ってるね。詳しいことは『よくわかる心理統計』の VIII-2 に出てるけど，確かにサンプルサイズが大きければ有意になりやすい。よしこちゃんの心理学実験の場合，サンプルサイズは26。心理学実験の演習だから，少ないのはしょうがないけど，もっとサンプルサイズを増やせば，p値は小さくなっていき，この相関係数の値でも有意になるよ。
- サンプルサイズが重要なのね。なら，それを決めるちゃんとしたルールみたいのがあればいいのにね。 
- よしこちゃん，今日はなかなか鋭いね。それに関連したことは，『よくわかる心理統計』のコラム8に解説が載ってるよ。 
- あー，どうでもいいけど，レポートやる気ないなあ。 
- ？ あれれ，今さっき感心したばかりなんだけど。 
- いいや，後でやろっと。（といって，レポートの入ったフロッピーディスクを引き出しの中にしまって，飲み屋に直行するよしこであった） 

●ポイント●

① 引き出し問題：file drawer problem. お蔵入り問題ともいう。心理学の雑誌などに掲載された研究は，統計的仮説検定の結果が有意であるものが多く，そうでない研究は日の目をみずに「引き出しにしまわれている」，つまり論文として公刊されない傾向があること。

② 統計的仮定検定とサンプルサイズ：検定は，サンプルサイズが大きいほど有意になりやすい。検定力（コラム8参照）を考慮した上で，サンプルサイズを決定することがのぞましい。

▶1　p値については V-4 参照。
▶2　相関の値の評価については III-3 参照。
▶3　同じテーマを扱った過去の複数の研究を統合して分析する「メタ分析」というものがあります。これについては，VIII-5 で簡単に紹介します。メタ分析をおこなう場合，過去の研究として統合できるのは原則として世の中に発表された結果だけですから，引き出しの中にしまわれた結果まで統合することはできません。ですから，メタ分析では，この「引き出し問題」は重要な意味をもってきます。
▶4　たとえば『心理学研究』『教育心理学研究』といった専門誌に掲載されている論文は，いずれも審査者による審査を通過したものです。

VI 2つの平均を比べよう（t 検定）

1 t 検定による平均値の比較

1 1つの平均値の検定（母分散 σ^2 が未知の場合）

繰り返しになりますが，V-9 で紹介した「よしな家」の例を使って，t 分布を使った1つの平均値の検定についておさらいしておきましょう。

正規母集団（正規分布にしたがう母集団）からの無作為標本について平均（標本平均）を求め，この値と母集団における平均（母平均）との差が統計的に意味のあるものであるか（有意か）どうかを評価したい，こういった目的のために，この検定はおこなわれます。

例題 6.1

牛丼チェーンの「よしな家」では，牛丼並の牛肉の重さを50ｇとすることが，本社から指示されています。ある日，よしな家本郷三丁目店の店長は，ここ1ヶ月の牛肉の減り方が大きいのを不審に思い，ある週にランダムに30回，牛丼並の牛肉の重さを調査してみました。すると，30回の牛肉の重さの平均は54ｇ，不偏分散は100になりました[1]。全国の店舗データをもとに，本郷三丁目店の牛丼並の牛肉の重さXの母集団分布として，平均50ｇの正規分布を仮定することにしました（$X \sim N(50, \sigma^2)$[2]）。この店の店員たちは牛肉50ｇという指示を守っているといえるでしょうか。有意水準5％で検定してください（両側検定）。

▷1 不偏分散は以下の式で求められます。$\hat{\sigma}^2 = \dfrac{(X_1-\bar{X})^2+(X_2-\bar{X})^2+\cdots+(X_n-\bar{X})^2}{n-1}$
IV-11 を参照してください。

▷2 分散についてはわかりません。母分散が未知であるということです。

▷3 母集団は，V-8 と同様，本郷三丁目店で日々作り続けられてきた牛丼並の牛肉の重さと考えることができます。

正規母集団[3]からの無作為標本で母分散がわからない場合です。このときは，自由度 $df=n-1$ の t 分布を利用して検定をおこなうことができます。

1. 帰無仮説と対立仮説の設定：

    帰無仮説 H_0：$\mu=50$　牛肉50ｇという指示を守っている。

    対立仮説 H_1：$\mu \neq 50$（両側検定）　牛肉50ｇという指示を守っていない。

2. 検定統計量の選択：$t=\dfrac{\bar{X}-\mu}{\hat{\sigma}/\sqrt{n}}$ を検定統計量とします。そして，この検定統計量は，自由度 $df=n-1$ の t 分布にしたがうことになります。なお，検定統計量の分母は，標準誤差ではなく，その推定値になっていることに注意してください。母分散 σ^2 がわからないため，標本から母分散を推定した不偏分散 $\hat{\sigma}^2$ が用いられているわけです。

3. 有意水準 α の決定：5％，つまり $\alpha=0.05$ とします。

4. 検定統計量の実現値を求める：不偏分散 $\hat{\sigma}^2$ は100，するとその $\sqrt{}$ は10 なので，$\hat{\sigma}=10$ です。よって，$t=\dfrac{54-50}{10/\sqrt{30}}=\dfrac{4}{10/5.48}=2.19$ となります。

5. 帰無仮説の棄却または採択の決定：t 分布に関する確率計算は，巻末の t 分布表を用いておこないます。自由度が $df=30-1=29$，両側検定の有意水準0.05のとき，t の臨界値は2.045となることがわかります。よって，棄却域は $|t|\geq 2.045$（$t\leq -2.045$ あるいは，$2.045\leq t$）となります。検定統計量の実現値2.19はこの棄却域に入るので、帰無仮説は棄却されます。検定の結果は、「5％水準で有意だった」と報告することになります。

2　2つの平均値を比べたい

t 分布を用いた1つの平均値の検定は以上のようになります。標本平均と母平均との間に統計的に有意な差があるかどうかを判断するために用いられるというわけです。

このように，t 分布を用いた検定を t 検定というのですが，以上のような1つの平均値に関する統計的有意性の判定のために用いられることは，実はそれほど多くありません。

心理や教育の分野では，2つの平均値の比較のために，t 検定が用いられることが一般的です。

たとえば以下のような場合です。

- 「男女で恋愛感情得点に差があるのか」というリサーチ・クエスチョン（研究上の疑問・問いのこと）
- 「新しい指導法の効果を確かめるために，**実験群**には新しい指導法をおこない，**統制群**には旧来の指導法をおこなうという比較実験をおこなった。このとき2群のテスト得点に差があるか」というリサーチ・クエスチョン[4]
- 「小学3年生と6年生では，外向性に違いがあるか」というリサーチ・クエスチョン

これら3つの例はいずれも，何かと何かの間での平均値の比較を問題にしていますよね。

VI-2 以降では，心理学研究で多用される，2群の平均値の比較のための t 検定の方法を紹介します。そこでは，用いられる検定統計量や自由度などが，ここで紹介した1つの平均値の検定の場合とは異なっています。しかし，検定の手順自体は変わりません。それでは，さっそく2群の平均値を比べる方法をみていくことにしましょう。

▷4　実験群とは，処遇をうける群，統制群とは処遇をうけない群のことです。この場合の処遇とは「新しい指導法」です。なお，実験群は処遇群，統制群は対照群ともいいます。

VI 2つの平均を比べよう（t検定）

2 独立な2群の平均値差に関するt検定① [1]

▷1 「独立な2群」という言葉の意味は VI-4 で説明します。

1 母集団分布の仮定

ある変数Xについて，2つの群（第1群，第2群）のXの標本平均（$\bar{X}_1$と$\bar{X}_2$）を用いて，母平均μ_1とμ_2の差について推測をおこなうことを考えます。まずは，それぞれの群ごとに母集団分布を仮定します。この母集団には一般に正規分布が仮定されます。つまり，第1群と第2群の母集団分布として，$N(\mu_1, \sigma^2)$, $N(\mu_2, \sigma^2)$ を仮定します。ここで，μ_1とμ_2は第1群と第2群の母集団平均をあらわしています。2群の母集団分布の分散についてはそれらが互いに等しいという仮定をおきます。そこで，この共通の分散をσ^2とします。2群の母集団分散を等しいと仮定するのは，現実の母集団で等しいことが多いからというわけではなく，等しいと仮定しておくと，すぐ下（標本平均の差の分散）で示すように数学的に便利になるからです。[2]

▷2 この母集団分散が等しいという性質のことを，ちょっと難しい言葉で**分散の等質性**といいます。分散の等質性はt検定の前提条件の1つです（ VI-5 参照）。

2 平均値差の標本分布

IV-6 で述べたように，正規母集団 $N(\mu_1, \sigma^2)$ からの無作為標本について，その標本平均 $\bar{X}_1$ の分布（標本分布）は正規分布 $N(\mu_1, \dfrac{\sigma^2}{n_1})$ となります（標本の大きさを n_1 とします）。ここ VI-2 では，2群の平均値差に統計的な有意差があるかをみたいわけです。この場合，標本平均の差 $\bar{X}_1 - \bar{X}_2$ についての標本分布を考えることになります。実は，この標本分布もまた正規分布になります。そして，その正規分布の平均と分散は以下のようになります。

標本平均の差の平均：$\mu_{\bar{X}_1 - \bar{X}_2} = \mu_1 - \mu_2$

標本平均の差の分散：$\sigma^2_{\bar{X}_1 - \bar{X}_2} = \sigma^2_{\bar{X}_1} + \sigma^2_{\bar{X}_2} = \dfrac{\sigma^2}{n_1} + \dfrac{\sigma^2}{n_2} = \sigma^2 \left(\dfrac{1}{n_1} + \dfrac{1}{n_2} \right)$

つまり，$\bar{X}_1 - \bar{X}_2 \sim N\left(\mu_1 - \mu_2, \sigma^2 \left(\dfrac{1}{n_1} + \dfrac{1}{n_2} \right) \right)$ となるわけです。

3 検定統計量と帰無分布

それでは，この正規分布を標準化してみましょう。標準化とは，平均をひいて，標準偏差でわる操作のことでした（ II-7 参照）。

▷3 $\bar{X}_1 - \bar{X}_2$ の平均は $\mu_1 - \mu_2$
分散が $\sigma^2 \left(\dfrac{1}{n_1} + \dfrac{1}{n_2} \right)$ なので，標準偏差は
$\sqrt{\sigma^2 \left(\dfrac{1}{n_1} + \dfrac{1}{n_2} \right)}$
$= \sigma \sqrt{\dfrac{1}{n_1} + \dfrac{1}{n_2}}$

$\bar{X}_1 - \bar{X}_2 \sim N\left(\mu_1 - \mu_2, \sigma^2 \left(\dfrac{1}{n_1} + \dfrac{1}{n_2} \right) \right) \xrightarrow{\text{標準化}} \dfrac{\bar{X}_1 - \bar{X}_2 - (\mu_1 - \mu_2)}{\sigma \sqrt{\dfrac{1}{n_1} + \dfrac{1}{n_2}}} \sim N(0, 1)$ [3]

標準化をおこなうことによって，$\dfrac{\bar{X}_1-\bar{X}_2-(\mu_1-\mu_2)}{\sigma\sqrt{\dfrac{1}{n_1}+\dfrac{1}{n_2}}}$ は標準正規分布 $N(0,1)$ ▷4

にしたがうようになります。さらに，2群の平均値差の検定では，帰無仮説は「2群の母集団平均が等しい」ということ（$H_0: \mu_1=\mu_2$）ですから，帰無仮説が正しいときの検定統計量は，$\dfrac{\bar{X}_1-\bar{X}_2}{\sigma\sqrt{\dfrac{1}{n_1}+\dfrac{1}{n_2}}}$ となり（$\mu_1-\mu_2=0$ ですから），その帰無分布（帰無仮説のもとでの標本分布）は $N(0,1)$ となるわけです。

しかし，ここで1つ問題があります。それは，検定統計量の分母に，未知の値である母標準偏差 σ が含まれていることです。この値は通常知ることはできませんので，他の値でこの σ を推定しなければなりません。▷5

まず，2つの群に共通な母分散の推定量として，下記の $\hat{\sigma}^2_{pooled}$（シグマ・プールド・ハットのじじょう）を考えます。▷6

$$\hat{\sigma}^2_{pooled}=\dfrac{(n_1-1)\hat{\sigma}^2_1+(n_2-1)\hat{\sigma}^2_2}{n_1+n_2-2}$$

この式で，$\hat{\sigma}^2_1$ は第1群の，$\hat{\sigma}^2_2$ は第2群の不偏分散をそれぞれあらわしています。n_1 と n_2 はそれぞれの群のサンプルサイズです。

この母分散の推定量 $\hat{\sigma}^2_{pooled}$ のことを，「2群をプールした分散」といいます。▷7 この2群をプールした分散は，2群に共通の母分散 σ^2 の不偏推定量になっています。すなわち，この推定量の期待値は母数に一致するということです。

検定統計量の分母にある未知の σ を，$\hat{\sigma}^2_{pooled}$ の $\sqrt{}$ である $\hat{\sigma}_{pooled}$ によって推定することになります。$\hat{\sigma}_{pooled}=\sqrt{\dfrac{(n_1-1)\hat{\sigma}^2_1+(n_2-1)\hat{\sigma}^2_2}{n_1+n_2-2}}$ です。▷8

さて，話をもとに戻して，先ほど紹介した検定統計量の式 $\dfrac{\bar{X}_1-\bar{X}_2}{\sigma\sqrt{\dfrac{1}{n_1}+\dfrac{1}{n_2}}}$ で，分母の σ に，標本から計算することのできる $\hat{\sigma}_{pooled}$ を代入してみましょう。

$$\dfrac{\bar{X}_1-\bar{X}_2}{\hat{\sigma}_{pooled}\sqrt{\dfrac{1}{n_1}+\dfrac{1}{n_2}}}=\dfrac{\bar{X}_1-\bar{X}_2}{\sqrt{\dfrac{(n_1-1)\hat{\sigma}^2_1+(n_2-1)\hat{\sigma}^2_2}{n_1+n_2-2}}\sqrt{\dfrac{1}{n_1}+\dfrac{1}{n_2}}}$$

$$=\dfrac{\bar{X}_1-\bar{X}_2}{\sqrt{\dfrac{(n_1-1)\hat{\sigma}^2_1+(n_2-1)\hat{\sigma}^2_2}{n_1+n_2-2}\left(\dfrac{1}{n_1}+\dfrac{1}{n_2}\right)}}$$

上の式の右辺を $t=\dfrac{\bar{X}_1-\bar{X}_2}{\sqrt{\dfrac{(n_1-1)\hat{\sigma}^2_1+(n_2-1)\hat{\sigma}^2_2}{n_1+n_2-2}\left(\dfrac{1}{n_1}+\dfrac{1}{n_2}\right)}}$ とします。こうして導かれた検定統計量 t の標本分布（帰無分布）は，自由度 n_1+n_2-2 の t 分布になることが知られています。いいかえると，t は自由度 $df=n_1+n_2-2$ の t 分布にしたがうということです。▷9

▷4 平均0，分散1の正規分布。IV-4 参照。

▷5 VI-1 で紹介した1つの平均値の検定でも，σ を標本から計算した $\hat{\sigma}$ で推定しましたね。

▷6 推定量については IV-9 を参照してください。

▷7 「プールした」というのは「全体を込みにした」のような意味です。

▷8 もし，第1群と第2群の不偏分散ではなく，標本分散（平均からの偏差の2乗和を n でわったもの）s^2_1 と s^2_2 が求められていた場合は，$\hat{\sigma}_{pooled}$ の式は以下のようになります。

$$\hat{\sigma}_{pooled}=\sqrt{\dfrac{n_1s^2_1+n_2s^2_2}{n_1+n_2-2}}$$

これは，不偏分散と標本分散の式をよくみればわかります。というのは，

標本分散は $s^2=\dfrac{(X_1-\bar{X})^2+\cdots+(X_n-\bar{X})^2}{n}$

不偏分散は $\hat{\sigma}^2=\dfrac{(X_1-\bar{X})^2+\cdots+(X_n-\bar{X})^2}{n-1}$

でしたが，それぞれ分母を払う（「分母を払う」というのは，標本分散の式であれば両辺に右辺の分母にある n を，不偏分散の式では両辺に $(n-1)$ をかけることです）と，$ns^2=(X_1-\bar{X})^2+\cdots+(X_n-\bar{X})^2$ と $(n-1)\hat{\sigma}^2=(X_1-\bar{X})^2+\cdots+(X_n-\bar{X})^2$ となります。この2つの式の右辺は同じですから，結局 $ns^2=(n-1)\hat{\sigma}^2$ となるわけです。

▷9 VI-1 では自由度は $n-1$ でした。ここでは n_1+n_2-2 となっています。このように同じ t 分布を用いる検定でも，自由度・検定統計量の式が変わってきます。

Ⅵ　2つの平均を比べよう（t検定）

3 独立な2群の平均値差に関するt検定②

1 独立な2群の平均値差に関するt検定

Ⅵ-2 の内容を踏まえて，以下のような例題を考えてみましょう。

例題 6.3

統計学の新しい指導法の教授効果をみるため，全国の大学の心理学科から学生を無作為に16人選び，従来の指導法のグループ（統制群）と新指導法のグループ（実験群）に8人ずつランダムに振り分けました。指導プログラム終了後，心理統計のテストをおこないました。表 6.3.1は，実施した心理統計のテスト得点です。

新しい指導法は心理学科の学生に効果があるといえるでしょうか。有意水準5％で両側検定をおこなってください。

表 6.3.1　2群のデータ

| 新しい指導法 | 30 | 50 | 70 | 90 | 60 | 50 | 70 | 60 |
| 従来の指導法 | 20 | 40 | 60 | 40 | 40 | 50 | 40 | 30 |

検定の手順そのものは，これまで紹介してきたものと同じです。

1. 帰無仮説と対立仮説の設定：
   帰無仮説 $H_0: \mu_1 = \mu_2$　2つの母平均は等しい。
   対立仮説 $H_1: \mu_1 \neq \mu_2$（両側検定）　2つの母平均は等しくない。

   このように，帰無仮説と対立仮説は母平均について立てます。関心があるのは2つの母集団における平均値に差があるかどうかということですから。▷1

2. 検定統計量の選択：$t = \dfrac{\overline{X}_1 - \overline{X}_2}{\hat{\sigma}_{pooled}\sqrt{\dfrac{1}{n_1} + \dfrac{1}{n_2}}}$ を検定統計量とします。そして，この検定統計量は自由度 $df = n_1 + n_2 - 2$ の t 分布にしたがうことが知られています。

3. 有意水準 α の決定：5％，つまり $\alpha = 0.05$ とします。

4. 検定統計量の実現値を求める：まずは，平均と不偏分散を求めます。▷2 それぞれ，下記の表 6.3.2のようになります。

表 6.3.2　2群の平均と不偏分散

	平均	不偏分散
新しい指導法（$n_1=8$）	60	314.29
従来の指導法（$n_2=8$）	40	142.86

▷1　ここでの母集団は新しい指導法をうけた全国の心理学科の学生と，従来の指導法をうけた全国の心理学科の学生です。

▷2　不偏分散は Ⅳ-11 で出てきましたが，復習しておきましょう。以下のような式で求めることができます。$\hat{\sigma}^2 = \dfrac{(X_1-\overline{X})^2+(X_2-\overline{X})^2+\cdots+(X_n-\overline{X})^2}{n-1}$
偏差の2乗和（この式の分子）を $(n-1)$ でわります。

検定統計量 t の実現値を求めるために，$\hat{\sigma}_{pooled}$ を求めます。

$$\hat{\sigma}_{pooled} = \sqrt{\frac{(n_1-1)\hat{\sigma_1^2} + (n_2-1)\hat{\sigma_2^2}}{n_1+n_2-2}}$$

$$= \sqrt{\frac{(8-1) \times 314.29 + (8-1) \times 142.86}{8+8-2}} = \sqrt{\frac{2200+1000}{14}} = 15.12$$

これより $t = \dfrac{60-40}{15.12 \times \sqrt{\dfrac{1}{8} + \dfrac{1}{8}}} = \dfrac{20}{7.56} = 2.65$ と求められます。

▷3 $\hat{\sigma}_{pooled}$ については VI-2 参照。

5．帰無仮説の棄却または採択の決定：この検定統計量 t は，自由度 $df=8+8-2=14$ の t 分布にしたがいます。巻末の t 分布表を利用すると，自由度14，両側検定の有意水準0.05のとき，t の臨界値は2.145となり，棄却域は $t \leq -2.145$ または $2.145 \leq t$ となります。実際のデータから求められた t の実現値2.65は2.145よりも大きいので，帰無仮説は棄却されるということになります。検定の結果は，「新しい指導法は，従来の方法に比べ5％水準で有意に効果が高かった」などと報告します。

❷ 2群のサンプルサイズが等しいときは

この例題6.3のように2群のサンプルサイズが等しい場合，検定統計量 t の式がずっと簡単になります。そのことを紹介しておきます。

検定統計量 t の式は，$t = \dfrac{\bar{X}_1 - \bar{X}_2}{\hat{\sigma}_{pooled}\sqrt{\dfrac{1}{n_1} + \dfrac{1}{n_2}}}$ でしたね。この式の分母に注目

します。$\hat{\sigma}_{pooled} = \sqrt{\dfrac{(n_1-1)\hat{\sigma_1^2} + (n_2-1)\hat{\sigma_2^2}}{n_1+n_2-2}}$ ですから，

$\sqrt{\dfrac{(n_1-1)\hat{\sigma_1^2} + (n_2-1)\hat{\sigma_2^2}}{n_1+n_2-2}\left(\dfrac{1}{n_1} + \dfrac{1}{n_2}\right)}$ となります。この分母の式で $n_1 = n_2 = n$ とおいてみましょう。

$$\sqrt{\frac{(n-1)\hat{\sigma_1^2} + (n-1)\hat{\sigma_2^2}}{n+n-2}\left(\frac{1}{n} + \frac{1}{n}\right)} = \sqrt{\frac{(n-1)(\hat{\sigma_1^2} + \hat{\sigma_2^2})}{2(n-1)} \cdot \frac{2}{n}} = \sqrt{\frac{\hat{\sigma_1^2} + \hat{\sigma_2^2}}{n}}$$

となり，ずいぶんすっきりしましたね。これより，2群のサンプルサイズが等しい場合，検定統計量 t の式は，$t = \dfrac{\bar{X}_1 - \bar{X}_2}{\sqrt{\dfrac{\hat{\sigma_1^2} + \hat{\sigma_2^2}}{n}}}$ となります。

例題6.3のデータについて，検定統計量 t の実現値を求めてみると，$t = \dfrac{\bar{X}_1 - \bar{X}_2}{\sqrt{\dfrac{\hat{\sigma_1^2} + \hat{\sigma_2^2}}{n}}} = \dfrac{60-40}{\sqrt{\dfrac{314.29 + 142.86}{8}}} = \dfrac{20}{\sqrt{\dfrac{457.15}{8}}} = \dfrac{20}{\sqrt{57.14}} = \dfrac{20}{7.56} = 2.65$ となり，同じ値が求められました。

▷4 不偏分散 ($\hat{\sigma_1^2}, \hat{\sigma_2^2}$) ではなく標本分散 ($s_1^2, s_2^2$) が求められていたときは，$t = \dfrac{\bar{X}_1 - \bar{X}_2}{\sqrt{\dfrac{s_1^2 + s_2^2}{n-1}}}$ となります。I-4 もこの式を用いて t を計算しています。

VI 2つの平均を比べよう（t 検定）

4 対応のある t 検定

1 対応のあるデータとは

VI-3 までで紹介した t 検定には「独立な2群の平均値差に関する t 検定」というタイトルがついていました。そこでは，たとえば30人の被験者がいたときに，これらの人々をランダムに2群に割り振りました。このような方法で分けられた2群のことを，**独立な2群**とか，**対応のない2群**といいます。

それに対して，同じく30人の被験者がいたときに，あらかじめ似ている被験者2人をペアにして，ペアの一方を第1群に，他方を第2群に割り当てるという方法があります。こうした方法で分けられた2群のことを，**対応のある2群**といいます。

「あらかじめ似ている被験者をペアにする」と述べましたが，ペアの作り方としては具体的には以下のような場合が考えられます。

まずは，学力に関心がある場合です。比較する2群の学力がなるべく等しくなるように群を分けます。このためには，事前に実施した別の学力テストや，これまでのテスト結果などから，そうしたテストの順位が1番の生徒と2番の生徒をペアにし，続いて3番の生徒と4番の生徒をペアにします。このようにしてペアを作っていき，ペアの一方を第1群へ，もう一方を第2群へランダムに割り当てていけば，2群の学力をほぼ等しいものに揃えることが可能になります。もし，ペアにせずいきなり2群に割り振ったとしたら，たまたま片方の群に学力の高い人ばかりが集まってしまうことがあります。こうした事態を避けるためにペアにするのです。このような手続きにしたがってペアを作ることを**マッチング**といいます。

双子を15組集めて，双子の一方を第1群に，他方を第2群に割り当てるというのもペアの作り方の1つです。[注1] こうしてできた2群は，やはり，対応のある2群になります。

▷1 双子の場合は，学力のような手続きを踏まないでも，もともとマッチングされています。

さらに，あるダイエット法の効果を検証するために，被験者全員に対してダイエット前の体重を測り，ダイエット後にも体重を測定した場合のような，1人の被験者に2つの値がある場合も，やはり対応のあるデータになります。このように，同じ被験者が複数の条件を経験することを，実験計画の言葉で，**被験者内計画**といいます。実験計画については，VII-4 で詳しくとりあげます。

また，独立な2群（対応のない2群）では，2群の間には関係がありません。

第 1 群の 1 番目のデータの値と第 2 群の 1 番目のデータの値はそれぞれ別々の被験者のデータですから，独立です。第 1 群と第 2 群の 2 番目以降のデータの値についても同様にそれぞれ独立です。このように 2 群は無関係なデータです。

▷2 「独立」とは，2 変数の間に関係がないことを意味します。

一方，対応のある 2 群の間には相関が存在します。一般に正の相関になります。たとえばマッチングの場合，似ている 2 人をペアにするわけですから，結果も似てくるためです。第 1 群の 1 番目のデータの値と第 2 群の 1 番目のデータの値がマッチングされたペア（たとえば双子どうし）のデータであれば，2 つの間に関係はあります。また，ダイエットの前後の体重のように 2 つとも同じ被験者のデータである場合，この 2 つの値は無関係ではありません。2 番目以降のデータの値についても同様にそれぞれ無関係ではありません。このように 2 群は関連のあるデータですから，相関があるということになります。

表 6.4.1 にデータの対応のある・なしをまとめました。

表 6.4.1 データの対応のある・なし

対応のある・なし	2 群への被験者の割り当て	2 群の間の関係	データの例	用いる検定
対応なし（独立な 2 群）	まったくランダムに割り当てる	無関係	学籍番号の奇数・偶数で分ける	独立な 2 群の t 検定
対応あり（対応のある 2 群）	・まず，ペアを作った後，それぞれの群に割り当てる ・すべての被験者を両方ともに割り当てる	一般に正の相関がある	・成績が同程度の被験者をペアにする ・双子 ・同一被験者が複数の条件を経験する	対応のある t 検定

② 対応のある t 検定

対応のある 2 群のデータについては，VI-2，VI-3 で紹介した「独立な 2 群の平均値差に関する t 検定」ではなく，別の方法が考えられています。

表 6.4.2 は対応のあるデータの例です。8 人の被験者が心理統計の指導をうける前とうけた後で，心理統計のテスト得点がどれだけ変化したかをあらわしています。この場合，ある 1 人の被験者の中で「指導前」と「指導後」の値が対応しています（そのため，表 6.4.2 には各データの値ごとに「縦の仕切り」を入れておきました。VI-3 の表 6.3.1 では，こういう「縦の仕切り」を入れていませ

▷3 「別の方法」とはここで紹介する「対応のある t 検定」です。これは，「独立な 2 群の t 検定」と比べると，2 群に相関がある分検定力が高くなるというメリットがあります。詳しくは，南風原（2002）（エピローグ-2 参照）を参照してください。

表 6.4.2 対応のある 2 群のデータ

指導前 X_1	20	44	55	62	50	48	60	45
指導後 X_2	30	56	68	70	55	64	60	37
差得点 D	10	12	13	8	5	16	0	−8

ん）。

　たとえば，一番左の「指導前20点，指導後30点」の人ですが，この2つの数字20と30はともにこの人の値ですので，たとえば30を右隣の56という数字と入れ替えてはだめですよね。これが「対応あり」の意味です。

　このような対応のある2群のデータでは，「差得点」を考えます。差得点とは，「指導後のテスト得点−指導前のテスト得点」のことです。指導前のテスト得点を X_1，指導後のテスト得点を X_2，差得点を D とそれぞれあらわすことにすれば，

$$D = X_2 - X_1$$

となりますが，さらに，これらの標本平均 $\bar{X_1}$，$\bar{X_2}$，$\bar{D}$ の間には，

$$\bar{D} = \bar{X_2} - \bar{X_1}$$

という関係が成り立ちます。

　実際に，表6.4.2のデータで，指導前のテスト得点の平均 $\bar{X_1}=48$，指導後のテスト得点の平均 $\bar{X_2}=55$，差得点の平均 $\bar{D}=7$ となりますから，この式が成り立っていることが確認できます。対応なしの場合，X_1-X_2 と表現しましたが，ここでは X_2-X_1 と表現しています。これは「事前から事後にかけてどれだけ伸びたか」ということをわかりやすくするためですが，X_2-X_1 としても，X_1-X_2 としても検定の結果は両側検定であれば，同じになります。▷4

　対応のある2群については，この差得点 D が，平均 μ_D，分散 σ_D^2 の正規分布にしたがうと仮定すれば，つまり，$D \sim N(\mu_D, \sigma_D^2)$ とすれば，その標本平均 $\bar{D}$ の分布（標本分布）もまた正規分布にしたがうことを利用して検定をおこなうことができます。

　$D \sim N(\mu_D, \sigma_D^2)$ であれば，その標本分布は $\bar{D} \sim N\left(\mu_D, \dfrac{\sigma_D^2}{n}\right)$ となるということです。▷5 そして，この標本分布を標準化▷6すれば，$Z = \dfrac{\bar{D} - \mu_D}{\sigma_D / \sqrt{n}}$ は標準正規分布 $N(0, 1)$ にしたがうわけですが，▷7 検定統計量の分母にある σ_D は未知ですから，これを標本から推定した $\hat{\sigma}_D$（不偏分散の $\sqrt{}$）で代用すると，$t = \dfrac{\bar{D} - \mu_D}{\hat{\sigma}_D / \sqrt{n}}$ は自由度 $df = n-1$ の t 分布にしたがうことが知られています。

　以上により，t 分布を利用した検定をおこなうことができるようになるというわけです。そして，この検定は，$\boxed{\text{VI-1}}$ でとりあげた，1群（1標本）の平均値の検定と同一の方法です。このように，対応のある t 検定は，2群の平均値を比較するためのものですが，本質的には「差得点」という1つの平均値の検定であることに注意してください。

▷4　片側検定では対立仮説 H_1 は $\mu_D > 0$（得点の変化の母平均は正である）となります。この場合，棄却域は帰無分布の右すそのみに設けるので，D の値が正になるように $D = X_2 - X_1$ としておく必要があります。

▷5　この点については $\boxed{\text{IV-6}}$ 参照。

▷6　標準化については $\boxed{\text{II-7}}$ 参照。

▷7　標準正規分布については $\boxed{\text{IV-4}}$ 参照。

3 対応のある2群の平均値差の検定の手順

以下のような例題を考えてみましょう。

例題 6.4

心理統計の新しい指導法の教授効果をみるため，全国の大学の心理学科から学生8人を無作為に選び，被験者になってもらいました。指導前と指導後に難易度の等しいテストをおこなった結果が表6.4.2です。この指導法は全国の大学の心理学科の学生に有効であるといえるでしょうか？指導前と指導後の平均の変化について，有意水準5％の両側検定を実行してください。

1. 帰無仮説と対立仮説の設定：

   帰無仮説 $H_0 : \mu_D = 0$　得点の変化の母平均は0である。

   対立仮説 $H_1 : \mu_D \neq 0$　得点の変化の母平均は0ではない（両側検定）。

2. 検定統計量の選択：$t = \dfrac{\bar{D} - \mu_D}{\hat{\sigma}_D / \sqrt{n}}$ を検定統計量とします。そして，この検定統計量は自由度 $df = n - 1$ の t 分布にしたがうことがわかっています（n は被験者の数で，この例では8です。したがって，この場合の自由度は$8-1=7$です）。検定統計量の分母は，標準誤差 $\dfrac{\sigma_D}{\sqrt{n}}$ ではなく，$\dfrac{\hat{\sigma}_D}{\sqrt{n}}$ です。母分散 σ_D^2 がわからないため，標本から母分散を推定した $\hat{\sigma}_D^2$（不偏分散）が用いられています。

3. 有意水準 α の決定：5％，つまり $\alpha = 0.05$ とします。

4. 検定統計量の実現値を求める：データより不偏分散の $\sqrt{\ }$ を求めると

$$\hat{\sigma}_D = \sqrt{\dfrac{(10-7)^2 + (12-7)^2 + (13-7)^2 + (8-7)^2 + (5-7)^2 + (16-7)^2 + (0-7)^2 + (-8-7)^2}{8-1}}$$
$$= 7.84$$

となりますから，検定統計量 t の分母は $\dfrac{\hat{\sigma}_D}{\sqrt{n}} = \dfrac{7.84}{\sqrt{8}} = 2.77$ と求まります（これが $\bar{D}$ の標準誤差の推定値です）。また，$\bar{D} = 55 - 48 = 7$ ですから，検定統計量の実現値は $t = \dfrac{\bar{D} - \mu_D}{\hat{\sigma}_D / \sqrt{n}} = \dfrac{7 - 0}{2.77} = 2.53$ となります。

5. 帰無仮説の棄却または採択の決定：t 分布に関する確率計算は，巻末の t 分布表を用いておこないます。自由度7，両側検定の有意水準0.05のとき，t の臨界値は2.365となることがわかります。よって，棄却域は $|t| \geq 2.365$（$t \leq -2.365$ あるいは，$2.365 \leq t$）となります。検定統計量の実現値2.53はこの棄却域に入るので，帰無仮説は棄却されます。検定の結果は，「心理統計の新しい指導法には5％水準で有意な指導効果がみられた」などと報告することになります。

▷8 まったく同一のテストを2回やったのでは，テストの成績がよくなったとしても，その原因が指導法の教授効果によるものなのか，単に2回やったために問題を覚えていたからなのか，はっきりしなくなってしまいます。そこで，出題範囲や難易度が等しいテストを2種類用意して，同じ学力の受験者がこの2種類のテストをうけたら得点が等しくなるものと仮定します。

▷9 不偏分散については $\boxed{\text{IV-11}}$ を参照。かっこ内で各々7をひいているのは，D の平均が7だからです。

▷10 D という記号が用いられているため，別のものと考えてしまうかもしれませんが，ここで紹介した手続きは $\boxed{\text{VI-1}}$ の方法とまったく同じものです。

VI 2つの平均を比べよう（t検定）

5 t検定の前提条件とウェルチの検定

1 t検定の前提条件

VIでは，2つの集団の平均値に差があるかどうかを確認するための方法として，t検定を学びました。しかし，「2つの集団の比較」といっても，実際に関心があるのは，たまたま手元に得られた標本における平均値差ではなく，その標本が抽出された，もとの母集団における平均値差です。t検定では，「2つの母集団における平均（母平均）の比較」を，それぞれの母集団から抽出した2つの標本によっておこなっているということになるわけです。そして，t検定を実施する際には，表6.5.1にある3つの条件を満たしていることが必要となるのです。

▷1 なお，ここでは「独立な2群の平均値の比較」についてみていきます。対応のあるデータの場合はどうするのか？と疑問に思った方もいらっしゃるかもしれません。対応のある t 検定の場合も検定の目的は2群の平均値の比較です。しかし，対応のある t 検定は本質的には差得点という1つの平均値の検定なので，分散の等質性をチェックする必要はないのです。

▷2 また，この前提条件は，VIIで紹介する分散分析においても当てはまるものです。ただし，分散分析では，3つ以上の平均値を比較するので，条件3は，「すべての母集団の分散が等質であること」となります。

表6.5.1　t検定の前提条件

1. 標本抽出が無作為におこなわれていること（無作為抽出）。
2. 各群の母集団の分布が正規分布にしたがっていること（正規性）。
3. 2つの母集団の分散が等質であること（分散の等質性）。

2 分散の等質性の検定

t検定の前提条件の1つである「分散の等質性」が満たされているかを確認するための検定には，Bartlett（バートレット）の検定，Hartley（ハートレー）の検定（ハートレーの $F_{\max}$ 検定），Levene（ルビーン）の検定などがあります。

ここでは**ハートレーの $F_{\max}$ 検定**（エフマックスけんてい）の手続きを紹介します。

▷3 この方法は他の方法に比べて，検定統計量の計算も容易で初学者にもわかりやすい方法です。この方法は，VIIの分散分析をおこなう際の，分散の等質性の検定でも同様に利用することができます。

1. 帰無仮説と対立仮説の設定：

　帰無仮説 $H_0: \sigma_1^2 = \sigma_2^2$　2つの母分散は等しい。

　対立仮説 $H_1: \sigma_1^2 \neq \sigma_2^2$　2つの母分散は等しくない。

　このように，帰無仮説と対立仮説は母分散について立てます。

2. 検定統計量の選択：$F_{\max} = \dfrac{\hat{\sigma}_{\max}^2}{\hat{\sigma}_{\min}^2}$ を検定統計量とします。これは，2つの標本それぞれから不偏分散を求め，値の大きいほう $\hat{\sigma}_{\max}^2$（シグマ・マックス・ハットのじじょう）を値の小さいほう $\hat{\sigma}_{\min}^2$（シグマ・ミニマム・ハットのじじょう）でわることにより求められます。すなわち，不偏分散の比が検定統計量となるわけです。こうして求められた検定統計量 $F_{\max}$ は，巻末の付表5にある

F_{max} の分布表にしたがいます。このときの自由度は $n-1$ です。n は各群のサンプルサイズで，2つの群のサンプルサイズが等しいものとしています。このように，ハートレーの検定は基本的には2群のサンプルサイズが等しい場合に適用できる方法です。

3. 有意水準 α の決定：5％，つまり $\alpha=0.05$ とします。
4. 検定統計量の実現値を求める：ここでは，VI-3 の例題6.3のデータについて，分散の等質性の検定をおこなうことにしましょう。表6.5.2には2つの群の不偏分散が記されています。これより，$\hat{\sigma}_{max}^2=314.29$，$\hat{\sigma}_{min}^2=142.86$ ですから，$F_{max}=\dfrac{\hat{\sigma}_{max}^2}{\hat{\sigma}_{min}^2}=\dfrac{314.29}{142.86}=2.20$ となります。

表6.5.2　2群の平均と不偏分散

	平均	不偏分散
新しい指導法（$n_1=8$）	60	314.29
従来の指導法（$n_2=8$）	40	142.86

5. 帰無仮説の棄却または採択の決定：検定統計量の実現値が求められたので，F_{max} の分布表より，棄却域を求めます。「分散の個数」というのは，比較する母分散がいくつあるかということです。この場合，2群の t 検定ですから，「分散の個数」は2つです。2群のサンプルサイズはそれぞれ8なので，自由度は $n-1=8-1=7$ です。有意水準 $\alpha=0.05$ ですから，F_{max} の分布表の値は4.99となります。すなわち，棄却域は $F_{max} \geq 4.99$ ということです（V-11，V-12 のカイ2乗検定のときと同様に，このハートレーの検定でも，棄却域は分布の片側にのみ設けられます）。検定統計量の実現値は2.20でしたので，棄却域には入りません。すなわち，「分散は等質である」という帰無仮説が棄却されないということになります。このため，2つの母分散は等質でないとはいえないということになり，これより，分散の等質性の仮定は満たされていると判断することになります。よって，等分散の仮定が満たされているので，t 検定をおこなうことができたわけです。

③ 分散の等質性が満たされないときは…

独立な2群の平均値について t 検定をおこなうことにしました。t 検定に先立って，ハートレーの検定をおこない分散の等質性をチェックしたところ，分散は等質であるという帰無仮説が棄却されてしまったとします。つまり，分散の等質性という前提条件が満たされないことがわかったという場合です。この場合，通常の t 検定とは別の方法で検定をおこなう必要があります。ここでは，**ウェルチの検定**（Welch の検定）を紹介します。

▷4　2群のサンプルサイズが等しくない場合は，サンプルサイズが大きいほうの n を用いればよいでしょう。

▷5　分散の等質性の検定が通常の検定と異なるのは，いわば，帰無仮説が棄却されないという結果が出ることを期待しているという点です。なぜなら，帰無仮説が棄却されない＝等分散＝t 検定の前提条件が満たされる，ということだからです。これまでみてきたとおり，通常の検定では，帰無仮説は棄却されてほしいものです（無に帰してほしいわけですから）。しかし，分散の等質性の検定では，逆に帰無仮説が棄却されなかったときに，「分散が等質である」と判断することができるわけで，積極的に帰無仮説を支持したいという逆の立場に立っているわけです。

▷6　ところで，実は，この前提条件が満たされていなくても t 検定の結果が大きくゆがむことはないことが知られています。ならば，分散の等質性のチェックはいらないのでは，と思う方もいるかもしれません。しかし，統計ソフトでは，分散の等質性が満たされない場合の検定についても出力されることが多いので，以下ウェルチの検定について説明します。

VI 2つの平均を比べよう（t 検定）

まずは，次式の t'（ティ・プライム）を求めます。

$$t' = \frac{\overline{X}_1 - \overline{X}_2}{\sqrt{\dfrac{\hat{\sigma}_1^2}{n_1} + \dfrac{\hat{\sigma}_2^2}{n_2}}}$$

この t' は次式によって計算される自由度 df の t 分布に近似的にしたがうことがわかっています。

$$df = \frac{\left(\dfrac{\hat{\sigma}_1^2}{n_1} + \dfrac{\hat{\sigma}_2^2}{n_2}\right)^2}{\left(\dfrac{\hat{\sigma}_1^2}{n_1}\right)^2 \dfrac{1}{n_1 - 1} + \left(\dfrac{\hat{\sigma}_2^2}{n_2}\right)^2 \dfrac{1}{n_2 - 1}}$$

▶7 「近似的にしたがう」という言い方が難しいと感じるかもしれませんが，要するに，自由度 df の t 分布に近くなるので，その t 分布を利用して検定をやってもよいということです。

通常，この df は整数にはならず，小数点以下がある「半端な数字」になってしまいます。そこで t 分布表の自由度をみて，計算して出てきた df にもっとも近いそれよりも小さな自由度を利用することになります。その他は通常の t 検定と同様です。

▶8 たとえば，$df = 45.67$ となったときは，自由度40のところの値を読みとればよいということです。

表6.5.3は VI-3 の例題6.3と同様の実験を別の被験者に対しておこなったときのデータだと思ってください。このデータに対して，分散の等質性の検定と2群の平均値の検定をおこなってみましょう。

表6.5.3 2群のデータ

新しい指導法	45	55	70	75	60	50	65	60
従来の指導法	10	20	70	20	60	60	20	60

2群の平均と不偏分散を求めると，表6.5.4のようになります。

表6.5.4 2群の平均と不偏分散

	平均	不偏分散
新しい指導法（$n_1 = 8$）	60	100
従来の指導法（$n_2 = 8$）	40	600

まずは，分散の等質性を確認するためのハートレーの F_{max} 検定です。

1. 帰無仮説と対立仮説の設定：

    帰無仮説 $H_0 : \sigma_1^2 = \sigma_2^2$　2つの母分散は等しい。

    対立仮説 $H_1 : \sigma_1^2 \neq \sigma_2^2$　2つの母分散は等しくない。

2. 検定統計量の選択：$F_{max} = \dfrac{\hat{\sigma}_{max}^2}{\hat{\sigma}_{min}^2}$ を検定統計量とします。

3. 有意水準 α の決定：5％，つまり $\alpha = 0.05$ とします。

4. 検定統計量の実現値を求める：表6.5.4より，$\hat{\sigma}_{max}^2 = 600$，$\hat{\sigma}_{min}^2 = 100$ ですから，$F_{max} = \dfrac{\hat{\sigma}_{max}^2}{\hat{\sigma}_{min}^2} = \dfrac{600}{100} = 6.00$ となります。

5. 帰無仮説の棄却または採択の決定：巻末の F_{max} の分布表より，棄却域を求めます。「分散の個数」は2，自由度は $n - 1 = 8 - 1 = 7$ です。有意水準 $\alpha = 0.05$ ですから，F_{max} の分布表の値は4.99です。よって，棄却域は $F_{max} \geq 4.99$

となります。検定統計量の実現値は6.00でしたので，この値は棄却域に入り，帰無仮説は棄却されます。「分散は等質である」という帰無仮説が棄却されたことより，分散の等質性の仮定が満たされていない，つまり「2群の分散は異なる」ということになります。

分散の等質性が満たされないので，ウェルチの検定を実行します。

1. 帰無仮説と対立仮説の設定：

   帰無仮説 $H_0：\mu_1=\mu_2$　2つの母平均は等しい。

   対立仮説 $H_1：\mu_1 \neq \mu_2$（両側検定）　2つの母平均は等しくない。

2. 検定統計量の選択：$t' = \dfrac{\bar{X}_1 - \bar{X}_2}{\sqrt{\dfrac{\hat{\sigma}_1^2}{n_1} + \dfrac{\hat{\sigma}_2^2}{n_2}}}$ を検定統計量とします。そして，この検定統計量は自由度 $df = \dfrac{\left(\dfrac{\hat{\sigma}_1^2}{n_1} + \dfrac{\hat{\sigma}_2^2}{n_2}\right)^2}{\left(\dfrac{\hat{\sigma}_1^2}{n_1}\right)^2 \dfrac{1}{n_1-1} + \left(\dfrac{\hat{\sigma}_2^2}{n_2}\right)^2 \dfrac{1}{n_2-1}}$ の t 分布に近似的にしたがうことになります。

3. 有意水準 α の決定：5％，つまり $\alpha=0.05$ とします。

4. 検定統計量の実現値を求める：$t' = \dfrac{60-40}{\sqrt{\dfrac{100}{8} + \dfrac{600}{8}}} = \dfrac{20}{9.35} = 2.14$

5. 帰無仮説の棄却または採択の決定：上記で求めた検定統計量 t' は，自由度 $df = \dfrac{\left(\dfrac{100}{8} + \dfrac{600}{8}\right)^2}{\left(\dfrac{100}{8}\right)^2 \dfrac{1}{8-1} + \left(\dfrac{600}{8}\right)^2 \dfrac{1}{8-1}} = 9.27$ の t 分布に近似的にしたがいます。巻末の t 分布表を利用すると，自由度9（9.27という自由度はないので，それよりも小さい整数値を選びます），両側検定の有意水準0.05のとき，t の臨界値は2.262となり，棄却域は $t \leq -2.262$ または $2.262 \leq t$ となります。実際のデータから求められた t' の実現値2.14は2.262よりも小さいので，棄却域に入りません。よって，帰無仮説は棄却されないということになります。検定の結果は「新しい指導法の効果と従来の指導法の効果の間には有意差はみられなかった」などと報告します。

以上みてきたように，独立な2群の平均値について検定を実行する場合，まず等分散かどうかを調べて（ここ VI-5），その結果次第で，t 検定をおこなう（VI-2，VI-3）かウェルチの検定をおこなう（VI-5）かが決まってくるというわけです。

コラム6

t 検定でやってはいけないこと

1　3つの平均値を比較したい

🧑‍🦰 いちろう君，もう心理学実験のレポートやった？

🧑 うん，もう出したよ，っていうか，締め切り昨日までじゃなかったっけ？

🧑‍🦰 そうなのよ。でも，先生に頼んで締め切りを明日まで待ってもらえることになったの。

🧑 そ，そうなんだ…。相変わらずの図々しさだなあ。

🧑‍🦰 うん？何かいった？それで，どうやって分析したらいいかさっぱりなの。ねえ，助けてよ！

🧑 はいはい，かしこまりました。で，データはとってあるの？

表C6.1　よしこのレポート用データ

A条件	B条件	C条件
3	7	5
4	8	4
4	9	6
3	6	7

🧑‍🦰 データはこれ（表C6.1）だけど。3条件で平均値に有意差があるかを分析しないといけないの。平均値を比べるんだから t 検定でいいのかしら。AとB，BとC，CとAって，3回 t 検定をやれば比べられるよね。私って頭いい？

🧑 うーん，ところが，それはダメなんだ。そんなふうに，同一のデータに対して t 検定を繰り返してはいけないんだよ。

🧑‍🦰 えっ！なんで？

2　「少なくとも…」の確率を考える

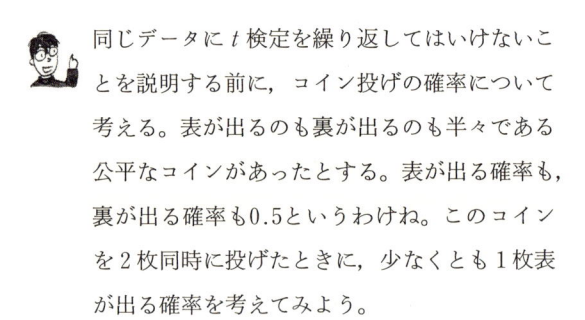

🧑 同じデータに t 検定を繰り返してはいけないことを説明する前に，コイン投げの確率について考える。表が出るのも裏が出るのも半々である公平なコインがあったとする。表が出る確率も，裏が出る確率も0.5というわけね。このコインを2枚同時に投げたときに，少なくとも1枚表が出る確率を考えてみよう。

🧑‍🦰 「少なくとも1枚は表」ということは，2枚とも表になる場合も，1枚だけ表になる場合もOKということね？

🧑 うん，そうだよ。この確率を求めるには，一番単純な方法は，コインを投げたときの表裏の出方をすべて書き出してみることだね。

表C6.2　2枚のコインの表裏の出方

	1枚目	2枚目
パターン1	表	表
パターン2	表	裏
パターン3	裏	表
パターン4	裏	裏

すると，表C6.2のようになって，全部で4とおりの出方がある。このうち，表が1回以上出たパターンの割合が求めたい確率だから…。

🧑‍🦰 表が1回でも出ているのは，パターン4以外全部ね。つまり，3とおりあるから，「少なくと

コラム6　t 検定でやってはいけないこと

も1枚表が出る確率」は $\frac{3}{4}$ ということね。

正解！こうやってすべての場合を数え上げれば求められるけど，コインの枚数が増えていったら，この方法は大変だよね。そんなときは，確率を計算で求めるといい。たとえば，2枚とも表が出る確率，というのは，「1枚目に表が出る確率×2枚目に表が出る確率」というふうに，確率をかけ算で求めることができるんだ。

1枚目に表が出る確率というのは $\frac{1}{2}$ よね。2枚目に表が出る確率も一緒だから，こっちも $\frac{1}{2}$。ということは，$\frac{1}{2} \times \frac{1}{2} = \frac{1}{4}$ ということ？

うん，そうだよ。表C6.2をみてみると，2枚とも表が出るのはパターン1の1とおりしかないから，確率は $\frac{1}{4}$ になっているよね。

なるほどー。でも，肝心の「少なくとも1枚表が出る確率」は，どうやって計算すればいいの？さっきより難しくない？

そうだね。こっちはちょっと難しい。ところでよしこちゃん，「少なくとも1枚は表が出る」の反対はなんだと思う？

反対？少なくとも1枚は表っていうのは，表が1枚か2枚か出ることだから，その反対は「2枚とも裏」ってことじゃない？

そう！そのとおり。「少なくとも…」の確率を求めるときは，まず，求めたいケースの反対のケースを考えてみるといいんだ。「少なくとも1枚は表」の反対は，「2枚とも裏」，いいかえると「1枚も表が出ない」ってことだね。そして，確率は全体で1になるということを合わせて考えれば，「少なくとも1枚は表が出る（＝表が2枚か1枚出る）」確率と，その反対の「2枚とも裏が出る（＝表が0枚出る）」確率を合計

すれば1になることがわかる。すると，

「少なくとも1枚は表が出る確率」
＝ 1 －「2枚とも裏が出る確率」

というふうに，「少なくとも…」の確率を求めることができるっていうわけ。

なるほどー。「少なくとも…」といった場合は，その逆のケースの確率を求めて1からひけばいいのね。2枚とも裏が出る確率，というのは，「1枚目に裏が出る確率×2枚目に裏が出る確率」だから，$\frac{1}{2} \times \frac{1}{2} = \frac{1}{4}$　これを1からひくから，$1 - \frac{1}{4} = \frac{3}{4}$　出たわ！

そうだね。ここでは「コインを2枚投げて少なくとも1枚表が出る」という出来事の確率を知りたかったわけだよね。このような「確率を求めたい出来事」のことを**事象**とよぶんだ。また，ある事象に対して，その反対の事象のことを**余事象**という。ある事象の生じる確率とその余事象の生じる確率の和が1（全事象の確率）となるというわけ。この関係を利用して，ある事象の生じる確率を「1－余事象の確率」という形で計算したのが，さっきの「少なくとも1枚は表が出る確率」ということさ。この「1－余事象の確率」という方法を使えば，「サイコロを2回振って，少なくとも1回1の目が出る確率」も求めることができるよ。

事象「サイコロを2回投げたときに少なくとも1回1の目が出る」の余事象を考えればいいのね。すると，余事象は「2回とも1以外の目が出る」でいいのかしら？

うん，それじゃあ求めたい確率はどうなる？

コラム6　t 検定でやってはいけないこと

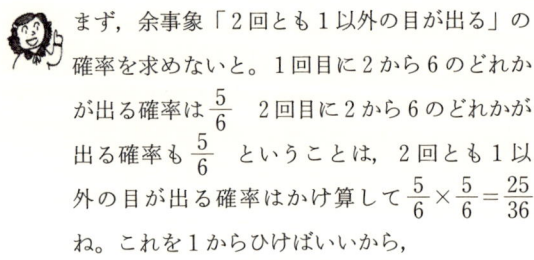

まず，余事象「2回とも1以外の目が出る」の確率を求めないと。1回目に2から6のどれかが出る確率は $\frac{5}{6}$，2回目に2から6のどれかが出る確率も $\frac{5}{6}$ ということは，2回とも1以外の目が出る確率はかけ算して $\frac{5}{6} \times \frac{5}{6} = \frac{25}{36}$ ね。これを1からひけばいいから，
$1 - \frac{5}{6} \times \frac{5}{6} = 1 - \frac{25}{36} = \frac{11}{36} = 0.306$ でいいかな？

正解！「少なくとも…」の確率にも，だいぶ慣れてきたみたいだね。

でも，「少なくとも…」の確率を「1−余事象の確率」で求めるってことと，t 検定を繰り返してはいけないことと何が関係あるの？

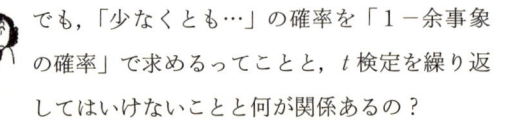

それを理解するには，第1種の誤りを理解する必要があるんだ。

3 第1種の誤りの確率

第1種の誤り？なにそれ？

第1種の誤りというのは，統計的仮説検定における2種類の誤りの1つで，「帰無仮説が正しいのに，それを棄却してしまう誤り」のことなんだ。本当は差がないのに，「有意差あり」と報告してしまうことだよ。

ふーん，それってまずいことなの？

そりゃあ，まずいよ。たとえば，裁判のときに，本当は無実なのに，裁判官からおまえは有罪だといわれてしまうようなものだもん。

げげっ！それは怖いわね。で，この第1種の誤りと t 検定を繰り返してはいけないことが関係あるのよね？どう話がつながるの？

検定をやるときには，この第1種の誤りが生じる確率をなるべく小さくしたい。でも，この確率を0にすることはできないんだ。だから，心理学では第1種の誤りを5％とか1％に設定することが多いんだよ。

それって，もしかして有意水準ってやつ？

冴えてるね，よしこちゃん！そう，第1種の誤りの確率は，危険率とか有意水準ともよばれる。それで，第1種の誤りの確率＝有意水準を5％とするというのは，帰無仮説が正しいときに，5％以下の確率でしか生じないようなデータ（標本）が得られたとしたら，それは偶然珍しいデータ（標本）が手に入ったのではなく，最初の「帰無仮説が正しい」という前提がおかしいからだと考える。これが検定の手続きなんだ。

うん，たしか，そのときは帰無仮説を棄却して対立仮説を採択するってことだったよね？

うん。だけど，ここで気をつけて欲しいのは，本当に帰無仮説が正しいのに5％以下の確率でしか生じないようなデータ（標本）が得られてしまった，たまたま珍しいデータ（標本）が手に入ってしまったというのもあり得るということなんだ。本当は正しい帰無仮説を棄却してしまったとしたら，これは第1種の誤りを犯してしまった，ということになるよね。

そっかー！5％以下でしか生じないようなデータなんて，ふつうは帰無仮説が間違っているからだって思っちゃうけど，本当に珍しいデータが手に入ることもあり得るってわけね。

うん，だから，第1種の誤りの確率というのは，「本当は差がないのにたまたま有意差が出る確

コラム6 t 検定でやってはいけないこと

率」といってもよいよね。このたまたま有意差が出る確率は1回の検定では5％。じゃあ，A，B，Cと3つの平均値を比べるために，AとB，BとC，AとCをペアにして，3回 t 検定を繰り返したとすると，3回のうち1回でもたまたま有意差が出る確率はどうなるかな？

あ，そうか！その「3回のうち，1回でもたまたま有意差が出る確率」を，さっきのコイン投げと同じように考えると，「少なくとも1回たまたま有意差が出る確率」といいかえることができるんじゃないかしら。

だいぶ，わかってきたみたいだね。じゃあ，その「少なくとも1回たまたま有意差が出る確率」を求めてみよう。

私やってみる！まずは，「少なくとも1回たまたま有意差が出る確率」の余事象を考えるんだよね。うーん，余事象は「3回とも有意差は出ない」でいいんじゃないかしら？

そうだね。ということは，「少なくとも…」の確率は，「1－余事象の確率」で計算できるから，1から「3回とも有意差が出ない確率」をひけばいいよね。

$$1-\underbrace{(1-0.05)}_{\uparrow}\times\underbrace{(1-0.05)}_{\uparrow}\times\underbrace{(1-0.05)}_{\uparrow}=1-0.86$$
$$=0.14$$

AとBに差が　BとCに差が　AとCに差が
出ない確率　出ない確率　出ない確率

というわけで，「少なくとも1回たまたま有意差が出る確率」は14％になった。これは，検定を1回だけやったときに「本当は差がないのにたまたま有意差が出る確率」5％よりも高くなっていることがわかるよね。つまり，もともとは5％水準で検定をやっていたはずなのに，3回繰り返しちゃうと，実質的には14％水準でやっていることになってしまうんだよ。

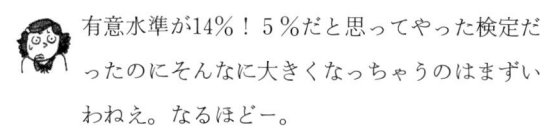

有意水準が14％！5％だと思ってやった検定だったのにそんなに大きくなっちゃうのはまずいわねえ。なるほどー。

4　3つ以上の平均値を比べるためには

というわけで，t 検定でできるのは，2つの平均値の差を比べるところまでなんだ。

でも t 検定が使えないんじゃあ，今回のレポートはどうすればいいの？

そんなときのために，3つ以上の平均値を比べるための方法がちゃんとあるんだ。それが分散分析だよ。『よくわかる心理統計』の Ⅶ を読むと分散分析のことがわかると思うよ。

へえ，そうなんだ。じゃあ早速，読んでみるね！…といいたいところだけど，レポートの締め切りは明日なの！今から読んでたら間に合わないじゃない。なんとかしてよ！分散分析まできっちり教えてもらいますからね。

よ，よしこちゃん…。

▷1　起こりうるすべての事象の集まりを全事象とよびます。
▷2　第1種の誤りについては V-6 参照。
▷3　コイン投げの例では，1回1回のコイン投げが独立なので，「少なくとも」の確率がかけ算によって求められます。ところが，この場合のように t 検定を3回繰り返すような状況では，厳密にはAとB，BとC，CとAの3とおりの比較は互いに独立ではないので，ここで紹介したような単純な確率のかけ算によって「少なくとも1回たまたま有意差が出る確率」を求めることはできません。しかし，ここでは説明を簡単にするため，このように説明してあります。

VII 3つ以上の平均を比べよう（分散分析）

1 「平均」の比較なのに，なぜ「分散」分析？

1 3つ以上の平均値を比べる

VIで紹介したように，2つの平均値の比較のためには，t検定を用いることができます。しかし，t検定では3つ以上の平均値を比べることはできません（コラム6を参照してください）。3つ以上のグループの平均値を比べたいときは，分散分析を利用します。ここではまず，分散分析の基本的な考え方を説明します。◂1

例題 7.1

よしこちゃんは授業のレポートのために，マックナルド，ボスバーガー，ラッテリアのハンバーガーのおいしさに差があるかを確かめる調査をしました。K大学の学生12人を被験者として集め，12人を4人ずつのA・B・C3つの群に分け，A群の人にはマックナルドのハンバーガーを，B群の人にはボスバーガーのハンバーガーを，C群の人にはラッテリアのハンバーガーを，というように，各々の人にどれか1つのハンバーガーを食べてもらい，おいしさを評価してもらった結果が表7.1.1です（表の数値は，値が大きいほどおいしいことを意味しています）。

表7.1.1 ハンバーガーのおいしさに関するデータ

A：マックナルド	B：ボスバーガー	C：ラッテリア
3	7	5
4	8	4
4	9	6
3	6	7

知りたいのは，3つのハンバーガーのおいしさに差があるかどうかです。この目的のために，A，B，C3つの平均値を比較することにしましょう。

2 データの分解

まずは，表7.1.1のデータを図示してみます。群（A～C）ごとにデータをプロットし，さらに，全データを一番左側にプロットしたのが，図7.1.1です。◂2 横線（−）は各群，および，全体の平均をあらわしています。図7.1.1をみると，群ごとに差があり，ハンバーガーのおいしさはB→C→Aの順になってい

▸1 VI-5で述べたとおり，t検定，分散分折の前提条件として「分散の等質性」がありましたが，この前提条件が満たされなくても分散分析の結果が大きくゆがむことはないことが知られています。そのため，ここでは分散の等質性について検討することはしませんが，ハートレーのF_{max}検定で分散の等質性を検討することができます。

▸2 この図は，以下の文献を参考にしています。
　永田靖　1992　入門統計解析法　日科技連出版社

るようにみえます。ここで問題となるのは、これらの差が統計的に有意なものかどうかということです。

例として、図7.1.1の「全データ」のところの8にプロットされているデータについて考えてみます（図中で大きい黒丸になっているところです）。このデータは、B群のデータです。なお、全データの平均（これを**全平均**といいます）は5.5、B群の平均（これを**群平均**といいます）は7.5となっています。同様に、A群の平均は3.5、C群の平均は5.5です。

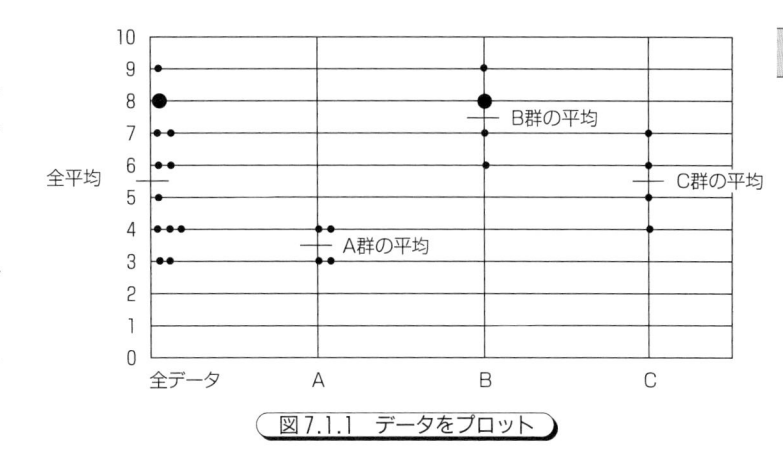

ここで、「データの値－平均」（平均からの偏差）を考えてみます。例として、B群のデータ「8」について、「データの値－全平均」を求めると、

$$データの値 - 全平均 = 8 - 5.5$$

となります。

群平均が全平均からどれだけ離れているかは、「群平均－全平均」であらわすことができますので、B群の場合、

$$群平均 - 全平均 = 7.5 - 5.5$$

となります。

また、B群の中で「データの値－群平均」を考えると、

$$データの値 - 群平均 = 8 - 7.5$$

となります。

ところでこれら3つの式の間には、

$$(データの値 - 全平均) = (群平均 - 全平均) + (データの値 - 群平均)$$
$$(8 - 5.5) = (7.5 - 5.5) + (8 - 7.5)$$
$$(2.5) = (2) + (0.5)$$

という関係が成り立っています。このような作業を図7.1.1のすべてのデータについておこなってみることにしましょう。

次ページの真ん中の表（「群平均－全平均」の表）については、その群のすべての値を同じ値＝群平均にしておきます（たとえば、A群については4つの値がすべて3.5になっていますね）。なお、以下のデータは表7.1.1に対応しています。

▷3 なんでそもそもこういう偏差を考えるのか？という疑問をもつ人もいるかもしれません。Ⅱ-6では、データのバラツキをあらわす指標として、「平均からの偏差」の2乗の平均である「分散」を考えました。そしてここでは「分散」分析を学んでいます。このことがヒントです。後はこの先を読み進めていくうちにわかってくるはずです。

Ⅶ 3つ以上の平均を比べよう（分散分析）

データの値−全平均			群平均−全平均			データの値−群平均		
A	B	C	A	B	C	A	B	C
3−5.5	7−5.5	5−5.5	3.5−5.5	7.5−5.5	5.5−5.5	3−3.5	7−7.5	5−5.5
4−5.5	8−5.5	4−5.5	3.5−5.5	7.5−5.5	5.5−5.5	4−3.5	8−7.5	4−5.5
4−5.5	9−5.5	6−5.5	3.5−5.5	7.5−5.5	5.5−5.5	4−3.5	9−7.5	6−5.5
3−5.5	6−5.5	7−5.5	3.5−5.5	7.5−5.5	5.5−5.5	3−3.5	6−7.5	7−5.5

↓計算すると… ↓計算すると… ↓計算すると…

データの値−全平均　　　　　群平均−全平均　　　　　データの値−群平均

A	B	C	A	B	C	A	B	C
−2.5	1.5	−0.5	−2	2	0	−0.5	−0.5	−0.5
−1.5	2.5	−1.5	−2	2	0	0.5	0.5	−1.5
−1.5	3.5	0.5	−2	2	0	0.5	1.5	0.5
−2.5	0.5	1.5	−2	2	0	−0.5	−1.5	1.5

↓表の値を合計すると… ↓表の値を合計すると… ↓表の値を合計すると…

　　合計＝0　　　　　　　　合計＝0　　　　　　　　合計＝0

▷4 正のものと負のものが打ち消しあうためです。Ⅱ-6 を参照してください。

上記のように，こうして得られた3つの差は，表ごとにそのまま合計すると0になってしまいます。そこで，それぞれを2乗して合計してみます。

（データの値−全平均）²　　　（群平均−全平均）²　　　（データの値−群平均）²

A	B	C	A	B	C	A	B	C
6.25	2.25	0.25	4	4	0	0.25	0.25	0.25
2.25	6.25	2.25	4	4	0	0.25	0.25	2.25
2.25	12.25	0.25	4	4	0	0.25	2.25	0.25
6.25	0.25	2.25	4	4	0	0.25	2.25	2.25

↓表の値を合計すると… ↓表の値を合計すると… ↓表の値を合計すると…

　　合計＝43　　　　　　　合計＝32　　　　　　　合計＝11

こうして3種類の合計が計算されました。つまり，（データの値−全平均）²の合計＝43，（群平均−全平均）²の合計＝32，（データの値−群平均）²の合計＝11ということです。それぞれの合計のことを以下のようによびます。

$$（データの値−全平均）^2の合計＝\textbf{全体平方和}＝43$$
$$（群平均−全平均）^2の合計＝\textbf{群間平方和}＝32$$
$$（データの値−群平均）^2の合計＝\textbf{群内平方和}＝11$$

▷5 群内平方和は**誤差平方和**とよぶこともあります。

ところで，これら3つの平方和の間には，

$$全体平方和＝群間平方和＋群内平方和$$

▷6 43＝32＋11ですよね。なお，もう少し一般的にこの式が成り立つことを示したものとして，南風原(2002)（ エピローグ-2 参照）があります。

という関係が成り立っています。このように全体平方和は，群間平方和と群内平方和に分解できるのです。これを**平方和の分解**といいます。

3 「平均」の比較なのに，なぜ「分散」分析？

　全体平方和は，1つ1つのデータの値と全平均との差を2乗して合計したものです。これは，1つ1つのデータの値と全平均との違いを集めたものです。◁7

　群間平方和とは，各群の平均と全平均との差を2乗して合計したものです。これは，それぞれの群平均と全平均との違いを示しています。◁8

　群内平方和（誤差平方和）は，1つ1つのデータの値とそのデータの値が属する群平均との差を2乗して合計したものです。それぞれの群の中（群の「内」）でのバラツキの大きさをあらわしているわけです（だから群「内」平方和とよびます）。◁9 このように群の中でのバラツキというのは，同じ会社のハンバーガーを食べたのに生じるバラツキということで，「ハンバーガーの会社の違い」では説明できないバラツキということから，これを誤差によるバラツキとみなします。そこで，群内平方和のことを誤差平方和とよぶこともあるというわけです。

　さて，私たちは今，3つの群（例題の場合，「群」とはハンバーガーの会社を指しています）の「平均」値に有意差があるかどうかを調べようとしています。それなのに，「分散」分析とよばれる方法を用いるのはなぜでしょうか。それは，群の平均値の比較を，以下のような平方和の分解を用いておこなうことができるからです。すなわち，

$$全体平方和 ＝ 群間平方和 ＋ 群内平方和$$

という分解です。この式の意味は，全体のバラツキ（全体平方和）を，群の違いによって説明できるバラツキ（群間平方和）と，誤差によって生じるバラツキ（群内平方和（誤差平方和））に分けるということです。そして，群の違いによって説明できるバラツキが，誤差によるバラツキに比べて十分に大きければ，◁10 バラツキが生じた原因を群の違いによるものとみなせるということになります。◁11

　ところで，平方和とは，（データの値－平均）の2乗和でした。たとえば，全体平方和は，（データの値－全平均）の2乗和です。つまり，

$$全体平方和 ＝ (1番目のデータの値－平均)^2 ＋ (2番目のデータの値－平均)^2$$
$$＋ \cdots ＋ (n番目のデータの値－平均)^2$$

ということです。この式の右辺をどこかでみたことがあるような気がしませんか。そう，これは分散の式の分子と同じものです。これをデータ数nでわれば，標本分散を求めることができるということです。つまり，平方和というのは，◁12 nでわれば分散になるものですから，分散の一種とみなすことができるわけです。そして，群の平均値の比較を，全体のバラツキ（分散）を2つのバラツキ（分散）に分解して分析しようとするのが，分散分析です。

▷7　いいかえると，全体平方和はデータ全体のバラツキの大きさ，つまり，この場合12人の被験者のおいしさの評価のバラツキの大きさをあらわしていると捉えることができます。

▷8　群の違い（例題ではハンバーガーの会社の違い）によって生じるおいしさの評価のバラツキの大きさをあらわしていると考えることができます。

▷9　たとえば同じC群に属する4人の中でもおいしさの評価には違いがあるということです。

▷10　「全体平方和＝群間平方和＋群内平方和」という分解で，たとえば43（全体）＝13（群間）＋30（群内）となったときは誤差によるバラツキのほうが大きく，43（全体）＝33（群間）＋10（群内）となったときは群の違いによって説明できるバラツキのほうが大きいということです。

▷11　実際には，単純に群間平方和と群内平方和を比較するのではなく，それぞれの平方和をある値でわったものを比較することになります。ここで「ある値」とは，自由度のことです。平方和を自由度でわるということについては，Ⅶ-2 で詳しく紹介します。

▷12　データの個数－1，すなわち$(n-1)$でわれば，不偏分散が求まります。標本分散と不偏分散については，Ⅳ-11 参照。

VII 3つ以上の平均を比べよう（分散分析）

2 分散分析の手順（1要因被験者間計画）

1 分散分析の手順

ここで，もう一度 VII-1 の例題のデータを載せておきます。表7.2.1には，群平均と全平均の値も追加しておきました。

表7.2.1 ハンバーガーのおいしさに関するデータ

A：マックナルド	B：ボスバーガー	C：ラッテリア
3	7	5
4	8	4
4	9	6
3	6	7
群平均 3.5	7.5	5.5

全平均 5.5

例題 7.1

よしこちゃんは授業のレポートのために，マックナルド，ボスバーガー，ラッテリアのハンバーガーのおいしさに差があるかを確かめる調査をしました。K大学の学生12人を被験者として集め，12人を4人ずつのA・B・C 3つの群に分け，A群の人にはマックナルドのハンバーガーを，B群の人にはボスバーガーのハンバーガーを，C群の人にはラッテリアのハンバーガーを，というように，各々の人にどれか1つのハンバーガーを食べてもらい，おいしさを評価してもらった結果が表7.2.1です（表の数値は，値が大きいほどおいしいことを意味しています）。

知りたいのは，3つのハンバーガーのおいしさに差があるかどうかです。この目的のために，A，B，C 3つの平均値を分散分析により比較します。

分散分析も統計的仮説検定の一種ですから，その手順もこれまで紹介してきた方法（ V-7 の表5.7.1）と変わりません。

▷1 統計的仮説検定については V-1 参照。

▷2 ここでの母集団は，それぞれのハンバーガーを食べるすべての人のおいしさの評価であると考えてください。たとえば，μ_A とはマックナルドのハンバーガーを食べるすべての人のおいしさの評価の平均です。

▷3 つまり，$\mu_A=\mu_B=\mu_C$ の等号（＝）のいずれかは≠となるということです（$\mu_A\neq\mu_B=\mu_C$ かもしれないし，$\mu_A=\mu_B\neq\mu_C$ または，$\mu_A=\mu_C\neq\mu_B$，$\mu_A\neq\mu_B\neq\mu_C$ かもしれません）。

1. 帰無仮説と対立仮説の設定：
   帰無仮説 $H_0：\mu_A=\mu_B=\mu_C$　A，B，C 3つの母平均は等しい。
   対立仮説 $H_1：H_0$ ではない。
2. 検定統計量の選択：分散分析では，F という検定統計量を利用します。
3. 有意水準 α の決定：有意水準 $\alpha=0.05$ とします。
4. 検定統計量の実現値を求める：データから検定統計量Fの実現値を求めるのは，それほど簡単なことではありません。データからFを求めるために分散分析表とよばれる表を作成します。以下では分散分析表の作り方を紹介します。
5. 帰無仮説の棄却または採択の決定：分散分析表を作成した後でおこなうことになります。

2 分散分析表を作成する

検定統計量 F の実現値を求めるために，分散分析表を作成します。分散分析表は表7.2.2のような表です。表7.2.2は表のほとんどがまだ空欄です。この空欄を埋めて表を完成させていくことにしましょう。

要因というところには，上から順に「群間」と「群内（または誤差）」と書き入れます。平方和には，VII-1 で求めた，下記の3つの平方和が入ります。

$$全体平方和 = (データの値 - 全平均)^2 \text{ の合計} = 43$$
$$群間平方和 = (群平均 - 全平均)^2 \text{ の合計} = 32$$
$$群内平方和 = (データの値 - 群平均)^2 \text{ の合計} = 11$$

自由度の欄には，群間，群内，全体のそれぞれに対する自由度を書き入れることになります。自由度の計算は以下のようにおこないます。

「群間」の自由度＝群の数－1：例題では3つの群がありますので，群間の自由度は，3－1＝2となります。

「群内」の自由度＝（各群におけるデータ数－1）を合計する：例題では，（条件Aのデータ数－1）＋（条件Bのデータ数－1）＋（条件Cのデータ数－1）＝（4－1）＋（4－1）＋（4－1）＝9となります。

「全体」の自由度＝全データ数－1：例題では，全データ数は12ですから，自由度は12－1＝11となります。ここまでのことを書き込んでみると，表7.2.3のようになります。

表7.2.3をみると，平方和について，群間平方和＋群内平方和＝全体平方和（32＋11＝43）が成り立っていること，さらに，自由度について，群間の自由度＋群内の自由度＝全体の自由度（2＋9＝11）が成り立っていることが確認できます。

さて，続いては平均平方です。**平均平方**とは，自由度1つあたりの平方和の値です。平均平方は「平方和÷自由度」で求めます。一般に平方和は自由度が大きいほど大きな値をとる傾向にあります。平均平方を求めることによりその影響を調整することができます。すぐ後に，群間と群内のバラツキを比較しますが，もし平方和のまま比較したのでは，平方和が大きいのは，バラツキが大きいからなのか，自由度が大きいからなのか，わからないのです。このことについて，例をあげて説明しましょう。

図7.2.1をみてください（横軸はデータ，縦軸は度数です）。左図には（6, 7, 8, 9）と4つのデータの値があります（例題のB群のデータと一致しています）。平均は7.5です。このデータから分散を求めると，以下のように，1.25となります。

表7.2.2　分散分析表（未完成）

要因	平方和	自由度	平均平方	F
全体				

表7.2.3　分散分析表（途中経過）

要因	平方和	自由度	平均平方	F
群間	32	2		
群内	11	9		
全体	43	11		

▶4　分散とその求め方については II-6 参照。なお，単に「分散」と書いた場合には，「標本分散」を指します。

VII　3つ以上の平均を比べよう（分散分析）

$$\frac{(6-7.5)^2+(7-7.5)^2+(8-7.5)^2+(9-7.5)^2}{4}=\frac{5}{4}=1.25$$

図7.2.1の右図は$(6,6,7,7,8,8,9,9)$と8つのデータの値があります。つまり，さきほどのデータ$(6,7,8,9)$の各々を2つずつにして，データ数を2倍にしたものです。平均は7.5で変わりません。また，このデータから分散を

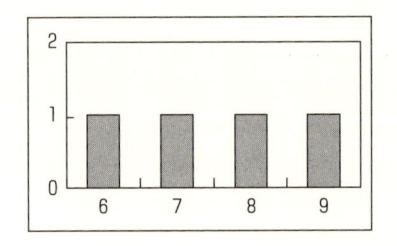

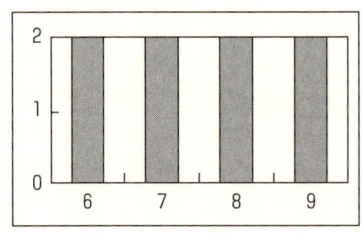

図7.2.1　データ数は異なるがバラツキは等しい2つのデータ

求めると，以下のように，やはり1.25となり変わりません。

$$\frac{(6-7.5)^2+(6-7.5)^2+(7-7.5)^2+(7-7.5)^2+(8-7.5)^2+(8-7.5)^2+(9-7.5)^2+(9-7.5)^2}{8}$$
$$=\frac{10}{8}=1.25$$

図をみても，分散の値をみても，これら2つのデータはバラツキが等しいことがわかりますね。ところが，平方和は左図については5ですが右図については10となります（平方和は，分散を求める式の分子の値です）。バラツキの大きさは同じはずなのに，平方和では値が倍になっています。これはデータ数が違うためです。これが「平方和は自由度が大きいほど大きな値をとる」の意味です。

▷5　ちなみに，全体の平均平方は全体平方和を自由度11でわることで求められますが，これは不偏分散です。

さて，それでは元に戻って平均平方を計算します。群間の平均平方＝$32\div 2=16.00$，群内の平均平方＝$11\div 9=1.22$です。全体の平均平方は分散分析には利用しないので，普通は計算しません。

最後に，Fを求めます。Fは，「群の違いによるバラツキ」が「誤差によるバラツキ」の何倍になるかを比であらわしたものです。Fは平均平方の比，すなわち，「群間の平均平方」÷「群内の平均平方」＝$16.00\div 1.22=13.11$となります。こうして，分散分析表が完成しました（表7.2.4）。

表7.2.4　分散分析表（完成）

要因	平方和	自由度	平均平方	F
群間	32	2	16.00	13.11
群内	11	9	1.22	
全体	43	11		

3　F分布

分散分析では，ここで得られたFを検定統計量として用います。検定統計量Fの棄却域を求めるためには，**F分布**とよばれる分布を利用します。

F分布は図7.2.2のような確率分布です。これまで出てきたt分布やχ^2分布と同じように，自由度によって分布の形が変わります。t分布やχ^2分布と違う点は，F分布には自由度が2つ（分子の自由度と分母の自由度）あるところです。2つの自由度の値によって，F分布はさまざまな形状に変化するということになります。

さて，分散分析の手順のうち4つ目まではすでにすんでいました。後は，手

VII-2 分散分析の手順（1要因被験者間計画）

順5の「帰無分布における棄却域」を求めて，帰無仮説の棄却・採択の判断をすることが残されています。

棄却域を求めるためにはF分布表を利用します。F分布表は巻末の付表4です。F分布表では，分子の自由度と分母の自由度を決めることで，棄却の臨界値が求まります。検定統計量F＝群間の平均平方÷群内の平均平方ですから，分子の自由度は群間の自由度，分母の自由度は群内の自由度になります。例題の場合は，分子の自由度＝2，分母の自由度＝9です。有意水準$\alpha=0.05$のとき，分子の自由度2の列と分母の自由度9の行が交わるところの値をみると4.26となっています。▼6 これから，棄却域は$F \geq 4.26$と求められました。▼7

実際のデータから求められたFの実現値は13.11でした。この値は5％水準のときの棄却域$F \geq 4.26$に入りますので，帰無仮説は棄却されます。つまり，検定の結果，ハンバーガーのおいしさは5％水準で有意差があるということがわかりました。論文などでは，$F(2,9)=13.11(p<.05)$とか$F_{2,9}=13.11(p<.05)$といった表記をすることがあります。これは「F（分子の自由度，分母の自由度）＝分散分析表のFの値（p値が.05より小さい）」という書き方で，検定に必要な情報をすべて含んでおり，1行で検定の結果をあらわせます。

以上が，分散分析の手順です。基本的にはこれまでに勉強してきた統計的仮説検定と同じです。検定統計量としてFを用いること，そのFを計算するために分散分析表を作成すること，さらに，このFは2つの自由度をもつこと，などがこれまでの方法とは違う点といえるでしょう。

また，分散分析は3つ以上の群の平均値を比較するために用いるものですが，分散分析をやっただけでは，具体的にどの群とどの群の間に有意差があるかはわかりません。分散分析でわかるのは，3つ以上の群があったときにそれらの平均値のどこかに有意差があるということだけなのです。これは帰無仮説と対立仮説の立て方をみると理解できると思います。

帰無仮説 $H_0: \mu_A = \mu_B = \mu_C$　A，B，C 3つの母平均は等しい。
対立仮説 $H_1: H_0$ではない。▼8

分散分析の結果，帰無仮説が棄却され対立仮説が採択されたとしても，$\mu_A \neq \mu_B = \mu_C$なのか，$\mu_A = \mu_B \neq \mu_C$なのか，$\mu_A = \mu_C \neq \mu_B$なのか，あるいは$\mu_A \neq \mu_B \neq \mu_C$なのかはわからないのです。もし，3つの群のどこかに差があるというだけでなく，どの群とどの群の間に有意差があるかを知りたいときは，さらに別の方法が必要です。その方法については，VII-3 で紹介します。

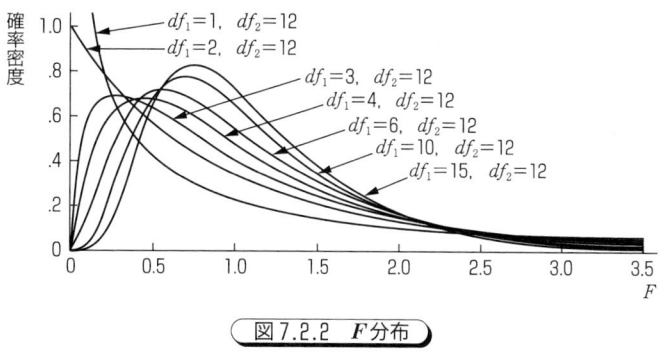

図7.2.2　F分布

（注）df_1＝分子の自由度，df_2＝分母の自由度

▼6　F分布表から求めた棄却の臨界値を記号で表記する場合は，有意水準α，分子の自由度df_1，分母の自由度df_2という3つの数値を添え字にしてF_{α,df_1,df_2}とあらわすことがあります。たとえば$\alpha=0.05$，$df_1=2$，$df_2=9$のときは，臨界値を$F_{0.05,2,9}=4.26$のようにあらわします。

▼7　Fは，群間の平均平方が群内の平均平方の何倍になるかをあらわしています。Fの値が大きいほど，群の平均値に差があるということになります。したがって$F \geq 4.26$のように，棄却域はF分布の片側にだけ設定します。つまり，分散分析は片側検定です。

▼8　$\mu_A = \mu_B = \mu_C$の等号（＝）のいずれかは≠となるということです。

VII 3つ以上の平均を比べよう（分散分析）

3 多重比較

1 どことどこに有意差があるか

分散分析の結果，5％水準で有意となりました。めでたし，めでたし，と，ここで終わりにしてはいけません。なぜでしょうか。それは，VII-2 で述べたように，分散分析でわかったことは，全体としてみると3つのハンバーガーのおいしさに有意差がある，ということだけだからです。具体的にどことどこの間に有意差があるか，ということについてまではわからないのです。そこで，続いて，3つのハンバーガーのうち，どことどこに有意な差があるのかということを調べていくことにします。このためにおこなわれるのが，**多重比較**とよばれる方法です。

2 多重比較

3条件以上の平均値の比較において，分散分析の結果，有意差が出たとします。続いて，どの条件とどの条件の間に差があるのかを確かめるためにおこなう分析を多重比較といいます。この多重比較の方法にはさまざまなものがあります。主なものには，以下の表7.3.1のような方法があります。

表7.3.1 主な多重比較の方法

テューキー（Tukey）の方法
フィッシャー（Fisher）の *LSD*（Least Significant Difference）法
ニューマン・クールズ（Newman-Keuls）の方法
ダネット（Dunnett）の方法
シェッフェ（Scheffé）の方法
ボンフェローニ（Bonferroni）の方法

多重比較にはここで紹介したもの以外にもたくさんの方法があります。その中で「どれが一番よい」というのは一概にはいいにくいのです[1]。心理学の分野でよく用いられている多重比較は**テューキーの方法**です。そこで，ここではこのテューキーの方法を紹介し，補足的にフィッシャーの *LSD* 法についても紹介することにします。

▷1 多重比較には，それだけで1冊の本が書けてしまうくらいの内容の深さがあるのです。たとえば，以下の文献があります。
永田靖・吉田道弘 1997 統計的多重比較法の基礎 サイエンティスト社

3 テューキーの方法

各群におけるデータ数 n が等しく，各群の母分散も等しいと仮定します。次式により検定統計量 q を求めます。▷2

$$q=\frac{|比較する群の平均値差|}{\sqrt{群内の平均平方/各群のデータ数}}$$ ▷3

検定の棄却域を求めるためには，巻末にある「テューキーの検定のための統計量 q の表」を利用します（付表6）。有意水準，比較する群の数（平均値の数），群内の自由度（誤差の自由度）という3つの値を決めることにより，棄却のための臨界値が求まります。これより，棄却域が定まりますので，q の実現値が棄却域に入れば，その2群の平均値の間には有意差があるということになるわけです。

それでは，ハンバーガーの例を再び考えてみましょう。表7.3.2に各群の平均値を，表7.3.3に VII-2 で作成した分散分析表を示しました。

表7.3.2 ハンバーガーのおいしさ（平均値）

	A：マックナルド	B：ボスバーガー	C：ラッテリア
群平均	3.5	7.5	5.5

全平均 5.5

表7.3.3 分散分析表

要因	平方和	自由度	平均平方	F
群間	32	2	16.00	13.11
群内	11	9	1.22	
全体	43	11		

例として，Aマックナルドと Bボスバーガーの間に有意差があるかどうかを調べてみましょう。まずは，検定統計量 q の実現値を求めます。群内の平均平方は1.22，各群のデータ数は $n=4$，ですから，

$$q=\frac{7.5-3.5}{\sqrt{1.22/4}}=\frac{4}{0.55}=7.27$$

となります。続いて，棄却域を求めましょう。巻末の「テューキーの検定のための統計量 q の表」で，有意水準 $\alpha=0.05$，群の数 $k=3$，群内の自由度 $df=9$ より，棄却の臨界値は $q_{0.05,3,9}=3.95$ と求まります。▷4 これより，棄却域は $q\geq 3.95$ となります。q の実現値は7.27でした。この値は棄却域に入りますので，Aマックナルドと Bボスバーガーの平均値には有意差があるということになります。

▷2 もし，群ごとにデータ数が異なる場合は，それらの**調和平均**を求めます。調和平均というのは，「逆数の平均」の逆数のことです。たとえば，$n_A=6$，$n_B=8$，$n_C=8$ のときのこれらの調和平均を求めてみます。まずはそれぞれの逆数 $\frac{1}{6}$，$\frac{1}{8}$，$\frac{1}{8}$ の平均を求めます。$\left(\frac{1}{6}+\frac{1}{8}+\frac{1}{8}\right)\div 3=\frac{5}{36}$ となります。この $\frac{5}{36}$ の逆数は $\frac{36}{5}=7.2$ です。7.2が調和平均です。

▷3 |比較する群の平均値差| は「比較する群の平均値差」の絶対値ということです。絶対値については II-6 参照。

▷4 このように，有意水準 α，群の数 k，群内の自由度 df から求められる棄却の臨界値を $q_{\alpha,k,df}$ とあらわします。

④ テューキーのHSD法

　他の群の平均値を比較するときも同じようにおこなうことができます。しかし，そのつど q の実現値を計算するのは結構面倒です。そこで，もうちょっと楽をするために，**テューキーのHSD**（Honestly Significant Difference）と呼ばれる差（difference）の求め方を紹介します。

$$q = \frac{|比較する群の平均値差|}{\sqrt{群内の平均平方/各群のデータ数}}$$

これは先ほどと同じ q の式ですが，比較する群のペアを変えたときにこの q の式で値が変わるのは分子だけです。分母はいつも同じであることに注目します。

　検定統計量の実現値 $q \geq q_{a,k,df}$ であれば有意差があるということですから，

$$\frac{|比較する群の平均値差|}{\sqrt{群内の平均平方/各群のデータ数}} \geq q_{a,k,df}$$

この式を変形すると

$$|比較する群の平均値差| \geq q_{a,k,df} \times \sqrt{\frac{群内の平均平方}{各群のデータ数}}$$

となります。この不等式の右辺のことをHSD（Honestly Significant Difference）といいます。

$$HSD = q_{a,k,df} \times \sqrt{\frac{群内の平均平方}{各群のデータ数}}$$

　比較する2群の平均値差があらかじめ求めておいたHSDの値以上であれば，その2群の間には有意差があるということになります。ハンバーガーの例では，

$$HSD = q_{0.05,3,9} \times \sqrt{\frac{1.22}{4}} = 3.95 \times 0.55 = 2.17$$

となります。Aマックナルドと Cラッテリアの平均値差は $3.5-5.5=-2$ です。また，Bボスバーガーと Cラッテリアの平均値差は $7.5-5.5=2$ です（表7.3.4を参照）。これらの絶対値はいずれも $HSD=2.17$ より小さいので，この2つのペアの間には有意差はないということになります。したがって，このハンバーガーの例では「分散分析の結果，有意差が認められた。そこでテューキーの方法による多重比較をおこなった結果，マックナルドとボスバーガーのみに有意差があった」ということになります。

▷5　実際にテューキーのHSDを用いて多重比較をおこなうときは，この表のように各ペアの平均値差の表を作るとわかりやすいでしょう。

◁5

表7.3.4　各ペアの平均値差の絶対値

	A：マックナルド	B：ボスバーガー	C：ラッテリア
A		4	2
B			2
C			

5 フィッシャーの LSD 法

統計ソフトによっては，テューキーの方法ではなく，**フィッシャーの LSD** (Least Significant Difference) **法**が使われていますので，これについて簡単に紹介しておきましょう。6

フィッシャーの方法では，次式で求められる t を検定統計量として利用します（以下，各群のデータ数が等しい場合について述べます）。

$$t = \frac{|比較する群の平均値差|}{\sqrt{(群内の平均平方 \times 2)/各群のデータ数}}$$

この式を，テューキーの HSD の場合と同様に変形して，「比較する 2 群の平均値差が，あらかじめ求めておいたある値以上であれば有意になる」という値を導きましょう。この「ある値」のことを，LSD というのです（テューキーの方法の HSD に相当します）。上の式を変形しますと，

$$LSD = t_{\alpha, df} \times \sqrt{\frac{群内の平均平方 \times 2}{各群のデータ数}}$$

と求められます。上記の $t_{\alpha, df}$ の値ですが，巻末の t 分布表より，有意水準 α の両側検定，自由度（この場合は群内の自由度）を定めて求めます。

それでは，実際に VII-2 の表 7.2.1 のデータで計算してみましょう。群内の平均平方は表 7.3.3 より 1.22，群内の自由度は 9，各群のデータ数は 4，$t_{.05, 9}$ = 2.262 ですから，これらを用いて LSD を計算しますと，

$$LSD = 2.262 \times \sqrt{\frac{1.22 \times 2}{4}} = 2.262 \times \sqrt{0.61} = 2.262 \times 0.78 = 1.76$$

となります。つまり，比較する 2 群の平均値差の絶対値が，1.76 以上であれば有意ということになります。ハンバーガーの例では，A マックナルドと B ボスバーガーの平均値差は 3.5－7.5＝－4，A マックナルドと C ラッテリアの平均値差は 3.5－5.5＝－2，B ボスバーガーと C ラッテリアの平均値差は 7.5－5.5＝2 で，いずれのペアの絶対値も LSD＝1.76 より大きいので，すべてのペアの間に有意差ありとなります。テューキーの場合，有意なのは，A マックナルドと B ボスバーガーだけでしたね。このように，フィッシャーの LSD 法では，テューキーの方法よりも有意になりやすいのです。7

ただし，フィッシャーの LSD 法には，いろいろと問題点があることが指摘されています。さらに，フィッシャーの LSD 法といっても，その中にいくつかの種類があり，各方法によって問題の有無が異なってきます。こうした点につきましては，森・吉田 (1990)（エピローグ-2 参照）や，先に紹介しました，永田・吉田 (1997) などを参考にしてください。

▷6 たとえば「Excel 統計」というソフトウェアでは，フィッシャーの LSD 法が使われています。正確には，「Excel 統計 2000」ではフィッシャーの LSD 法が，「Excel 統計 2002」では，加えてシェッフェの方法も可能となっています。

▷7 有意になりやすいならいいじゃないかと思うかもしれませんが，その分，第 1 種の誤りをおかす危険性は高くなっています。この点は注意すべきところです。第 1 種の誤りについては，V-6 参照。

VII 3つ以上の平均を比べよう（分散分析）

4 実験計画

1 要因と水準

データの値を変化させる原因のことを**要因**といいます。 VII-1 でみた例題7.1のように、3つのハンバーガーのおいしさに差があるかというときは「ハンバーガーの会社」が要因となるわけです。また、要因を構成する条件のことを**水準**といいます。例題のように、比較するハンバーガーの会社が3つの場合、要因の水準数は3ということになります。このように、分散分析では要因と水準という言葉をよく利用します。

表7.4.1に要因と水準の意味をまとめておきます。

表7.4.1 要因と水準

言葉	英語表記	意味
要因	factor	データの値を変化させる原因のこと。ハンバーガーのおいしさの違いについて、その原因として会社を考えるのであれば、要因はハンバーガーの会社であり、要因の数は1（1要因とよぶ）。
水準	level	要因を構成する条件のこと。ハンバーガーの会社が3つあれば、水準数は3。

2 被験者間計画と被験者内計画

ある実験をおこなうときに、1人の被験者を1つの条件にのみ割り当てるようにしたとき、これを**被験者間計画**とよびます（各条件に異なる被験者が入っており、それらの「間」で比較するという意味です）。被験者間計画のデータは VI-2 、 VI-3 で学んだ「対応のないデータ（独立なデータ）」に相当します。

一方、同じ被験者が複数の条件を経験するようにしたとき、これを**被験者内計画**とよびます（各被験者の「内」に条件が複数入っているという意味です）。被験者内計画のデータは VI-4 で学んだ「対応のあるデータ」に相当します。

▶1 被験者内計画のデータは必ず対応のあるデータになりますが、逆はいえません。つまり、対応のあるデータは必ずしも被験者内計画のデータではないということです。というのも、被験者のマッチングをおこなった場合は、同じ被験者が複数の条件を経験していなくても、つまり被験者間計画であっても、対応のあるデータになる場合があるからです（ VI-4 参照）。

ここでは、被験者間計画と被験者内計画という2つを紹介しました。このように、何か実験をおこなうときにどのように被験者を配置するか、要因をいくつ用意するか、といったことを計画することを**実験計画**とよびます（**実験デザイン**とよぶこともあります）。たとえば、 VII-1 で紹介したハンバーガーの例は、ハンバーガーの会社という1つの要因を考え（1要因）、被験者に3つのうちどれか1つのハンバーガーを食べてもらっているので（被験者間計画）、1要因被験者間計画とよばれる実験計画です。

表7.4.2に被験者間計画と被験者内計画の違いをまとめておきます。

表7.4.2 被験者間計画と被験者内計画

言葉	英語表記	意味
被験者間計画	between-subjects design	1人の被験者を1つの条件にのみ割り当てる。対応のないデータ（独立なデータ）に相当。
被験者内計画	within-subject design	同じ被験者が複数の条件を経験する。対応のあるデータに相当。

❸ 実験計画の立て方

　実際に実験計画を立てる際に，被験者間計画と被験者内計画のどちらを選べばよいか，という計画の選択には主として以下の4つのポイントがあります。

　1点目は，被験者内計画は被験者間計画に比べて必要な被験者数が少なくてすむということです。たとえば，1要因計画で水準が3つある場合，被験者間計画では被験者内計画に比べて3倍の被験者数が必要になります（詳しくは後述します）。

　2点目は，被験者内計画は被験者間計画に比べて検定力が高くなるということです。これは VI-4 で勉強した，データの対応のある・なしでもいえることです。VII-5 では1要因被験者内の分散分析の方法を紹介していますが，そこで紹介する方法で有意となるものが，1要因被験者間の分散分析では有意にならないことがあります。このように，一般に被験者内計画の分散分析のほうが検定力が高くなります。

　このようにみてくると，被験者内計画のほうがよさそうだな，と思うかもしれませんが，被験者内計画にも以下のポイントのような弱点があります。

　ポイントの3点目は，被験者内計画は被験者の負担が大きいということです。要因の水準数が2つ，3つくらいならまだいいのですが，4つ，5つと増えていくと，これは被験者にとっては相当な負担です。実際に実験を実施するということを考えると，こうしたことも考慮しなければなりません。

　4点目は，被験者内計画では，練習効果や順序効果を考慮する必要があるということです。**練習効果**とは，何度も実験に参加しているうちに被験者が実験に慣れてしまうことです。練習効果により，要因の水準の違いとは無関係に従属変数の値が高くなってしまうことがあります。逆に疲労によって，従属変数の値が低くなってしまうこともあります。**順序効果**とは，被験者が経験する条件（要因の水準）の順番によって，被験者の反応が影響されることをいいます。たとえばある要因についてA, B, Cという3つの水準があり，実験の結果，条件の平均値がA＜B＜Cになったとします。しかし，すべての被験者がA→B→Cという順序で実験をうけていたとすると，それは順序効果のせいであって，条件の違いによるものではないと批判される可能性があります。こうした批判に答えるためには，被験者によって条件の順序を変え，A→B→C以外の順序

▷2　検定力については，V-6，コラム8を参照してください。

▷3　練習効果や順序効果は実験計画の**内的妥当性**を脅かすものと捉えることもできます。内的妥当性については VIII-3 を参照してください。

で実験をおこなうといった工夫が必要になります（これを**カウンターバランス**といいます）。

以上で紹介したポイントを考慮して，実際の研究目的に即した実験を計画することが大切です。

4 2要因の実験計画（3つのパターン）

次に，2要因の分散分析の方法を紹介します。2要因の実験計画には次の3つの計画が考えられます。

① どちらの要因も被験者間要因：これを2要因被験者間計画といいます。
② どちらの要因も被験者内要因：これを2要因被験者内計画といいます。
③ 一方が被験者間要因，他方が被験者内要因：これを2要因混合計画といいます。

以下，表7.4.3，表7.4.4，表7.4.5に，要因A（2水準）と要因B（3水準）の2要因の実験計画をとりあげ，被験者の割り当て方を示します。表中の，たとえばA_1とは「要因Aの1番目の水準」ということを意味しています。

表7.4.3 2×3の被験者間計画

A_1			A_2		
B_1	B_2	B_3	B_1	B_2	B_3
柴原	大道	稲嶺	斉藤	水田	吉田
川崎	吉本	中村	和田	吉武	山田
井口	鳥越	田中	寺原	岡本	永井
松中	高橋	出口	杉内	佐藤	星野
城島	本間	田口	新垣	篠原	山村

▶4 2要因被験者間計画の分散分析の方法は，Ⅶ-6で紹介します。

表7.4.3は2要因被験者間計画です。要因Aに2つの水準（A_1とA_2），要因Bに3つの水準（B_1とB_2とB_3）があり，条件の数は$2 \times 3 = 6$つです。これを「2×3の被験者間計画」とよびます。要因Aと要因Bのそれぞれの水準に別々の被験者が割り当てられるため，各条件に5人の被験者を割り当てるとすると，全部で$5 \times 6 = 30$人の被験者が必要になります。

▶5 要因Aの第1水準で，かつ，要因Bの第1水準である条件をA_1B_1と書けば，A_1B_1，A_1B_2，A_1B_3，A_2B_1，A_2B_2，A_2B_3と6つの条件があることになります。

表7.4.4 2×3の被験者内計画

A_1			A_2		
B_1	B_2	B_3	B_1	B_2	B_3
柴原	柴原	柴原	柴原	柴原	柴原
川崎	川崎	川崎	川崎	川崎	川崎
井口	井口	井口	井口	井口	井口
松中	松中	松中	松中	松中	松中
城島	城島	城島	城島	城島	城島

▶6 2要因被験者内計画の分散分析の方法は，Ⅶ-8，Ⅶ-9で紹介します。

表7.4.4は2要因被験者内計画です。先ほどと同様に「2×3の被験者内計画」とよびます。被験者はすべての水準の組み合わせ（この場合，要因Aが2水準，要因Bが3水準ですから，組み合わせは6とおりです）の条件を経験します。

各被験者について6つのデータが得られるということです。この計画で必要な被験者は5人だけです。

表7.4.5　2×3の混合計画

A_1			A_2		
B_1	B_2	B_3	B_1	B_2	B_3
柴原	柴原	柴原	斉藤	斉藤	斉藤
川崎	川崎	川崎	和田	和田	和田
井口	井口	井口	寺原	寺原	寺原
松中	松中	松中	杉内	杉内	杉内
城島	城島	城島	新垣	新垣	新垣

表7.4.5は2要因混合計画です。こちらも「2×3の混合計画」と表現します。要因Aについては被験者間計画です。つまりAの第1水準（A_1）とAの第2水準（A_2）には別々の被験者が割り当てられます。要因Bについては被験者内計画です。要因Bの各水準（B_1・B_2・B_3）には同一の被験者が割り当てられます。この例では，被験者は要因Bのすべての水準を経験するわけです。この計画で必要な被験者数は$5 \times 2 = 10$人です。

以上のように，ここでは2要因の実験計画について3つのパターンを紹介しました。2要因被験者間計画では，30人と多くの被験者を用意しなければなりません。しかし，各被験者は1つの条件だけを経験すればよいので，被験者の負担は大きくありません。一方，2要因被験者内計画では，必要な被験者数は5人だけでよいので，被験者数の確保という点からすると2要因被験者間計画に比べてずっと楽です。しかし，1人1人の被験者は6つの条件をこなさなければならず，被験者に大きな負担を課す実験計画であることがわかります。

▷7　2要因混合計画の分散分析の方法は VII-10 で紹介します。

5 主効果と交互作用

VII-6 で2要因被験者間計画のデータについての分析方法を紹介する前に2つの用語について説明しておきます。2要因の分散分析は，各要因の検定であるとともに，「交互作用」という要因の検定でもあります。各要因の単独の効果のことを**主効果**といいます。これに対して，複数の要因の組み合わせの効果のことを**交互作用**といいます。交互作用という言葉はここではじめて登場する言葉ですが，2要因以上の実験計画では非常に重要な意味をもつものです。以下，表7.4.6に主効果と交互作用の意味をまとめておきます。

▷8　交互作用は，**交互作用効果**ともよばれます。

▷9　交互作用については，VII-7 を参照してください。

表7.4.6　主効果と交互作用の意味

言葉	英語表記	意味
主効果	main effect	その要因だけによる単独の効果のこと
交互作用	interaction	2要因以上の実験計画において，ある要因が従属変数に及ぼす影響の「大きさ」または「方向」が，他の要因の水準によって異なること

VII 3つ以上の平均を比べよう(分散分析)

5 1要因被験者内計画

1 分散分析の手順

1要因被験者内計画の例として,次のような例題を考えてみましょう。

例題 7.5

ミネラルウォーターのテイスティング実験をおこなうことにしました。3種類のミネラルウォーター(A:イカアン,B:ボスビッグ,C:ビビッテル)を用意しました。この実験では被験者に3種類のミネラルウォーターをすべて飲んでもらい,おいしさを評価してもらうことにしました。被験者を4人用意して,3つの条件のもとでデータをとったものが下の表7.5.1です(表の数値は値が大きいほど,おいしいことを意味しています)。

表7.5.1 ミネラルウォーターのテイスティングのデータ

	A:イカアン	B:ボスビッグ	C:ビビッテル
被験者1	10	5	9
被験者2	9	4	5
被験者3	4	2	3
被験者4	7	3	5

この被験者内計画のデータについて,分散分析をおこなってみましょう。これまでと同様の手順([V-7]の表5.7.1)にしたがって,分散分析をおこなうと次のようになります。

1. 帰無仮説と対立仮説の設定:
 帰無仮説 $H_0:\mu_A=\mu_B=\mu_C$ A,B,C 3つの母平均は等しい。
 対立仮説 $H_1:H_0$ ではない。▷1
2. 検定統計量の選択:分散分析では,Fという検定統計量を利用します。
3. 有意水準αの決定:有意水準$\alpha=0.05$とします。
4. 検定統計量の実現値を求める:データから検定統計量Fの実現値を求めるために,分散分析表を作成します。
5. 帰無仮説の棄却または採択の決定:分散分析表から求めた検定統計量の実現値Fが棄却域に入るかどうかを判断します。

▷1 つまり,$\mu_A=\mu_B=\mu_C$の等号(=)のいずれかは≠となるということです($\mu_A\neq\mu_B=\mu_C$かもしれないし,$\mu_A=\mu_B\neq\mu_C$または,$\mu_A=\mu_C\neq\mu_B$,$\mu_A\neq\mu_B\neq\mu_C$かもしれません)。

② 1要因被験者内計画における平方和の分割

1要因被験者間計画では，全体平方和を群間平方和と群内平方和という2つの平方和に分割しました（ⅦI-2）。

群間平方和は，群平均の違いを全平均を基準にしてあらわしたものです。群の違い（例題では，ミネラルウォーターの種類の違い）によって生じるおいしさの評価のバラツキをあらわしていると考えることができます。一方，群内平方和（誤差平方和）は，それぞれの群の中でのバラツキをあらわしています。群の違いでは説明できないバラツキということから，これを誤差によるバラツキとみなします。

1要因被験者間計画では，群という要因で説明されるもの以外はすべて誤差とみなしていたわけです。これに対して，1要因被験者内計画では，群内平方和をさらに分割します。具体的には，個人差によって説明できる平方和を考えて，群内平方和を個人差による平方和とそれ以外とに分割するのです。図7.5.1には1要因被験者間計画と1要因被験者内計画の平方和の分割を図示してあります。

1要因被験者内計画では，「群間平方和」を**条件平方和**と名前を付け替えています。これは，「群間」という言葉は「被験者群」をイメージさせてしまうからです。被験者内要因では被験者群は1つです。1つの被験者群に属する個々の被験者が複数の「条件」を経験する実験計画になっています。このことを強調するために，「条件平方和」とよぶことにします。また，最後の平方和には，1要因被験者間計画の群内平方和から個人差による平方和をとりのぞいてそれでも残った部分ということで，**残差平方和**という名前を付けています。1要因被験者間計画の「誤差平方和」と区別するために，このように「残差平方和」とよびます。

▷2 1要因被験者間計画では，わかりやすさのため「群間平方和」との対比から「群内平方和」という言葉を使ってきました。以降では，「群内平方和」と同じ意味ですが，「誤差平方和」という言葉を主に使います。

▷3 個々の被験者の平均と全平均との差の2乗和を求め，これを個人の違いによって生じるバラツキとみなすことになります。

▷4 ここでいう「条件」とは，ミネラルウォーターの例の場合，A・B・Cの3水準を意味します。

1要因被験者間計画
全体平方和 ＝ 群間平方和 ＋ 群内平方和（誤差平方和）

1要因被験者内計画
全体平方和 ＝ 条件平方和 ＋ 個人差による平方和 ＋ 残差平方和

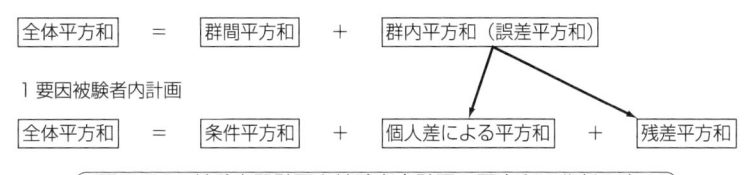

図7.5.1 被験者間計画と被験者内計画の平方和の分割の違い

③ 分散分析表を作成する（まずは被験者間計画として）

表7.5.1のデータから分散分析表を作成します。このデータは被験者内計画のデータですから，ⅦI-2で紹介した被験者間計画のデータの分散分析表とは違ったものになります。しかし，とりあえずは表7.5.1のデータを被験者間計画のデータとみなして，ⅦI-2と同じ手続きで分散分析表を作成してみます。

▷5 たとえば，「各被験者の平均」の2行目に8という値があります。これは被験者1の3つの値の平均です。(10+5+9)÷3=8ということです。

表7.5.2　条件平均と被験者ごとの平均

	A：イカアン	B：ボスビッグ	C：ビビッテル	各被験者の平均
被験者1	10	5	9	8
被験者2	9	4	5	6
被験者3	4	2	3	3
被験者4	7	3	5	5
条件平均	7.5	3.5	5.5	(全平均) 5.5

表7.5.2は表7.5.1のデータについて，平均の情報を追加したものです。

3つの平方和（全体平方和，条件平方和，誤差平方和）の値を求めてみます。以下のデータは表7.5.1に対応しています。

データの値－全平均

A	B	C
10−5.5	5−5.5	9−5.5
9−5.5	4−5.5	5−5.5
4−5.5	2−5.5	3−5.5
7−5.5	3−5.5	5−5.5

条件平均－全平均

A	B	C
7.5−5.5	3.5−5.5	5.5−5.5
7.5−5.5	3.5−5.5	5.5−5.5
7.5−5.5	3.5−5.5	5.5−5.5
7.5−5.5	3.5−5.5	5.5−5.5

データの値－条件平均

A	B	C
10−7.5	5−3.5	9−5.5
9−7.5	4−3.5	5−5.5
4−7.5	2−3.5	3−5.5
7−7.5	3−3.5	5−5.5

↓2乗すると…

(データの値－全平均)^2

A	B	C
20.25	0.25	12.25
12.25	2.25	0.25
2.25	12.25	6.25
2.25	6.25	0.25

合計＝77

↓2乗すると…

(条件平均－全平均)^2

A	B	C
4	4	0
4	4	0
4	4	0
4	4	0

合計＝32

↓2乗すると…

(データの値－条件平均)^2

A	B	C
6.25	2.25	12.25
2.25	0.25	0.25
12.25	2.25	6.25
0.25	0.25	0.25

合計＝45

全体平方和＝(データの値－全平均)^2 の合計
$$= (10-5.5)^2 + \cdots + (7-5.5)^2 + (5-5.5)^2 + \cdots + (3-5.5)^2$$
$$+ (9-5.5)^2 + \cdots + (5-5.5)^2 = 77$$

条件平方和＝(条件平均－全平均)^2 の合計
$$= (7.5-5.5)^2 \times 4 + (3.5-5.5)^2 \times 4 + (5.5-5.5)^2 \times 4$$
$$= 4 \times 4 + 4 \times 4 + 0 \times 4 = 32$$

誤差平方和＝(データの値－条件平均)^2 の合計
$$= (10-7.5)^2 + \cdots + (7-7.5)^2 + (5-3.5)^2 + \cdots + (3-3.5)^2$$
$$+ (9-5.5)^2 + \cdots + (5-5.5)^2$$
$$= 45$$

このように，3つの平方和の値が求まりました。続いて自由度を計算します。自由度の計算は次のようになります。

「条件」の自由度＝条件の数−1：例題では3つの条件がありますので，条件の自由度は，3−1＝2となります。

「誤差」の自由度＝（各条件におけるデータ数−1）の合計：（条件Aのデータ数−1）＋（条件Bのデータ数−1）＋（条件Cのデータ数−1）＝（4−1）＋（4−1）＋（4−1）＝9となります。

「全体」の自由度＝全データ数−1：例題では，全データ数は12ですから，自由度は12−1＝11となります。

平均平方とは，自由度1つあたりの平方和の値です。平均平方は「平方和÷自由度」で求めます。条件の平均平方＝32÷2＝16.00，誤差の平均平方＝45÷9＝5.00と求められます。Fは平均平方の比でしたね。条件の平均平方÷誤差の平均平方＝16.00÷5.00＝3.20となります（平均平方，F値については Ⅶ-2 参照）。こうして，1要因被験者間計画のデータとしてみたときの分散分析表が完成しました（表7.5.3）。

表7.5.3 分散分析表（被験者間計画のデータとして作成）◀6

要因	平方和	自由度	平均平方	F
条件	32	2	16.00	3.20
誤差	45	9	5.00	
全体	77	11		

❹ 分散分析表を作成する（個人差による平方和を求める）

個人差による平方和を計算する方法は，先ほどの1要因被験者間計画における群間平方和の計算に似ています。群間平方和は（群平均−全平均）²の合計として求められました。個人差による平方和は以下のように求めます。

個人差による平方和＝（各被験者の平均−全平均）²の合計

次のページの表をみてください。

群間平方和の計算は（右側の表です），条件Aについて被験者4人分の（条件平均−全平均）²を求める◀7，条件Bについて被験者4人分の（条件平均−全平均）²を求める，条件Cについて被験者4人分の（条件平均−全平均）²を求めるというふうに，条件ごとに縦方向に計算していくイメージです（縦向きの矢印↓）。

一方，個人差の平方和の計算は（左側の表です），被験者1について条件3つ分の（各被験者の平均−全平均）²を求める，被験者2について条件3つ分の（各被験者の平均−全平均）²を求める，…というふうに，被験者ごとに横方向に計算していくイメージです（横向きの矢印→）。

▶6 被験者間計画のデータとして分散分析表を作成しているのであれば，要因のところには，「群間」と「群内」が入るのではないか？と思われた方もいるかもしれません。しかし，ここでは後の分析のことを考えて，「群間」ではなく「条件」，「群内」ではなく「誤差」としておきます。

▶7 繰り返しになりますが，被験者内計画では被験者群は1つです。このため，1要因被験者間計画で用いた「群平均」という言葉を使わずに，**条件平均**という言葉を用いることにします。

VII　3つ以上の平均を比べよう（分散分析）

― 個人差の平方和の計算 ―

各被験者の平均－全平均

	A	B	C
被験者1	8－5.5	8－5.5	8－5.5
被験者2	6－5.5	6－5.5	6－5.5
被験者3	3－5.5	3－5.5	3－5.5
被験者4	5－5.5	5－5.5	5－5.5

（各被験者の平均－全平均）^{2}

	A	B	C
被験者1	6.25	6.25	6.25
被験者2	0.25	0.25	0.25
被験者3	6.25	6.25	6.25
被験者4	0.25	0.25	0.25

合計＝39

― 群間平方和の計算 ―

条件平均－全平均

	A	B	C
被験者1	7.5－5.5	3.5－5.5	5.5－5.5
被験者2	7.5－5.5	3.5－5.5	5.5－5.5
被験者3	7.5－5.5	3.5－5.5	5.5－5.5
被験者4	7.5－5.5	3.5－5.5	5.5－5.5

（条件平均－全平均）^{2}

	A	B	C
被験者1	4	4	0
被験者2	4	4	0
被験者3	4	4	0
被験者4	4	4	0

合計＝32

　以上のように，個人差による平方和は39と求められました。先ほど求めた誤差平方和からここで求めた個人差による平方和をひいた残りは，「条件による違い」でも「個人差による違い」でも説明できずに残った「残差」です。残差平方和は45－39＝6と求められます。

　ここで得られた値をもとに，表7.5.3の分散分析表を書き直してみます。「個人差」と「残差」の自由度はそれぞれ以下のようになります。

　「個人差」の自由度＝被験者数－1：例題では4人の被験者がいるので，自由度は4－1＝3です。

　「残差」の自由度＝誤差の自由度－個人差の自由度（または，全体の自由度－条件の自由度－個人差の自由度）：例題の場合は，9－3＝6となります。

　平均平方は平方和を自由度でわって求めます。条件の平均平方は32÷2＝16.00，個人差の平均平方は39÷3＝13.00，残差の平均平方は6÷6＝1.00，となります。

　1要因被験者内計画の分散分析表では，Fは条件の平均平方を残差の平均平方でわって求めます。この例題の場合は，$F=16.00÷1.00=16.00$ となるわけです。

　表7.5.4に完成した1要因被験者内計画の分散分析表を示しました。1要因被験者間計画と比較すると，誤差平方和から個人差で説明できる部分をとりのぞくことで，説明できない平方和の部分を少なくしているのがポイントです。表7.5.3と表7.5.4を比べてみると，全体平方和はともに77で変わりませんが，その分割の仕方が変わっています。前者では，77＝32＋45，後者では77＝32＋

▶8　1要因被験者間計画のところでは，検定統計量Fを，「群（条件）の違いによるバラツキ」を「誤差によるバラツキ（つまり，条件の違い以外によるバラツキ）」でわって求めました。1要因被験者内計画では，「誤差によるバラツキ」から「個人差によるバラツキ」をのぞいた「残差のバラツキ」でわっています。「個人差によるバラツキ」も条件の違い以外のバラツキではないかと思う人もいるかもしれません。しかし，ここで出てきた「個人差によるバラツキ」というのは，たまたま実験に選ばれた被験者の個人差によって生じるバラツキのことなのです。こうした被験者の選ばれ方による偶然性の影響を排除するため，個人差のバラツキをひいておくことが必要なのです。

表7.5.4 分散分析表（1要因被験者内計画）

要因	平方和	自由度	平均平方	F
条件	32	2	16.00	16.00
個人差	39	3	13.00	
残差	6	6	1.00	
全体	77	11		

39＋6となっています。この39が個人差で説明できる部分です。

さて，分散分析の手順のうち4つ目まではすみました。後は**手順5**の「帰無分布における棄却域」を求めて，帰無仮説の棄却・採択の判断をおこないます。巻末の付表4，F分布表を使って棄却域を求めましょう。例題の場合は，分子の自由度＝2，分母の自由度＝6です。有意水準$\alpha=0.05$のとき，分子の自由度2の列と分母の自由度6の行が交わるところの値をみると5.14となっています。これから，棄却域は$F\geqq 5.14$と求められました。実際のデータから求められたFの実現値は16.00でした。この値は5％水準のときの棄却域$F\geqq 5.14$に入りますので，帰無仮説は棄却されます。検定の結果，ミネラルウォーターのおいしさは5％水準で有意差があるということがわかりました。

ちなみに，このデータを被験者間計画のデータとして扱って分析するとどうなるでしょうか。表7.5.3の分散分析表より，Fの実現値は3.20です。F分布表より$\alpha=0.05$，分子の自由度2，分母の自由度9のときの値が4.26ですから，棄却域は$F\geqq 4.26$です。Fの実現値3.20は棄却域に入りませんので，検定結果は有意になりません。

5 多重比較

分散分析の結果，有意差が得られたので，続いて，どの条件とどの条件の間に差があるのかを多重比較によって確かめます。VII-3 で学んだテューキーの方法を用い，HSDを計算してみましょう。HSDとは下記の式の右辺のことでした。

$$|比較する条件の平均値差| \geqq q_{\alpha, k, df} \times \sqrt{\frac{残差の平均平方}{各条件のデータ数}}$$

比較する2条件の平均値差がHSD以上であれば，その2条件の間には有意差があることになるということでしたね。

例題では，$HSD = q_{0.05, 3, 6} \times \sqrt{\frac{1.00}{4}} = 4.34 \times 0.5 = 2.17$となります。比較する2つの平均値の差が2.17以上であれば有意と判断するということです。テューキーのHSDを用いた多重比較をしますと，AイカアンとBボスビッグの間（平均値差7.5－3.5＝4）に5％水準で有意差があるということがわかります。他の2つのペアについては，いずれも平均値差の絶対値は2であり，2.17より小さいので有意差はありません（表7.5.2参照）。

▷9 1要因被験者内計画では，$F=$条件の平均平方÷残差の平均平方ですから，分子の自由度は条件の自由度，分母の自由度は残差の自由度になります。

▷10 これも繰り返しになりますが，分散分析は片側検定です。よって棄却域はF分布の片側（上側）にのみ設定します。VII-2 参照。

▷11 $F(2, 6)=16.00 (p<.05)$や$F_{2,6}=16.00 (p<.05)$と表記することもできます。

▷12 このように被験者内計画のデータは，そのデータにふさわしい方法で分析をしないと，本来有意な差があるにもかかわらず，間違った判断をしてしまうことがあるということに気をつけてください。

▷13 なお，VII-3 では$\sqrt{\ }$の中の分子が「群内の平均平方」でしたが，ここでは被験者内計画ということで，「残差の平均平方」となっています。同様に，「各群のデータ数」は「各条件のデータ数」となっています。

▷14 $q_{0.05, 3, 6}$は，有意水準$\alpha=0.05$，群の数$k=3$，残差の自由度$df=6$のときのテューキーの検定のための統計量なので，巻末の「qの表」より4.34。また，$\sqrt{\frac{1}{4}}=\sqrt{0.25}=0.5$（0.25は0.5の2乗なので）。

VII 3つ以上の平均を比べよう（分散分析）

6 2要因被験者間計画

1 データの分解

2要因被験者間計画のデータについて，分散分析をおこなう場合，平方和は次の図7.6.1のように分解されます。

全体平方和 ＝ 要因Aの主効果の平方和 ＋ 要因Bの主効果の平方和 ＋ 交互作用の平方和 ＋ 誤差の平方和

図7.6.1　2要因被験者間計画の平方和の分割

そして，2要因の分散分析では，要因Aの主効果，要因Bの主効果，交互作用の3つの検定が一度におこなわれます。

例題 7.6

ミネラルウォーターのテイスティング実験をおこなうことにしました。3種類のミネラルウォーター（B_1：イカアン，B_2：ボスビッグ，B_3：ビビッテル）を用意しました。また，すべてのミネラルウォーターについて，2種類の温度条件（A_1：冷蔵庫で冷やす，A_2：常温）を設定しました。3種類のミネラルウォーター×2種類の温度条件で，全部で6つの条件を考えました。この実験では被験者に6種類のいずれか1つの条件について，味を評価してもらうことにしました。6種類の条件についてそれぞれ被験者を5人用意して（合計30人の被験者），データをとったものが下の表7.6.1です（表の数値は値が大きいほど，おいしいことを意味しています）。

表7.6.1　ミネラルウォーターのテイスティングのデータ

A_1：冷蔵庫			A_2：常温		
B_1：イカアン	B_2：ボスビッグ	B_3：ビビッテル	B_1：イカアン	B_2：ボスビッグ	B_3：ビビッテル
6	10	11	5	7	12
4	8	12	4	6	8
5	10	12	2	5	5
3	8	10	2	4	6
2	9	10	2	3	4

要因Aは温度条件，要因Bはミネラルウォーターの種類です。このデータについて，2要因の分散分析をおこなってください。有意水準は5％とします。

▷1　なお，ここからの2要因分散分析の解説は，以下の文献を参考にしています。
田中敏・山際勇一郎　1992　新訂　ユーザーのための教育・心理統計と実験計画法——方法の理解から論文の書き方まで　教育出版

▷2　全体のバラツキを要因Aの主効果によるバラツキ，要因Bの主効果によるバラツキ，交互作用によるバラツキ，誤差によるバラツキ，に分解するということです。VII-1 参照。

▷3　主効果，交互作用については，VII-4，VII-7 参照。

▷4　2要因の分散分析でも，1要因の分散分析と同じように帰無仮説と対立仮説を考えますが，2要因の分散分析の場合，帰無仮説と対立仮説を記号で表現するのはちょっと煩雑なので本書では省略します。なお，VII-2 のように，実際には手順1～手順5までありますから，ここでは，手順4，5のみについて説明します。

2 分散分析表の作成

ここでは，2要因被験者間計画の分散分析表の作り方を説明していきます。まずは，表7.6.2のような，6つの条件ごとにみた平均の表を作ります。このような条件ごとの平均のことを**セル平均**といいます。

表7.6.2 各条件の平均（セル平均）の表

	B_1：イカアン	B_2：ボスビッグ	B_3：ビビッテル	Aの各水準の平均
A_1：冷蔵庫	4	9	11	8
A_2：常温	3	5	7	5
Bの各水準の平均	3.5	7	9	6.5（全平均）

A_1の行とB_1の列の交わったところに書かれている4という値は，A_1B_1条件（冷蔵庫のイカアン）に対するテイスティングの平均が4ということをあらわしています。A_1の行の一番右の8という値は，表7.6.1のA_1水準の15個のデータの平均，つまり，要因Bの水準をプールしたA_1水準の平均です。表の右下に書かれている6.5という値は全データの平均（つまり「全平均」）です。

① 全体平方和 ＝ ② 要因Aの主効果の平方和 ＋ ③ 要因Bの主効果の平方和
　　　　　　　＋ ④ 交互作用の平方和 ＋ ⑤ 誤差の平方和

▷5 「要因Bの水準をプールした」というのは，「要因Bの3水準を3つに分けずにひとまとめにする」ということです。

2要因被験者間計画の分散分析では，全体平方和を上記のように4つの平方和に分割するのでしたね。それでは，順にそれぞれの平方和を計算していきましょう。

① 「全体平方和」は，（各データ－全平均）^{2} を全データについてたし加えて求めます。全平均が6.5ですから，

「全体」$=(6-6.5)^2+(4-6.5)^2+(5-6.5)^2+(3-6.5)^2+(2-6.5)^2$ 　←A_1B_1
　　　$+(10-6.5)^2+(8-6.5)^2+(10-6.5)^2+(8-6.5)^2+(9-6.5)^2$ 　←A_1B_2
　　　$+(11-6.5)^2+(12-6.5)^2+(12-6.5)^2+(10-6.5)^2+(10-6.5)^2$ 　←A_1B_3
　　　$+(5-6.5)^2+(4-6.5)^2+(2-6.5)^2+(2-6.5)^2+(2-6.5)^2$ 　←A_2B_1
　　　$+(7-6.5)^2+(6-6.5)^2+(5-6.5)^2+(4-6.5)^2+(3-6.5)^2$ 　←A_2B_2
　　　$+(12-6.5)^2+(8-6.5)^2+(5-6.5)^2+(6-6.5)^2+(4-6.5)^2$ 　←A_2B_3
　　　$=313.5$

全体平方和は313.5となります。

② 「要因Aの主効果の平方和」は，要因Bの3水準をプールして，要因Aの2つの水準について（要因Aの各水準の平均－全平均）^{2} を全データ数分たし加えて求めます。A_1水準のデータ数，A_2水準のデータ数はともに15個ですから，（A_1の平均－全平均）^{2} と（A_2の平均－全平均）^{2} にそれぞれ15をかけ算し，それらをたし加えます。

「要因A」＝　$(8-6.5)^2 \times 15$　←A_1
　　　　　＋$(5-6.5)^2 \times 15$　←A_2
　　　　＝67.5

こうして，「要因Aの主効果の平方和」は67.5と求められました。

③「要因Bの主効果の平方和」は，②の平方和と同様に，今度は要因Aの2水準をプールして，要因Bの3つの水準について（要因Bの各水準の平均－全平均）^{2}を全データ数分たし加えて求めます。B_1水準のデータ数，B_2水準のデータ数，B_3水準のデータ数はいずれも10個ですから，（B_1の平均－全平均）^{2}，（B_2の平均－全平均）^{2}，（B_3の平均－全平均）^{2}にそれぞれ10をかけ算し，それらをたし加えます。

「要因B」＝　$(3.5-6.5)^2 \times 10$　←B_1
　　　　　＋$(7-6.5)^2 \times 10$　←B_2
　　　　　＋$(9-6.5)^2 \times 10$　←B_3
　　　　＝155

こうして，「要因Bの主効果の平方和」は155となりました。

④「交互作用の平方和」を計算するには，「全6条件の平均（セル平均）の平方和」から，上で求めた②「要因Aの主効果の平方和」と③「要因Bの主効果の平方和」をひきます。そのひいた残りが要因A・B単独では説明できない平方和ということで，「交互作用の平方和」ということになります。

「セル平均の平方和」を求めるには，（各条件の平均－全平均）^{2}を全データ数分たし加えます。それぞれの条件にはいずれも5個のデータの値がありますので，（各条件の平均－全平均）^{2}を5倍しておきます。

「セル平均」＝　$(4-6.5)^2 \times 5$　←A_1B_1
　　　　　＋$(9-6.5)^2 \times 5$　←A_1B_2
　　　　　＋$(11-6.5)^2 \times 5$　←A_1B_3
　　　　　＋$(3-6.5)^2 \times 5$　←A_2B_1
　　　　　＋$(5-6.5)^2 \times 5$　←A_2B_2
　　　　　＋$(7-6.5)^2 \times 5$　←A_2B_3
　　　　＝237.5

こうして求められたセル平均の平方和237.5から，②と③の平方和をひきます。下記の式より，交互作用の平方和は15となります。

「交互作用」＝「セル平均」－「要因A」－「要因B」＝237.5－67.5－155＝15

⑤「誤差の平方和」は，6つの条件それぞれについて，（各データの値－セル平均）^{2}を全データ数分たし加えて求めます。

▷6　セル平均の平方和は（条件平均－全平均）^{2}の合計で求められます。これはⅦ-2の1要因被験者間計画における群間平方和の求め方に似ています。2要因被験者間計画では条件の違いで説明できるバラツキを，要因A，要因Bそれぞれ単独で説明できるバラツキ（主効果の平方和）と，それらの組み合わせで説明できるバラツキ（交互作用の平方和）に分けています。

▷7　セル平均は条件の平均のことです。誤差の平方和は（データの値－条件平均）^{2}の合計で求められます。これはやはりⅦ-2の群内平方和の求め方に似ています。

「誤差」= $(6-4)^2+(4-4)^2+(5-4)^2+(3-4)^2+(2-4)^2$　　　←A_1B_1
　　　　$+(10-9)^2+(8-9)^2+(10-9)^2+(8-9)^2+(9-9)^2$　　　←A_1B_2
　　　　$+(11-11)^2+(12-11)^2+(12-11)^2+(10-11)^2+(10-11)^2$　　　←A_1B_3
　　　　$+(5-3)^2+(4-3)^2+(2-3)^2+(2-3)^2+(2-3)^2$　　　←A_2B_1
　　　　$+(7-5)^2+(6-5)^2+(5-5)^2+(4-5)^2+(3-5)^2$　　　←A_2B_2
　　　　$+(12-7)^2+(8-7)^2+(5-7)^2+(6-7)^2+(4-7)^2$　　　←A_2B_3
　　　　$=76$

こうして,「誤差の平方和」は76と求められます。以上より,すべての平方和が求められました。

続いて,分散分析表を作成します。2要因被験者間計画の分散分析表は表7.6.3のように書きます。表中で「$A \times B$」とあるのは,要因Aと要因Bの交互作用のことです。すでに平方和を求めていますので,表7.6.3の平方和の列に値を記入してあります。これら5つの平方和の間には,313.5＝67.5＋155＋15＋76という関係があります。全体平方和313.5が4つの平方和に分解されるということです。

表7.6.3　2要因被験者間計画の分散分析表（未完成）

要因	平方和	自由度	平均平方	F
要因A	67.5			
要因B	155			
$A \times B$	15			
誤差	76			
全体	313.5			

自由度の欄には,要因A,要因B,$A \times B$,誤差のそれぞれに対する自由度を書き入れることになります。

自由度の計算は以下のようにおこないます。

「要因A」の自由度＝要因Aの水準数－1：例題では,要因AについてA_1,A_2と2つの水準がありますので,要因Aの自由度は,$2-1=1$となります。

「要因B」の自由度＝要因Bの水準数－1：例題では,要因BについてB_1,B_2,B_3と3つの水準がありますので,要因Bの自由度は,$3-1=2$となります。

「交互作用$A \times B$」の自由度＝要因Aの自由度×要因Bの自由度：例題では,要因Aの自由度が1,要因Bの自由度が2ですから,$A \times B$の自由度は$1 \times 2=2$となります。

「誤差」の自由度＝全体の自由度－要因Aの自由度－要因Bの自由度－$A \times B$の自由度：まずは,全体の自由度を求めます（次ページ参照）。そこから,上記で求めた3つの自由度をひくことで,誤差の自由度を求めます。例題では,$29-1-2-2=24$となります。

▷8　（各条件のデータ数－1）の合計として求めることも可能です。例題では6つの条件があってそれぞれの条件でデータ数は5ですから,$(5-1) \times 6 = 4 \times 6 = 24$ となり,誤差の自由度は24となります。

「全体」の自由度＝全データ数－1：例題では，全データ数は30ですから，自由度は30－1＝29となります。ここまでのことを書き込んでみると，表7.6.4のようになります。

表7.6.4　2要因被験者間計画の分散分析表（途中経過）

要因	平方和	自由度	平均平方	F
要因A	67.5	1		
要因B	155	2		
$A \times B$	15	2		
誤差	76	24		
全体	313.5	29		

続いて平均平方を求めます。平均平方とは，自由度1つあたりの平方和の値のことでした。平均平方は「平方和÷自由度」で求めます。◁9

要因Aの平均平方＝67.5÷1＝67.50，要因Bの平均平方＝155÷2＝77.50，$A \times B$の平均平方＝15÷2＝7.50，誤差の平均平方＝76÷24＝3.17となります。

最後に，Fを求めます。Fの分母には，誤差の平均平方（3.17）を用います。たとえば，要因Aについては，F＝67.50÷3.17＝21.29　と求めます。以下同様に，それぞれの要因の平均平方を誤差の平均平方でわってFを求めます。◁10 こうして，分散分析表が完成しました（表7.6.5）。

▷9　VII-2 参照。

▷10　2要因では3つのF値を計算します。

表7.6.5　2要因被験者間計画の分散分析表（完成）

要因	平方和	自由度	平均平方	F
要因A	67.5	1	67.50	21.29
要因B	155	2	77.50	24.45
$A \times B$	15	2	7.50	2.37
誤差	76	24	3.17	
全体	313.5	29		

分散分析表が完成しましたので，要因A，要因B，交互作用$A \times B$について，それぞれ検定をおこないます。F分布表を用いて，Fの棄却の臨界値を求めることになります。たとえば，要因Aの場合は，分子の自由度＝1，分母の自由度＝24です。分母の自由度は以下でおこなう3つの検定すべてにおいて同じになります。分子の自由度はそれぞれ異なります。有意水準$\alpha = 0.05$のとき，分子の自由度1の列と分母の自由度24の行が交わるところの値をみると4.26となっています。これから，棄却域は $F \geq 4.26$ と求められます。このようにして，以下でそれぞれの検定をおこなってみることにしましょう。◁11

▷11　巻末の付表4を参照。

まずは，要因Aの主効果の検定です。分散分析表より $F = 21.29$ です。また，上記のように，分子の自由度1，分母の自由度24，$\alpha = 0.05$という値から，F分布表の棄却の臨界値は4.26となるので（$F_{0.05,1,24} = 4.26$），棄却域は $F \geq 4.26$ です。21.29＞4.26ですから，棄却域に入ることになり，帰無仮説は棄却されます。よって，要因Aの主効果は5％水準で有意であることがわかりました。

続いて，要因Bの主効果の検定です。分散分析表より $F = 24.45$ です。分子

の自由度2，分母の自由度24ですから，$\alpha=0.05$のとき，F分布表の棄却の臨界値は3.40となります。これより，棄却域は $F\geqq 3.40$ です。24.45＞3.40ですから，棄却域に入ることになり，帰無仮説は棄却されます。よって，要因Bの主効果についても，5％水準で有意であることがわかりました。

最後に，交互作用$A\times B$の検定です。分散分析表より $F=2.37$ です。分子の自由度2，分母の自由度24ですから，$\alpha=0.05$のとき，F分布表の棄却の臨界値は3.40となります。これより，棄却域は $F\geqq 3.40$ です。2.37＜3.40ですから，棄却域には入りませんので，帰無仮説は棄却されません。よって，交互作用については5％水準で有意でないことがわかりました。

以上より，分散分析の結果をまとめると，要因A，要因B，それぞれの主効果が5％水準で有意であることがわかりました。一方，交互作用は5％水準で有意にはなりません。◁12

3 分散分析をおこなった後で…

上記で説明したように，分散分析表を作成し，主効果と交互作用の検定をおこなった後，まだやるべきことが残っています。

まず，主効果が有意であった場合です。このときは，要因の水準がいくつあるかということが問題となります。例題7.6の場合，要因Aについては，水準が2つしかないので多重比較の必要はありません。◁13 一方，要因Bは水準が3つあります。要因Bの主効果が有意であった場合，どの水準とどの水準の間で有意差があるかという疑問が生じてきます。これは1要因の分散分析と同じことです。要因の水準数が3つ以上であった場合，多重比較をおこなうことになります。テューキーの方法を使うときは，HSDの計算に分散分析表（表7.6.5）にある「誤差の平均平方」（3.17）を用いるようにします。具体的には，HSD $=q_{0.05,3,24}\times\sqrt{\dfrac{3.17}{10}}=3.53\times 0.56=1.98$ となります。◁14 比較する2つの平均値の差が1.98以上であれば有意と判断するということです。この場合，Bの3つの水準のセル平均のどのペアの間にも1.98以上の差がありますので，すべての対間で有意差があることになります。◁15

また，交互作用が有意であった場合，どのように交互作用があらわれているのかをさらに詳細に分析する必要があります。◁16 交互作用についての詳しい説明は次ページからはじまる VII-7 を参照してください。

▷12 なお，この検定結果は，次のように書くこともできます。
要因A：
$F(1, 24)=21.29(p<.05)$
（または $F_{1,24}=21.29(p<.05)$）
要因B：
$F(2, 24)=24.45(p<.05)$
（または $F_{2,24}=24.45(p<.05)$）
交互作用：
$F(2, 24)=2.37(n.s.)$
（または $F_{2,24}=2.37(n.s.)$）
なお，$n.s.$ とは not significant の略で，significant（有意）ではないという意味です。

▷13 多重比較については VII-3 参照。

▷14 $HSD=$
$q_{a,k,df}\times\sqrt{\dfrac{\text{誤差の平均平方}}{\text{各条件のデータ数}}}$
$q_{a,k,df}$ は，有意水準 α，群の数 k，誤差の自由度 df から求められる棄却の臨界値。 VII-3 参照。
要因Bについてはいずれの条件（B_1, B_2, B_3）にも10個のデータがあるので誤差の平均平方3.17を10でわっている。

▷15 表7.6.2より，
B_2の平均－B_1の平均
$=7-3.5=3.5$
同様に，
$B_3-B_2=9-7=2$
$B_3-B_1=9-3.5=5.5$

▷16 交互作用の詳細な分析については VII-9 の側注12参照。

VII 3つ以上の平均を比べよう（分散分析）

7 交互作用

1 交互作用とは

交互作用はすでに VII-4 の2要因被験者間計画の分散分析で登場しています。要因単独の効果を意味する主効果に対して、2つ以上の要因の組み合わせの効果が交互作用効果です。**交互作用**とは「2要因以上の実験計画において、ある要因が従属変数に及ぼす影響の「大きさ」または「方向」が、別の要因の水準によって異なること」と定義することができます。たとえば、心理統計の指導法として、A_1：テキストと板書を使った講義形式・A_2：コンピュータを使った演習形式という2種類の指導法を考えます。これら2種類の指導法を男女にうけてもらったところ、男子学生には演習形式のほうが効果的であったが[1]、女子学生には講義形式のほうが効果的だった、という場合、一方の要因（指導法の種類）が従属変数（心理統計テストの得点）に及ぼす影響が、他方の要因（男女）によって異なることになります。これを交互作用があるといいます。なお、これに関連する「適性処遇交互作用」についてはコラム7で紹介します。

2 交互作用を図であらわす

2×2の実験計画（2要因でそれぞれの要因の水準が2つある場合です[2]）について交互作用を図式的に説明してみます。2×2で合計4つのセルが設けられます。セルごとの平均を求めプロットしてみましょう。以下、図7.7.1には4つのセル平均のプロット図を示しました。仮に、要因 A は心理統計の指導法（A_1：講義形式、A_2：演習形式）、要因 B は学生の性別（B_1：男子学生、B_2：女子学生）とします。また、従属変数は心理統計テストの得点です[3]（プロット図の縦軸に「得点」と書かれています）。

各プロット図の解釈では、平均点を結んだ直線が平行になるときは交互作用がなく、平行でない場合は交互作用が存在すると考えられます。もちろん、図を書いただけで有意かどうかを判断することはできません。交互作用が有意であるかどうかは分散分析をして確かめることになります。

①と②のプロット図では、B のどちらの水準（B_1 でも B_2 でも）においても、A_1 のほうが A_2 よりも同じだけ得点が高くなっています。A_1 の実線（●ー●）と A_2 の点線（◆…◆）は平行です。これより、要因 A と要因 B の交互作用はないということがわかります。①でも②でも、「男子学生も女子学生も A_1（講

▷1 「心理統計テストの成績がよかった＝効果的であった」と解釈することにします。

▷2 実験計画については VII-4 参照。

▷3 従属変数については VIII-3 参照。

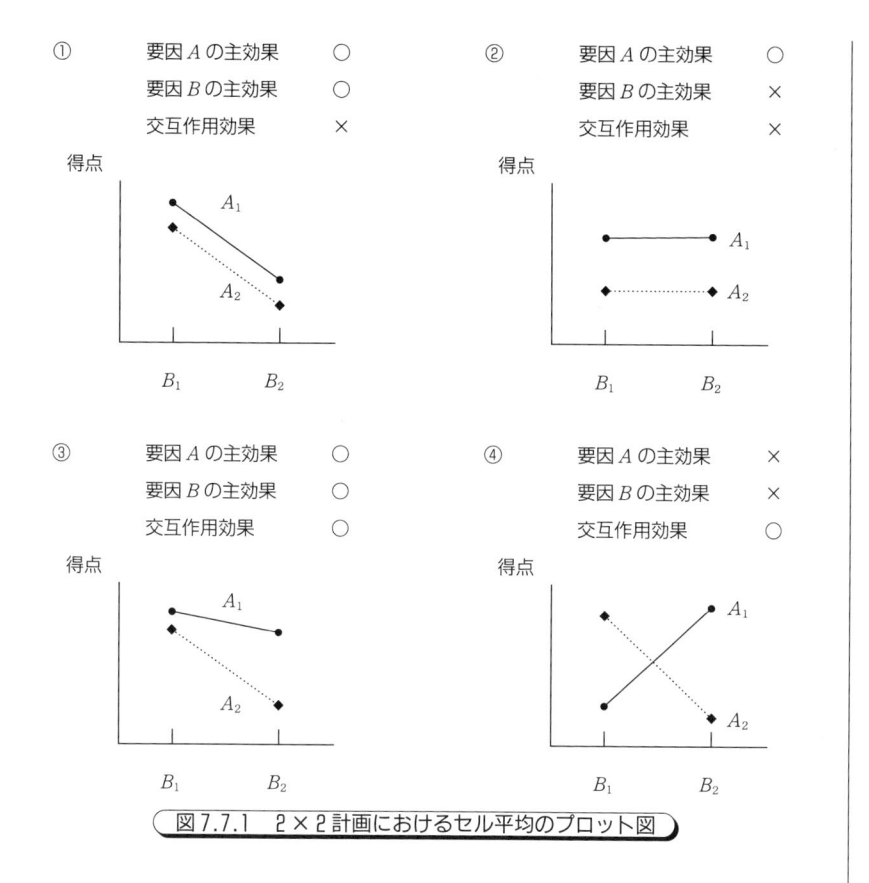

① 要因Aの主効果　　○　　　② 要因Aの主効果　　○
　　要因Bの主効果　　○　　　　　要因Bの主効果　　×
　　交互作用効果　　　×　　　　　交互作用効果　　　×

③ 要因Aの主効果　　○　　　④ 要因Aの主効果　　×
　　要因Bの主効果　　○　　　　　要因Bの主効果　　×
　　交互作用効果　　　○　　　　　交互作用効果　　　○

図 7.7.1　2×2計画におけるセル平均のプロット図

義形式）の指導法が，A_2（演習形式）に比べて，同じだけ得点が高い」ということになりますから，交互作用はないですよね。

③のプロット図では，Bのどちらの水準でも，A_1のほうがA_2よりも得点が高いのは①や②と同じです。しかし，B_1におけるA_1とA_2の差よりも，B_2におけるA_1とA_2の差のほうが大きくなっており，A_1の実線（●-●）とA_2の点線（◆…◆）は平行ではありません。これより，要因Aと要因Bの交互作用があるということがわかります。③は，B_1（男子学生）はA_1（講義形式）の指導をうけたほうがA_2（演習形式）よりも「少し」テスト得点が高いが，B_2（女子学生）はA_1（講義形式）の指導をうけたほうがA_2（演習形式）よりも「ずっと」テスト得点が高いという場合です。これは男女で指導法の効果に違いがある（「A_1とA_2という指導法の違いが，従属変数である心理統計テストの得点に及ぼす影響」が男女によって異なる）ということですから，交互作用ありとなります。

④のプロット図では，B_1では，A_1よりもA_2のほうが得点が高くなっています。これに対して，B_2では逆にA_1のほうがA_2よりも得点が高くなっています。A_1の実線（●-●）とA_2の点線（◆…◆）は平行ではありません。これより，要因Aと要因Bの間に交互作用があることがわかります。④の場合，B_1（男子学生）はA_1（講義形式）の指導法よりもA_2（演習形式）のほうが効

▷4　図7.7.1において，①と②は交互作用がないという点は共通しますが，主効果の有無に違いがあります。③と④は交互作用があるという点は共通しますが，こちらもやはり，主効果の有無に違いがあります。主効果の有無についてはすぐ後で説明します。

的だが，B_2（女子学生）は逆に A_1（講義形式）の指導法のほうが効果的であるという場合です。これは男女で指導法の効果に違いがある（A_1 と A_2 の効果の高さが逆転している）ということですから，交互作用ありとなります。

このように，平均値のプロット図をみることにより，交互作用があるかどうかを調べることができるのです。また，交互作用には「順方向の交互作用」と「逆方向の交互作用」というものがあります。

図 7.7.2 をみてください。

図 7.7.1 の③と④のプロット図を再掲しました。③のプロット図では，B_1 における $A_1 \to A_2$ の変化の方向と，B_2 における $A_1 \to A_2$ の変化の方向は同じです（男女ともに A_1（講義形式）の指導法の効果が高いことは変わらないという場合です）。しかし，変化の大きさは異なっています。一方の要因が従属変数に及ぼす影響の「大きさ」が，他方の要因の水準によって異なる，すなわち交互作用が生じているのです。このようなタイプの交互作用を，**順方向の交互作用**（ordinal な交互作用）といいます。▼5

また，④のプロット図では，B_1 における $A_1 \to A_2$ の変化の方向と，B_2 における $A_1 \to A_2$ の変化の方向は異なっています（男女で A_1 のほうが効果があるか A_2 のほうが効果があるかが異なっています）。一方の要因が従属変数に及ぼす影響の「方向」が，他方の要因の水準によって異なる，すなわち交互作用が生じています。このようなタイプの交互作用を，**逆方向の交互作用**（disordinal な交互作用）といいます。▼6

▶5 B_1，B_2 どちらでも A_1 のほうが A_2 よりも得点が高くなっています。この場合，「要因 A について順方向の交互作用がある」といいます。

▶6 B_1 では A_2 のほうが，B_2 では A_1 のほうが得点が高くなっています。要因 A がテスト得点（従属変数）に及ぼす影響の方向が，要因 B の水準によって異なっていることから，この場合，要因 A について「逆方向の交互作用がある」といいます。

③ 順方向（ordinal）の交互作用   ④ 逆方向（disordinal）の交互作用

図 7.7.2　順方向の交互作用と逆方向の交互作用

ところで，図 7.7.3 のように，同一のデータを 2 とおりにプロットすることもできます。たとえば，「男女」を横軸にとるか，「指導法」を横軸にとるかの 2 とおりです。データ自体は同じですが，プロットの仕方を変えることによってみえてくることがあります。

図 7.7.3 の左図より，B のどちらの水準でも，A_1 から A_2 への方向は同じになっていることがわかります。つまり，要因 A については，順方向の交互作用があるということになります。一方，右図より，A の水準によって，B_1 から B_2 への方向が異なることがわかります。これより，要因 B については，逆方向の交互作用があるということになります。このようにどちらの要因について

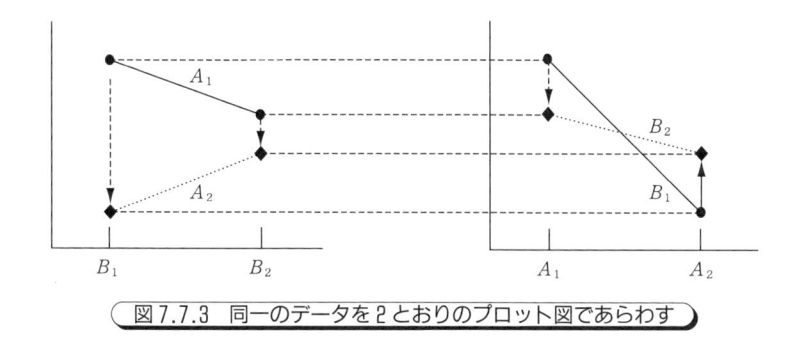

図 7.7.3　同一のデータを2とおりのプロット図であらわす

みるかによって，交互作用の解釈が変わってくることもあります。図7.7.2では，要因Aについてみているということになります。

3　主効果の有無

図7.7.1では主効果の有無も書かれていました。図7.7.4（図7.7.1の③のプロット図）を用いて，プロット図から主効果があるかどうかを判断する方法を説明しましょう。

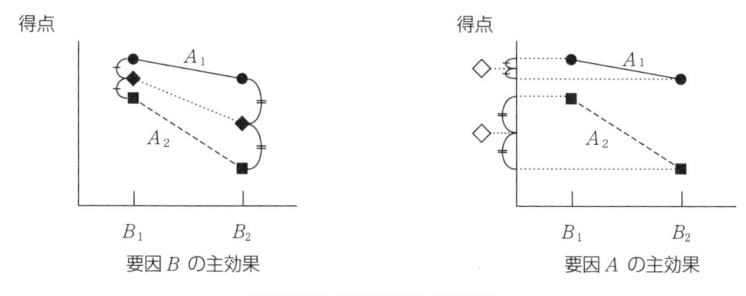

図 7.7.4　主効果の有無

まず，要因Bの主効果について考えてみます（左図）。Bの主効果とは，要因Aの影響を考えない，要因B単独の効果のことです。そこで，A_1とA_2の水準をプールしてみます。図7.7.4の左図で，B_1またはB_2における●と■を平均したのが◆です。B_1とB_2の◆に注目すると，B_1のほうがB_2より得点が高いことがわかりますね。このことから要因Bの主効果があることがわかります。

次に要因Aの主効果です（右図）。Aの主効果とは，要因Bの影響を考えない，要因A単独の効果のことです。B_1とB_2の水準をプールしてみましょう。図7.7.4の右図で，A_1の2つの●を平均したのが縦軸の横に書いてある◇（2つある◇のうち上のほう）です。そして，A_2の2つの■を平均したのが下の◇です。2つの◇を比べると，A_1のほうがA_2よりも得点が高いことがわかります。これより，要因Aの主効果があることが読みとれました。このような方法で主効果のあるなしを判断できます。

▷7　要因Aについてプールするとは，A_1水準とA_2水準をひとまとめにするということです。

▷8　交互作用と同様，プロット図から主効果があることはわかりますが，有意かどうかは分散分析をしてみないとわかりません。

VII 3つ以上の平均を比べよう（分散分析）

8 2要因被験者内計画①

1 2要因被験者内計画

▷1 2要因被験者間計画については VII-6 を参照。

2要因被験者間計画では平方和は次の図7.8.1のように分解されました。◁1

全体平方和 ＝ 要因Aの主効果の平方和 ＋ 要因Bの主効果の平方和 ＋ 交互作用の平方和 ＋ 誤差の平方和

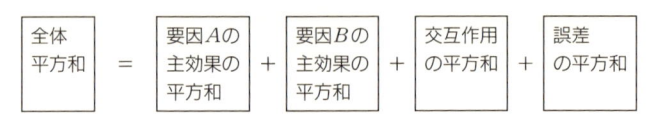

図7.8.1 2要因被験者間計画の平方和の分割

これに対して，2要因被験者内計画では，平方和は以下の図7.8.2のように分解されます。◁2

▷2 全体のバラツキを，要因Aの主効果によるバラツキ，要因Bの主効果によるバラツキ，交互作用によるバラツキ，個人差によるバラツキ，要因Aに対する誤差によるバラツキ，要因Bに対する誤差によるバラツキ，交互作用に対する誤差によるバラツキ，に分解するということです。

全体平方和 ＝ 要因Aの主効果の平方和 ＋ 要因Bの主効果の平方和 ＋ 交互作用の平方和

＋ 個人差の平方和 ＋ 要因Aに対する誤差の平方和 ＋ 要因Bに対する誤差の平方和 ＋ 交互作用に対する誤差の平方和

誤差の平方和

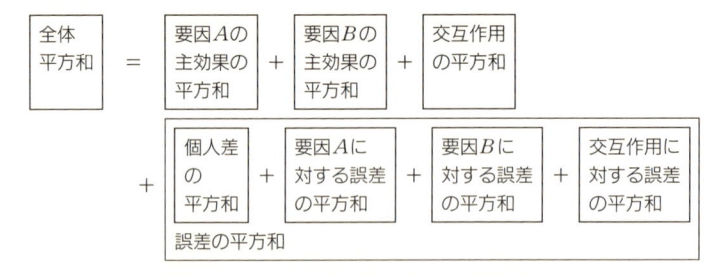

図7.8.2 2要因被験者内計画の平方和の分割

2要因被験者内計画が2要因被験者間計画と異なるのは，「誤差の平方和」の部分です。ここがさらに4つに分割されています。それ以外（2つの要因の主効果と交互作用）は同様です。

例題7.8

ミネラルウォーターのテイスティング実験をおこなうことにしました。3種類のミネラルウォーター（B_1：イカアン，B_2：ボスビッグ，B_3：ビビッテル）を用意しました。また，すべてのミネラルウォーターについて，2種類の温度条件（A_1：冷蔵庫で冷やす，A_2：常温）を設定しました。3種類のミネラルウォーター×2種類の温度条件で，全部で6つの条件を考えました。被験者を全部で5人用意して，被験者には6種類のすべての条件について，おいしさを評価してもらいました。こうしてデータをとったものが表7.8.1です（表の数値は値が大きいほど，おいしいことを意味しています）。◁3

▷3 数値は VII-6 の表7.6.1と同一です。

要因Aは温度条件，要因Bはミネラルウォーターの種類です。このデータについて，2要因の分散分析をおこなってください。有意水準は5％とします。

表7.8.1 ミネラルウォーターのテイスティングのデータ

被験者	A_1：冷蔵庫			A_2：常温		
	B_1：イカアン	B_2：ボスビッグ	B_3：ビビッテル	B_1：イカアン	B_2：ボスビッグ	B_3：ビビッテル
柴原	6	10	11	5	7	12
川崎	4	8	12	4	6	8
井口	5	10	12	2	5	5
松中	3	8	10	2	4	6
城島	2	9	10	2	3	4

② 平方和を求める —その1—

ここでは，2要因被験者内計画の分散分析表の作り方を紹介していきます。まずは，VII-6 の2要因被験者間計画のときと同じように，6つの条件の平均の表を作ります（表7.8.2）。

▷4 この「条件の平均」のことをセル平均とよびました。

表7.8.2 セル平均の表

	B_1：イカアン	B_2：ボスビッグ	B_3：ビビッテル	Aの各水準の平均
A_1：冷蔵庫	4	9	11	8
A_2：常温	3	5	7	5
Bの各水準の平均	3.5	7	9	6.5

A_1の行とB_1の列の交わったところに書かれている4という値は，A_1B_1条件（冷蔵庫のイカアン）に対するテイスティングの平均が4ということをあらわしています。A_1の行の一番右の8という値は，表7.8.1のA_1水準の15個のデータの平均，つまり，要因Bの水準をプールしたA_1水準の平均です。表の右下に書かれている6.5という値は全データの平均（全平均）です。

▷5 「要因Bの水準をプールした」というのは，「要因Bの3水準を3つに分けずにひとまとめにする」ということです。

2要因の被験者内計画では，全体平方和を以下の7つの平方和に分解することになります。

① 全体平方和 ＝ ② 要因Aの主効果の平方和
　　　　　　　＋③ 要因Bの主効果の平方和
　　　　　　　＋④ 交互作用の平方和
　　　　　　　＋⑤ 個人差の平方和
　　　　　　　＋⑥ 要因Aに対する誤差の平方和
　　　　　　　＋⑦ 要因Bに対する誤差の平方和
　　　　　　　＋⑧ 交互作用に対する誤差の平方和

以上の分解の具体的な方法について次の VII-9 で説明していきます。

VII　3つ以上の平均を比べよう（分散分析）

9　2要因被験者内計画②

1　2要因被験者内計画での平方和の分解

　前ページの終わりにあげた①から④までの平方和を求める手続きは，VII-6 の2要因被験者間計画で紹介したのとまったく同じです。①「全体平方和」は313.5，②「要因Aの主効果の平方和」は67.5，③「要因Bの主効果の平方和」は155，④「交互作用の平方和」は15となります。

　次に残りの平方和ですが，（2要因被験者間計画における）「誤差の平方和」は76でしたね。2要因被験者内計画では，この76という値をさらに4つに分解していくのがポイントです。以下で，⑤から⑧の平方和の求め方を紹介していきます。

2　平方和を求める　－その2－

　それでは，⑤「個人差の平方和」，⑥「要因Aに対する誤差の平方和」，⑦「要因Bに対する誤差の平方和」，⑧「交互作用に対する誤差の平方和」，以上4つの平方和を求めていきましょう。

　⑤「個人差の平方和」は今回たまたま集まった被験者の個人差をあらわすものです。個人差の平方和を求めるには，VII-5 の1要因被験者内計画のときと同じように，各被験者の平均と全平均との差の2乗をデータ数だけたし加えると求められます。VII-8 の表7.8.1のデータについて，各被験者の平均を求めてみると表7.9.1の一番右の列のようになります。

表7.9.1　ミネラルウォーターのテイスティングのデータ

被験者	A_1			A_2			各被験者の平均
	B_1	B_2	B_3	B_1	B_2	B_3	
柴原	6	10	11	5	7	12	8.5
川崎	4	8	12	4	6	8	7
井口	5	10	12	2	5	5	6.5
松中	3	8	10	2	4	6	5.5
城島	2	9	10	2	3	4	5

　それぞれの各被験者にはいずれも6個のデータの値がありますので（1人1人が6つの条件すべてを経験していますので），（各被験者の平均－全平均）^{2} を6倍しておきます。

VII-9 2要因被験者内計画②

「個人差」＝ $(8.5-6.5)^2 \times 6$　←柴原
　　　　＋$(7-6.5)^2 \times 6$　←川﨑
　　　　＋$(6.5-6.5)^2 \times 6$　←井口
　　　　＋$(5.5-6.5)^2 \times 6$　←松中
　　　　＋$(5-6.5)^2 \times 6$　　←城島
　　　＝45

▷1 VII-8 の表7.8.2より，全平均は6.5。

こうして，個人差の平方和は45となりました。

⑤で求めた「個人差」は被験者と被験者の間の差（1人1人の間のテイスティングの違い）です。⑥以降では，被験者の個人内でのユレ（1人の人の中でのテイスティングの違い）を計算することになります。

▷2 これを被験者内の偶然誤差といいます。

まず，⑥「要因Aに対する誤差の平方和」を求めてみましょう。これには，要因Bの3水準をプールして，被験者ごとに，要因Aの2つの水準の平均値を求めます。この計算には，表7.9.2のような「被験者×要因A」の平均の表を作成しておくと便利です。

▷3 VII-8 の側注5を参照。

▷4 たとえば柴原のA_1の「9」は，表7.9.1のA_1における柴原の3つの値，6，10，11の平均です。これが「要因Bの3水準をプールする」の意味です。

この5×2の10個の平均によって生じるバラツキを計算して，そこから⑤「個人差」（45）と②「要因Aの主効果」（67.5）によって説明される分をひいた残りが，説明しきれない誤差（⑥「要因Aに対する誤差の平方和」）ということになります。

表7.9.2 「被験者×要因A」の平均の表

被験者	A_1の平均	A_2の平均	各被験者の平均
柴原	9	8	8.5
川﨑	8	6	7
井口	9	4	6.5
松中	7	4	5.5
城島	7	3	5
平均	8	5	(全平均) 6.5

要因Aだけに注目し，データ数10個の1要因被験者内計画とみなせば（実際には，表7.9.2の各セルは$B_1 \cdot B_2 \cdot B_3$という3つの値の平均ですが），全体＝条件＋個人差＋残差に平方和を分けることができて，「全体平方和」が「10個の平均から生じる平方和」，「条件」が②「要因A」，「個人差」が⑤「個人差」，そして「残差」が⑥「要因Aに対する誤差」にそれぞれ対応することになります。「10個の平均から生じる平方和」＝②「要因Aの主効果の平方和」＋⑤「個人差の平方和」＋⑥「要因Aに対する誤差の平方和」という分解です。

▷5 VII-5 参照。

「10個の平均から生じる平方和」は，表7.9.2の被験者×要因Aの平均のそれぞれから全平均をひいて2乗したものをデータ数分だけたし加えて求めます。各平均は3つの値から求めているので，それぞれ3をかけておきます。

▷6 VII-5 「1要因被験者内計画」でおこなった全体平方和＝（データの値－全平均）^{2}の合計という計算に対応しています。ただし，10個の平均はもともとそれぞれ3つの値から求めているので，10個の平均それぞれを3回ずつ使い，30個のデータの値の全体平方和として計算します。

「10個の平均」＝ $(9-6.5)^2 \times 3$　←柴原A_1
　　　　　　＋$(8-6.5)^2 \times 3$　←川﨑A_1
　　　　　　＋$(9-6.5)^2 \times 3$　←井口A_1
　　　　　　＋$(7-6.5)^2 \times 3$　←松中A_1
　　　　　　＋$(7-6.5)^2 \times 3$　←城島A_1

$$+(8-6.5)^2 \times 3 \quad \leftarrow 柴原\ A_2$$
$$+(6-6.5)^2 \times 3 \quad \leftarrow 川﨑\ A_2$$
$$+(4-6.5)^2 \times 3 \quad \leftarrow 井口\ A_2$$
$$+(4-6.5)^2 \times 3 \quad \leftarrow 松中\ A_2$$
$$+(3-6.5)^2 \times 3 \quad \leftarrow 城島\ A_2$$
$$=127.5$$

　こうして，10個の平均が生じる平方和は127.5と求められました。⑥「要因Aに対する誤差の平方和」は，これから②「要因Aの主効果の平方和」（67.5）と⑤「個人差の平方和」（45）をひいて求めます。

「要因Aに対する誤差」$=127.5-67.5-45=15$

　以上より，被験者内の要因Aに対する誤差の平方和は15と求まりました。
　続いて，⑦「要因Bに対する誤差の平方和」を求めます。先ほどと同様に，要因Aの2水準をプールして，被験者ごとに要因Bの3つの水準の平均値を求めます。まず，表7.9.3のような「被験者×要因B」の平均の表を作成します。

▷7　たとえば柴原のB_1の「5.5」は，表7.9.1のB_1における柴原の2つの値，6，5の平均です。これが「要因Aの2水準をプールする」意味です。

　この5×3の15個の平均によって生じるバラツキを計算して，そこから⑤「個人差」（45）と③「要因Bの主効果」（155）によって説明される分をひいた残りが，説明しきれない誤差（⑦「要因Bに対する誤差の平方和」）ということになります。
　「15個の平均から生じる平方和」は，表7.9.3の被験者×要因Bの平均のそれぞれから全平均をひいて2乗したものをデータ数分だけたし加えて求めます。表7.9.3の各平均はA_1・A_2という2つの値から求めているので，それぞれ2をかけておきます。

表7.9.3　「被験者×要因B」の平均の表

被験者	B_1の平均	B_2の平均	B_3の平均	各被験者の平均
柴原	5.5	8.5	11.5	8.5
川﨑	4	7	10	7
井口	3.5	7.5	8.5	6.5
松中	2.5	6	8	5.5
城島	2	6	7	5
合計	3.5	7	9	（全平均）6.5

$$\begin{aligned}「15個の平均」=\ &(5.5-6.5)^2 \times 2 \quad \leftarrow 柴原\ B_1\\
&+(4-6.5)^2 \times 2 \quad \leftarrow 川﨑\ B_1\\
&+(3.5-6.5)^2 \times 2 \quad \leftarrow 井口\ B_1\\
&+(2.5-6.5)^2 \times 2 \quad \leftarrow 松中\ B_1\\
&+(2-6.5)^2 \times 2 \quad \leftarrow 城島\ B_1\\
&+(8.5-6.5)^2 \times 2 \quad \leftarrow 柴原\ B_2\\
&+(7-6.5)^2 \times 2 \quad \leftarrow 川﨑\ B_2\\
&+(7.5-6.5)^2 \times 2 \quad \leftarrow 井口\ B_2\\
&+(6-6.5)^2 \times 2 \quad \leftarrow 松中\ B_2\\
&+(6-6.5)^2 \times 2 \quad \leftarrow 城島\ B_2\\
&+(11.5-6.5)^2 \times 2 \quad \leftarrow 柴原\ B_3\end{aligned}$$

$$+(10-6.5)^2 \times 2 \quad \leftarrow 川崎\ B_3$$
$$+(8.5-6.5)^2 \times 2 \quad \leftarrow 井口\ B_3$$
$$+(8-6.5)^2 \times 2 \quad \leftarrow 松中\ B_3$$
$$+(7-6.5)^2 \times 2 \quad \leftarrow 城島\ B_3$$
$$=204$$

こうして、15個の平均から生じる平方和は204と求められました。「要因Bに対する誤差の平方和」は、これから③「要因Bの主効果の平方和」(155) と⑤「個人差の平方和」(45) をひいて求めます。

「要因Bに対する誤差」$=204-155-45=4$

以上より、被験者内の要因Bに対する誤差の平方和は4と求まりました。

最後に⑧「交互作用に対する誤差の平方和」を求めます。これまで、(2要因被験者間計画における)誤差の平方和 (76) を4つの平方和に分割するため、⑤「個人差の平方和」(45),⑥「要因Aに対する誤差の平方和」(15),⑦「要因Bに対する誤差の平方和」(4) を計算してきました。⑧「交互作用に対する誤差の平方和」は、誤差の平方和 (76) からこれらの平方和をひいて求めます。

「交互作用に対する誤差」$=$「誤差」$-$「個人差」$-$「要因Aに対する誤差」
$\qquad\qquad\qquad -$「要因Bに対する誤差」
$\qquad\qquad =76-45-15-4=12$

こうして被験者内の交互作用に対する誤差の平方和が12と求められました。

3 分散分析表を作成する

こうして、8つの平方和がすべて求められましたので、いよいよ分散分析表の作成に進みましょう。表7.9.4に2要因被験者内計画の分散分析表があります。まずは、平方和の値を表に記入します。⑤個人差はSという記号であらわします。また、⑥「要因Aに対する誤差」は$S \times A$とあらわします。これは、被験者 (S) ごとの要因Aに対して生じた誤差という意味です。同様に、⑦「要因Bに対する誤差」は$S \times B$,⑧「交互作用に対する誤差」は$S \times A \times B$とあらわします。

自由度の計算は以下のようにおこないます。要因A,要因B, $A \times B$については、2要因被験者間計画のときと同じです。

「要因A」の自由度$=$要因Aの水準数-1：例題では、要因AについてA_1,

▷8 表7.9.4の要因と書かれた列をみると「要因A」の下に「$S \times A$」とあります。Fを計算するときの分子（たとえば要因A）と分母（たとえば$S \times A$）とを対応させています。

表7.9.4 2要因被験者内計画の分散分析表（未完成）

要因	平方和	自由度	平均平方	F
個人差(S)	45			
要因A	67.5			
$S \times A$	15			
要因B	155			
$S \times B$	4			
$A \times B$	15			
$S \times A \times B$	12			
全体	313.5			

A_2 と2つの水準がありますので，要因Aの自由度は，$2-1=1$ となります。

「要因B」の自由度＝要因Bの水準数－1：例題では，要因Bについて B_1，B_2，B_3 と3つの水準がありますので，要因Bの自由度は，$3-1=2$ となります。

「$A \times B$」の自由度＝要因Aの自由度×要因Bの自由度：例題では，要因Aの自由度が1，要因Bの自由度が2ですから，$A \times B$の自由度は $1 \times 2 = 2$ となります。

「個人差（S）」の自由度＝被験者数－1：例題では5人の被験者がいるので，自由度は $5-1=4$ です。

「$S \times A$」の自由度＝個人差（S）の自由度×要因Aの自由度：例題では，個人差の自由度が4，要因Aの自由度が1ですから，$S \times A$の自由度は $4 \times 1 = 4$ となります。

「$S \times B$」の自由度＝個人差（S）の自由度×要因Bの自由度：例題では，個人差の自由度が4，要因Bの自由度が2ですから，$S \times B$の自由度は $4 \times 2 = 8$ となります。

「$S \times A \times B$」の自由度＝個人差（S）の自由度×交互作用$A \times B$の自由度：例題では，個人差の自由度が4，交互作用$A \times B$の自由度が2ですから，$S \times A \times B$の自由度は $4 \times 2 = 8$ となります。

「全体」の自由度＝全データ数－1：例題では，全データ数は30ですから，自由度は $30-1=29$ となります。ここまでのことを書き込んでみると，表7.9.5のようになります。

表7.9.5 2要因被験者内計画の分散分析表（途中経過）

要因	平方和	自由度	平均平方	F
個人差（S）	45	4		
要因A	67.5	1		
$S \times A$	15	4		
要因B	155	2		
$S \times B$	4	8		
$A \times B$	15	2		
$S \times A \times B$	12	8		
全体	313.5	29		

▷9 平均平方については VII-2 参照。

▷10 2要因被験者間計画では，「誤差の平方和」は1つしかなく，Fを求めるときに使う「誤差の平均平方」は1つでしたが，2要因被験者内計画では「誤差の平方和」は4つに分解され，要因A，要因B，交互作用それぞれに対する「誤差の平方和」が存在するので，Fを求めるときに使う誤差の平均平方も，要因A，要因B，交互作用それぞれで異なります。

続いて平均平方を求めます。平均平方は「平方和÷自由度」で求めます[▷9]。個人差の平均平方＝$45 \div 4 = 11.25$，要因Aの平均平方＝$67.5 \div 1 = 67.50$，要因Bの平均平方＝$155 \div 2 = 77.50$，$A \times B$の平均平方＝$15 \div 2 = 7.50$，$S \times A$の平均平方＝$15 \div 4 = 3.75$，$S \times B$の平均平方＝$4 \div 8 = 0.50$，$S \times A \times B$の平均平方＝$12 \div 8 = 1.50$ とそれぞれ求められました。

最後に，Fを求めます。要因Aについては，要因Aの平均平方を$S \times A$の平均平方でわります。$F = 67.50 \div 3.75 = 18.00$ と求めます。要因Bについては，要因Bの平均平方を$S \times B$の平均平方でわります。$F = 77.50 \div 0.50 = 155.00$ となります。$A \times B$については，$A \times B$の平均平方を$S \times A \times B$の平均平方でわります。$F = 7.50 \div 1.50 = 5.00$ となりました[▷10]。こうして，分散分析表が完成しました（表7.9.6）。

分散分析表が完成したので，要因A，要因B，交互作用$A \times B$について，それぞれ検定をおこないます。巻末のF分布表を用いてFの棄却の臨界値を求

表7.9.6 2要因被験者内計画の分散分析表（完成）

要因	平方和	自由度	平均平方	F
個人差(S)	45	4	11.25	
要因A	67.5	1	67.50	18.00
$S \times A$	15	4	3.75	
要因B	155	2	77.50	155.00
$S \times B$	4	8	0.50	
$A \times B$	15	2	7.50	5.00
$S \times A \times B$	12	8	1.50	
全体	313.5	29		

めます。

まずは，要因Aの主効果の検定です。分散分析表より $F=18.00$ です。分子の自由度1，分母の自由度4，$\alpha=0.05$という値から，F分布表の棄却の臨界値は7.71となるので（$F_{0.05, 1, 4}=7.71$），棄却域は $F \geqq 7.71$ です。18.00＞7.71ですから，棄却域に入ることになり，帰無仮説は棄却されます。よって，要因Aの主効果は5％水準で有意であることがわかりました。

続いて，要因Bの主効果の検定です。分散分析表より $F=155.00$ です。分子の自由度2，分母の自由度8ですから，$\alpha=0.05$のとき，F分布表の棄却の臨界値は4.46となります。これより，棄却域は $F \geqq 4.46$ です。155.00＞4.46ですから，棄却域に入ることになり，帰無仮説は棄却されます。よって，要因Bの主効果についても，5％水準で有意であることがわかりました。

最後に，交互作用 $A \times B$ の検定です。分散分析表より $F=5.00$ です。分子の自由度2，分母の自由度8ですから，$\alpha=0.05$のとき，F分布表の棄却の臨界値は4.46となります。これより，棄却域は $F \geqq 4.46$ です。5.00＞4.46ですから，棄却域に入ることになり，帰無仮説は棄却されます。よって，交互作用についても，5％水準で有意であることがわかりました。

以上より，分散分析の結果をまとめると，要因A，要因B，それぞれの主効果が5％水準で有意であることがわかりました。また，交互作用についても5％水準で有意になりました。なお，以上の検定結果は，以下のように書くこともできます。

要因A：$F(1, 4)=18.00 (p<.05)$（または $F_{1,4}=18.00 (p<.05)$）
要因B：$F(2, 8)=155.00 (p<.05)$（または $F_{2,8}=155.00 (p<.05)$）
交互作用：$F(2, 8)=5.00 (p<.05)$（または $F_{2,8}=5.00 (p<.05)$）

ここまでで，分散分析はひとまず終わりです。しかし，VII-6 の2要因被験者間計画の分散分析のところでも述べたように，主効果が有意で，さらにその要因の水準数が3つ以上であった場合は，通常，多重比較をおこないます。

▷11 要因Aについては $F=$要因Aの主効果の平均平方÷要因Aに対する誤差の平均平方なので，分子の自由度は要因Aの主効果の自由度（＝1），分母の自由度は要因Aに対する誤差（$S \times A$）の自由度（＝4）となります。以下，要因B，交互作用 $A \times B$ についても同様にして自由度を考えていきます。

▷12 通常，交互作用が有意であった場合，さらに詳細な分析をおこないます。これは，一方の要因の水準ごとに他方の要因の有意性を検討していくもので，**単純効果**の分析とよばれるものです。単純効果の分析に関心がある方は，田中・山際(1992)（エピローグ-2 参照）を参照してください。なお，単純効果は，本によっては**単純主効果**とよばれることもあります。

VII 3つ以上の平均を比べよう（分散分析）

10 2要因混合計画

1 2要因混合計画

　一方の要因は被験者間計画，もう一方は被験者内計画という，2つの性質をあわせもつ計画です。2要因混合計画では，以下の図 7.10.1 のように全体平方和が分解されます。

> 1　要因Aを被験者間計画，要因Bを被験者内計画として，全体のバラツキを，要因Aの主効果によるバラツキ，被験者間の誤差によるバラツキ，要因Bの主効果によるバラツキ，交互作用によるバラツキ，被験者内の誤差によるバラツキ，に分解します。

全体平方和 = 要因Aの主効果の平方和 + 被験者間の誤差の平方和
（被験者間の平方和）

\+ 要因Bの主効果の平方和 + 交互作用の平方和 + 被験者内の誤差の平方和
（被験者内の平方和）

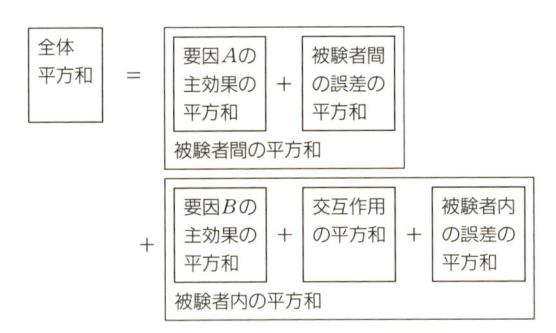

図 7.10.1　2要因混合計画における平方和の分割

　大きく分けて，被験者間の平方和と被験者内の平方和に分解されるのが特徴です。さらに，被験者間の平方和は要因Aの主効果の平方和と被験者間の誤差の平方和に，被験者内の平方和は要因Bの主効果の平方和，交互作用の平方和，被験者内の誤差の平方和に，それぞれ分解されます。

　これまでと同様にミネラルウォーターのテイスティング実験の例で考えてみましょう。

例題 7.10

　ミネラルウォーターのテイスティング実験をおこなうことにしました。3種類のミネラルウォーター（B_1：イカアン，B_2：ボスビッグ，B_3：ビビッテル）を用意しました。また，すべてのミネラルウォーターについて，2種類の温度条件（A_1：冷蔵庫で冷やす，A_2：常温）を設定しました。3種類のミネラルウォーター×2種類の温度条件で，全部で6つの条件を考えました。要因Aについては被験者間計画，要因Bについては被験者内計画になるようにしました。つまり，被験者を全部で10人用意して，5人ずつをA_1，A_2条件に割り当て（冷蔵庫か，常温か），要因Bの3つの水準については同一の被験者がすべての水準を経験してもらうことにしました（つまり各被験者が3種類のミネラルウォータ

ーをすべて飲む)。10人のうち，5人はA_1(冷蔵庫条件)の3種類のミネラルウォーターをテイスティングして，残りの5人はA_2(常温条件)の3種類のミネラルウォーターをテイスティングするということです。こうしてデータをとったものが下の表7.10.1です(表の数値は値が大きいほど，おいしいことを意味しています)。

▷2 表7.6.1と同じです。

表7.10.1 ミネラルウォーターのテイスティングのデータ

被験者	A_1			被験者	A_2		
	B_1	B_2	B_3		B_1	B_2	B_3
柴原	6	10	11	斉藤	5	7	12
川﨑	4	8	12	和田	4	6	8
井口	5	10	12	寺原	2	5	5
松中	3	8	10	杉内	2	4	6
城島	2	9	10	新垣	2	3	4

被験者間要因である要因Aは温度条件，被験者内要因である要因Bはミネラルウォーターの種類です。このデータについて，2要因の分散分析をおこなってください。有意水準は5％とします。

② 平方和を計算する

2要因の混合計画では，全体平方和を以下5つの平方和に分解することになります。

① 全体平方和 ＝② 要因Aの主効果 ＋③ 要因Bの主効果 ＋④ 交互作用
＋⑤ 被験者間の誤差(個人差)＋⑥ 被験者内の誤差

①から④までの平方和を求める手続きは，Ⅶ-6 の2要因被験者間計画，Ⅶ-8・Ⅶ-9 の2要因被験者内計画で紹介したのとまったく同じです。①「全体平方和」は313.5，②「要因Aの主効果の平方和」は67.5，③「要因Bの主効果の平方和」は155，④「交互作用の平方和」は15となります。

次に残りの平方和ですが，(2要因被験者間計画における)「誤差の平方和」は76でしたね。2要因混合計画では，この76という値をさらに2つに分解していくのがポイントです。以下で，⑤⑥の平方和の求め方を紹介していきます。

▷3 Ⅶ-6 参照。

⑤「被験者間の誤差(個人差)の平方和」は今回たまたま集まった被験者の個人差をあらわすものです。まずは，表7.10.1のデータについて，各被験者の平均を求めてみます。すると，表7.10.2のようになります。

この表から，まずは，(各被験者の平均－全平均)^2 を全データ数分たし加えてみます。各被験者にはいずれも3個のデータがあるので，(各被験者の平均－全平均)^2 を3倍して10人分をたし合わせます。こうして求められるバラツキを「10人の被験者間の平方和」とよぶことにしましょう。

▷4 全平均は6.5になります。Ⅶ-6 参照。

VII　3つ以上の平均を比べよう（分散分析）

表7.10.2　ミネラルウォーターのテイスティングのデータ

被験者	A_1				被験者	A_2			
	B_1	B_2	B_3	平均		B_1	B_2	B_3	平均
柴原	6	10	11	9	斉藤	5	7	12	8
川﨑	4	8	12	8	和田	4	6	8	6
井口	5	10	12	9	寺原	2	5	5	4
松中	3	8	10	7	杉内	2	4	6	4
城島	2	9	10	7	新垣	2	3	4	3

「10人の被験者間の平方和」= $(9-6.5)^2 \times 3$ ←柴原
$+(8-6.5)^2 \times 3$ ←川﨑
$+(9-6.5)^2 \times 3$ ←井口 $\Big\}$ A_1 の5人
$+(7-6.5)^2 \times 3$ ←松中
$+(7-6.5)^2 \times 3$ ←城島
$+(8-6.5)^2 \times 3$ ←斉藤
$+(6-6.5)^2 \times 3$ ←和田
$+(4-6.5)^2 \times 3$ ←寺原 $\Big\}$ A_2 の5人
$+(4-6.5)^2 \times 3$ ←杉内
$+(3-6.5)^2 \times 3$ ←新垣
$= 127.5$

　こうして，10人の被験者間の平方和が127.5と求められました。この平方和には，たまたまある5人がA_1に，たまたま別の5人がA_2に選ばれたということによるバラツキ（これが，ここで求めたい「被験者間の誤差」によるバラツキです）と，A_1とA_2という要因Aの水準の違いによるバラツキ（これは，「要因Aの主効果」によるバラツキです），両方が含まれています。そこで，「10人の被験者間の平方和」から②「要因Aの主効果の平方和」をひいてあげれば，⑤「被験者間の誤差による平方和」を求めることができるというわけです。▷5

「被験者間の誤差」= $127.5 - 67.5 = 60$

　こうして，被験者間の誤差（個人差）の平方和は60と求められました。
　最後に，⑥「被験者内の誤差の平方和」を求めます。被験者内の誤差の平方和とは，被験者1人1人の中でのバラツキのことです。例題では，1人につき3つのデータの値があります。▷6 そこで，10人の被験者について，3つのデータの値それぞれからその人の平均をひいたものを2乗してたし加えてみましょう。これを「10人の被験者内の平方和」とよぶことにしましょう。

「10人の被験者内の平方和」= $(6-9)^2 + (10-9)^2 + (11-9)^2$ ←柴原
$+ (4-8)^2 + (8-8)^2 + (12-8)^2$ ←川﨑
$+ (5-9)^2 + (10-9)^2 + (12-9)^2$ ←井口

▷5　このことは，図7.10.1からも理解できるでしょう。図7.10.1では全体平方和を被験者間の平方和と被験者内の平方和に分けています。そしてさらに，被験者間の平方和を要因Aの主効果の平方和と被験者間の誤差の平方和に分けていますね。

▷6　たとえば，柴原ならそれぞれ，要因Bの3つの水準を経験していますから6，10，11という3つのデータの値がありますね。

$$
\begin{aligned}
&+(3-7)^2+(8-7)^2+(10-7)^2 &&\leftarrow 松中\\
&+(2-7)^2+(9-7)^2+(10-7)^2 &&\leftarrow 城島\\
&+(5-8)^2+(7-8)^2+(12-8)^2 &&\leftarrow 斉藤\\
&+(4-6)^2+(6-6)^2+(8-6)^2 &&\leftarrow 和田\\
&+(2-4)^2+(5-4)^2+(5-4)^2 &&\leftarrow 寺原\\
&+(2-4)^2+(4-4)^2+(6-4)^2 &&\leftarrow 杉内\\
&+(2-3)^2+(3-3)^2+(4-3)^2 &&\leftarrow 新垣\\
&=186
\end{aligned}
$$

こうして，10人の被験者内の平方和が186と求められました。この平方和には，被験者内の誤差による平方和の他に，被験者内要因である要因Bの主効果の平方和と交互作用$A\times B$の平方和が含まれているので，⑥「被験者内の誤差による平方和」を求めるには，「10人の被験者内の平方和」から③「要因Bの主効果の平方和（155）」と④「交互作用の平方和（15）」をひいてあげればよいということになります。

「被験者内の誤差」$=186-155-15=16$

こうして，被験者内の誤差の平方和は16と求められました。[7]

③ 分散分析表を作成する

こうして，5つの平方和がすべて求められましたので，分散分析表の作成に進みます。表7.10.3に2要因混合計画の分散分析表があります。まずは，平方和の値を表に記入します。⑤「被験者間の誤差（個人差）」はSという記号であらわします。また，⑥「被験者内の誤差」は$S\times B$とあらわします。被験者（S）が要因Bに対して生じる個人内のバラツキ（変動）を意味しています。

表7.10.3 2要因混合計画の分散分析表（未完成）

要因	平方和	自由度	平均平方	F
要因A	67.5			
個人差（S）	60			
要因B	155			
$A\times B$	15			
$S\times B$	16			
全体	313.5			

自由度の計算は以下のようにおこないます。要因A，要因B，$A\times B$については，2要因被験者間計画・2要因被験者内計画のときと同じです。

「要因A」の自由度＝要因Aの水準数-1：例題では，要因AについてA_1，

▷7 やはり図7.10.1をみると，被験者内の平方和が，要因Bの主効果の平方和，交互作用の平方和，被験者内の誤差の平方和に分割されていることがわかります。また，被験者内の誤差の平方和は，誤差の平方和（76）から先に求めた被験者間の誤差の平方和（60）をひいて求めることもできます。その場合も，被験者内の誤差の平方和$=76-60=16$と同じ値になります。

A_2 と2つの水準がありますので，要因Aの自由度は，$2-1=1$ となります。

「要因B」の自由度＝要因Bの水準数－1：例題では，要因BについてB_1，B_2，B_3と3つの水準がありますので，要因Bの自由度は，$3-1=2$ となります。

「$A\times B$」の自由度＝要因Aの自由度×要因Bの自由度：例題では，要因Aの自由度が1，要因Bの自由度が2ですから，$A\times B$の自由度は$1\times 2=2$ となります。

「個人差（S）」の自由度＝被験者数－要因Aの水準数：例題では10人の被験者がいるので，自由度は$10-2=8$ です。

「$S\times B$」の自由度＝個人差（S）の自由度×要因Bの自由度：例題では，個人差の自由度が8，要因Bの自由度が2ですから，$S\times B$の自由度は$8\times 2=16$ となります。

「全体」の自由度＝全データ数－1：例題では，全データ数は30ですから，自由度は$30-1=29$ となります。ここまでのことを書き込んでみると，表7.10.4のようになります。

表7.10.4　2要因混合計画の分散分析表（途中経過）

要因	平方和	自由度	平均平方	F
要因A	67.5	1		
個人差(S)	60	8		
要因B	155	2		
$A\times B$	15	2		
$S\times B$	16	16		
全体	313.5	29		

続いて平均平方を求めます。

平均平方は「平方和÷自由度」で求めます。要因Aの平均平方＝$67.5\div 1=67.50$，要因Bの平均平方＝$155\div 2=77.50$，$A\times B$の平均平方＝$15\div 2=7.50$，個人差（S）の平均平方＝$60\div 8=7.50$，$S\times B$の平均平方＝$16\div 16=1.00$，とそれぞれ求められました。

最後に，Fを求めます。

要因Aについては，要因Aの平均平方を個人差（S）の平均平方でわります。▶8 $F=67.50\div 7.50=9.00$ と求めます。要因Bについては，要因Bの平均平方を$S\times B$の平均平方でわります。$F=77.50\div 1.00=77.50$ となります。$A\times B$については，$A\times B$の平均平方を$S\times B$の平均平方でわります。▶9 $F=7.50\div 1.00=7.50$ となりました。

こうして，分散分析表が完成しました（表7.10.5）。

分散分析表が完成しましたので，要因A，要因B，交互作用$A\times B$について，それぞれ検定をおこないます。巻末のF分布表を用いて，Fの棄却の臨界

▶8　要因Aは被験者間要因ですから，要因Aの平均平方を被験者間の誤差（個人差S）の平均平方でわるのです。

▶9　要因Bは被験者内要因です。交互作用$A\times B$も同じく被験者内要因（要因Bを含んでいますから）なので，それぞれの平均平方を被験者内の誤差（$S\times B$）の平均平方でわって検定統計量Fを求めます。

表7.10.5 2要因混合計画の分散分析表（完成）

要因	平方和	自由度	平均平方	F
要因A	67.5	1	67.50	9.00
個人差(S)	60	8	7.50	
要因B	155	2	77.50	77.50
$A \times B$	15	2	7.50	7.50
$S \times B$	16	16	1.00	
全体	313.5	29		

値を求めることになります。

　まずは，要因Aの主効果の検定です。分散分析表より $F=9.00$ です。分子の自由度1，分母の自由度8，$\alpha=0.05$という値から，F分布表の棄却の臨界値は5.32となるので（$F_{0.05,1,8}=5.32$），棄却域は $F \geq 5.32$ です。9.00＞5.32ですから，棄却域に入ることになり，帰無仮説は棄却されます。よって，要因Aの主効果は5％水準で有意であることがわかりました。

　続いて，要因Bの主効果の検定です。分散分析表より $F=77.50$ です。分子の自由度2，分母の自由度16ですから，$\alpha=0.05$のとき，F分布表の棄却の臨界値は3.63となります。これより，棄却域は $F \geq 3.63$ です。77.50＞3.63ですから，棄却域に入ることになり，帰無仮説は棄却されます。よって，要因Bの主効果についても，5％水準で有意であることがわかりました。

　最後に，交互作用 $A \times B$ の検定です。分散分析表より $F=7.50$ です。分子の自由度2，分母の自由度16ですから，$\alpha=0.05$のとき，F分布表の棄却の臨界値は3.63となります。これより，棄却域は $F \geq 3.63$ です。7.50＞3.63ですから，棄却域に入ることになり，帰無仮説は棄却されます。よって，交互作用についても，5％水準で有意であることがわかりました。

　以上より，分散分析の結果をまとめると，要因A，要因B，それぞれの主効果が5％水準で有意であることがわかりました。また，交互作用についても5％水準で有意になりました。なお，以上の検定結果は，以下のように書くこともできます。

　要因A：$F(1, 8)=9.00(p<.05)$（または $F_{1,8}=9.00(p<.05)$）

　要因B：$F(2, 16)=77.50(p<.05)$（または $F_{2,16}=77.50(p<.05)$）

　交互作用：$F(2, 16)=7.50(p<.05)$（または $F_{2,16}=7.50(p<.05)$）

　ここまでで，分散分析はひとまず終わりです。しかし，主効果が有意でさらにその要因の水準数が3つ以上であった場合は，通常，多重比較をおこないますし，また，交互作用が有意だった場合はさらに詳細な分析をします。

▷10　要因Aについては，$F=$要因Aの主効果の平均平方÷被験者間の誤差（個人差S）の平均平方，なので，分子の自由度は要因Aの主効果の自由度（=1），分母の自由度は個人差の自由度（=8）となります。以下，要因B，交互作用$A \times B$についても同様に自由度を考えていきます。VII-2 参照。

▷11　多重比較については，VII-3 参照。

▷12　具体的には，VII-9 の2要因被験者内計画の最後で紹介したのと同様，単純効果に注目していくことになります。

コラム7

適性処遇交互作用

ちょっとこの図 C7.1 をみてごらん。

これは何の図？

僕，学習塾で数学を教えているんだけど，そこで担当している2つのクラスで，片方では厳しく教えて，もう一方では，やさしく教えてみたんだ。この図は2とおりの教え方で授業した後で，2つのクラスに同じテストを実施したときの結果だよ。

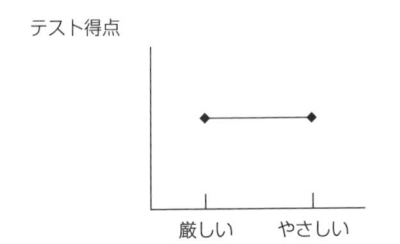

図 C7.1　2つの教え方とテスト得点

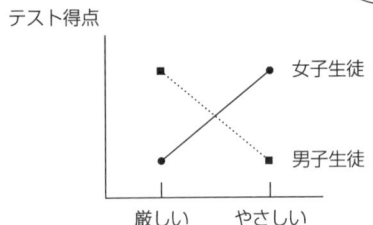

図 C7.2　男女別にテスト得点をプロット

なるほど，教えた後にやったテストの得点の平均をプロットしたものね。どれどれ…。えっと，厳しい教え方でも，やさしい教え方でも，テストの平均点がぜんぜん変わらないわね。おもしろくない。

いや，これからがおもしろいんだよ。図 C7.2 は，これをそれぞれのクラスの男女別にプロットしなおしてみたものなんだ。さて，何がわかる？

なんだかクロスしているわね。えっと，女子生徒の場合，やさしい教え方のほうが成績がいいね。反対に，男子生徒の場合，厳しい教え方のほうが成績がいい。性別によって違うんだねー。

そうだね。こういうのを適性処遇交互作用っていうんだ。英語は，aptitude treatment interaction なので，略して ATI といわれることも多いね。

なんだか難しそうね…。

aptitude が適性，つまり「生徒の性格」のような個人の特性のこと，treatment は処遇，この例の場合は教え方だね。interaction はおなじみ，交互作用のことだよ。

つまり，同じ教え方であっても，人によって効果が違うってことよね。

そうだね。

でもさ，女子生徒の中でも，打たれ強い人だったら，厳しい教え方のほうが合っていると思う

コラム7　適性処遇交互作用

― し，男子生徒の中でも，打たれ弱い人だったら，やさしい教え方のほうが合っていると思うけどな。

― 確かにそういう可能性もあるかもしれないね。その場合，「打たれ強さ」という3つ目の要因を加えて検討する必要があるね。

― 「教え方」と「性別」という2要因の分散分析に，さらに1つ要因を付け加えるとどうなるのかしら？

― 「教え方」「性別」「打たれ強さ」の3要因の分散分析を考えることができるんだ。「教え方」「性別」でみられた交互作用が，「打たれ強さ」によってどう違ってくるか，ということだね。▷3

― うーん，複雑になってきた…。

― そうでしょ？要因が増えていくと，交互作用の解釈は難しくなっていくんだ。なので，分散分析はできるだけ2要因までにしておいたほうがいいと思うよ。

― でも，いちろう君の例の場合，「打たれ強さ」とか「数学が好きか」とかいろいろな変数がかかわってきそうだから，「教え方」と組み合わせるもう1つの要因を1個に絞るのはなかなか難しいな。

― もちろん，そうした変数は，いっぱいあるわけだから，これはという変数を研究すればいいと思うよ。

― そっかー。でも，適性処遇交互作用を知ると，学校で実施されている一斉授業って，なおいっそう問題に思えてくるよねー。あの先生の教え方は肌に合うというように，人によって相性ってもんがあるからね。

― そうだよね，確かにそのとおりだ。

― あっ，わかった！

― な，何が？

― 私が心理統計が苦手なのは，適性処遇交互作用のせいよ，きっと。私には大学の講義のような一斉授業はあわないんだわ，うんうん，どおりで心理統計の成績がよくないわけだ，納得したわ。

― それは違うでしょ。よしこちゃんの場合，授業中ほとんど寝ているからいけないのであって，授業の形式以前の問題…。ギャー，い，痛い！
（よしこに足を思い切り踏まれるいちろうであった…）

▷1　2つのクラスで学力差はないものとします。
▷2　適性処遇交互作用は，クロンバックという人が提唱した概念です。ATIは，たいていの教育心理学のテキストでとりあげられています。たとえば，鎌原・竹綱（1999）では「クロンバック（1957）は，『学習活動の成果は，学習者の学習課題や学習活動に対してもっている特性・適性と，学習者に施された教授方法の交互作用の結果である』という適性処遇交互作用（Aptitude Treatment Interaction）あるいはATIの考え方を提唱しました」（p.138）とあります。
　鎌原雅彦・竹綱誠一郎　1999　やさしい教育心理学　有斐閣アルマ
▷3　これを2次の交互作用といいます。また，2要因の分散分析の場合の交互作用を1次の交互作用といいます。

VIII 心理統計に関するちょっといい話

1 クロス集計表に関する注意点

1 VIII の目的

VIIIでは，これまで紹介してきた心理統計のさまざまな内容に関して，これまで触れられなかったいろいろな事柄を述べたいと思います。主な内容は，記述統計に関する注意，推測統計に関する注意，内的妥当性と外的妥当性，臨床心理学と統計，などです。タイトルは「ちょっといい話」とコミカルですが，どの内容もなかなか重要な示唆を含んでいます。それでは，まずは記述統計の内容からクロス集計表に関する注意についてみていきましょう。

2 クロス集計表の不適切な解釈

クロス集計表に関して考えてみましょう。ある研究で，虐待経験の有無とPTSD (post-traumatic stress disorder：心的外傷後ストレス障害) の連関をみるためにクロス集計表を作成することにしました。問題はどのようにデータを収集するかです。表8.1.1の3つのクロス集計表をみてください。

いずれも400人分のデータであることは変わりません。しかし，データの収集方法が違っています。AはPTSD患者とPTSD患者ではない人をそれぞれ200人ずつ集めて，それらの人に虐待経験があるかないか調べたものです。Bは400人を単純無作為抽出法（IV-1参照）で集めて，それらの人がPTSD患者であるかないか，同時に虐待経験があるかないか，について調べたものです。Cは虐待経験のある人とない人をそれぞれ200人ずつ集めて，それらの人がPTSD患者であるかないか調べたものです。

それぞれのクロス集計表について，「虐待経験あり」と回答した人のうち，PTSD患者の割合を計算してみます。Aのクロス集計表では，$\frac{174}{220}=0.79$ となり，「虐待経験がある人の79%はPTSD患者である」と解釈されることになります。次に，Bのクロス集計表では，$\frac{10}{100}=0.10$ となり，「虐待経験がある人の中でPTSD患者であるのは10%である」ということになります。さらに，Cのクロス集計表では，$\frac{20}{200}=0.10$ となり，Bのクロス集計表の場合と同じ割合になります。ちなみに，各クロス集計表について，ϕ 係数を算出してみると，Aのクロス集計表では $\phi=.64$，Bのクロス集計表では $\phi=.24$，Cのクロス集計表では $\phi=.21$ となります。ϕ 係数は2つの質的変数の連関の強さをあらわす指標ですが，BとCのクロス集計表に比べ，Aのクロス集計表は2変

▷1 連関，クロス集計表については III-5 参照。

▷2 この表は Kihlstrom ら (1999) のデータを改変したものです。
Kihlstrom, J. F., Eich, E., Sandbrand, D., & Tobias, B. A. 1999 Emotion and memory: Implications for self-report. In A. A. Stone, J. S. Turkkan, C. A. Bachrach, J. B. Jobe, H. S. Kurtzman, & V. S. Cain (Eds.). *The science of self-report: Implications for research and practice.* Lawrence Erlbaum Associates, Inc.

▷3 ϕ (ファイ) 係数については，III-5 をみてください。

数の連関を高くみつもっていることがわかります。

3つの表の中で，現実の状態に一番近いのは，Bの単純無作為抽出した場合のクロス集計表です。なぜなら，PTSD患者は，実際にはそれほど多くないはずだからです。Aのように，各200人という多くの人を集めてくると，実際とはかけ離れた結果が得られてしまいます。世の中のPTSD患者と非PTSD患者の比率が1：1（2人に1人がPTSD）なんてことはないですよね。したがって「虐待経験がある人のうち，何割がPTSD患者か」ということを調べたい場合は，BまたはCのようなデータの集め方をしなければなりません。

単純無作為抽出をした場合，PTSD患者と非PTSD患者の割合は12：388です。PTSD患者は被験者全体の3％に過ぎません。Aのデータの集め方

表8.1.1 虐待経験とPTSD発症の連関

A：PTSD患者と非PTSD患者を200人ずつ用意した場合

	PTSD患者	非PTSD患者	計
虐待経験あり	174	46	220
虐待経験なし	26	154	180
計	200	200	400

B：単純無作為抽出した場合

	PTSD患者	非PTSD患者	計
虐待経験あり	10	90	100
虐待経験なし	2	298	300
計	12	388	400

C：虐待経験ありと虐待経験なしを200人ずつ用意した場合

	PTSD患者	非PTSD患者	計
虐待経験あり	20	180	200
虐待経験なし	1	199	200
計	21	379	400

の問題点は，ある条件（この場合は「虐待経験がある」ということ）を満たす群の中でPTSD患者と非PTSD患者の割合を調べようとしているのに，調べようとしているPTSD患者と非PTSD患者の割合を事前に固定（この場合はPTSD患者と非PTSD患者を200人ずつ同数集めていること）してしまっているところです。つまり，研究の最終的な目的が「虐待経験がある人の何割がPTSD患者か」というPTSD患者の割合を知ることであるのに，その割合を固定してしまっているというのが問題なのです。そのため，「虐待経験がある人の79％はPTSD患者である」という誤った結果を導くことになってしまったのです。

クロス集計表Aでは，すでにPTSDになった患者に対して「あなたは虐待経験がありますか？」と質問しています。このようなデザイン（計画）を**後ろ向きなデザイン**とよぶことがあります。これに対して，クロス集計表Cのようなデザインを**前向きなデザイン**とよびます。後ろ向きなデザインでデータを収集すると誤った結果を導くことになる場合があるということに注意しましょう。

もちろん，「PTSD患者の中での虐待経験の有無の割合」を調べることが目的の後ろ向き研究であれば，問題はないでしょう。同じ後ろ向き研究であっても，目的によってその方法の是非が異なってきます。

▷4 このデータもこれまで同様仮想データであり，現実のものではありません。

VIII 心理統計に関するちょっといい話

2 検定に関する注意点

1 推測統計に関する注意

VIII-1 では記述統計に関する注意ということで，クロス集計表のデータの集め方とその解釈についての留意点を述べました。ここでは，推測統計に関する注意として，主に統計的仮説検定に関する注意事項を紹介していきます。統計的仮説検定の注意事項のいくつかについては V で述べています。また，コラム8では「検定力」をとりあげています。ここでの内容とあわせてそれらについても確認してください。

2 「統計的に有意」は「実質的に意味がある」ではない

たとえば，次のような例を考えてみましょう。正規分布にしたがう2つの母集団に属する人を1000人ずつ無作為抽出し，それぞれのグループに対して知能検査を実施したとします。その結果それぞれのグループの平均と標準偏差は，グループAが平均110点，標準偏差10点，グループBが平均109点，標準偏差10点でした。グループAとグループBの平均点の差は，標準偏差が10点のテストで1点の違いしかありません。

このデータに対して独立な2群の差の検定（t検定）をおこなってみます（有意水準5％の両側検定とします）。すると，$t=2.22$，自由度 $df=1998$ であり，このときの棄却域は $t \geq 1.960$ となって，検定の結果は有意になります。しかし，有意になるのは，2群の平均値差が大きいからではなく，サンプルサイズが $n=1000$ と大きいからです。

この例は「統計的に有意な差」が「実質的に意味がある差」ではないということをよくあらわしています。検定統計量の大きさは，効果の大きさとサンプルサイズの両方に影響をうけます。**効果の大きさ**というのは，上記の例でいえば，グループAとグループBというグループの違いが平均値差に及ぼす効果，すなわち「グループ」という効果がどれくらいあるかということです。グループという効果の大きさは大きくないが（標準偏差が10点のテストで1点の違いしかない），サンプルサイズが大きい（各グループ1000人ずつ）ため，検定統計量の値が棄却域に入るほどの大きさになり，検定結果は有意になったということです。

効果の大きさは，英語でいうと effect size です。これを日本語で**効果量**と

▷1 たとえば，V-5 では，データをとる前に，両側検定か片側検定か決めておかなくてはいけない，と述べました。

▷2 この自由度は値が大きすぎて t 分布表には載っていません。そこで t 分布表で「∞（無限大）」と書かれたところの値を読みとります。

訳すことも多いようです。効果量については，Ⅷ-5 のメタ分析，コラム 8 の検定力のところでより詳しく紹介します。

ここで紹介した例は，効果の大きさは小さいが，サンプルサイズが大きいために検定結果が有意になるという場合でした。これとは逆に，サンプルサイズが小さいと，実際には差があるのに有意にならない場合もあります。これは検定力が低いことが主な原因です。しかし，「統計的に有意」が「実質的な意味がある」ではないのと同様に，「検定をやって有意にならないこと」が「実質的に意味のある差がない」ということではありません。つまり，「統計的に有意でない」ことと「実質的な意味がない」こととは必ずしもイコールではない，ということです。

❸ p 値が小さいほど差が大きい？

たとえば，別々の 2 つの研究があり，その両方で統計的仮説検定をやっており，それら 2 つの検定結果を比較するというケースを考えてみてください。1 つの検定は $p=.024$ でした。もう 1 つの検定は $p=.009$ でした。もし，2 つの検定で「サンプルサイズが同じであれば」，$p=.009$ のほうが「効果が大きい」ことを意味します。しかし，通常，異なる 2 つの研究のサンプルサイズがまったく同じであることは少ないでしょう。統計的仮説検定では，差が同じ程度であっても，サンプルサイズを大きくすれば検定統計量の値が大きくなり，その結果小さな p 値が得られます。つまり，検定結果にはサンプルサイズが関係してくるため，単純に「$p=.009$」のほうが「$p=.024$」よりも実質的に大きな差がある，ということはできません。差の大きさだけではなく，サンプルサイズも考慮に入れなければならないということです。論文などでよく $p<.01$ や $p<.001$ といったように，小さな有意水準で帰無仮説が棄却されたことを理由に「大きな差がある」ということを強調する記述がみられますが，そういったものの中には，検定におけるサンプルサイズの影響を考慮していないものと思われるものが少なくありません。

例をあげましょう。何らかの 2 つの変数の相関を調べる研究として，研究 1，研究 2 という 2 つの研究を考えます。研究 1（サンプルサイズは30）で相関係数を求めたとして，$r=.40$ だったとします。この場合 p 値を求めると（両側），$p=.029$ になります。一方，別の研究 2（サンプルサイズは200）で $r=.20$ だったとします。こちらは $p=.005$ です。これら 2 つの研究を比較して，「研究 2 のほうが p 値が小さいから関連が強い」と結論づけることは間違いです。相関係数の値そのものは研究 1 のほうが大きいですから。

❹ 全数調査のデータに検定をする？

たとえば，全国の重度精神遅滞養護学校の全教諭に対し質問紙調査をおこな

▷3 Ⅴ-4 参照。p 値とは，帰無仮説のもとで，データから計算した検定統計量の値よりも極端な検定統計量が得られる標本の出現確率のことです。

▷4 Ⅴ-10 で述べたとおり，相関係数の検定では t 分布を用いますが，t 分布の場合，p 値の計算は通常コンピュータでおこないます。標準正規分布では（Ⅳ-5），表を用いて p 値を求めることができます。

ったとしましょう（全教諭の数を仮に1000人としましょう）。「学習指導要領に対する考え（重視する・しない）」の違いによって，「自由単元学習（カリキュラムにとらわれない総合的な授業形式）の嗜好度（好む・好まない）」が変わるかどうかをみたのが，次のクロス集計表です（表8.2.1：数値は仮想データです）。このデータに対し適切な分析をしてください。

表8.2.1　学習指導要領に対する考えと自由単元学習の嗜好度のクロス集計表

	好む	好まない	計
重視する	123	477	600
しない	331	69	400
計	454	546	1000

「クロス集計表で連関をみるんだな。じゃあ，カイ2乗分布を用いた独立性の検定（V-12 参照）をやればいいや」。このように思った人が多いのではないでしょうか。

しかし，よく考えてみてください。統計的仮説検定というのは推測統計の手法でした。推測統計とは，母集団から抽出した標本を利用して，母集団の様子を推測しようとする方法です。では，この例で想定する母集団とは何でしょうか。母集団は「全国の重度精神遅滞養護学校の教諭」ですよね。ところで，この質問紙調査は全教諭に対して実施しています。つまり，母集団全部を調べ尽くしているのです。すると，この調査は標本調査ではなく全数調査ということになります。全数調査のデータは母集団に関する情報がすべて手に入っているわけですから，検定をやる必要はないのです。検定は標本から母集団を推測するための方法なのですから。

▷5　この場合，ファイ係数やクラメールの連関係数（III-5 参照）を求め，記述統計の観点から分析します。

5　検定についての2つの異なる立場～有意水準の事前設定をめぐって

最後に，「有意水準はデータを得た後に変えてもよいか」という点について説明しながら，検定についての2つの異なる立場について解説しておきます。

検定の結果，p値が$p=.024$という値だったとします。この値は1％水準では有意になりませんが，5％水準では有意になります。このp値の値をみてから「1％水準で検定をやろうと思ったけど，有意にならないから5％水準でやろう」ということをするべきではありません。なぜでしょうか。ここでもう一度検定の手順を復習してみましょう（表8.2.2：この表は V-7 の表5.7.1を再掲したものです）。

表8.2.2のように，有意水準αの値は，データをとる前に決めておかなければなりませんので，データを収集しp値を求めた後で有意水準を変えるべきではないのです。これは，V-5 で紹介した，両側検定と片側検定のどちらをおこなうかをデータをとる前に決めておかなければならないことと同じです。検定統計量の実現値をみて，「両側検定だと有意にならないから，片側検定で

表 8.2.2　統計的仮説検定の一般的な手順

手順	やること
1	帰無仮説と対立仮説（両側 or 片側検定）を設定する。
2	仮説に応じた検定統計量を選択する。
3	有意水準 α の値を決める。
4	（データを収集した後，）データから検定統計量の実現値を求める。
5	検定統計量の実現値が棄却域に入れば帰無仮説を棄却して，対立仮説を採択する。棄却域に入らなければ，帰無仮説を採択する。

やろう」ということをやってはダメでしたね。データをみてから両側検定か片側検定かを選ぶというのがルール違反であるのと同様に，p 値をみてから有意水準を変えるのもルール違反ということです。これらは「じゃんけんの後だし」のようなものです。人がグーを出したのをみてから，自分はパーを出すということを誰も許してはくれませんよね。

もちろん，そうはいっても，$p=.024$ という統計ソフトの出力をみて，これを $p<.05$ と書き，$p=.009$ を $p<.01$ と書くということ，つまり p 値をみてから何％水準で有意か判断することはよくおこなわれているではないか，と思われる方もいらっしゃるでしょう。このあたりのことは，**ネイマン・ピアソン流の検定**と**フィッシャー流の検定**という 2 つの流派の間で見解が異なっていて，実はたいへん難しい問題なのです。以下，南風原 (1995) をもとに説明していきましょう。

ネイマン・ピアソン流の検定は，帰無仮説と対立仮説という 2 つの仮説を設定し，そのどちらかを採択するという点に特徴があります。第 1 種の誤りの確率（有意水準），第 2 種の誤りの確率を前もって設定し検定をおこなうのです。データ収集に先立って .05 のような有意水準を設定し，帰無仮説を採択するかどうかという判断をおこなうのです。ネイマン・ピアソン流では，有意水準はデータ収集の前に決めておくべきものであり，検定統計量の実現値をみた後で有意水準を「変えてはいけない」のです。

これに対して，フィッシャー流の検定では，p 値を帰無仮説とデータのへだたりの程度を示す指標であると考えるところに特徴があります。フィッシャー流の立場では，有意水準を前もって決めておく必要はありません。「事後的に複数の有意水準を用いて帰無仮説の確からしさを探る」(芝村，2004) のです。

有意水準の事前決定を認めるべきではないという意味では，本書で紹介した検定は，ネイマン・ピアソン流の統計的仮説検定の影響をうけているといえます。このような，検定についての 2 つの異なる立場の違いについては，芝村 (2004) に詳しく書かれていますので，興味のある方は読んでみるとよいと思います。

▷6　ネイマン・ピアソン流の検定を**統計的仮説検定**，フィッシャー流の検定を**有意性検定**とよびます。

▷7　南風原朝和　1995　教育心理学研究と統計的検定　教育心理学年報，**34**，122-131.

▷8　検定力（第 2 種の誤りを犯さない確率）も，ネイマン・ピアソン流で登場する概念です。第 1 種の誤り，第 2 種の誤りの確率の設定については，南風原 (2002) に記述があります。なお，第 1 種の誤り，第 2 種の誤りについては V-6 参照。

▷9　芝村良　2004　R. A. フィッシャーの統計理論──推測統計学の形成とその社会的背景　九州大学出版会

VIII 心理統計に関するちょっといい話

3 内的妥当性と外的妥当性 ▷1

▷1 ここでの内容は以下の文献でも詳しく紹介されています。
南風原朝和・市川伸一・下山晴彦（編）2001 心理学研究法入門――調査・実験から実践まで 東京大学出版会

▷2 因果関係については，III-4 もみてください。

▷3 VIII-4 の1事例実験も参照してください。

1 内的妥当性

内的妥当性とは，**独立変数**（原因となる変数）と**従属変数**（結果となる変数）の間の因果関係について，その因果関係が確かにあるということが自信をもっていえる程度のことです。

たとえば，新しい心理統計の指導法の効果を確かめるために実験をおこなうことにしました。被験者は統計の苦手なよしこちゃんです。新しい指導法を用いて授業をおこない，授業終了後にテストをうけてもらいました。その結果が図8.3.1です。

この図から，新しい心理統計の指導法は効果があるといってもよいでしょうか。テストの得点は指導の回を重ねるごとに上がっているようですが…。

実は，別に特に指導をおこなわなくても時間が経てばそれくらいはできるようになっただけかもしれません（時間経過による成熟）。あるいは，何度もテストをうけるうちにテストに慣れてしまったのかもしれません（慣れ）。これら2つのことは，指導法という「原因」とテスト得点という「結果」の間の因果関係をわかりにくくさせる・ぼやけさせるもの，つまり，内的妥当性を脅かすものです。こうした内的妥当性を脅かすものを，**内的妥当性に対する脅威**といいます。内的妥当性に対する脅威をなるべく排除して，内的妥当性の高い研究をおこなうことが大切です。さて，そのためにはどのような点に気をつければ

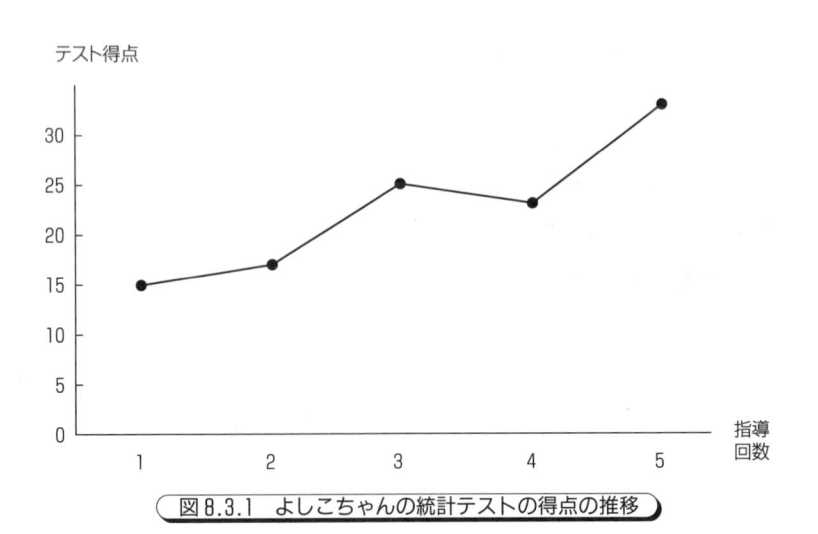

図8.3.1 よしこちゃんの統計テストの得点の推移

よいのでしょうか。

❷ 変数の交絡

　内的妥当性の高い研究をおこなうためには，独立変数と従属変数以外の，従属変数に影響を与える第3の変数（干渉変数）の影響を十分に**統制**する必要があります。しかし，こうした干渉変数の統制がうまくいかないことがあります。

　次のような例を考えてみましょう。タク君は中学3年生です。これまで部活に打ち込んできたため勉強にはあまり熱心ではありませんでした。高校受験を間近に控えたタク君のことを心配したタク君のお母さんは，近所に住む美貌の女子大生のカナコさんに家庭教師をやってもらうことにしました。カナコさんが家庭教師になってから，タク君の成績はグングン上がり，ついに無事志望校に合格しました。

　タク君が合格したのは，カナコさんの指導が素晴らしかったからと断定してよいでしょうか。実はタク君は美人のカナコさんにあこがれていたのかもしれません。カナコさんによいところをみせられるように勉強に打ち込んだのかもしれません。何が原因で成績がアップしたのか，はっきりしたことはわかりません。なぜなら，「カナコさんの指導力」という変数と「カナコさんの容姿」という変数は切り離して考えることができないからです。

　このように，従属変数に影響を与える複数の変数（要因）が一緒になって変動するため，それぞれの変数の影響が分離できない状況を「変数（あるいは要因）が**交絡**（こうらく）している」といいます。

　同様の例として，次のようなケースを考えることができるでしょう。「プロ野球チームのイーグルスは，ビジター球場（本拠地以外の球場）での勝率が5割いかないくらいなのに，ホーム球場（本拠地とする球場）では勝率7割以上だ。これは，ホーム球場ではファンの声援が多いので，気分が乗って力を発揮するからだ」と判断したとします。つまり，「地元のファンの声援→勝利」という因果関係が想定されているわけです。しかし，ホーム球場ではいつも後攻（回の表に守備につき，回の裏に攻撃をする）です。イーグルスは先攻よりも後攻のほうが得意なのかもしれません。この例では，「先攻・後攻」という変数と「ビジター・ホーム」という変数が完全に交絡していて，切り離すことができない状況が生まれています。この場合，交絡を克服するためには，「ホーム球場で先攻」の場合どうなるか，「ビジター球場で後攻」だとどうなるか，といった検討ができればよいのですが，それは現実には不可能ですよね。

　以上のように，あらかじめ交絡が起こらないよう配慮しておくことで，内的妥当性の高い研究を目指すことができるのです。もちろん，実際には干渉変数は無限にあるといえるので，その中でも主だった干渉変数について優先的に統制するということになります。

▶4　独立変数の変化にともない，干渉変数まで連動して変化してしまわないように工夫することを統制といいます。III-4で述べたように「同年齢の集団の中で相関をみる」というのが統制の一例です。

▶5　「交絡」とは，わかりやすくいえば「お互いにからみついている」というような意味です。

▶6　この例は，吉田（1998）（エピローグ-2参照）にも書いてあります。

▶7　現実のデータにもこの状況に近いものがあります。たとえば，2003年プロ野球のセリーグ優勝の阪神タイガースは，ホームでは50勝20敗，ビジターでは37勝31敗，つまりホームの勝率は7割1分4厘，ビジターの勝率は5割4分4厘です。ホームの勝率のほうがずいぶん高いことがわかりますね。

3 外的妥当性

　研究の結果がどの程度一般的なものであるか，その程度のことを，**一般化可能性**といいます。そして，この研究結果の一般化可能性のことを，**外的妥当性**とよぶこともあります。「一般化可能性＝外的妥当性」ということです。たとえば，ある小学校で得られた実験や調査の結果が，他の小学校にも一般化できるのか？ということです。

　ある研究の外的妥当性を確認するためには，異なる被験者に対して実験をおこなったらどうなるか，異なる状況設定で実験をおこなったらどうなるか，といったように条件を変えて研究をやってみることが必要です。異なる条件でも同じ結果が得られたとしたら，外的妥当性は高まるということになります。

　しかし，私たちはこうした外的妥当性の確認ということを忘れて，しばしば一度きりの結果を大げさに一般化してしまう傾向があります。このような振る舞いを**過度の一般化**といいます。

4 過度の一般化

　Ⅶ-7 に以下のようなプロット図を呈示しました。そこでは，心理統計の指導法として，「テキストと板書を使った講義形式」「コンピュータを使った演習形式」という２種類の指導法を考え，これら２種類の指導法を男女にうけてもらった，というケースを考えました。そのうちの以下の図 8.3.2 のケースをあらためて考えてみましょう。[8]

▷8　Ⅶ-7 の図 7.7.1 の復習になりますが，このケースは，指導法の主効果なし，性別の主効果なし，交互作用効果ありでしたね。

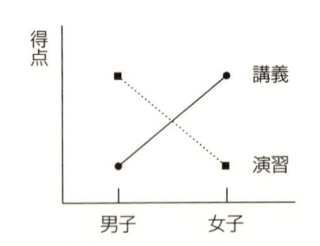

図 8.3.2　主効果なし，交互作用ありのプロット図

　このプロット図より，男子学生は講義よりも演習のほうが効果的ですが，女子学生は逆に講義のほうが効果的であることがわかります。これは男女で指導法の効果に違いがあるということですが，この研究を，もし女子大学で女子学生のみを対象に実施したらどうなるでしょうか。おそらく，「心理統計の指導法には講義がよい」という結論になるでしょう。この結果をもって，「心理統計の指導は，講義にかぎる！」と結論づけることはおかしいですよね。なぜならば，男子学生の場合はそうではないからです。こうした「早合点」のことを過度の一般化といいます。一度きりの研究結果をもって，大げさにものをいっているからです。

今あげた例では,「男女で違いがある」という前提から説明しましたので,女子学生のみを対象にしたこの研究から得られる「講義がよい」という結論の間違いはわかりやすいですが,実際の研究では,こうした「早合点」の結論づけを知らぬ間にしてしまうことがありますので,注意が必要です。

　たとえば,心理学の卒業研究では,しばしば質問紙調査をおこないますが,その調査は,自分の所属する大学のある授業の授業時間の一部を利用しておこなうことが多いようです。ここで,どのような問題が発生するか考えてみましょう。第1の問題は,その大学のもつ特殊性です。たとえば都心の理系大学と,郊外の文系大学とでは,結果が異なるでしょう。第2の問題は,そもそも授業に出てくる人は基本的には真面目な人である,ということです(特に1限のように朝早い時間の授業などでは,こういう問題点が顕著になるでしょう)。たとえば「勉強観」についての調査であるとすると,この調査では,ある大学の真面目な人についてのデータ,という限定条件がついてしまいます。こういった問題点は,以上2点以外にもいろいろあるでしょう。

　以上よりいえることは,たとえある研究で何らかの結論が得られたとしても,「ちょっと待てよ」と考えるべきだということです。自分の実施した研究には,一般化を阻むどのような要素があるのか,考えることは重要です。先に例にあげた「講義か演習か」というケースでも,「女子学生の場合には,こういうことがいえる」と限定的にいうべきであって,男子学生については次なる研究を待たねばなりません。「面白い結果が得られた！」という興奮から,あたかも人間すべてに当てはまる法則が導かれたかのように書くことは問題です。一般化を阻む要素を明示することは,次なる研究を誘発することにもなります。

　以上のように,「一般化を阻む要素」について考えることで,自分の研究にどの程度外的妥当性があるのか,意識的になることができます。実際には,ある1つの研究は,限られた被験者・実験状況…になりますから,その研究だけで一気に外的妥当性の高い研究を目指すことは事実上不可能だと思います。むしろ,各研究者が,自分の研究結果の守備範囲を明示し,多くの研究者が互いに少しずつ各研究の問題点を補いあうことで,学問全体として外的妥当性は高まっていくものでしょう。

　さて,以上に述べてきた「行き過ぎた一般化」は,何も研究に限りません。普段の生活でも,過度の一般化,してはいないでしょうか。たとえば,ある大学の学生が理屈っぽく話しているのを聞いて,「あの大学の学生はみんな理屈っぽくて嫌だ」といったことです。こうした判断もやはり,(少数事例の)過度の一般化です。我々は「たまたまそうである」程度のことを「一般的にそうだ」とみなしてしまうことがよくあります。過度の一般化は,「ステレオタイプ的なものの見方」といわれることもあります。

▷9　もっとも,研究の内容によっては,こうした大学の違いが影響しないこともあるでしょう。しかし,たとえば本書でしばしば登場する「恋愛感情」の研究ですと,都心の総合大学の女子学生相手の調査と,郊外の女子大学の女子学生相手の調査では,結果が異なるかもしれません。

▷10　このように書くと,授業時間の一部を利用した質問紙調査を軽視しているかのように思われるかもしれませんが,そうではありません。限られた条件であっても何らかの知見が得られることは,学術上意味のあることです。

▷11　通常,論文の最後のほう,「今後の課題」あたりで,こうした要素を明示することが多いようです。

▷12　こうした過度の一般化・ステレオタイプ的判断に興味をもった方は,以下の文献を読んでみてください。
　吉田寿夫　2002　心理学ジュニアライブラリ　人についての思い込みⅠ・Ⅱ　北大路書房

VIII 心理統計に関するちょっといい話

4 臨床心理学と統計①（1事例実験）

1 臨床心理学には統計は不要？

　近年，我が国では臨床心理学がブームになっています。このテキストを手にとっている学生さんの中にも「将来は臨床心理士になりたい！」と考えている人がいるのではないでしょうか。

　臨床心理学の研究では事例研究が大事にされます。事例研究というのは，ある事例（ケース）について詳細な記述や仮説生成などをおこなうものです。たとえば，あるカウンセラーが自分のクライアントについてカウンセリングをおこない，そのカウンセリングの過程を文章でつづっていくといったことがあります。こうした研究は**質的研究**とよばれます。これとは反対に，データを集めて，集めたデータについて何らかの統計処理を施し，その結果をもとに仮説の検証をおこなったり，新しい仮説を生成したりという研究方法のことを，**量的研究**といいます。「質的」に対する「量的」という意味です。本書でこれまで扱ってきたのは，量的研究をおこなう上で必要な統計処理に関する事柄です。

　このように書くと，「臨床心理学では事例研究，つまり質的な研究が重視される。ということは，量的な研究，統計を使う研究は臨床心理学では重要ではないってことか。臨床心理学には統計は必要ないんだな。統計の勉強しなくてもすむからラッキー！」などと思う人もいるかもしれません。しかし，もちろんそんなことはなく，臨床心理学でも量的研究は重要です。特に近年，臨床心理学研究では「効果研究」の重要性が叫ばれています。**効果研究**とは，臨床的な治療・介入に本当に効果があるのかということを量的に評価する研究です。ここでは，効果研究の方法論として，1事例実験とメタ分析を紹介します。

2 1事例実験

　1事例実験（または**シングルケース研究法**）とは，文字どおり，たった1つの事例に基づく実験計画の方法です。この方法は，通常の実験計画のように多くの被験者を集め実験群と統制群にランダムに振り分けて処理を施し，実験結果のデータの平均値差をもとに処理効果の評価をおこなうというアプローチ（群比較実験とよぶことにします）と対比されるものです。1事例実験は，多くの被験者を集めることが困難な領域や，平均値では消されてしまう一個人内の変化に興味がある場合に有効な方法です。このため臨床心理学研究の領域でも広く

▷1　臨床心理学の内容については，この「やわらかアカデミズム・〈わかる〉シリーズ」で『よくわかる臨床心理学』が刊行されていますので参照してください。
　下山晴彦（編）2003　よくわかる臨床心理学　ミネルヴァ書房

▷2　なお，事例で記述される対象は1人とは限りません。少数のクライアントや学級などが研究対象になることもあります。

▷3　質的研究には，事例研究以外にも，フィールドワークなどいろいろな方法があります。

▷4　メタ分析は，臨床心理学研究だけではなく，心理学や医学を含む幅広い領域で利用されているものです。「効果研究の方法論」という枠組みに限定されるものではないのですが，ここでは，効果研究の方法の1つ，ということで紹介したいと思います。

▷5　実験群と統制群については[VI-1]参照。

利用されています。

次のような例を考えましょう。新しい心理統計の指導法の効果を確かめるために実験をおこなうことにしました。被験者は統計の苦手なよしこちゃんです。まず，従来の指導法を用いて授業をおこないます（1回目〜5回目：これが**ベースライン期**に当たります）。その後，新しい指導法を用いて授業をおこないます（6回目〜10回目：こちらが**処遇期**です）。どの回も，授業終了後にテストをうけてもらいました。この結果が次の図8.4.1です。

図8.4.1 ABデザインのデータ

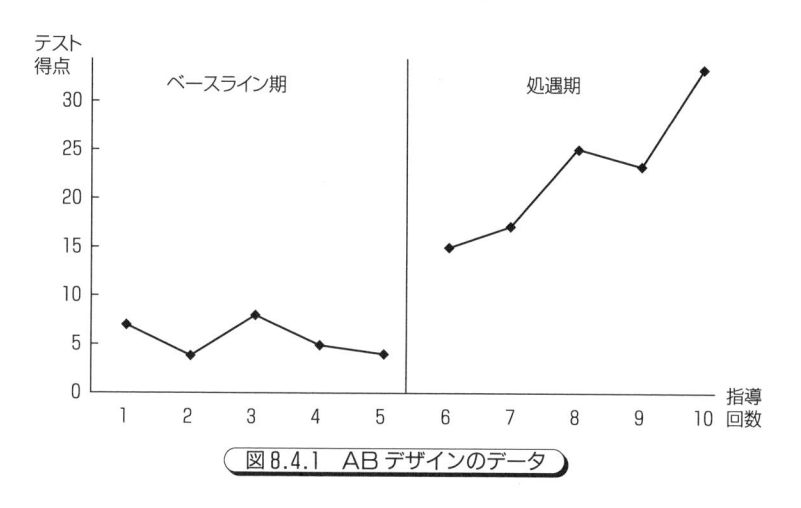

図8.4.1は Ⅷ-3 の図8.3.1にちょっと似ていますが（実際に処遇期のデータの値はまったく同じです），ベースライン期と処遇期という2つの時期がある点が大きく違います。ベースライン期では従来の心理統計の指導法を用いて指導をおこなっています。しかし，テストの得点は上がっていません。このベースライン期のデータがあることで， Ⅷ-3 で問題となった，「時間経過による成熟」や「テストに対する慣れ」といった内的妥当性に対する脅威を統制できていることになります。◁6 1事例実験では，このようにして内的妥当性を高めているのです。

ここで紹介したのは，1事例実験データの最も基本的なもので，**ABデザイン**とよばれます。Aがベースライン，Bが処遇をあらわしているということです。1事例実験にはABデザインの他にもいろいろなデザインがあります。◁7

3　1事例実験データの評価について

1事例実験データの評価は，図8.4.1のようなグラフを目でみて処遇・介入の効果があったかなかったかを判断する，**視覚的判断**とよばれる方法でおこなわれることがほとんどです。しかし，目でみて判断するという評価には，方法としての客観性がないという批判もあります。こうした批判に対して，1事例実験データの評価のための統計的方法も開発されています。統計的方法としては，**時系列分析**や**ランダマイゼーション検定**といったものがあります。◁8

▷6　もし「慣れ」がテスト得点を上昇させるのであれば，ベースライン期もテスト得点が上昇するはずです。ですが，ベースライン期には，得点は横ばいですね。

▷7　たとえば**ABAデザイン**というものがあります。このデザインではABデザイン以上に内的妥当性を高めるために処遇の撤回がおこなわれます。導入した処遇をとりのぞき，再度ベースライン期に戻すことで，データがもとのベースラインのレベルに戻れば，独立変数と従属変数の因果関係をより強調できることになります。

▷8　これらの方法の詳細については，以下の文献を参照。
山田剛史　2001　一事例実験とメタ分析　下山晴彦・丹野義彦（編）講座臨床心理学第2巻　臨床心理学研究　第3部5章　東京大学出版会

VIII 心理統計に関するちょっといい話

5 臨床心理学と統計② (メタ分析)

1 メタ分析

メタ分析とは，同じテーマを扱った過去の複数の研究を統合するための統計的方法です。臨床心理学研究において，同じテーマについてそれぞれ独立におこなわれた研究の結果を統合して，その研究課題についての総合的な結論を導くという試みはこれまでも広くおこなわれてきました。たとえば，新しく開発された心理療法の効果を確かめるための研究がいくつかなされたときに，それらを統合して心理療法の効果に関する結論をまとめるような場合がこれに当たります。従来，この目的のためには，研究者自身が複数の論文を読んでそれらの結果をまとめるという主観的な方法がとられることがほとんどでした。こうした論文はレビュー論文，あるいは展望論文とよばれます。こうしたレビューは，その分野の先行研究を概観し今後の研究の方向性を示唆しているという点で有益な面がある一方，主観的で方法としての客観性に欠けるといった批判がなされることがあります。そこで，このような従来型のレビューに対して近年注目されているのが，メタ分析とよばれる方法です。メタ分析の特徴は，個々の研究における統計的分析の結果をもとにさらに統計的分析をおこなう点にあります。

メタ分析を最初に提案したのはグラスという人です。メタ分析では，複数の研究を統合するために，研究ごとの測定単位に依存しない指標である**効果量**を計算します。効果量は以下の式で定義されます。

効果量＝(治療群の平均値－統制群の平均値)÷統制群の標準偏差

効果量は治療群と統制群の平均値の差がどの程度あるかについて，標準偏差を単位にして表現したものです。効果量の大きさが0.5だとすると，治療群と統制群の平均値の間には0.5標準偏差の分だけ差があるということです。図8.5.1は，ある研究において効果量が0.5だったときの母集団分布の様子を図示したものです。それぞれの分布には正規分布を仮定しています。横軸は研究の従属変数の値 (たとえば，心理療法の効果をあらわす変数で，値が右側にあるほど，心理療法の効果があったことを意味する)，縦軸は確率密度です。

このような効果量を個々の研究ごとに計算していき，効果量を利用して複数の研究の結果を統合するのです。

▷1 メタ分析については，すでにコラム5で簡単に紹介していますが，ここで改めてもう少し詳しく説明します。

▷2 Glass, G. V. 1976 Primary, secondary, and meta-analysis of research. *Educational Researcher*, 5, 3-8.

▷3 ここでは効果量の分母を「統制群の標準偏差」としています。これはグラス流のメタ分析における効果量の定義です。メタ分析の他の流儀ではまた別の効果量が定義されています。また，コラム8では検定力をとりあげていますが，検定力を計算する際にも効果量は重要な役割を果たします。ちなみに，コラム8では，ここで紹介した式とは違っていて，効果量の分母を「2群をプールした標準偏差」としています。

▷4 確率密度については IV-3 参照。

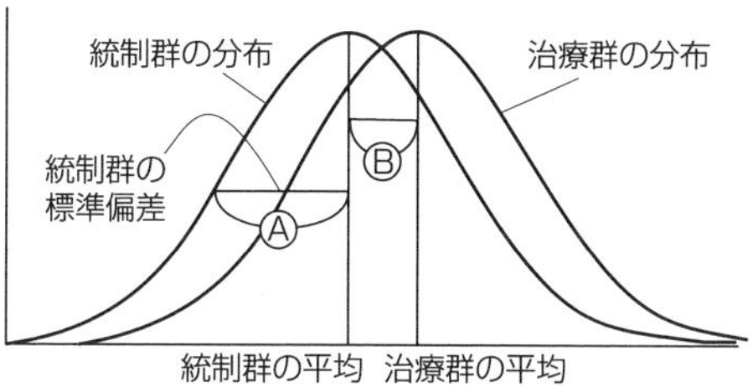

図 8.5.1 効果量が 0.5 のときの分布 ◁5

メタ分析の例として，代表的なメタ分析の論文の1つであるスミスとグラスの研究を紹介します。彼らは心理療法の効果を確かめるために，375の研究から全部で833個の効果量を求めました。その結果，心理療法全体の効果量の平均は0.68となりました。これは，統制群における従属変数の分布が標準正規分布であると仮定すると，治療群の平均が統制群の分布の上位25％に位置することを意味します。この結果をもとに，スミスとグラスは心理療法には効果があると結論づけました。

近年，メタ分析は臨床心理学研究だけではなく，他の心理学や社会科学，医学領域においても広く利用されています。

2 メタ分析の問題点

メタ分析にはさまざまな問題が指摘されています。その中でもここでは特に2つの問題点を紹介しておきます。1つは**リンゴとオレンジ問題**（apples and oranges problem），もう1つはコラム5でも紹介した**引き出し問題**（file drawer problem）です。

「リンゴとオレンジ問題」というのは，メタ分析の分析対象となる研究の範囲が広すぎることについての批判です。リンゴもオレンジも一緒にしてそれに何の意味があるのか？ということをいっています。つまり，治療法の例ですと，異なる治療法の結果をまとめちゃっていいのか，ということです。これはグラス流のメタ分析に関する批判です。後に，こうしたグラス流のメタ分析の問題点を踏まえて，新たなメタ分析の方法が開発されていくことになります。

続いて，「引き出し問題」です。心理学の雑誌などに掲載された研究は，統計的仮説検定の結果が有意であるものが多く，そうでない研究は日の目をみずに「引き出しにしまわれている」，つまり論文として公刊されない傾向があります。この状態でメタ分析をしても，有意な結果ばかりを統合することになってしまい，引き出しの中にしまわれた有意でない結果まで統合することができません。この引き出し問題への対応策としては，雑誌に掲載され出版された論文だけではなく，博士論文のデータベースを利用するなどして出版されていない論文もメタ分析の対象にするという方法があります。

▷5 効果量が0.5ということは，Ⓑの幅（治療群と統制群の平均値差）がⒶの幅（統制群の標準偏差）の半分ということです。

▷6 Smith, M. L., & Glass, G. V. 1977 Meta-analysis of psychotherapy outcome studies. *American Psychologist*, 32, 752-760.

▷7 標準正規分布表 Ⅳ-5 より，$P(Z \geq 0.68) = 0.2483$ となることをいっています（Ⅳ-5 参照）。

▷8 山田（2001）（Ⅷ-4 側注8参照）を参照。

コラム 8

検定力の求め方

1 What is "検定力"?

「検定力」っていうのが，どうもいまいちわからないのよねえ。

確かにわかりにくいよね。**検定力**というのは $1-$ 第 2 種の誤りの確率（β）で求められる確率のこと。いいかえると，「第 2 種の誤りを犯さない確率」ということになる。

ますますわからないわ。いちろう君，もっとわかりやすく教えてよ。

それじゃあ，まず第 2 種の誤りから説明してみようか。これは，本当は条件間の差があるのに，それを「差がない」と判断してしまう誤りのことなんだ。つまり，実際に存在する差を正しく見抜けない誤りということだよ。

恋愛感情の例でいえば，本当は男女で得点に差があるのに，検定をやっても有意にならないということかしら？

そうだよ！それで，検定力というのは，第 2 種の誤りを犯さない確率ということだったから，本当に差があった場合，その差を正しく見つけ出して（正しく検出して）「差があります」といえる確率ということになる。そういう意味で検定力のことを**検出力**とよぶこともあるんだよ。ちょっといい方を変えるとすると，検定という「"差"発見マシン」の性能を検定力（検出力）という数値で評価できるといった感じかな。検定力が高いほど，その検定は差を正しく検出できる，性能がいい方法であるということがいえるわけだね。

ふーん，何となく検定力についてはわかったわ。恋愛感情得点に男女差が本当にあるとして，検定をやったときにちゃんと有意になる確率が検定力ってことでいいのよね？つまり，確率が高いってことはそれだけパワー（力）があるってこと，だから検定「力」っていうのね。でも，なぜ検定力が重要なの？

うん，それじゃあ，同じ例を続けてみようか。男女で恋愛感情得点の平均値に差があるかどうかを t 検定によって確認することにしたとしよう。このとき，検定力が 0.5 だったとする。

検定力が 0.5？それはどれくらいの大きさなの？

検定力は確率だから 0 から 1 の間の数値をとるんだ。0 だったら，まったく差を検出できない。1 なら必ず検出できるということだよ。だから，検定力が 0.5 というと，50％の確率で差を検出できるということになる。50％の確率で検出できるというのは，本当は男女で恋愛感情得点に差があるのに，検定をやっても有意になるかどうかは五分五分ってことだよ。つまり，コインを投げて表が出たら有意，裏が出たら有意でないと判断するのと変わらないということ。

検定をやって有意になるかどうかが，コインを投げて有意かどうかを決めるのと同じ？？それって，つまり「デタラメ」ってこと？

コラム 8　検定力の求め方

そう。検定力0.5でそんな具合だから，さらに検定力が低いとどうなるか，わかるでしょ？

それじゃあ，せっかくやった実験や調査も，たとえば，検定力が0.2みたいに低いものだったら，本当は差があるのに20％の確率でしかその差を見抜けないってことなの？検定力が低いばっかりに有意差が出ないなんてことが自分の卒論のときに起こったら…。考えただけでもぞっとするわ。

そうだね。でも，検定力は，サンプルサイズを大きくすることでその値を高くすることができるんだ。だから，実験や調査をする前にあらかじめ，0.8くらいの検定力が欲しいから，そのためにはサンプルサイズがいくつ以上あればよいか，ということを調べておくのはとても大切なことなんだ。そして，こういう手続きのことを**検定力分析**とよぶんだよ。

前に統計パッケージの出力を勉強したわよね。そのときSASではp値が表示されるのをみたけど，検定力も出てくるんだっけ？

あ，よいところに気づいたね。確かに検定力は，普通に統計ソフトで検定を実行しても出力結果に出てこないんだ。

じゃあ，どうすればいいのよ。検定力の大切さはわかったつもりよ。本当は実験の効果があるのに，検定力が低かったらそれを見抜けないってことよね。だから，実験や調査はなるべく検定力を高くしてやるべきだってこともわかったわ。でも，肝心の検定力をSASやSPSSを使っても知ることができないんじゃ，お手上げじゃない？

そうでもないんだ。検定力を求めるための手段はいろいろ用意されているんだよ。

2　検定力を求めるために

t検定を例に，2群の平均を比べる場合の検定力について，その求め方をみていこう。まずは，図C8.1をみてごらん。

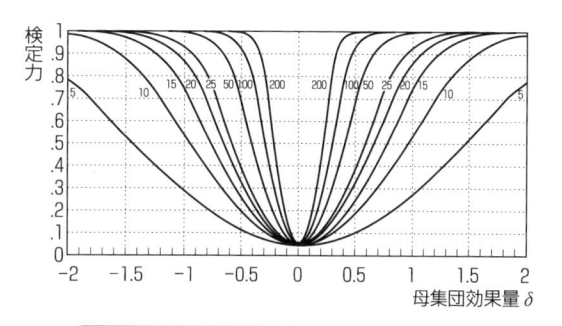

図 C8.1　独立な2群の平均値差の検定力（有意水準.05の両側検定）

（注）　各曲線に付した数は各群のサンプルサイズをあらわす。
出所：南風原（2002），p.388

この図の横軸にある「母集団効果量δ（デルタ）」ってなに？

いいところに気づいたね。効果量というのは，「標準化された平均値差」のことで，2群の平均値差を標準偏差でわったものなんだ。手元にあるデータについての効果量を標本効果量とよぶ。これは標本から計算されるものだから，標本統計量で，母集団効果量δに対してアルファベットのdであらわす。ギリシャ文字のδに対応するアルファベットがdだからだよ。すると，標本効果量dは次の式で求められる。

$$d = \frac{\text{群1の平均} - \text{群2の平均}}{\text{2群をプールした標準偏差}}$$

コラム8　検定力の求め方

群1，群2っていうのはたとえば男グループと女グループのようなものだね。「2群をプールした」っていう言い方がわかりにくいかもしれないけど，「群1の標準偏差と群2の標準偏差を平均した」というくらいの意味だと思えばよい。こうして手元にあるデータについて計算される標本効果量に対して，母集団効果量を定めることができるんだけど，通常，母集団分布として正規分布を仮定する。だから，群1と群2の母集団分布として，$N(\mu_1, \sigma^2)$，$N(\mu_2, \sigma^2)$を仮定することにする。μ_1とμ_2は群1と群2の母集団平均をあらわす。2群の母集団分布の分散についてはそれらが互いに等しいという仮定をおくので，共通の分散をσ^2としておく。すると，母集団効果量δは，次式のようになる。

$$\delta = \frac{\mu_1 - \mu_2}{\sigma} \left(= \frac{\text{群1の母平均} - \text{群2の母平均}}{\text{2群に共通の母標準偏差}} \right)$$

ふー。式がたくさん出てきて大変ね。このδの式は，さっきのdの式の値を母集団のものに入れ替えただけよね？結局，母集団効果量というのは，2群の母集団平均の差を共通の母集団標準偏差の値でわったものということね。で，この値が検定力とどういう関係があるの？

検定力は，この母集団効果量δの大きさとサンプルサイズによって定まるんだ。たとえば，母集団効果量δの大きさが1で，各群の標本の大きさが10，つまり，群1と群2に10人ずつの被験者を割り当てて実験をおこなったとすると，その場合の検定力は，図C8.1で，$\delta=1$のところと，10と書かれた曲線の交わるところの数値を読みとれば求められるよ。そうすると検定力は約0.55となることがわかる。

ふーん。じゃあ，同じ母集団効果量δが1の場合でも，群1と群2に20人ずつの被験者を使ったら，図C8.1の20と書かれた曲線が$\delta=1$と交わるところを読みとって，検定力は0.88くらいになるってことね。本当だ！人数が多いと有意になりやすいんだ！でも，母集団効果量δを計算するためには，μとかσ^2って値がわからないと求められないわよ。でも，これらの値は母数だから，実際に知ることはできないんだったわよね。どうすればいいの？

そうだね，母集団効果量δを実際に計算することはできない。でも，母集団効果量δの大きさについては，0.8で大きな効果，0.5で中程度の効果，0.2で小さな効果，という一応の目安があるんだ。だから，検定をやるときに，たとえば，「男女間にありそうな大きな差」だけを検出できればよいのか，「男女間にありそうな小さな差」まで検出したいのか，先行研究の結果などを利用しながら，母集団効果量の値を定めればいいんだよ。母集団効果量をいくつに設定するかということは実際にはなかなか難しい。だから，先行研究の結果からどれくらいの差がありそうかということを調べておいて，それを母集団効果量の値の設定に利用するといいね。

なるほど！わかったわ。じゃあ，中程度の効果を検出したいとして，2群のサンプルサイズを10ずつにしたとすると，$\delta=0.5$のところと，10と書かれた曲線の交わるところの数値を読みとれば検定力が求められるわけね。ええっと，そうすると，だいたい0.18？検定力は約0.18し

コラム 8　検定力の求め方

かないわ。

そうだね。δ＝0.5のときに，検定力の値が0.9以上になるようにするには，各群のサンプルサイズがだいたい100必要ということがこの図からわかる。このように，「δがこれぐらいのときに，これだけの検定力がほしい」という条件を設定して，その条件を満たすためのサンプルサイズを求めるために図C8.1を利用することができるんだ。こうして必要なサンプルサイズを確保した上で実験や調査をすれば，検定力が低いために有意差をみいだせないということがなくなるから，とても有効だと思うよ。これがさっきも話した検定力分析だね。

検定力分析の大切さがわかってきたわ。でも，この図C8.1は各群のサンプルサイズが等しいときにしか使えないんじゃない。それに，t検定以外のときはどうすればいいの？

そんなときは，検定力を計算するための専用プログラムを利用するといい。たとえば，GPOWER[11]という無料のソフトがある。これはインターネットからダウンロードできるし，平均値差の検定以外にも，相関係数の検定やその他のさまざまな検定について検定力を求めることができるんだ。[12]

便利なのね。私も早速ダウンロードしてみようっと。

●ポイント●

① 第2種の誤り：帰無仮説が偽であるときに，それを棄却できない誤り。いいかえると，実際に条件間で差があるにもかかわらず，その差をきちんと見抜くことができない誤り。

② 検定力：検定を実行したときに，実際に差がある場合に，検定結果が有意になる確率。検定という"差"発見マシンの性能を示す指標。

検定力＝1－第2種の誤りの確率（β）

③ 検定力分析：ある一定の検定力（0.8など）を得るために必要なサンプルサイズを実験・調査をする前に調べること。

▷1　検定力を規定する要因としては，サンプルサイズ以外に，母集団効果量の値，検定の有意水準，片側検定か両側検定かなどがあります。
▷2　コラム5参照。
▷3　エピローグ-2 参照。
▷4　効果量については，VIII-5 参照。標準化については II-7 参照。
▷5　標本統計量については IV-1 参照。
▷6　2群をプールした標準偏差については，VI-2 を参照。
▷7　母集団分布の仮定については IV-2 VI-2 などを参照。
▷8　VI-2 を参照。
▷9　実際にはこの他に，有意水準や，片側検定か両側検定か，にもよりますが，ここでは有意水準5％の両側検定のケースに限定して話を進めています。
▷10　Cohen, J.　1992　A power primer. *Psychological Bulletin*, **112**, 155-159.
▷11　Erdfelder, E., Faul, F., & Buchner, A.　1996　GPOWER : A general power analysis program. *Behavior Research Methods, Instruments, and Computers*, **28**, 1-11. また，以下のサイトから GPOWER をダウンロードできます。http://www.psycho.uni-duesseldolf.de/aap/projects/gpower/
▷12　実際にこうした検定力分析をしている研究論文はまだまだ少ないのが実状です。以下の2つの研究では実際にGPOWERを使って検定力分析をおこなっていますが，これは日本では稀な例でしょう。
　村井潤一郎　1998　情報操作理論に基づく発言内容の欺瞞性の分析　心理学研究，**69**, 401-407.
　村井潤一郎　1999　恋愛関係において発言内容の好意性が欺瞞性の認知に及ぼす影響　心理学研究，**70**, 421-426.

エピローグ　さらにステップアップするために

1　『よくわかる心理統計』を読み終えた後に…

1　最後に再び本書の特徴

　本書では，「なぜ心理学で統計が必要なのか」という点から説明をはじめ，記述統計，推測統計と話を進めてきました。Σ記号なしで，分散分析の比較的複雑なケースまで手計算の説明をし，統計的仮説検定など統計の中心的な事項について正しい理解ができるよう言葉を尽くして説明してきました。それでは，なぜこうした特徴をもつ本を書こうと思ったのでしょうか。それは，ある本の出版がきっかけの1つになっています。

　1998年，吉田寿夫先生の『本当にわかりやすいすごく大切なことが書いてあるごく初歩の統計の本』(北大路書房) が出版されました (以下，この本を『ごく初歩本』と略記します)。『ごく初歩本』を基準にして，私たちのこの本『よくわかる心理統計』の特徴を書いてみたいと思います。

　『ごく初歩本』はとてもわかりやすい本です。でも，たとえば，尺度水準，共分散，母集団と標本，などについての説明は不十分に感じられます。これらの事項については，『ごく初歩本』においても説明されている場合もありますが (共分散については，説明されていないようです)，私たちの視点からすると，もっと詳しく説明したいなあ，というところです (特に，母集団と標本については強くそう思います)。なぜなら，これらは，統計をきちんと理解するために重要だからです。こうした点についてきちんと理解することで，さらに上のステップへ進むことが容易になると思っています。つまり，発展性が出てくるということです。

　また，『ごく初歩本』では，分散分析を例にとると，「平均の比較なのになぜ分散分析とよぶのか」といった問いに対する答えや，分散分析表の作成についての順を追った計算過程は，それほど詳しく解説されていません。しかしながら，本書では，それらこそ初学者が知りたい内容であり，大切なものであると考えました。そこで，「分散分析」とよぶことの意味や，分散分析の計算過程について，くどいくらいにゆっくり書きました。交互作用についても，数ページを費やしてわかりやすく説明しています。

　さらに，『ごく初歩本』では，Σ記号が使われています。この記号は，統計の本では，必ずといっていいほど出てくるのですが，やはり抵抗感のある人は多いと思います。そこで，本書ではこの記号を一切使わないことにしました。

▷1　関西学院大学の吉田寿夫先生です。吉田先生には山田も村井も，公私ともどもお世話になっています。

2 本書だけでは…

　以上，『ごく初歩本』をもとに，本書の特徴を述べてみました。『ごく初歩本』，そして本書『よくわかる心理統計』には，それぞれよいところ，不十分なところがあります。これは紙幅の制限もありますから，当然のことです。各本には，それぞれ得意なところとそうでないところがありますから，この本1冊だけで統計ができるようになるとはけっして思わないでくださいね。たとえば，説明する際の例については，『ごく初歩本』は，とても豊富です。一方，本書はそこまで豊富ではありません。また，『ごく初歩本』では，実際の心理学研究を視野に入れた解説も豊富でわかりやすいですが，本書には実際の心理学研究で利用されるようなデータ例はそれほど多くありません。以上のような違いがありますから，どうぞ読者の皆さんは，複数の本を読んでいただけたらと思います（『ごく初歩本』は，我々が感じた不十分な点を補ってあまりあるほど良い本です。本書とあわせて読んでいただけたらと思います）。このことが先に述べた「発展性」ということにつながるのです。

3 本書でとりあげていない内容で重要と思われるもの

　本書は，心理統計の標準的なテキストとして必要な内容を盛り込むことを目標に書かれています。しかし，紙幅の都合上，実際の心理学研究でしばしば利用される，また，他のテキストに書かれていることの多い内容について，とりあげていないものがあります。それは，たとえば以下のようなものです。

- 回帰分析
- 因子分析
- その他の多変量解析
- 信頼性と妥当性の話

　回帰分析や因子分析などは，心理学の卒業論文でも，利用されることが多い方法ですが，これらを本書で学ぶことは残念ながらできません。
　こうした，本書でとりあげていない内容については，エピローグ-2 で紹介する本を参考にしていただけたらと思います。エピローグ-2 で紹介する本は，いずれも，私たちが「これはよい！」と思ったものです。私たちは，この『よくわかる心理統計』をたくさんの方に読んでいただきたいと思っています。しかし，その一方で本書だけにこだわらないでほしい，視野を狭めないでほしいとも思っています。この本はあくまで，私たちの視点から書かれたものです。もっと多くの視点に触れることで，より視野が広がり，心理統計への興味もふくらむでしょう。

▷2　筆者としても大変心苦しいところです。もし，チャンスがあれば，『よくわかる多変量解析』『よくわかるテスト理論』などを書いてみたいですね。

エピローグ　さらにステップアップするために

2 読書案内

▷1　なお，ソフトウェアの使い方を学ぶための本は非常にたくさん出ていますが，本書では言及しません。

　ここでは，これまで本書を読み進めてきた読者の皆さんが，さらにステップアップするために読んでもらいたい本を紹介していきます。本書では十分に紙面を割くことができなかった内容を補足するという意味があります。是非，この本を読み終えた皆さんに手にとって読んでもらいたいと思います。

① 『よくわかる心理統計』の次に読むべき本

- 南風原朝和　2002　心理統計学の基礎——統合的理解のために　有斐閣アルマ
- 吉田寿夫　1998　本当にわかりやすいすごく大切なことが書いてあるごく初歩の統計の本　北大路書房

　吉田（1998）については，エピローグ-1 でも紹介したとおりです。一方，南風原（2002）は，私たちが，本書の Further Reading（ステップアップするために次に読むべき本）として考えている本です。この本は本書の内容を含む上に，さらに，信頼性と妥当性の話，回帰分析や因子分析，またその発展モデルである共分散構造分析までとりあげています。

　「『よくわかる心理統計』の次に何か1冊欲しいな，でもどれを選んだらよいかわからない」，という読者にはこれらの本をお勧めします。

▷2　信頼性と妥当性は心理尺度やテストを作成する上でとても重要な概念です。これらについては以下を参照してください。
　渡部洋（編著）1993　心理検査法入門——正確な診断と理解のために　福村出版
　渡部洋（編著）2001　心理統計の技法　福村出版

② 分散分析を詳しく学ぶための本

- 田中敏・山際勇一郎　1992　新訂　ユーザーのための教育・心理統計と実験計画法——方法の理解から論文の書き方まで　教育出版

　分散分析，特に，単純効果の検定などがとても詳しく書かれています。また，本書ではとりあげていない3要因の分散分析まで紹介されています。本書と同様，Σ記号を用いずに計算過程が書かれているため，本書を読み終えた読者には読みやすいと思います。

③ Q&A 形式の本

- 永田靖　1996　統計的方法のしくみ——正しく理解するための30の急所　日科技連出版社

- 繁桝算男・柳井晴夫・森敏昭（編著）　1999　Q&Aで知る統計データ解析——DOs and DON'Ts　サイエンス社
- 服部環・海保博之　1996　Q&A心理データ解析　福村出版

　Q&A形式の本は，まったくの初学者には向いていないと思います。しかし，ある程度勉強が進んだ読者には面白いと思います。永田（1996）は，正確にはQ&A形式ではなくトピックス形式の本ですが，統計的方法を勉強しているときに生じる「なぜ？」についてとても詳しく答えてくれています。

④　因子分析（を含む多変量解析）についての本 ▷3

- 松尾太加志・中村知靖　2002　誰も教えてくれなかった因子分析——数式が絶対に出てこない因子分析入門　北大路書房
- 古谷野亘　1988　数学が苦手な人のための多変量解析ガイド——調査データのまとめかた　川島書店
- 三土修平　1997　初歩からの多変量統計　日本評論社
- 永田靖・棟近雅彦　2001　多変量解析法入門　サイエンス社

▷3　多変量解析については，ソフトウェア（SAS, SPSS, Excelなど）の利用を前提として書かれた本がたくさん出版されています。繰り返しになりますが，それらについてはここでは紹介しません。

　因子分析は，心理学で多用されている統計手法の1つですが，本書では触れることができませんでした。最初の2つは数式がまったく出てこないものです。初学者にもとっつきやすいと思います。後の2冊は数式が出てきますし，内容的にも高度で初学者向けではありません。しかし，きちんと理論的背景を勉強したい人には一読の価値がある本です。

⑤　本書のレベルを二歩こえる本

- 芝祐順・南風原朝和　1990　行動科学における統計解析法　東京大学出版会
- 森敏昭・吉田寿夫（編著）　1990　心理学のためのデータ解析テクニカルブック　北大路書房

　最後に，本書のレベルを一歩，さらにもう一歩こえる本として，この2冊を紹介しておきます。どちらも内容的には高度ですが，学部レベルをこえて，大学院，さらにその先まで長く使えるバイブル的な本といえるでしょう。

　それぞれの本の特徴としては，芝・南風原（1990）では，標本の大きさの決定，メタ分析による研究結果の統合，がそれぞれ単独の章として詳しく説明されていること，森・吉田（1990）では，3要因までの分散分析について詳細な解説がなされていること，さまざまなノンパラメトリック検定が紹介されていること，をあげることができます。

付　録

①統計手法早見表

変数の数と種類	適用できる統計手法	検定の際, 参照する確率分布	データの例
1つ (質的)	・度数分布表 [II-4] ・棒グラフ [II-4] ・適合度の検定 [V-11]	・カイ2乗分布	A は性格タイプ(A_1 から A_4 の4つに分類される)。 | A | A_1 | A_2 | A_3 | A_4 | |---|---|---|---|---| | 度数 | 72 | 48 | 24 | 16 | 表の数字は各カテゴリに属する度数。
2つ (質的)	・クロス集計表 [III-5] ・クラメールの連関係数 [III-5] ・ファイ係数 [III-5] ・独立性の検定 [V-12]	・カイ2乗分布	A は性別(A_1 が男, A_2 が女), B は喫煙習慣(B_1 が吸う, B_2 が吸わない)。 | | B_1 | B_2 | |---|---|---| | A_1 | 90 | 40 | | A_2 | 60 | 60 | 表の数字は各カテゴリに属する度数。
1つ (量的)	・度数分布表 [II-4] ・ヒストグラム(連続変数) [II-4] ・棒グラフ(離散変数) [II-4] ・代表値 [II-5] ・散布度 [II-6] ・標準得点 [II-7] ・1つの平均値の検定 [V-8] [V-9]	・標準正規分布(母分散既知のとき) ・t 分布(母分散未知のとき)	X は10点満点の漢字テストの得点。 | X | 1 | 2 | 3 | 5 | 5 | 7 | 8 | 9 | 表の数字はデータの値をあらわす。
2つ (量的)	・散布図 [III-1] ・共分散 [III-2] ・相関係数 [III-3] ・相関係数の検定 [V-10]	・t 分布	X は恋愛感情得点, Y は孤独感得点。 | X | 10 | 20 | 30 | 40 | 50 | | Y | 20 | 10 | 40 | 30 | 50 | 表の数字はデータの値をあらわす。
	・独立な2群の平均値差の t 検定 　(2群が等分散のとき) [VI-2] [VI-3] ・ウェルチの検定 　(2群が等分散でないとき) [VI-5]	・t 分布 ・F_{max} の分布	X_1 は従来の指導法をうけた群のテスト得点, X_2 は新しい指導法をうけた群のテスト得点。それぞれの群にはランダムに被験者が割り当てられる。 | X_1 | 20 | 40 | 60 | 40 | 40 | 50 | 40 | 30 | | X_2 | 30 | 50 | 70 | 90 | 60 | 50 | 70 | 60 | 表の数字はデータの値をあらわす。
	・対応のある t 検定 [VI-4]	・t 分布	X_1 は指導をうける前の心理統計のテスト得点, X_2 は指導をうけた後の心理統計のテスト得点。ある1人の被験者について, それぞれ指導前と指導後の2つのデータの値がある。 | X_1 | 20 | 44 | 55 | 62 | 50 | 48 | 60 | 45 | | X_2 | 30 | 56 | 68 | 70 | 55 | 64 | 60 | 37 | 表の数字はデータの値をあらわす。

付　録

変数の数と種類	適用できる統計手法	検定の際，参照する確率分布	データの例
3つ以上 (量的)	・1要因被験者間分散分析 [VII-2] ・多重比較（テューキーの方法） [VII-3]	・F 分布 ・テューキーの検定のための統計量 q の分布	X はハンバーガーの味を評価した得点（X_1 はマックナルド，X_2 はボスバーガー，X_3 はラッテリア）。それぞれの群にはランダムに被験者が割り当てられる。 | X_1 | 3 | 4 | 4 | 3 | | X_2 | 7 | 8 | 9 | 6 | | X_3 | 5 | 4 | 6 | 7 | 表の数字はデータの値をあらわす。
	・1要因被験者内分散分析 [VII-5] ・多重比較（テューキーの方法） [VII-3]	・F 分布 ・テューキーの検定のための統計量 q の分布	X はミネラルウォーターのおいしさを評価した得点（X_1 はイカアン，X_2 はボスビッグ，X_3 はビビッテル）。各被験者は，3つのミネラルウォーターすべてのテイスティングをおこなう。 | X_1 | 10 | 9 | 4 | 7 | | X_2 | 5 | 4 | 2 | 3 | | X_3 | 9 | 5 | 3 | 5 | 表の数字はデータの値をあらわす。
	・2要因被験者間分散分析 [VII-6] ・多重比較（テューキーの方法） [VII-3] ・単純効果の検定	・F 分布 ・テューキーの検定のための統計量 q の分布	要因 X は温度条件（X_1 は冷蔵庫で冷やす，X_2 は常温）。要因 Y はミネラルウォーターの種類（Y_1 はイカアン，Y_2 はボスビッグ，Y_3 はビビッテル）。全部で6つの条件に，それぞれランダムに被験者が割り当てられる。 | | Y_1 | 6 | 4 | 5 | 3 | 2 | | X_1 | Y_2 | 10 | 8 | 10 | 8 | 9 | | | Y_3 | 11 | 12 | 12 | 10 | 10 | | | Y_1 | 5 | 4 | 2 | 2 | 2 | | X_2 | Y_2 | 7 | 6 | 5 | 4 | 3 | | | Y_3 | 12 | 8 | 5 | 6 | 4 | 表の数字はデータの値をあらわす。
	・2要因被験者内分散分析 [VII-8] [VII-9] ・多重比較（テューキーの方法） [VII-3] ・単純効果の検定	・F 分布 ・テューキーの検定のための統計量 q の分布	データの形は2要因被験者間分散分析と同一であるが，それぞれの被験者は6つの条件をすべて経験する。
	・2要因混合分散分析 [VII-10] ・多重比較（テューキーの方法） [VII-3] ・単純効果の検定	・F 分布 ・テューキーの検定のための統計量 q の分布	データの形は2要因被験者間分散分析と同一。要因 X については被験者間計画，要因 Y については被験者内計画。

付録

②主な統計的仮説検定の分類

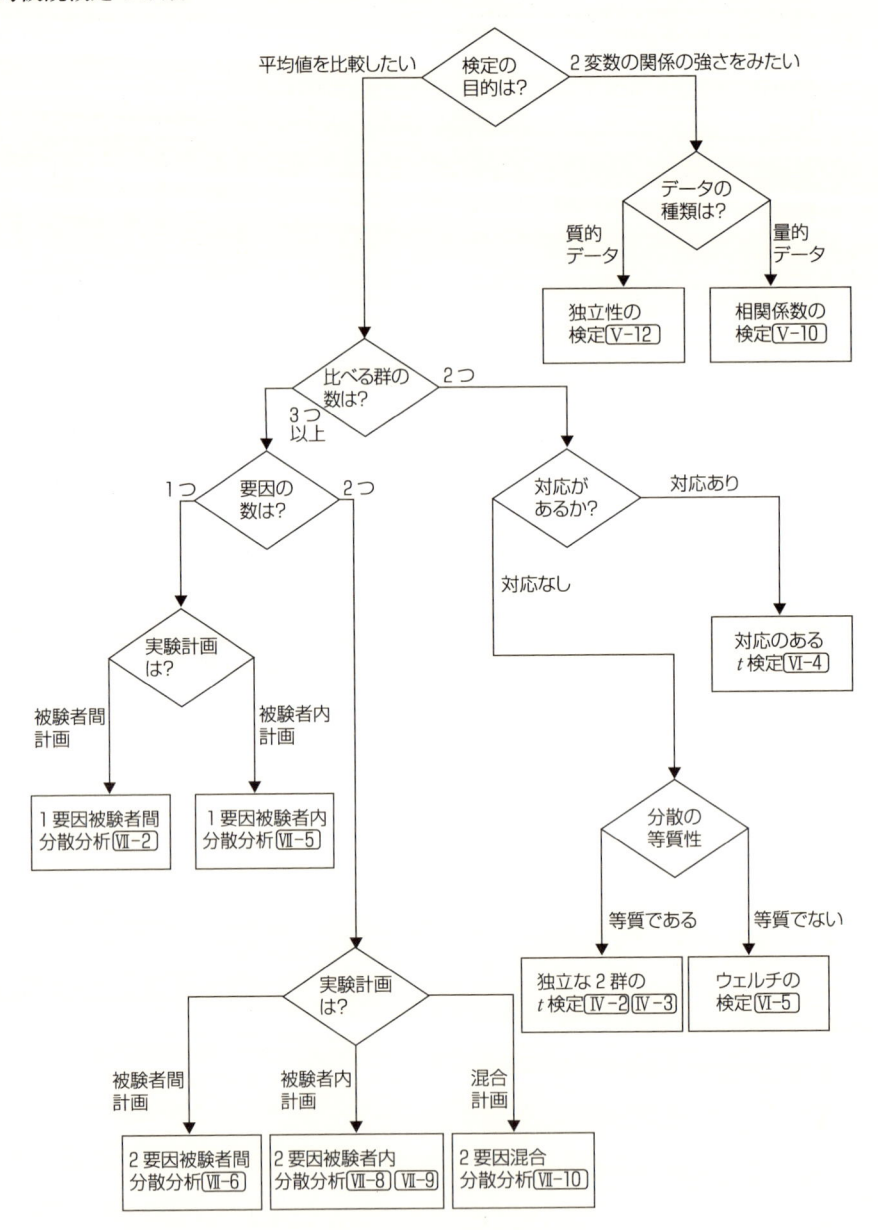

```
                    検定の目的は?
         平均値を比較したい  │  2変数の関係の強さをみたい
                                    │
                              データの種類は?
                         質的データ        量的データ
                         独立性の          相関係数の
                         検定 [V-12]       検定 [V-10]

         比べる群の数は?
         3つ以上          2つ
              │            │
         要因の数は?    対応があるか?
       1つ      2つ    対応なし   対応あり
        │        │                │
    実験計画は?                 対応のある
  被験者間  被験者内              t検定 [VI-4]
   計画     計画
  1要因被験者間  1要因被験者内
  分散分析 [VII-2] 分散分析 [VII-5]

                          分散の等質性
                      等質である    等質でない
                      独立な2群の   ウェルチの
                      t検定 [IV-2][IV-3]  検定 [VI-5]

         実験計画は?
  被験者間  被験者内  混合
   計画     計画    計画
  2要因被験者間  2要因被験者内  2要因混合
  分散分析 [VII-6] 分散分析 [VII-8][VII-9] 分散分析 [VII-10]
```

付 表

付表1　標準正規分布表

z	①$P(0 \leq Z \leq z)$	②$P(Z \geq z)$	z	①$P(0 \leq Z \leq z)$	②$P(Z \geq z)$	z	①$P(0 \leq Z \leq z)$	②$P(Z \geq z)$	z	①$P(0 \leq Z \leq z)$	②$P(Z \geq z)$
0.00	.0000	.5000	0.75	.2734	.2266	1.50	.4332	.0668	2.25	.4878	.0122
0.01	.0040	.4960	0.76	.2764	.2236	1.51	.4345	.0655	2.26	.4881	.0119
0.02	.0080	.4920	0.77	.2794	.2206	1.52	.4357	.0643	2.27	.4884	.0116
0.03	.0120	.4880	0.78	.2823	.2177	1.53	.4370	.0630	2.28	.4887	.0113
0.04	.0160	.4840	0.79	.2852	.2148	1.54	.4382	.0618	2.29	.4890	.0110
0.05	.0199	.4801				1.55	.4394	.0606			
0.06	.0239	.4761	0.80	.2881	.2119	1.56	.4406	.0594	2.30	.4893	.0107
0.07	.0279	.4721	0.81	.2910	.2090	1.57	.4418	.0582	2.31	.4896	.0104
0.08	.0319	.4681	0.82	.2939	.2061	1.58	.4429	.0571	2.32	.4898	.0102
0.09	.0359	.4641	0.83	.2967	.2033	1.59	.4441	.0559	2.33	.4901	.0099
			0.84	.2995	.2005				2.34	.4904	.0096
0.10	.0398	.4602	0.85	.3023	.1977	1.60	.4452	.0548	2.35	.4906	.0094
0.11	.0438	.4562	0.86	.3051	.1949	1.61	.4463	.0537	2.36	.4909	.0091
0.12	.0478	.4522	0.87	.3078	.1922	1.62	.4474	.0526	2.37	.4911	.0089
0.13	.0517	.4483	0.88	.3106	.1894	1.63	.4484	.0516	2.38	.4913	.0087
0.14	.0557	.4443	0.89	.3133	.1867	1.64	.4495	.0505	2.39	.4916	.0084
0.15	.0596	.4404				1.65	.4505	.0495			
0.16	.0636	.4364	0.90	.3159	.1841	1.66	.4515	.0485	2.40	.4918	.0082
0.17	.0675	.4325	0.91	.3186	.1814	1.67	.4525	.0475	2.41	.4920	.0080
0.18	.0714	.4286	0.92	.3212	.1788	1.68	.4535	.0465	2.42	.4922	.0078
0.19	.0753	.4247	0.93	.3238	.1762	1.69	.4545	.0455	2.43	.4925	.0075
			0.94	.3264	.1736				2.44	.4927	.0073
0.20	.0793	.4207	0.95	.3289	.1711	1.70	.4554	.0446	2.45	.4929	.0071
0.21	.0832	.4168	0.96	.3315	.1685	1.71	.4564	.0436	2.46	.4931	.0069
0.22	.0871	.4129	0.97	.3340	.1660	1.72	.4573	.0427	2.47	.4932	.0068
0.23	.0910	.4090	0.98	.3365	.1635	1.73	.4582	.0418	2.48	.4934	.0066
0.24	.0948	.4052	0.99	.3389	.1611	1.74	.4591	.0409	2.49	.4936	.0064
0.25	.0987	.4013				1.75	.4599	.0401			
0.26	.1026	.3974	1.00	.3413	.1587	1.76	.4608	.0392	2.50	.4938	.0062
0.27	.1064	.3936	1.01	.3438	.1562	1.77	.4616	.0384	2.51	.4940	.0060
0.28	.1103	.3897	1.02	.3461	.1539	1.78	.4625	.0375	2.52	.4941	.0059
0.29	.1141	.3859	1.03	.3485	.1515	1.79	.4633	.0367	2.53	.4943	.0057
			1.04	.3508	.1492				2.54	.4945	.0055
0.30	.1179	.3821	1.05	.3531	.1469	1.80	.4641	.0359	2.55	.4946	.0054
0.31	.1217	.3783	1.06	.3554	.1446	1.81	.4649	.0351	2.56	.4948	.0052
0.32	.1255	.3745	1.07	.3577	.1423	1.82	.4656	.0344	2.57	.4949	.0051
0.33	.1293	.3707	1.08	.3599	.1401	1.83	.4664	.0336	2.58	.4951	.0049
0.34	.1331	.3669	1.09	.3621	.1379	1.84	.4671	.0329	2.59	.4952	.0048
0.35	.1368	.3632				1.85	.4678	.0322			
0.36	.1406	.3594	1.10	.3643	.1357	1.86	.4686	.0314	2.60	.4953	.0047
0.37	.1443	.3557	1.11	.3665	.1335	1.87	.4693	.0307	2.61	.4955	.0045
0.38	.1480	.3520	1.12	.3686	.1314	1.88	.4699	.0301	2.62	.4956	.0044
0.39	.1517	.3483	1.13	.3708	.1292	1.89	.4706	.0294	2.63	.4957	.0043
			1.14	.3729	.1271				2.64	.4959	.0041
0.40	.1554	.3446	1.15	.3749	.1251	1.90	.4713	.0287	2.65	.4960	.0040
0.41	.1591	.3409	1.16	.3770	.1230	1.91	.4719	.0281	2.66	.4961	.0039
0.42	.1628	.3372	1.17	.3790	.1210	1.92	.4726	.0274	2.67	.4962	.0038
0.43	.1664	.3336	1.18	.3810	.1190	1.93	.4732	.0268	2.68	.4963	.0037
0.44	.1700	.3300	1.19	.3830	.1170	1.94	.4738	.0262	2.69	.4964	.0036
0.45	.1736	.3264				1.95	.4744	.0256			
0.46	.1772	.3228	1.20	.3849	.1151	1.96	.4750	.0250	2.70	.4965	.0035
0.47	.1808	.3192	1.21	.3869	.1131	1.97	.4756	.0244	2.71	.4966	.0034
0.48	.1844	.3156	1.22	.3888	.1112	1.98	.4761	.0239	2.72	.4967	.0033
0.49	.1879	.3121	1.23	.3907	.1093	1.99	.4767	.0233	2.73	.4968	.0032
			1.24	.3925	.1075				2.74	.4969	.0031
0.50	.1915	.3085	1.25	.3944	.1056	2.00	.4772	.0228	2.75	.4970	.0030
0.51	.1950	.3050	1.26	.3962	.1038	2.01	.4778	.0222	2.76	.4971	.0029
0.52	.1985	.3015	1.27	.3980	.1020	2.02	.4783	.0217	2.77	.4972	.0028
0.53	.2019	.2981	1.28	.3997	.1003	2.03	.4788	.0212	2.78	.4973	.0027
0.54	.2054	.2946	1.29	.4015	.0985	2.04	.4793	.0207	2.79	.4974	.0026
0.55	.2088	.2912				2.05	.4798	.0202			
0.56	.2123	.2877	1.30	.4032	.0968	2.06	.4803	.0197	2.80	.4974	.0026
0.57	.2157	.2843	1.31	.4049	.0951	2.07	.4808	.0192	2.81	.4975	.0025
0.58	.2190	.2810	1.32	.4066	.0934	2.08	.4812	.0188	2.82	.4976	.0024
0.59	.2224	.2776	1.33	.4082	.0918	2.09	.4817	.0183	2.83	.4977	.0023
			1.34	.4099	.0901				2.84	.4977	.0023
0.60	.2257	.2743	1.35	.4115	.0885	2.10	.4821	.0179	2.85	.4978	.0022
0.61	.2291	.2709	1.36	.4131	.0869	2.11	.4826	.0174	2.86	.4979	.0021
0.62	.2324	.2676	1.37	.4147	.0853	2.12	.4830	.0170	2.87	.4979	.0021
0.63	.2357	.2643	1.38	.4162	.0838	2.13	.4834	.0166	2.88	.4980	.0020
0.64	.2389	.2611	1.39	.4177	.0823	2.14	.4838	.0162	2.89	.4981	.0019
0.65	.2422	.2578				2.15	.4842	.0158			
0.66	.2454	.2546	1.40	.4192	.0808	2.16	.4846	.0154	2.90	.4981	.0019
0.67	.2486	.2514	1.41	.4207	.0793	2.17	.4850	.0150	2.91	.4982	.0018
0.68	.2517	.2483	1.42	.4222	.0778	2.18	.4854	.0146	2.92	.4982	.0018
0.69	.2549	.2451	1.43	.4236	.0764	2.19	.4857	.0143	2.93	.4983	.0017
			1.44	.4251	.0749				2.94	.4984	.0016
0.70	.2580	.2420	1.45	.4265	.0735	2.20	.4861	.0139	2.95	.4984	.0016
0.71	.2611	.2389	1.46	.4279	.0721	2.21	.4864	.0136	2.96	.4985	.0015
0.72	.2642	.2358	1.47	.4292	.0708	2.22	.4868	.0132	2.97	.4985	.0015
0.73	.2673	.2327	1.48	.4306	.0694	2.23	.4871	.0129	2.98	.4986	.0014
0.74	.2704	.2296	1.49	.4319	.0681	2.24	.4875	.0125	2.99	.4986	.0014
									3.00	.4987	.0013

出所：山内（1998）より改変

＊山内（1998）の表は McCall, R. B. 1998 Fundamental Statistics for Behavioral Sciences. (7th ed.) Pacific Grove: Brooks/Cole より改変された。

付表2　t分布表（tの臨界値）

自由度	片側検定の有意水準			
	.05	.025	.01	.005
	両側検定の有意水準			
	.10	.05	.02	.01
1	6.314	12.706	31.821	63.657
2	2.920	4.303	6.965	9.925
3	2.353	3.182	4.541	5.841
4	2.132	2.776	3.747	4.604
5	2.015	2.571	3.365	4.032
6	1.943	2.447	3.143	3.707
7	1.895	2.365	2.998	3.499
8	1.860	2.306	2.896	3.355
9	1.833	2.262	2.821	3.250
10	1.812	2.228	2.764	3.169
11	1.796	2.201	2.718	3.106
12	1.782	2.179	2.681	3.055
13	1.771	2.160	2.650	3.012
14	1.761	2.145	2.624	2.977
15	1.753	2.131	2.602	2.947
16	1.746	2.120	2.583	2.921
17	1.740	2.110	2.567	2.898
18	1.734	2.101	2.552	2.878
19	1.729	2.093	2.539	2.861
20	1.725	2.086	2.528	2.845
21	1.721	2.080	2.518	2.831
22	1.717	2.074	2.508	2.819
23	1.714	2.069	2.500	2.807
24	1.711	2.064	2.492	2.797
25	1.708	2.060	2.485	2.787
26	1.706	2.056	2.479	2.779
27	1.703	2.052	2.473	2.771
28	1.701	2.048	2.467	2.763
29	1.699	2.045	2.462	2.756
30	1.697	2.042	2.457	2.750
40	1.684	2.021	2.423	2.704
60	1.671	2.000	2.390	2.660
120	1.658	1.980	2.358	2.617
∞	1.645	1.960	2.326	2.576

出所：山内（1998）より改変

付表3　カイ2乗分布表（χ^2の臨界値）

自由度	有意水準	
	.05	.01
1	3.841	6.635
2	5.991	9.210
3	7.815	11.345
4	9.488	13.277
5	11.070	15.086
6	12.592	16.812
7	14.067	18.475
8	15.507	20.090
9	16.919	21.666
10	18.307	23.209
11	19.675	24.725
12	21.026	26.217
13	22.362	27.688
14	23.685	29.141
15	24.996	30.578
16	26.296	32.000
17	27.587	33.409
18	28.869	34.805
19	30.144	36.191
20	31.410	37.566
21	32.671	38.932
22	33.924	40.289
23	35.172	41.638
24	36.415	42.980
25	37.652	44.314
26	38.885	45.642
27	40.113	46.963
28	41.337	48.278
29	42.557	49.588
30	43.773	50.892

出所：南風原（2002）より改変

付表4(1)　F分布表（Fの臨界値：有意水準5％）

分母の自由度 (df_2)	分子の自由度 (df_1)									
	1	2	3	4	5	6	7	8	9	10
1	161.45	199.50	215.71	224.58	230.16	233.99	236.77	238.88	240.54	241.88
2	18.51	19.00	19.16	19.25	19.30	19.33	19.35	19.37	19.38	19.40
3	10.13	9.55	9.28	9.12	9.01	8.94	8.89	8.85	8.81	8.79
4	7.71	6.94	6.59	6.39	6.26	6.16	6.09	6.04	6.00	5.96
5	6.61	5.79	5.41	5.19	5.05	4.95	4.88	4.82	4.77	4.74
6	5.99	5.14	4.76	4.53	4.39	4.28	4.21	4.15	4.10	4.06
7	5.59	4.74	4.35	4.12	3.97	3.87	3.79	3.73	3.68	3.64
8	5.32	4.46	4.07	3.84	3.69	3.58	3.50	3.44	3.39	3.35
9	5.12	4.26	3.86	3.63	3.48	3.37	3.29	3.23	3.18	3.14
10	4.96	4.10	3.71	3.48	3.33	3.22	3.14	3.07	3.02	2.98
11	4.84	3.98	3.59	3.36	3.20	3.09	3.01	2.95	2.90	2.85
12	4.75	3.89	3.49	3.26	3.11	3.00	2.91	2.85	2.80	2.75
13	4.67	3.81	3.41	3.18	3.03	2.92	2.83	2.77	2.71	2.67
14	4.60	3.74	3.34	3.11	2.96	2.85	2.76	2.70	2.65	2.60
15	4.54	3.68	3.29	3.06	2.90	2.79	2.71	2.64	2.59	2.54
16	4.49	3.63	3.24	3.01	2.85	2.74	2.66	2.59	2.54	2.49
17	4.45	3.59	3.20	2.96	2.81	2.70	2.61	2.55	2.49	2.45
18	4.41	3.55	3.16	2.93	2.77	2.66	2.58	2.51	2.46	2.41
19	4.38	3.52	3.13	2.90	2.74	2.63	2.54	2.48	2.42	2.38
20	4.35	3.49	3.10	2.87	2.71	2.60	2.51	2.45	2.39	2.35
22	4.30	3.44	3.05	2.82	2.66	2.55	2.46	2.40	2.34	2.30
24	4.26	3.40	3.01	2.78	2.62	2.51	2.42	2.36	2.30	2.25
26	4.23	3.37	2.98	2.74	2.59	2.47	2.39	2.32	2.27	2.22
28	4.20	3.34	2.95	2.71	2.56	2.45	2.36	2.29	2.24	2.19
30	4.17	3.32	2.92	2.69	2.53	2.42	2.33	2.27	2.21	2.16
40	4.08	3.23	2.84	2.61	2.45	2.34	2.25	2.18	2.12	2.08
50	4.03	3.18	2.79	2.56	2.40	2.29	2.20	2.13	2.07	2.03
100	3.94	3.09	2.70	2.46	2.31	2.19	2.10	2.03	1.97	1.93
200	3.89	3.04	2.65	2.42	2.26	2.14	2.06	1.98	1.93	1.88
400	3.86	3.02	2.63	2.39	2.24	2.12	2.03	1.96	1.90	1.85

出所：南風原（2002）より改変

付表4(2)　F分布表（Fの臨界値：有意水準1％）

分母の自由度 (df_2)	分子の自由度 (df_1)									
	1	2	3	4	5	6	7	8	9	10
1	4052.18	4999.50	5403.35	5624.58	5763.65	5858.99	5928.36	5981.07	6022.47	6055.85
2	98.50	99.00	99.17	99.25	99.30	99.33	99.36	99.37	99.39	99.40
3	34.12	30.82	29.46	28.71	28.24	27.91	27.67	27.49	27.35	27.23
4	21.20	18.00	16.69	15.98	15.52	15.21	14.98	14.80	14.66	14.55
5	16.26	13.27	12.06	11.39	10.97	10.67	10.46	10.29	10.16	10.05
6	13.75	10.92	9.78	9.15	8.75	8.47	8.26	8.10	7.98	7.87
7	12.25	9.55	8.45	7.85	7.46	7.19	6.99	6.84	6.72	6.62
8	11.26	8.65	7.59	7.01	6.63	6.37	6.18	6.03	5.91	5.81
9	10.56	8.02	6.99	6.42	6.06	5.80	5.61	5.47	5.35	5.26
10	10.04	7.56	6.55	5.99	5.64	5.39	5.20	5.06	4.94	4.85
11	9.65	7.21	6.22	5.67	5.32	5.07	4.89	4.74	4.63	4.54
12	9.33	6.93	5.95	5.41	5.06	4.82	4.64	4.50	4.39	4.30
13	9.07	6.70	5.74	5.21	4.86	4.62	4.44	4.30	4.19	4.10
14	8.86	6.51	5.56	5.04	4.69	4.46	4.28	4.14	4.03	3.94
15	8.68	6.36	5.42	4.89	4.56	4.32	4.14	4.00	3.89	3.80
16	8.53	6.23	5.29	4.77	4.44	4.20	4.03	3.89	3.78	3.69
17	8.40	6.11	5.18	4.67	4.34	4.10	3.93	3.79	3.68	3.59
18	8.29	6.01	5.09	4.58	4.25	4.01	3.84	3.71	3.60	3.51
19	8.18	5.93	5.01	4.50	4.17	3.94	3.77	3.63	3.52	3.43
20	8.10	5.85	4.94	4.43	4.10	3.87	3.70	3.56	3.46	3.37
22	7.95	5.72	4.82	4.31	3.99	3.76	3.59	3.45	3.35	3.26
24	7.82	5.61	4.72	4.22	3.90	3.67	3.50	3.36	3.26	3.17
26	7.72	5.53	4.64	4.14	3.82	3.59	3.42	3.29	3.18	3.09
28	7.64	5.45	4.57	4.07	3.75	3.53	3.36	3.23	3.12	3.03
30	7.56	5.39	4.51	4.02	3.70	3.47	3.30	3.17	3.07	2.98
40	7.31	5.18	4.31	3.83	3.51	3.29	3.12	2.99	2.89	2.80
50	7.17	5.06	4.20	3.72	3.41	3.19	3.02	2.89	2.78	2.70
100	6.90	4.82	3.98	3.51	3.21	2.99	2.82	2.69	2.59	2.50
200	6.76	4.71	3.88	3.41	3.11	2.89	2.73	2.60	2.50	2.41
400	6.70	4.66	3.83	3.37	3.06	2.85	2.68	2.56	2.45	2.37

出所：南風原（2002）より改変

付 表

付表5(1)　F_{max} の分布表（F_{max} の臨界値：有意水準5％）

自由度＼分散の個数	2	3	4	5	6	7	8	9	10
2	39.0	87.5	142	202	266	333	403	475	550
3	15.4	27.8	39.5	50.9	62.0	72.8	83.5	93.9	104
4	9.60	15.5	20.6	25.2	29.5	33.6	37.5	41.2	44.8
5	7.15	10.8	13.7	16.3	18.7	20.9	22.9	24.8	26.6
6	5.82	8.36	10.4	12.1	13.6	15.0	16.3	17.5	18.6
7	4.99	6.94	8.44	9.70	10.8	11.8	12.7	13.5	14.3
8	4.43	6.00	7.19	8.17	9.02	9.77	10.5	11.1	11.7
9	4.03	5.34	6.31	7.11	7.79	8.40	8.94	9.44	9.90
10	3.72	4.85	5.67	6.34	6.91	7.41	7.86	8.27	8.61
11	3.47	4.46	5.18	5.75	6.24	6.67	7.05	7.39	7.71
12	3.28	4.16	4.79	5.30	5.72	6.09	6.42	6.72	6.99
13	3.12	3.91	4.48	4.93	5.30	5.63	5.92	6.18	6.42
14	2.98	3.71	4.22	4.62	4.96	5.25	5.51	5.74	5.96
15	2.86	3.53	4.00	4.37	4.67	4.94	5.17	5.38	5.57
16	2.76	3.38	3.81	4.15	4.43	4.67	4.88	5.08	5.25
17	2.67	3.25	3.65	3.96	4.22	4.44	4.64	4.81	4.97
18	2.60	3.14	3.51	3.80	4.04	4.25	4.43	4.59	4.74
19	2.53	3.04	3.39	3.66	3.88	4.07	4.24	4.39	4.53
20	2.46	2.95	3.28	3.53	3.74	3.92	4.08	4.22	4.35
21	2.41	2.87	3.18	3.42	3.62	3.79	3.93	4.06	4.18
22	2.36	2.80	3.09	3.32	3.51	3.66	3.80	3.93	4.04
23	2.31	2.73	3.01	3.23	3.40	3.56	3.69	3.80	3.91
24	2.27	2.67	2.94	3.14	3.31	3.46	3.58	3.69	3.79
25	2.23	2.61	2.87	3.07	3.23	3.37	3.48	3.59	3.68
26	2.19	2.56	2.81	3.00	3.15	3.28	3.40	3.50	3.59
27	2.16	2.52	2.75	2.93	3.08	3.21	3.32	3.41	3.50
28	2.13	2.47	2.70	2.88	3.02	3.14	3.24	3.33	3.42
29	2.10	2.43	2.65	2.82	2.96	3.07	3.17	3.26	3.34
30	2.07	2.40	2.61	2.77	2.90	3.01	3.11	3.19	3.27
40	1.88	2.12	2.28	2.40	2.50	2.58	2.65	2.72	2.77
60	1.67	1.84	1.96	2.04	2.11	2.16	2.21	2.25	2.29
120	1.43	1.54	1.60	1.65	1.69	1.72	1.74	1.77	1.79
∞	1.00	1.00	1.00	1.00	1.00	1.00	1.00	1.00	1.00

出所：石村（1992）より改変

付表5(2)　F_{max} の分布表（F_{max} の臨界値：有意水準1％）

自由度＼分散の個数	2	3	4	5	6	7	8	9	10
2	199	447	729	1036	1362	1705	2063	2432	2813
3	47.5	84.6	120	154	187	219	251	282	313
4	23.2	36.7	48.4	59.1	69.0	78.3	87.2	95.7	104
5	14.9	22.1	27.9	33.0	37.6	41.9	45.8	49.5	53.1
6	11.1	15.6	19.2	22.2	24.9	27.3	29.6	31.7	33.6
7	8.89	12.1	14.5	16.6	18.4	20.0	21.5	22.8	24.1
8	7.50	9.94	11.8	13.3	14.6	15.7	16.8	17.7	18.6
9	6.54	8.49	9.93	11.1	12.1	13.0	13.8	14.5	15.2
10	5.85	7.46	8.64	9.59	10.4	11.1	11.7	12.3	12.8
11	5.32	6.70	7.68	8.48	9.15	9.73	10.3	10.7	11.2
12	4.91	6.10	6.95	7.63	8.20	8.69	9.13	9.53	9.89
13	4.57	5.63	6.37	6.96	7.46	7.88	8.26	8.61	8.92
14	4.30	5.25	5.91	6.43	6.86	7.24	7.57	7.87	8.14
15	4.07	4.93	5.52	5.99	6.37	6.71	7.00	7.27	7.51
16	3.87	4.66	5.20	5.62	5.97	6.27	6.53	6.77	6.98
17	3.71	4.43	4.92	5.30	5.62	5.90	6.14	6.35	6.54
18	3.56	4.23	4.68	5.04	5.33	5.58	5.80	5.99	6.17
19	3.43	4.05	4.48	4.80	5.07	5.30	5.50	5.68	5.85
20	3.32	3.90	4.29	4.60	4.85	5.06	5.25	5.42	5.57
21	3.22	3.76	4.13	4.42	4.65	4.85	5.02	5.18	5.32
22	3.12	3.64	3.99	4.26	4.48	4.66	4.82	4.97	5.10
23	3.04	3.53	3.86	4.11	4.32	4.49	4.65	4.78	4.90
24	2.97	3.43	3.74	3.98	4.18	4.34	4.49	4.61	4.73
25	2.90	3.34	3.64	3.86	4.05	4.21	4.34	4.46	4.57
26	2.84	3.26	3.54	3.76	3.93	4.08	4.21	4.32	4.43
27	2.78	3.18	3.45	3.66	3.83	3.97	4.09	4.20	4.30
28	2.72	3.11	3.37	3.57	3.73	3.86	3.98	4.08	4.18
29	2.67	3.05	3.30	3.49	3.64	3.77	3.88	3.98	4.07
30	2.63	2.99	3.23	3.41	3.56	3.68	3.79	3.88	3.97
40	2.30	2.56	2.74	2.87	2.97	3.06	3.14	3.20	3.26
60	1.96	2.15	2.26	2.35	2.42	2.47	2.52	2.57	2.61
120	1.61	1.71	1.77	1.82	1.86	1.89	1.91	1.94	1.96
∞	1.00	1.00	1.00	1.00	1.00	1.00	1.00	1.00	1.00

出所：石村（1992）より改変

付表6(1)　テューキーの検定のための統計量 q の表（q の臨界値：有意水準5％）

自由度 df ＼ 群の数 k	3	4	5	6	7	8	9	10
3	5.91	6.83	7.50	8.04	8.48	8.85	9.18	9.46
4	5.04	5.76	6.29	6.71	7.05	7.35	7.60	7.83
5	4.60	5.22	5.67	6.03	6.33	6.58	6.80	7.00
6	4.34	4.90	5.31	5.63	5.90	6.12	6.32	6.49
7	4.17	4.68	5.06	5.36	5.61	5.82	6.00	6.16
8	4.04	4.53	4.89	5.17	5.40	5.60	5.77	5.92
9	3.95	4.42	4.76	5.02	5.24	5.43	5.60	5.74
10	3.88	4.33	4.65	4.91	5.12	5.30	5.46	5.60
11	3.82	4.26	4.57	4.82	5.03	5.20	5.35	5.49
12	3.77	4.20	4.51	4.75	4.95	5.12	5.26	5.40
13	3.73	4.15	4.45	4.69	4.88	5.05	5.19	5.32
14	3.70	4.11	4.41	4.64	4.83	4.99	5.13	5.25
15	3.67	4.08	4.37	4.60	4.78	4.94	5.08	5.20
16	3.65	4.05	4.33	4.56	4.74	4.90	5.03	5.15
17	3.63	4.02	4.30	4.52	4.71	4.86	4.99	5.11
18	3.61	4.00	4.28	4.49	4.67	4.82	4.96	5.07
19	3.59	3.98	4.25	4.47	4.65	4.79	4.92	5.04
20	3.58	3.96	4.23	4.45	4.62	4.77	4.90	5.01
21	3.57	3.94	4.21	4.42	4.60	4.74	4.87	4.98
22	3.55	3.93	4.20	4.41	4.58	4.72	4.85	4.96
23	3.54	3.91	4.18	4.39	4.56	4.70	4.83	4.94
24	3.53	3.90	4.17	4.37	4.54	4.68	4.81	4.92
25	3.52	3.89	4.15	4.36	4.53	4.67	4.79	4.90
26	3.51	3.88	4.14	4.35	4.51	4.65	4.77	4.88
27	3.51	3.87	4.13	4.33	4.50	4.64	4.76	4.86
28	3.50	3.86	4.12	4.32	4.49	4.63	4.75	4.85
29	3.49	3.85	4.11	4.31	4.48	4.61	4.73	4.84
30	3.49	3.85	4.10	4.30	4.46	4.60	4.72	4.82
40	3.44	3.79	4.04	4.23	4.39	4.52	4.63	4.74
50	3.42	3.76	4.00	4.19	4.34	4.47	4.58	4.68
100	3.37	3.70	3.93	4.11	4.26	4.38	4.48	4.58
200	3.34	3.66	3.89	4.07	4.21	4.33	4.44	4.53
500	3.32	3.65	3.87	4.05	4.19	4.31	4.41	4.49

出所：吉田（1998）より改変

＊吉田（1998）では小数第3位までの数値が出ているが，この表では四捨五入をし，小数第2位までの数値を示した。

付表6(2)　テューキーの検定のための統計量 q の表（q の臨界値：有意水準1％）

自由度 df ＼ 群の数 k	3	4	5	6	7	8	9	10
3	10.62	12.17	13.32	14.24	15.00	15.64	16.20	16.69
4	8.12	9.17	9.96	10.58	11.10	11.54	11.93	12.26
5	6.98	7.81	8.42	8.91	9.32	9.67	9.97	10.24
6	6.33	7.03	7.56	7.97	8.32	8.61	8.87	9.10
7	5.92	6.54	7.01	7.37	7.68	7.94	8.17	8.37
8	5.64	6.20	6.63	6.96	7.24	7.48	7.68	7.86
9	5.43	5.96	6.35	6.66	6.92	7.13	7.33	7.50
10	5.27	5.77	6.14	6.43	6.67	6.88	7.06	7.21
11	5.15	5.62	5.97	6.25	6.48	6.67	6.84	6.99
12	5.05	5.50	5.84	6.10	6.32	6.51	6.67	6.81
13	4.96	5.40	5.73	5.98	6.19	6.37	6.53	6.67
14	4.90	5.32	5.63	5.88	6.09	6.26	6.41	6.54
15	4.84	5.25	5.56	5.80	5.99	6.16	6.31	6.44
16	4.79	5.19	5.49	5.72	5.92	6.08	6.22	6.35
17	4.74	5.14	5.43	5.66	5.85	6.01	6.15	6.27
18	4.70	5.09	5.38	5.60	5.79	5.94	6.08	6.20
19	4.67	5.05	5.33	5.55	5.74	5.89	6.02	6.14
20	4.64	5.02	5.29	5.51	5.69	5.84	5.97	6.09
21	4.61	4.99	5.26	5.47	5.65	5.79	5.92	6.04
22	4.59	4.96	5.22	5.43	5.61	5.75	5.88	5.99
23	4.57	4.93	5.20	5.40	5.57	5.72	5.84	5.95
24	4.55	4.91	5.17	5.37	5.54	5.69	5.81	5.92
25	4.53	4.88	5.14	5.35	5.51	5.65	5.78	5.89
26	4.51	4.87	5.12	5.32	5.49	5.63	5.75	5.86
27	4.49	4.85	5.10	5.30	5.46	5.60	5.72	5.83
28	4.48	4.83	5.08	5.28	5.44	5.58	5.70	5.80
29	4.47	4.81	5.06	5.26	5.42	5.56	5.67	5.78
30	4.45	4.80	5.05	5.24	5.40	5.54	5.65	5.76
40	4.37	4.70	4.93	5.11	5.27	5.39	5.50	5.60
50	4.32	4.63	4.86	5.04	5.19	5.31	5.41	5.51
100	4.22	4.52	4.73	4.90	5.03	5.14	5.24	5.33
200	4.17	4.46	4.67	4.83	4.96	5.07	5.16	5.24
500	4.14	4.43	4.63	4.78	4.91	5.02	5.11	5.19

出所：吉田（1998）より改変

＊吉田（1998）では小数第3位までの数値が出ているが，この表では四捨五入をし，小数第2位までの数値を示した。

本書でとりあげた文献

Cohen, J. 1992 A power primer. *Psychological Bulletin*, **112**, 155-159.

Erdfelder, E., Faul, F., & Buchner, A. 1996 GPOWER: A general power analysis program. *Behavior Research Methods, Instruments, and Computers*, **28**, 1-11.

Glass, G. V. 1976 Primary, secondary, and meta-analysis of research. *Educational Researcher*, **5**, 3-8.

南風原朝和 1995 教育心理学研究と統計的検定 教育心理学年報, **34**, 122-131.

南風原朝和 2002 心理統計学の基礎——統合的理解のために 有斐閣アルマ

南風原朝和・市川伸一・下山晴彦（編） 2001 心理学研究法入門——調査・実験から実践まで 東京大学出版会

服部環・海保博之 1996 Q&A 心理データ解析 福村出版

市川伸一・大橋靖雄・岸本淳司・浜田知久馬（著） 竹内啓（監修） 1993 SAS によるデータ解析入門 第2版 東京大学出版会

石村貞夫 1992 分散分析のはなし 東京図書

鎌原雅彦・竹綱誠一郎 1999 やさしい教育心理学 有斐閣アルマ

狩野裕・三浦麻子 2002 AMOS, EQS, CALIS によるグラフィカル多変量解析——目で見る共分散構造分析（増補版） 現代数学社

Kihlstrom, J. F., Eich, E., Sandbrand, D., & Tobias, B. A. 1999 Emotion and memory: Implications for self-report. In A. A. Stone, J. S. Turkkan, C. A. Bachrach, J. B. Jobe, H. S. Kurtzman, & V. S. Cain(Eds.). *The science of self-report: Implications for research and practice*. Lawrence Erlbaum Associates, Inc.

古谷野亘 1988 数学が苦手な人のための多変量解析ガイド——調査データのまとめかた 川島書店

松尾太加志・中村知靖 2002 誰も教えてくれなかった因子分析——数式が絶対に出てこない因子分析入門 北大路書房

三土修平 1997 初歩からの多変量統計 日本評論社

森敏昭・吉田寿夫（編著） 1990 心理学のためのデータ解析テクニカルブック 北大路書房

村井潤一郎 1998 情報操作理論に基づく発言内容の欺瞞性の分析 心理学研究, **69**, 401-407.

村井潤一郎 1999 恋愛関係において発言内容の好意性が欺瞞性の認知に及ぼす影響 心理学研究, **70**, 421-426.

永田靖 1992 入門統計解析法 日科技連出版社

永田靖 1996 統計的方法のしくみ——正しく理解するための30の急所 日科技連出版社

永田靖・棟近雅彦 2001 多変量解析法入門 サイエンス社

永田靖・吉田道弘 1997 統計的多重比較法の基礎 サイエンティスト社

小畑健（著） ほったゆみ（原作） 1999－2003 ヒカルの碁 1－23 集英社

尾見康博　1997　研究法の変遷　佐藤達哉・溝口元（編）通史　日本の心理学　北大路書房

Rossi, J. S.　1990　Statistical power of psychological research: What have we gained in 20 years? *Journal of Consulting and Clinical Psychology*, **58**, 646-656.

Rubin, Z.　1970　Measurement of romantic love. *Journal of Personality and Social Psychology*, **16**, 265-273.

芝祐順・南風原朝和　1990　行動科学における統計解析法　東京大学出版会

芝村良　2004　R. A. フィッシャーの統計理論――推測統計学の形成とその社会的背景　九州大学出版会

繁桝算男・柳井晴夫・森敏昭（編著）　1999　Q&A で知る統計データ解析――DOs and DON'Ts サイエンス社

下山晴彦（編）　2003　よくわかる臨床心理学　ミネルヴァ書房

Simpson, E. H.　1951　The interpretation in contingency table. *Journal of the Royal Statistical Society Series B*, **13**, 238-241.

Smith, M. L., & Glass, G. V.　1977　Meta-analysis of psychotherapy outcome studies. *American Psychologist*, **32**, 752-760.

杉澤武俊　1999　教育心理学研究における統計的検定の検定力　教育心理学研究，**47**，150-159.

田中敏・山際勇一郎　1992　新訂　ユーザーのための教育・心理統計と実験計画法――方法の理解から論文の書き方まで　教育出版

豊田秀樹　1998　調査法講義　朝倉書店

渡部洋（編著）　1993　心理検査法入門――正確な診断と理解のために　福村出版

渡部洋（編著）　2001　心理統計の技法　福村出版

山田剛史　2001　一事例実験とメタ分析　下山晴彦・丹野義彦（編）　講座臨床心理学第2巻　臨床心理学研究　第3部5章　東京大学出版会

山内光哉　1998　心理・教育のための統計法　第2版　サイエンス社

吉田寿夫　1998　本当にわかりやすいすごく大切なことが書いてあるごく初歩の統計の本　北大路書房

吉田寿夫　2002　心理学ジュニアライブラリ　人についての思い込みⅠ・Ⅱ　北大路書房

さくいん

あ
1事例実験　220
一様分布　83
一対一変換　27
一般化可能性　218
因果関係　58
上側確率　88
ウェルチの検定　155
後ろ向きなデザイン　211
SD　37
ABAデザイン　221
ABデザイン　221
F 分布　17, 168

か
階級　29
階級値　29
外的妥当性　218
カイ2乗（χ^2）検定　134
カイ2乗（χ^2）値　15, 63
カウンターバランス　176
確率分布　77
確率変数　70, 77
確率密度　83
確率密度関数　83
仮説検定　108
仮想データ　8
片側検定　118
過度の一般化　218
間隔尺度　23
観測度数　15, 135
簡便法　31
棄却域　16, 112
危険率　120
擬似相関　56
記述統計　9
期待値　97
期待度数　15, 135
帰無仮説　16, 110
帰無分布　112
逆方向の交互作用　192
95%信頼区間　106
行　139
共分散　14, 48
区間推定　96
クラメールの連関係数　15, 63

クロス集計表　15, 62
クロス表　62
群間平方和　164
群内平方和　164
群平均　163
限界水準　117
検出力　121, 224
検定　10, 108
検定統計量　16, 111
検定統計量の実現値　16
検定力　121, 224
検定力分析　225
ケンドールの順位相関係数　52
効果研究　220
効果の大きさ　212
効果量　212, 222
交互作用　177, 190
交互作用効果　177
交絡　217
誤差平方和　164

さ
採択域　113
最頻値　32
残差平方和　179
散布図　14, 44
散布度　9, 12, 34
サンプル　68
サンプルサイズ　69
視覚的判断　221
時系列分析　221
事象　159
実験群　145
実験計画　174
実験デザイン　174
質的研究　220
質的変数　15, 18
尺度　22
尺度水準　22
従属変数　216
自由度　129
周辺度数　15, 63
主効果　177
順序効果　175
順序尺度　23

順方向の交互作用　192
順列　123
条件平均　181
条件平方和　179
処遇期　221
シングルケース研究法　220
シンプソンのパラドックス　67
信頼性　7
心理尺度　6
水準　174
推測統計　9, 11, 68
推定　72
推定値　96
推定量　96
数値要約　9, 12, 30
スピアマンの順位相関係数　52
正規分布　80
正規母集団　92
絶対値　35
絶対的な原点　23
切断効果　58
z 得点　13, 41
セル平均　185
線形変換　27
潜在変数　21
全数調査　69
全体平方和　164
選抜効果　58
全平均　163
相関　62
相関係数　14, 52
相関図　44
総度数　15, 63
層別化　57
層別相関　57
素点　40

た
第1種の誤り　120
第1種の過誤　120
対応のある2群　150
対応のない2群　150
第2種の誤り　120
第2種の過誤　120
代表値　12, 30

対立仮説　16, 110
多重比較　170
妥当性　7
単純効果　201
単純主効果　201
単純無作為抽出　69
単調変換　27
中央値　31
調和平均　171
t 検定　16, 129
定数倍　26
t 分布　129
適合度の検定　135
データ　8, 18
テューキーの HSD 法　172
テューキーの方法　170
点推定　96
統計的仮説検定　10, 16, 108, 215
統計量　9, 70
統計量の偏り　98
統計量のバイアス　98
統制　217
統制群　145
独立性の検定　138
独立な 2 群　150
独立な 2 群の平均値差に関する t 検定　16
独立変数　216
度数　28
度数分布　28
度数分布表　28

な　内的妥当性　175, 216
内的妥当性に対する脅威　216
2 × 2 クロス集計表　15, 62
2 項分布　124
ネイマン・ピアソン流の検定　215

は　パーシャルアウト　57
外れ値　32, 56
バートレットの検定　154
ハートレーの F_{max} 検定　154
パラメタ　70

範囲　37
ピアソンの積率相関係数　52
引き出し問題　223
被験者　18
被験者間計画　174
被験者内計画　150, 174
ヒストグラム　29
p 値　117
標準化　13, 40
標準誤差　92
標準正規分布　86
標準正規分布表　88
標準得点　13, 40
標準偏差　12, 37
標本　11, 68
標本誤差　104
標本相関係数　132
標本調査　69
標本統計量　70
標本統計量の実現値　70
標本の大きさ　69
標本分散　100
標本分布　90
比率尺度　23
ファイ係数　15, 64
フィッシャーの LSD 法　173
フィッシャー流の検定　215
不偏推定量　98
不偏性　91, 98
不偏分散　102
プロット　44
分散　12, 36
分散の等質性　146
分散分析　17
平均　8, 12, 31
平均からの偏差　14, 34
平均平方　167
平均偏差　36
平方和の分解　164
ベースライン期　221
偏差　34
偏差値　13, 41
変数　18
変数変換　26

偏相関係数　57
棒グラフ　29
母集団　11, 68
母集団相関係数　132
母集団の大きさ　69
母集団分布　76
母数　70
母相関　132

ま　前向きなデザイン　211
マッチング　150
まるめの誤差　109
無作為　69
名義尺度　23
メタ分析　222
メディアン　31
モード　32

や　有意確率　117
有意傾向　117
有意差　116
有意水準　16, 112
有意性検定　215
要因　174
要約統計量　30
余事象　159

ら　ランダマイゼーション検定　221
ランダム　69
離散変数　20
両側検定　16, 118
量的研究　220
量的変数　12, 18
臨界値　114
リンゴとオレンジ問題　223
ルビーンの検定　154
列　139
連関　15, 62
連関係数　63
連関表　62
レンジ　37
練習効果　175
連続変数　20

243

執筆者紹介 (氏名／よみがな／生年／学歴／現職／主著／あとがき)

山田剛史（やまだ　つよし／1970年生まれ）
東京大学大学院教育学研究科博士後期課程単位取得退学
横浜市立大学国際教養学部教授
『大学生のためのリサーチリテラシー入門：研究のための8つの力』（共著，ミネルヴァ書房，2011年）
『SPSSによる心理統計』（共著，東京図書，2017年）

村井潤一郎（むらい　じゅんいちろう／1971年生まれ）
東京大学大学院教育学研究科博士後期課程修了，
博士（教育学）
文京学院大学人間学部教授
『絶対役立つ社会心理学：日常の中の「あるある」と「なるほど」を探す』（編著，ミネルヴァ書房，2018年）
『はじめてのR：ごく初歩の操作から統計解析の導入まで』（単著，北大路書房，2013年）

　山田と村井の間で「心理統計のテキストを作ろう！今までにない，僕ららしいテキストを作ろう！」という話が出たのが，2002年11月のことでした。あれから1年半余の歳月を経て，何とかこうして1冊の本にまとめあげることができました。

　本書が完成するまでには，たくさんの人にたくさんの協力をしていただきました。東京大学大学院教育学研究科の南風原朝和先生には，全編に目をとおしていただき，大変貴重なコメントを数多くいただきました。先生のコメントは単に記述内容に関するものだけではなく，新しい本を書くことの意義，読者の立場に立った本作りなど多岐に渡り，コメントをいただく度に私たちは自分たちの仕事ぶりを反省し，立ち止まり，振り返りながら少しずつ歩を進めてきました。

　また，東京大学大学院教育学研究科の杉澤武俊さんには，草稿に対して鋭い指摘をしていただき，いろいろと考えさせられました。東京大学大学院教育学研究科の清河幸子さんには，草稿を和光大学の講義で採用していただくとともに，例題（Ⅴの「よしな家」）のアイデアをいただきました。さらに，東京大学大学院教育学研究科の大学院生諸氏，山田の心理統計の授業をうけてくれた駒澤大学文学部心理学科の受講者の皆さん，村井の心理統計の授業をうけてくれた文京学院大学人間学部の受講者の皆さんには，本書を執筆する上で有形無形のさまざまな示唆をいただきました。

　ミネルヴァ書房の寺内一郎氏，吉岡昌俊氏には編集作業等で大変お世話になりました。また，ミネルヴァ書房の三上直樹氏には今回この本を書くきっかけを与えていただきました。

　これまでお世話になった，たくさんの人に心から御礼申し上げます。そして，この『よくわかる心理統計』を1人でも多くの人に読んでいただいて，この本が心理統計に対する興味をもつきっかけになれば，著者としてこれほどの幸せはありません。

2004年5月　　山田剛史・村井潤一郎

やわらかアカデミズム・〈わかる〉シリーズ
よくわかる心理統計

| 2004年9月25日　初版第1刷発行 | 〈検印省略〉 |
| 2024年1月20日　初版第29刷発行 | 定価はカバーに表示しています |

著　者　　山　田　剛　史
　　　　　村　井　潤一郎
発行者　　杉　田　啓　三
印刷者　　田　中　雅　博

発行所　株式会社　ミネルヴァ書房
〒607-8494　京都市山科区日ノ岡堤谷町1
電話代表　（075）581-5191
振替口座　01020-0-8076

©山田剛史, 村井潤一郎, 2004　　創栄図書印刷・新生製本

ISBN 978-4-623-03999-9
Printed in Japan

やわらかアカデミズム・〈わかる〉シリーズ

教育・保育

よくわかる学びの技法〔第3版〕
田中共子編　本体 2200円

よくわかる卒論の書き方
白井利明・髙橋一郎著　本体 2500円

よくわかる教育評価〔第3版〕
田中耕治編　本体 2800円

よくわかる授業論
田中耕治編　本体 2600円

よくわかる教育課程〔第2版〕
田中耕治編　本体 2600円

よくわかる教育原理
汐見稔幸・伊東　毅・髙田文子
東　宏行・増田修治編著　本体 2800円

新版　よくわかる教育学原論
安彦忠彦・藤井千春・田中博之編著　本体 2800円

よくわかる生徒指導・キャリア教育
小泉令三編著　本体 2400円

よくわかる教育相談
春日井敏之・伊藤美奈子編　本体 2400円

よくわかる障害児教育
石部元雄・上田征三・高橋　実・柳本雄次編　本体 2400円

よくわかる特別支援教育
湯浅恭正編　本体 2500円

よくわかるインクルーシブ教育
湯浅恭正・新井英靖・吉田茂孝編著　本体 2500円

よくわかる肢体不自由教育
安藤隆男・藤田継道編著　本体 2500円

よくわかる障害児保育
尾崎康子・小林　真・水内豊和・阿部美穂子編　本体 2500円

よくわかるインクルーシブ保育
尾崎康子・阿部美穂子・水内豊和編著　本体 2500円

よくわかる保育原理〔第4版〕
子どもと保育総合研究所
森上史朗・大豆生田啓友編　本体 2200円

よくわかる家庭支援論
橋本真紀・山縣文治編　本体 2400円

よくわかる社会的養護〔第2版〕
山縣文治・林　浩康編　本体 2500円

よくわかる社会的養護Ⅱ
小木曽宏・宮本秀樹・鈴木崇之編著　本体 2600円

よくわかる社会的養護内容〔第3版〕
小木曽宏・宮本秀樹・鈴木崇之編　本体 2400円

新版　よくわかる子どもの保健
丸尾良浩・竹内義博編著　本体 2200円

よくわかる子どもの健康と安全
丸尾良浩・竹内義博編著　本体 2200円

よくわかる発達障害〔第2版〕
小野次朗・上野一彦・藤田継道編　本体 2200円

よくわかる子どもの精神保健
本城秀次編　本体 2400円

福祉

よくわかる社会保障〔第5版〕
坂口正之・岡田忠克編　本体 2600円

よくわかる社会福祉〔第11版〕
山縣文治・岡田忠克編　本体 2500円

よくわかる社会福祉と法
西村健一郎・品田充儀編著　本体 2600円

よくわかる社会福祉の歴史
清水教惠・朴　光駿編著　本体 2600円

新版　よくわかる子ども家庭福祉
吉田幸恵・山縣文治編著　本体 2400円

新版　よくわかる地域福祉
上野谷加代子・松端克文・永田祐編著　本体 2400円

よくわかる家族福祉〔第2版〕
畠中宗一編　本体 2200円

よくわかるスクールソーシャルワーク〔第2版〕
山野則子・野田正人・半羽利美佳編著　本体 2800円

よくわかる高齢者福祉
直井道子・中野いく子編　本体 2500円

よくわかる障害者福祉〔第7版〕
小澤　温編　本体 2500円

よくわかる障害学
小川喜道・杉野昭博編著　本体 2400円

心理

よくわかる心理学実験実習
村上香奈・山崎浩一編著　本体 2400円

よくわかる心理学
無藤　隆・森　敏昭・池上知子・福丸由佳編　本体 3000円

よくわかる心理統計
山田剛史・村井潤一郎著　本体 2800円

よくわかる保育心理学
鯨岡　峻・鯨岡和子著　本体 2400円

よくわかる臨床心理学〔改訂新版〕
下山晴彦編　本体 3000円

よくわかる臨床発達心理学〔第4版〕
麻生　武・浜田寿美男編　本体 2800円

よくわかるコミュニティ心理学〔第3版〕
植村勝彦・高畠克子・箕口雅博
原　裕視・久田　満編　本体 2500円

よくわかる発達心理学〔第2版〕
無藤　隆・岡本祐子・大坪治彦編　本体 2500円

よくわかる乳幼児心理学
内田伸子編　本体 2400円

よくわかる青年心理学〔第2版〕
白井利明編　本体 2500円

よくわかる高齢者心理学
佐藤眞一・権藤恭之編著　本体 2500円

よくわかるパーソナリティ心理学
吉川眞理編著　本体 2600円

よくわかる教育心理学〔第2版〕
中澤　潤編　本体 2600円

よくわかる学校教育心理学
森　敏昭・青木多寿子・淵上克義編　本体 2600円

よくわかる学校心理学
水野治久・石隈利紀・田村節子
田村修一・飯田順子編著　本体 2400円

よくわかる社会心理学
山田一成・北村英哉・結城雅樹編著　本体 2500円

よくわかる家族心理学
柏木惠子編著　本体 2600円

よくわかる言語発達〔改訂新版〕
岩立志津夫・小椋たみ子編　本体 2400円

よくわかる認知科学
乾　敏郎・吉川左紀子・川口　潤編　本体 2500円

よくわかる認知発達とその支援
子安増生編　本体 2400円

よくわかる情動発達
遠藤利彦・石井佑可子・佐久間路子編著　本体 2500円

よくわかる産業・組織心理学
山口裕幸・金井篤子編　本体 2600円

よくわかるスポーツ心理学
中込四郎・伊藤豊彦・山本裕二編著　本体 2400円

よくわかる健康心理学
森　和代・石川利江・茂木俊彦編　本体 2400円

— ミネルヴァ書房 —
https://www.minervashobo.co.jp/